U0633332

国家社会科学基金青年项目
"畲族中华民族共同体意识形成的历史逻辑与当代实践研究"
（项目编号22CMZ026）的阶段性成果

畲族民间故事中的文化交融

邱开玉 著

中国社会科学出版社

图书在版编目（CIP）数据

畲族民间故事中的文化交融 / 邱开玉著. -- 北京：
中国社会科学出版社，2025. 8. -- ISBN 978-7-5227
-5259-4

Ⅰ. I207.73

中国国家版本馆 CIP 数据核字第 202535PQ40 号

出 版 人　季为民
责任编辑　孔继萍　李育珍
责任校对　闫　萃
责任印制　郝美娜

出　　版　中国社会科学出版社
社　　址　北京鼓楼西大街甲 158 号
邮　　编　100720
网　　址　http：//www. csspw. cn
发 行 部　010 - 84083685
门 市 部　010 - 84029450
经　　销　新华书店及其他书店

印　　刷　北京君升印刷有限公司
装　　订　廊坊市广阳区广增装订厂
版　　次　2025 年 8 月第 1 版
印　　次　2025 年 8 月第 1 次印刷

开　　本　710 × 1000　1/16
印　　张　22
字　　数　350 千字
定　　价　128.00 元

凡购买中国社会科学出版社图书，如有质量问题请与本社营销中心联系调换
电话：010 - 84083683
版权所有　侵权必究

目　录

前　言

增进共同性：民族民间故事的价值重塑

　　2014 年以来，"中华民族共同体意识"概念从属于理论探讨的范畴开始正式进入国家力量主导的建设实践，话语力度从"树立""培养""培育"到"铸牢"，不断增强，成为新时代党的政治理念和民族工作指向。特别是在 2021 年中央民族工作会议召开以后，铸牢中华民族共同体意识成为新时代党的民族工作的主线。习近平总书记在 2021 年中央民族工作会议的讲话中指出："党的民族工作创新发展，就是要坚持正确的，调整过时的，更好保障各民族群众合法权益。要正确把握共同性和差异性的关系，增进共同性、尊重和包容差异性是民族工作的重要原则。"① 从政策话语提出的逻辑来看，铸牢中华民族共同体意识是中国特色解决民族问题正确道路的核心内容之一，而"正确把握共同性和差异性的关系"就是贯彻这项民族工作领域顶层战略设计的理论支点和工作抓手。如何正确把握共同性和差异性的关系，增进共同性、尊重和包容差异性，既是一个亟须深化的理论问题，又是一个必须明晰的实践问题。

一　增进共同性：新时代民族工作实践的价值旨归

　　共同性是共同体形成、维持与巩固的重要基石。它不仅能够增强共同体的凝聚力和归属感，还能促进成员之间的交流与合作，塑造共同体文化，并维护共同体的秩序和稳定。以铸牢中华民族共同体意识为主线，根

---

① 《习近平在中央民族工作会议上强调以铸牢中华民族共同体意识为主线推动新时代党的民族工作高质量发展》，新华网，2021 年 8 月 28 日，http：//www. xinhuanet. com/politics/leaders/2021 - 08/28/c_1127804776. htm，2023 年 12 月 15 日访问。

本目标是要稳固、发掘、提升、拓展中华民族的共同性。在以铸牢中华民族共同体意识为主线的新时代，对中华民族共同性的发掘与提升已经成为民族工作实践的价值旨归，要求我们必须按照增进共同性的方向做好新时代党的民族工作，以增进共同性推动中华民族共同体建设。

随着中华民族共同体理论话语的不断深化和丰富，中华民族共同性成为当前理论界研究的热点议题。这既是对民族工作领域"同"与"异"关系的现实回应，也是以中国式现代化全面推进中华民族伟大复兴过程中的本质要求。① 中华民族共同性作为中华民族共同体的基础和前置条件，是"中华民族共同体的根基和命脉"②，已成为学界的共识之一。理论界关于"中华民族共同性"研究主要从概念、时空、理论、实践等维度展开。在概念维度，主要阐释中华民族共同性的内涵，形成"历史形成"说、③ "类型"说、④ "发展"说、⑤ "要素重叠"说、⑥ "认同"说⑦及"原则"说⑧等重要观点，为深化中华民族共同性研究奠定了理论基础。在时空维度，重点阐述中华民族共同性的动态演进，形成了中华民族共同性是中华民族共同体理论的重要组成部分、⑨ 中华民族共同体历史发展的产物、⑩ 应对民族工作领域挑战的有效回应⑪等理念共识，进一步明晰了中华民族共同性的历史方位与功能定位。在理论维度，深入探究了中华民

---

① 董强、沈富城：《中华民族共同性研究述评》，《南宁师范大学学报》（哲学社会科学版）2024 年第 1 期。

② 赵超：《增进共同性：新时代中华民族共同体建设的重要方向》，《中南民族大学学报》（人文社会科学版）2023 年第 5 期。

③ 谷苞：《论中华民族的共同性》，《新疆社会科学》1985 年第 3 期。

④ 张淑娟：《中华民族共同性的类型、凝聚机制与形成过程》，《探索》2022 年第 1 期。

⑤ 朱军：《中华民族共同体意识共同性的现代性转化及发展》，《民族研究》2021 年第 3 期。

⑥ 郝亚明、秦玉莹：《中华民族共同体的共同性要素分析》，《民族学刊》2022 年第 7 期。

⑦ 严庆：《中华民族共同体建设的命脉与民族工作的方向：增进共同性》，《西北民族研究》2021 年第 4 期。

⑧ 马旭：《铸牢中华民族共同体意识背景下"增进共同性"的三重逻辑》，《西南民族大学学报》（人文社会科学版）2022 年第 12 期。

⑨ 王延中：《铸牢中华民族共同体意识建设中华民族共同体》，《民族研究》2018 年第 1 期。

⑩ 陈纪、曾泓凯：《论铸牢中华民族共同体意识的历史基础与实践目标》，《西南民族大学学报》（人文社会科学版）2021 年第 10 期。

⑪ 孔亭：《铸牢中华民族共同体意识面临的挑战与应对》，《江苏大学学报》（社会科学版）2022 年第 2 期。

族共同性的话语的理论渊源，指出马克思主义民族理论是其科学指引、[①]马克思主义民族理论与民族政策中国化时代化的发展是其理论本质、[②] 对西方共同体理念的借鉴与超越是其重要来源。[③] 在实践维度，探析了增进中华民族共同性的路径，从宏观层面为中华民族共同性的研究提供方向指引，从中微观层面对中华民族共同性的具体的实践研究进行描述与分类。

综观已有研究，学界已经在"中华民族共同性"的内涵、演进、思想和实践等关键问题领域形成了较为丰富的成果。但当前研究也存在明显不足：一是中华民族共同性理论体系构建的研究较少。学界围绕中华民族共同体理论的阐述较多，而针对中华民族共同性理论体系的研究较少，需要从内涵、分类、原则以及相关指标体系等方面对中华民族共同性展开系统探究。二是研究深度不够。中华民族共同性的学理性探究涉及政治、经济、文化、社会、生态等多维度的内容，需要多学科交叉研究，共同发力。三是具象化研究有待加强。学界对中华民族共同性以理论研究为主，聚焦实践较少，需要加强对中华民族共同性的具象化研究，总结和提炼实践成果。四是实证研究不够丰富。相关研究更多的是从理论层面的政策解读、文本分析及理论阐释等方面展开，但量化研究和实证研究明显不足，导致研究成果呈现明显的同质性，创新性和指导性不强。因此，要深化中华民族共同性研究，就需要在中华民族共同性的理论体系构建、研究宽度、具象化研究以及实证研究方面持续发力，为铸牢中华民族共同体意识提供理论支点。

二　尊重和包容差异性：铸牢中华民族共同体意识工作的实践要求

作为一个政策性话语，铸牢中华民族共同体意识具有总体性和抽象性的内在特征，要合理规划政策的实践路径，就必须将其带回到丰富的现实背景之中。中华民族历经了千年的"求同"与"存异"的共生过程，共

---

① 李健：《铸牢中华民族共同体意识的马克思主义阐释：基础性问题与当代价值》，《西北民族大学学报》（哲学社会科学版）2022 年第 6 期。

② 张福强：《中华民族共同体的历史向度：谷苞先生中华民族共同性思想的生成逻辑与主要内涵》，《新疆社会科学》2021 年第 1 期。

③ 郝亚明、杨文帅：《国民共同体教育叙事的中西比较与中华民族共同体建设》，《中南民族大学学报》（人文社会科学版）2022 年第 10 期。

同性促成了其整体性，差异性丰富了其多彩性，使之展现出殊途一体的内在特征和斑斓缤纷的整体面貌。从现实维度来看，各民族之间的差异性是客观存在的，且难以在短期内消失，无视差异性，不仅不符合民族差异客观存在的事实，还会滋生族际的不信任感，继而阻碍铸牢中华民族共同体意识工作的深入推进。因此，在不削弱、不危害共同性的前提下，尊重和包容民族差异性中的积极部分，有利于最大限度地夯实中华民族的共同性根基，继而不断铸牢中华民族共同体意识。

从本书课题组开展的田野调查情况来看，2019 年以来，铸牢中华民族共同体意识的实践工作，存在一定的贯彻不到位问题。国家层面，对铸牢中华民族共同体意识的要求和指示非常明确；在省市层面，传达党和国家的重要精神和工作要求较为及时，各省纷纷提出争创铸牢中华民族共同体意识示范省的目标，但细化政策的主动性不够，导致工作以传达精神和下达指示为主，指导性不强；而到了县级及以下层面，虽然在思想上对铸牢中华民族共同体意识非常重视，但由于缺乏通俗易懂的理论指引和可操作性的政策指导，在实际工作中相对被动。

2022 年 12 月以后，我们课题组成员到海南、广东和福建等东南沿海各省的民族乡村开展调研。每到一处，几乎都会被当地接待我们的县民族工作分管领导（统战部部长）或民族工作干部（县民宗局干部）询问，在他们这个县域层面如何开展铸牢中华民族共同体意识工作？再具体一点的问题，就是少数民族的文化习俗和特色村寨建设，现在还能不能再强调和支持？到了乡镇，我们发现，接受我们访谈的乡镇干部几乎不会主动提铸牢中华民族共同体意识的相关内容，但会在交流的工作报告中，或提供给我们的工作总结或计划中涉及相关内容。当我们主动询问起他们在铸牢中华民族共同体意识方面做了哪些工作时，他们往往笑而不答，或答得较为含糊。

这些现象引起我们的注意，通过进一步调研，我们发现，在实际工作中，这些民族村的基层干部，深切地感受到党和国家对铸牢中华民族共同体意识工作的重视。这提醒他们在当下及其以后的很长一段时间，在处理与民族相关的工作中，应该要多讲中华民族共同体，强化中华民族共同性。但很显然，他们对中华民族以及中华民族共同性的理解是模糊的、浅显的。于是，在基层民族工作中，出现了"断裂"迹象。各民族民间故事的研究等，也不例外。

三　辩证把握共同性与差异性：民族民间故事的研究逻辑与价值重塑

中华民族是一个共同性和差异性兼具的命运共同体。针对共同性和差异性长期并存的现实，按照增进共同性、尊重和包容差异性这一民族工作的重要原则，关键要把差异性置于共同体之内辩证看待、准确把握。

习近平总书记曾强调，推动民族工作既要靠物质力量，也要靠精神力量。从中华民族共同体内含的诸多共同性来看，是综合物质力量与精神力量的民族工作理念集合。铸牢中华民族共同体意识过程中就要不断凸显各民族共享的共同性要素，加强各民族间的共性认知，增进各族人民对中华民族共同体的心理认同。

各民族民间故事是构筑中华民族共有精神家园的重要资源和载体，而加强中华民族共有精神家园建设是增进中华民族共同性的重要举措。中国民间故事自先秦以来在民间生生不息，是凝聚中华文化传统世代相传的关键点，是中华民族生命力的精神之根、创造力的精神之魂、凝聚力的精神之本及团结力的精神之源。① 中国民间故事涵括 56 个民族组成的中华民族对本土认知、习俗、制度等文化符号和地方性知识的阐释，内蕴中华民族多元一体共享的价值追求与行为模式，不仅呈现中华民族对历史的追忆、谱系的把脉和生活的向往，还影响着人们的思想观念和行为模式。这些故事历经数千年历史，在各民族甚至世界范围内形成了你中有我、我中有你的交往交流交融格局，其所承载的人类生存空间的想象已然成为中华民族的集体意识，是中华民族共有精神家园的在地化体现。而构筑中华民族共有精神家园，实质是建设中华民族文化共同体、精神共同体和价值共同体的过程。② 在中华民族共有精神家园建设中，坚定对中华文化的认同，是增进共同性的核心措施。没有中华文化的认同，就没有中华民族共有精神家园。因为中华文化是中华民族共同性的集中体现，"中华文化既

---

① 刘洋：《中国民间故事与建设中华民族共有精神家园研究》，《贵州师范大学学报》（社会科学版）2023 年第 5 期。

② 朱永梅、陈金龙：《以共同性引领中华民族共有精神家园建设》，《中南民族大学学报》（人文社会科学版）2023 年第 5 期。

坚守本根又不断与时俱进，使中华民族保持了坚定的民族自信和强大的修复能力，培育了共同的情感和价值、共同的理想和精神"。① 在构筑中华民族共有精神家园维度上，要"以共有精神家园和文化认同为关系纽带，增进文化之维的共同性"，② 从而促进民族团结。在此意义上，我们就必须重视和加强对各民族民间故事以及蕴藏其中的中华民族共同性的研究。

基于以上分析，本书将研究主题确定为"畲族民间故事中的文化交融"，具有双重价值。一是推动各民族民间故事的价值重构，使各民族民间故事与时代同频共振。正如前文所分析的那样，当前在部分基层工作中未能正确地把握和处理共同性与差异性的关系，导致部分单一民族文化的保护与利用工作"停滞"。本书以畲族民间故事为例，深入挖掘民间故事中蕴含的畲族文化与中华民族文化的同一性，探寻畲族传统文化的现代价值与转换路径，为畲族民间故事的传承与发展提供学理支撑，也为其他民族民间故事的研究提供范式参考。二是为中华民族共同性研究探寻民间叙事视角。以流传较为广泛、保存较为完好的畲族民间故事为研究对象，从畲汉互动视角呈现民间故事中的中华民族共同体性形成的历史逻辑与具体表征，进而探寻增强中华民族共同性的民间叙事路径。本研究属于典型的学科交叉研究和具象化研究，有助于推进中华民族共同性持续深化研究，为构建系统、全面的中华民族共同性理论体系添砖加瓦。

---

① 中共中央文献研究室编：《习近平关于社会主义文化建设论述摘编》，中央文献出版社2017年版，第7页。

② 赵超：《增进共同性：新时代中华民族共同体建设的重要方向》，《中南民族大学学报》（人文社会科学版）2023年第5期。

从"畲"说起：畲族民间故事的
族群性与互文性

文化是人类为了满足自身的需求而创造出来的物质和精神财富的总和。民间故事是人民群众在生活生产劳作中口头创造的文化，与开始使用语言的文明史一样的久远。畲族是我国东南地区一个历史悠久的散杂居农耕民族。畲族民间故事是由畲族人民在历史实践中创造而成的，这是毫无疑义的。但什么样的故事能被称为"畲族"故事？是畲民创作的故事，还是畲民讲述的故事，或者是畲族地区流传的故事？这是畲族民间故事研究极为重要的前提性问题。当我们把一类民间故事归类为"畲族"民间故事时，族群性是我们考虑的最主要因素。因此，在本章中我们要先从"畲"说起，基于畲族族群的发展探讨畲族民间故事的历史形成与族群特征，再对畲族民间故事的收集、整理与研究现状进行阐述，以求对现今畲族民间故事的概况有较为清晰的了解。在此基础上，探讨畲族民间故事中的中华民族共同性的重要面向，以及进一步深入研究的理论与方法，为畲族民间故事的分类型研究奠定基础。

第一节　畲族族群发展与民间故事特征形成

当代族群理论普遍认为，族群的特征是血缘上的延续性、共享的文化价值及其外化的文化形式、内部有文化交流和互动、具有自我认同和被他群识认。① 又如哈罗德·伊罗生所言："历史与起源的遗产是打造族群认同、处理族群关系不可避免地最深沉的部分。"② 要探究畲族民间故事中的中华民族共同体性的形成，我们首先要对畲族这个"初级共同体"的形成发展进行必要的追溯，进而回答两个问题：何谓"畲族"？何以探寻畲族民间故事中的中华民族共同性形成的族源根基？

一 多源合流：畲族族群的形成与发展

畲族源流问题曾是畲族学术研究的重点之一。关于畲族源流的研究主要存在"一元论"与"多元论"两种倾向。所谓"一元论"是指认为畲族的起源是单一的，是源于某一种古代族群，而"多元论"则认为畲族的起源不仅是一支族群，而是多族群在迁徙互动中交融而成。实际上，无论是溯源于武陵蛮，还是越人或东夷，都是关于畲族的主源问题的探讨，并不完全否认畲族的形成和发展是多源合流的历史事实。

（一）"一元论"的主要观点

学术界大致存在过武陵蛮、东夷、古越族、河南夷和山夏五种"一元论"观点。其中又以武陵蛮和古越族两派观点较为流行。

1. "武陵蛮"后裔说

这种观点在畲族的早期研究中曾是主流。在 1949 年前，大部分的研究观点认为畲族与瑶族同源，属于瑶族的一支。他们依据的资料大部分是明清方志中关于"畲瑶"的记载。胡先骕在《浙江温州、处州间土民畲客述略》中指出："畲客者，实猺人之一种。"③ 张其昀在《中国民族志》中认为："畲族实瑶之一支，亦称畲瑶。"④ 林惠祥的《中国民族史》将"猺族"分为"猺族本支"和"畲民"，认为畲民系瑶族的一支系。⑤ 史图博和李化民在《浙江景宁敕木山畲民调查记》通过民族志调研后，亦

---

① ［挪威］弗雷德里克·巴特主编：《族群与边界：文化差异下的社会组织》，李丽琴译，商务印书馆 2014 年版，第 12 页。

② ［美］哈罗德·伊罗生：《群氓之族：群体认同与政治变迁》，邓伯宸译，广西师范大学出版社 2015 年版，第 210 页。

③ 胡先骕：《浙江温州、处州间土民畲客述略》，《科学》1922 年第 3 期。

④ 张其昀撰述：《中国民族志》，商务印书馆 1929 年版，第 12 页。

⑤ 林惠祥：《中国民族史》，商务印书馆 1939 年版，第 221—233 页。

认为畲族为瑶族之一支的认定，其依据是畲民在族谱中自称为"徭"以及瑶族共有的家世神话，则"畲族根本不是福建和浙江的原始居民"，"把浙江和福建的畲民看作徭这个大家庭的东北分支，那是不容置疑的"①。何联奎则根据方志资料中梳理出的畲民的地理分布，给出另外一种迁徙路线：徭民产于湖南，先入广西，后蔓延到广东。其一部分流布于潮州者，时人称为峯民或畲民。……由广东分布到闽赣，后由福建分布到浙江。②

也有学者认为畲族原属于瑶族的一支，但后来经过发展已为一支"新"民族。沈作乾指出，畲民迁徙到广东、福建和浙江后，和汉人杂居，受环境的影响，其风俗、生活也产生变更，渐渐脱离了原本面目，成为一种变相的新民族，叫作"畲民"或"畲猺"③。何子星则根据"徭"称畲以及"盘瓠种族"在闽、滇、浙、黔、粤的分布认为，"闽浙的畲民，原为徭民的一支"④。在作者看来，这里的"原为"可以理解为此时"畲民"的性质已发生变化，不再从属于"徭民"。

中华人民共和国成立初期，畲族源于武陵蛮的观点依然占据主流，代表者有潘光旦和施联朱等人。1950 年，潘光旦在与费孝通的谈话中表达了这样的观点：瑶族的过山榜有它的历史背景，只是后来加以神话化罢了。这一批人，后来向长江流域移动，进入南岭山脉的那部分可能就是瑶，而从南岭山脉向东，在江西、福建、浙江山区里和汉族结合的那部分可能就是畲，另外一部分曾定居在洞庭湖一带，后来进入湘西和贵州的可能就是苗。⑤ 1983 年，施联朱在《关于畲族的来源与迁徙》一文中提出：畲族源于汉晋时代的武陵蛮，与瑶族有着密切的关系。……畲族不是东南沿海地区的土著居民，而是起于荆湖地区，从中原地区或长江中流南迁，他们至少有一部分在广东停留了一个较长的时期，大概汉晋以后，隋唐之

① ［德］史图博、李化民：《浙江景宁敕木山畲民调查记》，中南民族学院民族研究所 1984 年版，第 17 页。

② 何联奎：《畲族的地理分布》，《民族学研究集刊》1937 年第 2 期。

③ 沈作乾：《畲民调查记》，《东方杂志》1924 年第 7 号。

④ 何子星：《畲民问题》，《东方杂志》1932 年第 13 号。

⑤ 费孝通：《潘光旦先生关于畲族历史问题的设想》，载施联朱主编《畲族研究论文集》，民族出版社 1987 年版，第 1 页。

际已遍布闽、粤、赣三省交界地。① 畬族学者蓝万清也在《畬族盘姓去向探讨——兼论畬瑶关系》一文中，表达了畬族与盘瑶同源的观点。②

2. "古越族"后裔说

持该观点的学者认为，畬族是越人的后裔。因百越种类繁多，有吴越、瓯越、东越、于越、扬越、西越、骆越、南越等众多名目。③ 因此，持这种观点的学者内部也存在较多分歧。王新民对越史文献解读后，猜测畬民是春秋时期越王勾践的后裔。④ 也有学者认为畬民应属于闽越人。如徐松石在《粤江流域人民史》中认为：福建的闽越土著虽是畬人，而自汉以来，人数必定很少。因为汉初两次把他们（即东瓯、闽越两国）的部落徙到江淮之间。在江淮之间，并入北方的汉族，吸收了中原的文化，然后在东晋时代再行渡江，沿着鄱阳湖而南进，成为三国时的山越。山越被迫南徙，再经黄巢之乱，到了岭南，变成大部分的徭人和畬人。当时恐怕有一部分从江西再入福建。其实入福建只是再回老家而已。⑤ 还有学者认为，畬族应是汉晋时代山越的后裔。蒋炳钊先后在《畬族族源初探》《关于畬族来源问题》《闽粤赣交界地是畬民历史上的聚居地——兼论畬族族源问题》等多篇文章对此观点进行探讨，并最终在其著作《畬族史稿》中详尽论述。他的主要观点是：虽然汉武帝将闽越人迁往江淮之间，但仍有大量百越人在各地存在，闽粤赣交界地是史书记载中畬族的聚居地，唐代之前，历史上没有发生大规模的民族战争，因此也就不存在民族的大迁徙，畬族即由闽粤赣三省交界地的越人发展演变而来。⑥

长期以来，这两种观点据"理"力争，针锋相对，但由于理论上或论据上的不足，谁也无法说服对方。二者的分歧一直延续到 20 世纪 90 年代初，蒋炳钊在《畬族史稿》中直言：1980 年出版的《畬族简史》，对畬族族源的看法，采用兼收并蓄，也可以看出编者之间的意见也是不统一

① 施联朱：《关于畬族的来源与迁徙》，《中央民族学院学报》1983 年第 2 期。

② 蓝万清：《畬族盘姓去向探讨——兼论畬瑶关系》，《民族研究》1989 年第 3 期。

③ 谢重光：《客家、福佬源流与族群关系研究》，人民出版社 2013 年版，第 19 页。

④ 王新民：《越王勾践子孙移闽考》，《福建文化》1944 年第 1 期。

⑤ 徐松石：《粤江流域人民史》，中华书局 1939 年版，第 145—146 页。

⑥ 蒋炳钊：《畬族史稿》，厦门大学出版社 1988 年版，第 45 页。

的。① 但至少该书中有一个历史唯物主义式的观点值得我们今日特别的关注，就是"畲族和瑶族在历史上关系密切，但是经过长期的发展，他们都已各自形成为不同民族"②。

（二）畲族族源的"多元说"

实际上，无论是"武陵蛮"后裔之说，还是"古越族"后裔之说，抑或是其他东夷、河南夷等认为畲族来源单一的观点，在充分的史料面前都会遇到难以解释的问题。正如谢重光指出的那样：畲族的图腾崇拜普遍把盘瓠认定为本族始祖，具有一系列崇拜盘瓠的相关习俗和心理，体现出武陵蛮后裔的显著特征，但有些区域的畲族也崇拜蛇和鸟，而这是百越民族的特点。在外貌特征上，畲族及其先民常被描绘成椎髻跣足的形象，这与武陵蛮的外貌特征有关，但部分历史文献也显示，部分畲民如畲族抗元领袖黄华的队伍却是"断发文身"，这又是百越族群的身体特征。另外语言上，广东增城、博罗、海丰、惠阳一带绝大多数的畲民讲的是"畲话"，一种接近汉语客家方言但又不同于现代客家话或潮州地方方言的语言，但又有一小部分畲民讲的语言属于苗瑶语种。③

随着越来越多史料的不断发掘，让研究者们对畲族族源的探索更加深入，清理了一些过往研究的误解，也更加倾向于多元化的来源解释。郭志超通过大量的文献史料论证得出：

> 畲瑶苗同源的历史事实已经越来越清晰，而畲瑶历史关系尤为密切。闽粤赣交界地区的畲族，同瑶族、苗族一样，主源可远溯至湖南五溪地区的"武陵蛮"。南朝时源于"五溪蛮"的"莫徭蛮"出现在湖南中南部，部分"莫徭蛮"进入闽粤赣交界地，这就是继"盘瓠蛮"分流于粤东后，源于"盘瓠蛮"的"莫徭蛮"分流于闽粤赣交界地。分流"莫徭蛮"成为闽粤赣交界地畲族的主源。这个主源与早源汇合，后来产生了以凤凰山为祖地和盘瓠是祖地开基始祖这一认同意识。在畲族先民迁入闽粤赣交界地区，并在潮州凤凰山一带建

---

① 蒋炳钊：《畲族史稿》，厦门大学出版社1988年版，第26页。
② 蒋炳钊：《畲族史稿》，厦门大学出版社1988年版，第26页。
③ 谢重光：《畲族与客家福佬关系史略》，福建人民出版社2002年版，第56页。

立核心居住区后，继续信奉盘瓠的人群即"盘瓠蛮"一次次融入畲族先民集团，甚至在宋代畲族形成后，也仍有这种人群迁入，融入畲族。另外还有数量甚少的土著人群（越人及其后裔）和汉族融入畲族。汉人融入畲族，已有不少实证材料，越人及其后裔融入畲族只是建立在假设上，除了当今畲语有古壮侗语底层词，在其他文化元素上，至今未见一点痕迹。总之多波迁徙的"盘瓠蛮"和多源的民族成分，促成了畲族的形成和发展。①

谢重光针对原有畲族多源理论存在的部分疑点或缺陷，通过对汉文典籍、民间谱牒等文献的爬梳整理，提出闽越土著、南迁武陵蛮与南迁汉人三者互动共生共同形成畲族的观点：自唐代以降"武陵蛮、长沙蛮、百越民族、南迁的汉族，还有湘赣闽粤交界区域其他土著种族，共同缔造了畲族，他们都是畲族构成的要素"②。这些要素之间又有主次之分，彼此间通过长期的相互接触、交流、融合的历史互动过程，发展演变和缔造了我们今天所认为的"畲族"③。在民族多元一体理论的指导下，谢重光将"畲族"定义为：

> 畲族是历史上在赣闽粤交界区域形成的一个民族共同体，它的来源很复杂，包括自五溪地区迁移至此的武陵蛮、长沙蛮后裔，也包括自中原、江淮迁来的汉族移民，即客家先民和福佬先民。这些不同来源的居民以赣闽粤边的广大山区为舞台，经过长期的相互接触、相互斗争、相互交流、相互融合，最后形成一种以经常迁徙的粗放山林经济和狩猎经济相结合为主要经济特征，以盘瓠崇拜和相关文化事项为主要文化特征，椎髻左衽、结木架棚而居为主要生活特征的特色文化，这种文化的载体就是畲族。④

----

① 郭志超：《畲族文化述论》，中国社会科学出版社 2009 年版，第 74—96 页。
② 谢重光：《畲族与客家福佬关系史略》，福建人民出版社 2002 年版，第 7 页。
③ 谢重光：《武陵蛮迁入粤、闽之史迹》，《东南学术》2001 年第 3 期。
④ 谢重光：《武陵蛮迁入粤、闽之史迹》，《东南学术》2001 年第 3 期。

谢重光对畲族族源的探索，以历史实例支持了民族多元一体的理论。王道则从现今畲族的地理分布格局以及相关历史文化信息片段，更为清晰地勾勒了畲族迁徙的时空轨道。从时间段限而言，畲族先民至迟在隋唐时期就开始迁徙，而到清末随着最后一拨到达安徽宁国，畲族结束了整体式迁徙。从空间方位而言，畲族迁徙是以广东潮州凤凰山为文化地理中心的闽粤赣交界处向东南山区的扩散。从迁徙路径而言，则是畲民以凤凰山为集体记忆起点，向北、向东沿青幽谷之处、猿鸣鸟啼之方所延伸的轨迹而拓荒耕耘。同时，她对畲族迁徙历程的阶段性特征做了梳理，分为早期、中期和晚期。早期是指"隋唐时期的内外压力型退却式迁徙"。此时迁徙的半径较小，只能由世居地向周边缓慢扩散。中期是指"宋元时期的军事性与自然退却式相结合的迁徙"。在这个时期，闽南、闽西等地的畲民呈多样态生存方式，一部分因屯田而逐渐定耕、居住集中的畲民，与汉文化接触更早、畲汉互动程度更深。另一部分即更多的滞留在深山密林处的畲民，随着人口资源等压力以及汉人的日益南迁，在畲汉生产方式的巨大落差中和元朝政权日益严密的控制下，其生存境地更加艰难，只能继续往更边远山区迁徙。而晚期则指"明清时期的垦荒高潮式迁徙"。这一时期迁徙的主要动因就是王朝国家的鼓励政策。其迁徙轨迹主要以福建为中心而由南向北迁徙，具体路径可分为海岸和内陆两条路径。最终形成现今畲汉交互杂居的"插花式"地理分布格局。①

如果说，郭志超、谢重光、王道等学者把畲族主要族源追溯至"五溪蛮"，并重点论述在此之后的畲族族群演变，那么施强的研究则将畲族族源向"五溪蛮"之前的历史进行追溯。在《族群迁徙与文化传承——浙江畲族迁徙文化研究》一书中，施强和谭振华认为，畲族的历史当推溯到中华民族的开端，最古老的可追溯到蚩尤一脉。盘瓠蛮为蚩尤的余脉，后来发展为强大的"三苗"。三苗显盛于帝喾之后，存在于尧舜禹时代，上承三古帝国，下传瑶、苗、畲三族。三苗是一个整体，但还未发展成一个民族，介于部落联盟与民族之间。三苗后被大禹所灭，其族群在此长途迁徙，后发展成为"南蛮""荆蛮""武陵蛮"，之后三苗部族分化

---

① 王道：《走向市场：一个浙南畲族村落的经济变迁图像》，中国社会科学出版社 2010 年版，第 23—29 页。

向东、西、南三个方向迁徙，发展成现在的畲、苗、瑶。其中，"荆蛮"是畲族从盘瓠蛮分化形成独立一族的"前夕"。秦灭楚国后，畲苗瑶三族从荆蛮的"一体三族"中分流，除了留在楚地最后被华夏族"同化"的部分，迁出楚地的主要有两个部分：苗族与畲瑶共同体。畲瑶共同体的分化，其时间起点应在汉末。在唐宋之前，畲瑶族群不断南迁，以湘南为起点，畲瑶两族加快了分流步伐。由湘南越南岭，分道进入两粤者为瑶，从衡、彬诸州向东挺进，先是进入赣闽粤边区，再向闽东、浙南发展，最终聚居于闽浙赣三省交界区的为畲族。① 施强和谭振华把畲族的族源发展与中华民族的开端相勾连推溯"盘瓠蛮"前畲族的族源历史，进一步密切了畲族与中华民族的历史联系。

畲族族源多元论也得到了语言学和分子人类学研究成果的支持。邓晓华从语言学的角度厘清畲语与客家话的关系，进而讨论客畲关系和畲族的形成。其主要观点主要体现在《论客家话的来源——兼论客畲关系》一文中。他认为，客畲为"多源一体"关系，语言学的证据证明畲族并非百越土著，而是来自"洞庭苗蛮"。但基于畲语中既有苗瑶语成分，亦有壮侗语成分，则可证明畲族为外来"荆蛮"跟土著的东南百越民族互动融合而形成的。②

随着全基因组芯片和测序技术的发展，分子人类学对人类的遗传物质DNA 的研究更加深入。分子人类学对群体遗传结构常用的分析方法之一是主成分分析法，即从原始的众多变量中导出少数几个不相关的主成分来反映原来变量的信息。禄佳妮、王传超通过使用东亚族群的常染色体30多万位点的数据进行主成分分析发现，畲族样本聚类在南方汉族样本附近，且与苗族样本较近，说明畲族与苗族、南方汉族有着遗传上的相似性。从父系 Y 染色体来看，畲族和苗、瑶族群关系紧密，且该类型 Y 染色体并不是从周边的汉族或壮、侗族群中混血来的，更可能是苗族、瑶族和畲族族群的共同祖先类型。而从 Y 染色体单倍群频率及共享 STR 单倍

---

① 施强、谭振华：《族群迁徙与文化传承——浙江畲族迁徙文化研究》，民族出版社 2014年版，第 14—42 页。

② 邓晓华：《论客家话的来源——兼论客畲关系》，《云南民族大学学报》（哲学社会科学版）2006 年第 4 期。

型的情况可以看出，畲族和周边族群存在普遍的基因交流。Liuetal 发现潮汕凤凰山的畲族与潮汕客家人、潮汕人都有大量的 Y 染色体 O3 * – M122 单倍群，且在该单倍群 Y 染色体 STR 的网络图分析中，潮汕畲族的单倍型都是源自潮汕客家人和潮汕人。①

总之，在文化研究中发现的几个族群之间表现出共同的宗教信仰——盘瓠、具有相同的姓氏、共同的祖先（苗瑶畲族其祖先均为蚩尤，后演变为南蛮）和语言学及分子人类学的相关证据链，都支持了瑶族、苗族以及侗族、畲族之间存在着一定的同源性。甚至有学者还直接指出，"历史上既存在畲融于汉的可能，也有汉融于畲的可能"②。畲族除盘、蓝、雷、钟四姓之外，存在的大量其他姓氏就是佐证。可见，多段迁徙的"盘瓠蛮"和多源的民族成分，促成了畲族的形成与发展。

二 自称与他称：畲族族称的由来与确立

与族源密切相关的是族群名称。族群名称是族群的第一语言符号。族群通过这一语言符号了解世界并被世界中的其他族群所识认。族群名称包括自称和他称，但不论是自称还是他称都具有深厚的感情和习惯包袱，蕴藏着过去与今天的历史。畲族迁徙源流的多元化阐释，无疑为我们理解畲族和其他族群融合状况提供了全新的视角。此时的畲族已不是一个纯"血缘"的种族概念，而是一个复合的文化概念。它突破了畲族族源一元论试图从血统上来认识族群和民系，将族群和民系等同于种族的"狭隘"观点。畲族族源成分的复杂性和其他 55 个民族一样，已成为不可否认的社会历史事实。这也直接影响了现代民族意义上"畲族"的确立。从 20 世纪 50 年代至今，我国政府开展的民族识别工作，虽然主要还是参照斯大林关于民族主义的基本原则，但同时也充分考虑我国各民族的悠久历史和文化渊源。在对畲族族别进行识别时，本着群体申请、专家认证、政府部门批准的原则，正式确立了畲族的族称。国家对畲族族群的识别，并最

---

① 禄佳妮、王传超：《分子人类学视域中畲族族源新探》，《北方民族大学学报》（哲学社会科学版）2019 年第 1 期，第 98—107 页。

② 温春香：《明清以来闽粤赣交界区畲民的族谱书写与族群意识》，《贵州民族研究》2015 年第 1 期。

终确认为"单一"民族，无疑从客观上加固了畲族的民族意识和民族认同感，使畲族成为一个名副其实的稳定共同体。

（一）"畲"的衍变与畲族历史上的他称

畲族是中华人民共和国成立以后在政府民族识别中确认的唯一一个以原始生计方式命名的少数民族。"畲"从一种耕作模式在历史发展进程中逐渐演变成族群的名称"畲族"。而畲族在族群发展的历史上也有不同的他称。

1. 作为一种耕作模式的"畲"

"畲"字最早出现于春秋战国时期。《诗经·周颂·臣工》中有"新畲"一词，《周易·无妄》里有"不获耕，不菑畲"之句，这里的畲均指新开垦的田地。当然"畲"字在古代文书中的意义也略有差别。《尔雅·释地》注解"田三岁曰畲"。《诗诂》中亦认同"田二岁为畲"。从战国到隋唐时期，中国古代农业的休耕制度逐渐退出历史舞台，此时的"畲"增加了新的音和义：读"yú"时是指开垦两三年的田，读"shē"时则为"畲田"（熟田）的含义。虽然在具体的垦种时间上存在一定的差异，但在古文中，将"畲"字表述为"新垦种的熟田"含义，基本一致。

唐宋以后，作为"熟田"的"畲"在汉文典籍中更是经常出现。可见畲田农业作为一种粗放的耕作方式早在春秋时期就已经存在，唐宋以后仍在中国南方地区广泛存在，尤其是在西南一带的非汉族群"巴人"地区。例如，宋代时期西南地区的抚水州，部分"蛮夷"族群"据山险"开畲田，但"收谷粟甚少"[①]。湖南的沅湘山区，农家多在冈阜之处种粟，"每欲布种时，则先伐其林木，纵火焚之，俟其成灰，即布种于期间。如是则所收必倍，盖史所谓刀耕火种也"[②]。这里的"所收必倍"，是与原先未进行"焚木成灰"更为落后的耕作方式进行比较，实际上相对于较精细的谷地农耕方式，这种刀耕火种的山地耕作方式必然难以取得更高的效益。

明清以来，部分南方非汉民族地区依然延续刀耕火种的耕作方式，其中又以畲人烧畲最为典型，闽东地区"……过湖坪，值畲人纵火焚山，

---

① （元）脱脱等撰：《宋史》卷495《列传·第二五四》，中华书局1977年版，第14205页。

② （宋）张淏撰：《云谷杂记》补编卷2，张宗祥校录，中华书局1958年版，第104页。

西风甚急，竹木迸爆霹雳。舆者犯烈炎而驰下山，回望十里为灰矣"①。汀州地区"畲客开山种树，掘烧乱草，乘土暖种之，分粘不粘二种，四月种，九月收"②。粤东地区"輋人……其人耕无犁锄，率以刀治土，种五谷，曰刀耕；燔林木，使灰入土，土暖而蛇虫死，以为肥，曰火耨。是为畲蛮之类。《志》所称伐山而留蓺草而播，依山谷采猎，不冠不屦者是也"③。可知，"畲"作为一种耕作方式拥有久远的历史，在隋唐之前就广泛存在，并一直延续整个封建时期。它不是属于某一族群或某一区域的特有的生产方式，实际上，它与山区地形相联系，曾广泛存在于包括汉族在内的各个族群中。

2. 作为族群他称的"畲"

作为耕作模式的"畲"出现得较早，而被用于族称的"畲"字最早是出现于南宋末年。刘克庄在《漳州谕畲》中记载："凡溪峒种类不一：曰蛮、曰猺、曰黎、曰蜑，在漳者曰畲。西畲隶龙溪，犹是龙溪人也。南畲隶漳浦，其地西通潮、梅、北通汀、赣，……二畲皆刀耕火耨，崖栖谷汲……畲民不悦（役），畲田不税，其来久矣。"④

南宋以后，"畲民"之称常见于汉文典籍之中。《宋季三朝政要》记载，文天祥、张世杰领兵入闽粤赣三省交界之地时，称当地的武装势力为"畲军"。《续资治通鉴》记载："宋张世杰自将淮兵讨蒲寿庚，时汀漳诸路剧盗陈吊眼及畲妇许夫人所统诸峒畲军皆会。"⑤ 可见，此时宋廷已识认了闽粤赣三省交界地的"畲民"。《元史》延续了宋史的称谓。在《世祖本纪七》中记载："至元十五年十一月，建宁路政和县人黄华，集樵夫，联络建宁、括苍及畲民妇自称许夫人为乱……至元十六年五月，诏谕漳、泉、汀、邵武等处暨八十四畲官吏军民，若能举众来降，官吏例加迁赏，军民安堵如故。"⑥ 此后，从明代至民国时期亦是如此。如《明史》记载："漳平……南有百家畲洞，踞龙岩、安溪、龙溪、南靖、漳平五县

---

①　（明）谢肇淛撰：《太姥山志》，清嘉庆五年王氏慕园书屋刻本。

②　（清）杨澜撰：《临汀汇考》卷4，光绪四年刻本，第15a页。

③　（清）李调元撰：《南越笔记》卷7，广陵书社2003年版，第309—311页。

④　（宋）刘克庄撰：《后村先生大全集》，上海书店1989年版，第128页。

⑤　（清）毕沅编著：《续资治通鉴》卷183《元纪一》，中华书局1957年版。

⑥　（明）宋濂撰：《元史》卷10《世祖本纪七》，中华书局1976年版。

之交。"① 这里的"畲洞",已不完全表示畲民居住的"岩洞""窟穴"的原意,已转化为少数民族"聚落"或组织的含义,② 说明此时漳平南部山区已广泛生活着畲民这一族群。在民国版的地方志中,凡有畲民分布的地方,均有"畲民""畲客"历史习俗的记载。可见,此时"畲"作为一个族群的名称已被王朝政权普遍识认。

与"畲民"同时出现在南宋,并被用于指称同一群体名称的还有"輋民"。关于"輋"字的由来,胡曦在《兴宁图志考》中提到:"輋本粤中俗字,或又书作畬,字土音并读斜。"③《广东通志》亦释曰:"畲与輋同",意指"在山间搭棚而住",则"輋民"就指山间搭棚而居的人群。王象之《舆地纪胜》在描述梅州风物时记载:"畬禾,不知种之所出。自植于旱山,不假耒耜,不事灌溉,逮秋自熟,粒粒粗粝,间有糯。亦可酿,但风味差,不醇。此本山客輋所种,今居民往往取其种而莳之。"④这里所提及的"山客輋"是最早见诸记载的畲族名称。"輋民"虽与"畲民"同指一类人群,但二者也略有区别。一是"輋"主要强调的是居住模式,而"畲"强调的是生产方式;二是"輋"作为广东的俗字,"輋民"主要指称粤东、赣南地区的畲族群体,在应用上远不如"畲民"常见。

南宋以降至民国时期,"畲民""輋民"的称呼延续了七百余年。由于畲族没有本民族的文字,因此关于畲族的他称大多见于汉文的史籍之中,在此期间,各朝代的正史和地方志中均存在与"畲民"相关的名称记载,例如"畲蛮""畲洞""畲瑶"等形成畲民族群性质的名称,也出现"畲人""輋民""畲客""輋客"等同义代称。同时,由于区域的隔离,文化的隔阂,甚至出现"畲寇""畲贼""蛇客""畲婆"等侮辱性的错误族称。"畲民"称呼的复杂多样也反映了畲族历史发展的漫长曲折过程。⑤

① (清)张廷玉等撰:《明史》卷45《地理志六》,中华书局1974年版。

② 李积庆:《畲族形成变迁史新论——"畲"、汉族群边界的历史考察》,博士学位论文,福建师范大学,2016年,第54页。

③ (清)胡曦:《兴宁图志考》卷1,光绪八年刊本。

④ (宋)王象之撰:《舆地纪胜》,中华书局1992年版。

⑤ 谌华玉:《粤东畲族:族群认同与社会文化变迁研究》,社会科学文献出版社2014年版,第59页。

（二）作为畲民自称的"徭人""山哈"

"族群自称"被认为是最有效的族群认同与族群边界符号，拥有共同称号的常被视作同一族群。[①]

虽然畲族没有自己的名字，但在畲族漫长的历史进程中是否存在过自称？郭志超通过对史籍的研究后，提出宋代时期畲族就存在"徭人"与"山客"的自称。他列举了两个论据：一是 1929 年史图博的《敕木山畲民调查记》，二是 1952 年福安县林岭乡廉岭畲村的宗谱。《浙江景宁敕木山畲民调查记》记载："（畲民）家谱中不用一般常见的'猺'字而用了'徭'字。"史图博等人还发现，敕木山村蓝姓畲民的族谱中记载："原宗高祖盘蓝雷钟徭人迁会稽山内，迁出广东潮州府海洋县九都七贤洞内，移去十三都八排山下居住，凡十世余年到后唐。"[②] 说明直到民国时期，敕木山的畲民仍有"徭人"的历史记忆。1952 年福安县林岭乡廉岭畲村的宗谱中同样记载有"自立徭户"之句。[③] 可见，在近代畲民自身书写的民间文献中，较普遍地存在关于"徭人"的本族群称呼。郭志超认为，清代的"徭人"是畲族的书面语自称，"山哈"是畲族的口头语自称。且"山哈"这一在闽东、浙南广泛流行的畲族口语自称，在畲民的族谱中从未出现过，说明畲族书面语和口头语的自称是分开的。至于"徭人"这一自称出现于何时，郭志超根据畲族文献《敕赐开山公据》记载的内容进行推断，认为"徭人"正是宋代畲族的自称，且提出"畲、瑶同称只是两族同源的现象遗存，不因名同而意味相同"[④]。

中华人民共和国成立初期，闽粤部分地方的畲民还保留"徭人"的历史记忆。如广东罗浮山区博罗、增城两县的"贺爹"，即使在被确定为"畲族"之后，仍有一段时间坚持认为自己是"瑶人""瑶族"，而不是"畲民""畲族"。在福建地区也发现一些畲族宗谱或祖图文字中，也有自

① Michael Moerrman，"Ethic Identification in a Complex Civilization：Who Are Lue?" *American Athropdogist*，1965，pp.1215 –1218.

② ［德］史图博、李华民：《浙江景宁敕木山畲民调查记》，中南民族学院民族研究所 1984 年版，第 137 页。

③ 陈永成主编：《福建畲族档案资料选编（1937—1990 年）》，海峡文艺出版社 2003 年版，第 36 页。

④ 郭志超：《畲族文化述论》，中国社会科学出版社 2009 年版，第 61—63 页。

称是"徭人"或"徭家"的记录。尤其是畲民较为聚居的福安县，在民族识别前夕，始终排斥把"畲族"作为其民族名称，主张"瑶族"一说。下文我们将对此进行集中阐述。

（三）"畲族"族称的最终确定

中华人民共和国成立之前，广泛存在于闽东、浙南的"山哈""山客"等畲族自称，意指后来迁居山里之人，强调本身的非土著身份。同时"山哈"一词也被畲民用于联络本族成员的情感。但在粤东凤凰山山区，畲民却没有类似"山哈"或"山客"的自称，可见这一称呼极有可能是畲民从闽粤赣交界地迁徙至闽浙赣交界地期间形成的，畲族先民内部应该缺少统一的自称。① 中华人民共和国成立之初，畲民在自称及他称上的分歧，也让部分地方的畲民困惑，甚至由此引发民族认同与组别确认的问题。

中华人民共和国成立以后，国家民委先是派出调查组对福建、浙江等地开展民族识别工作，而后于1955年又派出调查组到广东畲民居住地开展民族识别工作。根据两次调查汇报结果，1956年12月，中央统战部向浙江、福建、广东、江西省委统战部发出电报并上报中央："关于畲族的民族名称问题，从各省的文电看来，浙江、广东、江西三省的畲民都同意叫畲族，认为他们的宗谱和历史记载都叫畲族，这个名称并不带有侮辱性质……根据上述情况，我们认为确定对畲民称为'畲'族还是比较适当。"②

至此，"畲族"正式成为畲民的自称和他称。从民族形成的意义上来说，畲族族称的出现与确立，既是民族自我意识觉醒的标志，也是畲族正式形成的标志。此时的"畲"有了新的时代理解，"畲"字上的"人"字是搭草寮的人字架，中间的"示"字，是表示这是一支古老的民族，下面"田"字有三层含义：第一，表示这支古老民族不是靠游牧、游猎，而是靠游耕为生存手段的；第二，体现这支古老民族的迁徙

---

① 谌华玉：《粤东畲族：族群认同与社会文化变迁研究》，社会科学文献出版社2014年版，第59页。

② 陈永成主编：《福建畲族档案资料选编（1937—1990年）》，海峡文艺出版社2003年版，第181页。

历史，搭寮安家，烧畲、垦畲、种畲（地）的创业历程；第三，表示这支古来民族，受压迫、受歧视、受剥削数千年，而今在中国共产党的领导下，实现了民族平等，成为祖国大家庭中成员，在土地革命时期分到了一分田地之意。①

三 族群性与互文性：畲族民间故事的整体特征

通过以上的分析，我们可以确定两个基本的历史事实：一是畲族是个"单一"民族。无论是在历史与现实层面，还是在政治和法律层面，畲族都是中华民族共同体中的 56 个民族之一。这决定畲族民间故事的族群性——它是由畲族这一群体在历史实践中创作而成的。二是畲族是个多源合流的族群。正如前文所述，畲族的族源是多元的，各民族在长时段过程中的交往交流交融实践，最终促成了畲族族群的发展与确定。正如费孝通先生的"中华民族多元一体发展格局"理论所示，每一个民族的发展都是一个不断"得到"和"失去"的过程，是一个不断"涵化"他群体，也不断被他群体所"涵化"的过程。这种各民族"血浓于水"的历史事实，赋予畲族民间故事一个鲜明的特点，即互文性。这种互文性为畲族民间故事中的中华民族共同性生成奠定基础，也使畲族民间文学成为中华民族文化宝库的重要组成部分。

（一）何以为"畲"：畲族民间故事的族群性

畲族是一个单一民族，它有自己的发展历史以及在此过程中形成的族群称号。这些赋予了畲族民间故事鲜明的族群性，使之成为"畲族"的民间故事。

畲族发展进程中特定的社会形态以及特殊的地理生态环境，孕育了畲族民间文学。它在一定程度上表现了畲族人民生活的方式、意义和价值，更表现了该民族的特性及其审美特质。从故事结构上来看，畲族民间故事经常采用递进式结构。如《秋妹》《一样归一样》等故事，将数则既相关又可独立成篇的故事串联在一起，在叙述上环环相扣，又层层递进——后一个结构比前一个更为精彩，更富悬念。在叙事风格上，既短小精悍，又

---

① 雷猛鸣整理：《畲族族称确定亲历记》，雷关贤口述，载浙江省政协文史资料委员会编《浙江畲族百年实录》（上），浙江人民出版社 2013 年版，第 150 页。

突出主题。如《拾毡帽》《先苦后甜》《没泥哪来的谷米》等故事，虽只有数百字，但故事结构完整，叙述语言简洁，且不影响故事表达的主题。在《拾毡帽》中，近视眼的财主以为聪妹说的有人把毡帽丢在门外是真的，便伸手去捡，发现是牛粪，心里叫苦，但怕失面子，便说"毡帽太破了"。甩手走开。更为贪财的财主婆认为破的也可以垫鞋底，还去抓"毡帽"，也发现是牛粪，同样是怕失面子，便说"实在是太破了"。这种黑色幽默式的结局，是财主夫妇在被欺骗之后，用自嘲来解脱，而长工们则在这场捉弄中，获得了开心的笑。在表现手法上，畲族民间故事重在叙事，意在树人。例如，畲族机智人物故事从故事的一般形态来看，似乎仅在叙述一件事，但是在浓墨重彩的叙事之后，真正想要塑造的是主人公。例如，《打官司》讲述的是财主发福诬赖老实巴交的阿民偷了十根杉树，并告到县衙，最后却是阿民赢得了官司。故事叙述的只是打官司的经过和对话，主人公聪妹没有出现，但却从打赢官司这件事情上让人感到了聪妹的非同一般。因为事实上，赢得官司的是聪妹教给阿民的几句台词，这台词使发福赔了十根杉树，也使县官那自以为聪明其实是愚蠢的形象凸显出来。

此外，作为族群第一语言符号的族群名称对畲族民间故事的影响是显而易见的。族群的自称和他称具有深厚的感情和习惯包袱。畲族没有本民族的文字，自南宋以后，"畲民"之称常见于汉文典籍之中并一直延续至民国。"畲蛮""畲洞""畲瑶"等形容畲民族群性质的名称以及"畲人""輋民"等同义代称。时常出现在各朝代的正史和地方志之中，但由于区域隔离、文化隔阂，"畲寇""畲贼""蛇客"等侮辱性的错误族称也同时见于其中。这也是在中华人民共和国民族识别前期，福建等地的畲民并不认可"畲"作为本族群名称的原因。这样的历史事实对畲族民间故事最直接的影响就是，在畲族的民间故事中，我们较少见到畲民自称为"畲"，为数不多的情况往往出现于对抗主题的"长工智斗地主"生活故事或革命抗争的英雄故事之中。与此相反的是，极少在汉文典籍中出现的畲族自称"瑶人"与"山客"（又称"山哈"），经常出现于畲族的民间故事。畲民在民间故事中常以"山哈"称呼和介绍故事的主角，例如："我们山哈人""山哈钟阿三""山哈有个人""山哈有俗语"，等等。

总的来说，在畲族发展进程中，畲族被王朝统治者和周边族群所识认，有了标识族群边界的符号——自称和他称，逐渐形成并不断强化了族群认同，形塑了畲族民间故事的民族特性。正因为这种特殊性，畲族的民间故事才越发显现出它的价值作用。与此同时，它也为畲族成长为中华民族共同体一员奠定族源基础，为畲族民间故事中的中华民族共同性的形成提供族源根基。

（二）畲汉共生：畲族民间故事的互文性

我国自古以来就是一个统一的多民族国家。在长期历史发展过程中，我国各族人民创造了各具特色、丰富多彩的民族文化。而各民族文化相互影响、相互交融，呈现出典型的"互文性"，从而不断丰富中华文化的内涵，增强了中华文化的生命力和创造力，提高了中华民族的文化认同感和向心力。

"互文性"概念最早由法国著名文学理论家朱丽娅·克里斯蒂娃（Julia Kristeva）提出。互文性即"文本间性""文本互涉"，指文本之间互相指涉、互相映射的一种性质。在朱丽娅·克里斯蒂娃看来，任何文本都是与其他文本互文后的结果。[1] 民间故事也不例外，它是在讲述者、接受者同时在场的语境内产生新意、形成对话。[2] 法国结构主义理论家列维–斯特劳斯（Claude Levi-Strauss）提出的"修补术"则有助于帮助我们更好地理解民间故事的互文性特点。他认为艺术是经过修补的结果，而修补匠在修补的过程中并不按设计的方案去提供工具，他的所有工具和操作方式都是来自他手边的存在之物。[3] 民间故事是艺术的典型表现形式之一，民间故事的创作者也是修补匠，他不仅从所处的语言系统中择取适当的词语，还要从已有的文本和传统中选择情节、叙事方式和套语等。他在讲述的过程中，巧妙地动用当时社会环境的一切文化因子，择取吸收，接受融汇，形成"这一个"故事。在此意义上，民间故事的创作者，不是

---

[1] Julia Kristeva, "Word, Dialogue and Novel", in Toril Moi ed. *The Kristeva Reader*, Oxford: Basil Blackwell, 1986, p. 37.

[2] ［法］蒂费纳·萨莫瓦约：《互文性研究》，邵炜译，天津人民出版社 2003 年版，第 1—2 页。

[3] ［法］蒂费纳·萨莫瓦约：《互文性研究》，邵炜译，天津人民出版社 2003 年版，第 23 页。

简单意义上的修补匠，更像是一位工程师，它不仅向世界提出问题，而且总是设法超出或超脱某一特殊文明状态所强加的限制。①

可以发现，在多元文化场域中的畲族民间故事其互文性特点尤为显著。在历史发展过程中，畲族民间故事的创作者从不同的文化、文本中选取材料进行整合，不断吸收、改造、融入本民族的传统之中，从而形成开放包容、精彩纷呈的多元文化形态。

畲族民间故事互文性产生的原因及突出体现就是畲汉民族之间长期的交往交流交融。畲族的历史发展既具有多元地方性，又具有深厚的畲汉共生性。对于畲族而言，至迟在隋唐时期，畲族先民即聚居在闽粤赣湘交界处，尔后历经千余年的民族迁徙，至明清时期嬗变为一个东南山区的散杂居民族，形成与汉族交错杂居的"插花式"分布格局②。畲族共同体虽在宋元时期已初步形成，但并未被周边族群，特别是汉族统治者普遍识别。直到明清时期，大部分畲族定耕于闽浙赣交界区，才被汉人精英普遍识别，并大量书写，使得畲汉之间的族群边界逐渐明晰，畲族的族群意识也日渐增强，并逐渐发展成为现代民族学意义上的"畲族"主体。可以说，畲族的迁徙史，就是一部畲汉民族关系互动史。正是在与汉族广泛的交往交流交融中逐渐形成稳定的畲族共同体，成为中华民族共同体的一员。也正是在这样的历史进程中，决定了畲族民间故事的畲汉共同性。

畲族民间故事的叙事要素具有汉族文化色彩。传统畲族民间故事中的人物名称、叙事时间与叙事空间往往具有鲜明的畲族游耕文化的色彩，但在这个底色之上又融入从汉族文化流传而来的"农耕"文化色彩，如在故事的语言使用上，浙闽地区的畲族民间故事一般都会出现"畲话"，如"后生仔"指年轻男子，"布女仔"指年轻女子，"布娘"指妻子，"细的"指小孩子，"司葛"指断肠草；而另外一些词又是浙闽地区的汉语客家方言，如，"做式"指干活，"带身"指怀孕，"瞒笑"指开玩笑，"做

---

① ［法］列维－斯特劳斯：《野性的思维》，李幼蒸译，商务印书馆1987年版，第25—26页。

② 王逍：《走向市场：一个浙南畲族村落的经济变迁图像》，中国社会科学出版社2010年版，第28页。

堆"指一起或作伴，等等。这体现了"畲话"本身就比较接近汉语客家方言但又不同于现代客家话或潮州地方方言的语言。

畲族民间故事的故事情节来源于汉族小说或戏剧中的常见元素。这些故事会直接介绍一些汉族文化中的习俗，甚至是以汉族民间故事形式和其他文体方式直接传播至畲族，如中国的四大爱情故事——孟姜女哭长城、牛郎织女、梁山伯与祝英台、白蛇传，以及经典志怪传奇等古代小说。这些原本是汉族民间口头流传的故事传说传到畲族后，在故事情节与重要母题方面虽然保留了汉族文化的特色，但传入畲族后，增添了畲族的生活习俗与文化特征，借此表达超出原有故事的主题和伦理。

畲族民间故事的重要母题与汉族民间故事交融相通。在畲族的神话故事中，畲族创世神话存在大量"盘古开天地"与"后羿射日"等经典母题的异文。畲民结合本民族客观环境和实际需要，对这些母题神话进行借鉴和改造，反映出畲汉民族同源共祖，共同生存于中华大地之上的文化心理。同样在畲族的民间信仰故事中，既存在大量反映畲族盘瓠崇拜以及相关习俗的神话故事，如《盘瓠出世》以及衍生出的《三公主的传说》等，体现出武陵蛮后裔的显著特征，也存在大量龙王故事与神鸟传说故事，体现百越民族和汉族的特点。另外，畲族民间生活故事中存在大量通婚母题的故事就是"历史上既存在畲融于汉的可能，也有汉融于畲的可能"的重要佐证。

畲汉共生性又构成了畲族民间故事中的中华民族共同性的最重要内容和最直接表征。换言之，畲族民间故事的中华民族共同性主要是通过畲汉共生的互文性来体现的。因此，我们可以通过畲汉互动的视角探讨畲族民间故事中的中华民族共同性的生成原因，并对畲族民间故事的具体类型进行文本研究。

第二节　畲族民间故事的搜集整理与研究现状

畲族民间故事是畲族人民创造并表现自己的生活、习惯，对于大自然的认识等内容的丰富的民族文化遗产，在漫长的历史进程中，它一直陪伴着畲族人民，成为他们传承历史，讲授知识，教育族人的有力武器。它不但具有深刻的思想性，同时也具有鲜明的艺术特色和感人的艺术魅力，具有很高的审美价值。畲族民间故事的搜集、整理与研究工作，既是在国家及各级政府的政治引导下，自上而下开展的，也有畲族民间社会自觉而形成的自下而上的主动推进与配合完成的。畲族民间故事的收集整理与研究呈现出明显的阶段性，而在每个阶段，这两种力量所发挥的作用以及所占的权重也不一样。本节主要对畲族民间故事的收集、整理、出版和研究进行回顾和总结，在前贤工作的基础上，更好地推进畲族民间文化和中国多民族民间故事学的研究工作。

一　畲族民间故事的收集整理

民间故事是民间文学的主要类型之一。畲族民间故事的搜集、整理与研究工作与我国的民族识别工作、少数民族社会历史调查以及中国民间文学三套集成编纂工作有着直接的关系。

（一）第一阶段：少数民族社会历史调查与畲族民间故事初步发现

我国的民族识别工作在中华人民共和国成立之初就提上了议事日程，1953 年开始大规模的民族识别工作。就发展进程来看，大体可以分为三个阶段：第一阶段从 1949 年中华人民共和国成立起，经 1953 年全国人口普查，到 1954 年第一届全国人民代表大会的召开；第二阶段从 1954 年到 1964 年的第二次全国人口普查；第三阶段是 1964 年起，经 1982 年第三次全国人口普查至今。在开展民族识别工作的过程中，国家先后组织了16 个少数民族畲汉历史调查组，近千人的科学工作者开展少数民族社会历史调查。各调查组从 1959 年起陆续撰写少数民族简史、简志和民族自治地方概况三套丛书书稿，整理调查资料 300 多种。1979 年由国家民族事务委员会领导，组织了"民族问题五种丛书"编辑委员会，陆续编写并出版各种丛书 400 余册，8000 多万字，详细介绍了中华民族历史文化是各族人民共同创造的，各族人民在祖国大家庭中相互依存、谁也离不开谁的真理。

关于畲族的民族识别工作开始得较早，但由于前文提及的因素，对于畲族的认定又相对较迟。1953 年，国家民族事务委员会先是派出调查组对福建、浙江等地开展民族识别工作，而后于 1955 年又派出调查组到广东畲民居住地开展民族识别工作。根据两次调查汇报结果，1956 年 12月，中央统战部向浙江、福建、广东、江西省委统战部发出电报并上报中央："关于畲族的民族名称问题，从各省的文电看来，浙江、广东、江西

三省的畲民都同意叫畲族，认为他们的宗谱和历史记载都叫畲族，这个名
称并不带有侮辱性质……根据上述情况，我们认为确定对畲民称为'畲'
族还是比较适当。"① 因此，畲族是在第二阶段时被认定为一个"单一民
族"，并在第三阶段，对部分地区的畲民进行了补认。如1996年，贵州省
人民政府发文同意认定黔南布依族苗族自治州的都匀市、福泉县和黔东南
苗族侗族自治州之凯里市、麻江县共4个县（市）的东家人为畲族。

在这个过程之中，调研者还对畲族的社会历史进行广泛调查，搜集整
理了大量畲族文献，也形成了数量极为可观的调研成果。其中代表作有
《中国少数民族社会历史调查资料丛刊》福建省编辑组编的《畲族社会历
史调查》、《畲族简史》编写组编写的《畲族简史》，这两本编著都是由民
族出版社出版，还有施联朱领衔完成的《浙江景宁东弄畲族情况调查》。
这些作品为后人研究、了解畲族传统文化、生活习俗提供了很好的资料。
但由于特殊的历史背景和时势要求，就调查报告的内容来说，主要侧重于
对民族压迫与反抗斗争、经济生活、社会组织和风俗习惯等方面，对文教
卫生方面的描述较少，且内容大抵相同，主要指出畲族有自己的语言，但
没有自己的文字，畲族社会现代教育发展落后，畲民受教育文化程度较
低，且山歌或叙事诗（小说歌）是畲民的主要文娱活动。也正是因为如
此，山歌和叙事诗经常成为描述畲族的文化标签。直至如今，也是"言
畲必歌"，福建霞浦的小说歌也较早成为国家级非物质文化遗产。

虽然在《畲族简史》的第九章"畲族的风俗文化"中，单独列出"其
他形式的民间文学"，但在内容上仅是对民间神话、传说、故事、寓言、笑
话进行条目式的列举和极其简短的分析，与对"民歌"的大篇幅描述和分
析，形成鲜明反差。作为畲族民间文学主要体裁之一的民间故事，却较少
被人提及。关于畲族民间故事的搜集整理工作开展也较为滞后。它就一直
潜藏在畲族民间社会之中，发挥着潜移默化的娱乐教化作用。

（二）第二阶段：中国民间文学三套集成编纂工作与畲族民间故事的
大发展

实际上，这也与"民间文学"的特殊性相关。虽然早在先秦时代，

---

① 陈永成主编：《福建畲族档案资料选编(1937—1990年)》，海峡文艺出版社2003年版，
第181页。

我国就开始搜集、记录民间文学，关于民间文学某些体裁的名称，如"歌""谣""谚"等，早就产生。但在"五四运动"之前，民间文学还是被视为"野人"的文艺，一般都受到轻视。在新文化运动以后，开始受到一定的重视，记录作品的集子出版得多了起来。但到了1958年以后，它还是受到冲击。这是新文化运动以后，民间文学所遭遇到的最悲惨的境遇①。1978年以后，民间文学迎来了发展的春天，民间文学课程重新被列入一般大学和高等师范院校中文系的课程之中。与此同时，在20世纪80年代以后，在现代化、城镇化、信息化与经济全球化的多重裹挟下，世界各民族的传统文化受到前所未有的冲击，陷入了集体性的"文化危机"。在全球范围内掀起了保护和抢救非物质文化遗产的热潮。

民间文学的搜集整理工作开始受到各级政府和学者们的重视。一场轰轰烈烈而又影响深远的关于民间故事的搜集整理与编纂工作在全国范围内铺开。这项工作的动议，最初是1981年中国民间文艺研究会常务理事扩大会上提出来的，同年，中国民间文艺研究会决定按省、自治区、市分类编辑出版《中国歌谣集成》《中国民间故事集成》《中国谚语集成》三套丛书。1984年，由中国民间文艺家协会会同国家文化部、国家民族事务委员会联合主持的中国民间文学三套集成的编纂工作正式启动，使之真正成为一项国家文化工程。据初步统计，先后有数十万人次参与普查工作，搜集整理神话、传说、民间故事、史诗、叙事诗302首，谚语748万余条，编印资料3000余种（本），总字数超过4亿，出版了省卷本90卷，地县卷本4000多卷。其间还发现登入民间歌手、故事家万余人。三套集成保存了大量的非物质文化遗产，记录下了20世纪末"活"在全国各民族民众口头上的民间文学的口述文本。这项成果成为中华文化史甚至世界文化史上卷帙最为浩瀚的民间文学的文字记录。而且在民间故事（含神话、传说等）、歌谣、谚语分类方面形成了一套符合中国国情的分类体系，同时在调查、整理、选编过程中建立了一套严格科学的工作规范。

畲族民间故事在此进程中受到国家和社会的共同关注，迎来了发展的高潮。特别是畲族人口较为集聚的福建、浙江等省的县市，搜集整理和出

---

① 钟敬文主编：《民间文学概论》（第二版），高等教育出版社2010年版，前言。

从故事类型、具体母题、审美特征与文本价值等议题展开，相关议题之间并未割裂而是存在相互交叉，共同讨论的情况。

1. 故事类型研究

类型是民间故事研究中一个重要概念，它由芬兰学者阿尔奈在《故事类型索引》一书中首先提出，作者将其界定为贯穿于多种异文中的基本要素相同而又定型的故事框架。美国学者斯蒂·汤普森在此基础上对其进行了补充和修订，他们的分类体系被广泛认同和使用，被称为阿尔奈－汤普森体系，简称 AT 分类法。中国学者刘守华在对大量民间故事进行深入研究基础上指出：类型是一个完整的故事。类型是由若干母题按照相对固定的顺序组合而成的，它是一个"母体序列"或者"母题链"。这些母题也可以独立存在，从一个母题链上脱落下来，再按照一定顺序和别的母题结合构成另一个故事类型。类型法是研究民间故事乃至整个民间叙事的重要方法。类型的确立离不开民间故事记录文本，它们是进行民间故事类型研究的前提和基础。夏敏在《福建畲村口头文化遗产向审美资本的转化》一文中，依据《中国民间故事集成·福建卷》的文本，通过类型法将福建畲村的民间叙事类文学分为神话、传说和普通民间故事三种类型。① 神话包括人类起源型的神话、射日型神话、雷公雷婆神话及民族起源类神话。传说，包括自然景物风物传说和历史人物传说。畲族自然景物风物传说很多与山，与水，与山里的动植物有关；历史人物传说较为丰富，有钟熙侯王、豹子师傅、插花娘、雷海清与雷万春。受到汉族传说影响，畲族也有孟姜女的传说，白蛇的传说等汉文经典小说故事。普通民间故事，包括动植物故事、幻想故事、鬼怪故事与生活故事等。在此基础上，并对各类型故事进行母题分析。

夏敏对畲族民间叙事类文学的研究具有一定的参考价值，其对各类型故事的母题分析，也较为准确，但因其主要参考的是《中国民间故事集成·福建卷》，文本来源较为单一，文本数量较为单薄，在很大程度上制约了研究结论的普遍性。而且限于论文的研究主题与论文的篇幅，其对畲族民间故事的母题并未充分展开分析和阐释，影响了研究的深度。

① 夏敏：《福建畲村口头文化遗产向审美资本的转化》，《集美大学学报》（哲社版）2018年第 2 期。

2. 具体母题研究

母题是故事中最小的叙事单元，可以是一个角色、一个事件或一个特殊背景。畲族民间故事的母题非常丰富。在众多母题之中，目前最受学者关注的还是盘瓠神话。以盘瓠神话为原型，衍生出很多母题，这些母题出现于各种民间故事类型，如族群神话、动植物故事、英雄故事、生活故事，等等。基于此，当前部分学者主要从民俗学视角对盘瓠神话的相关祖图进行研究，而对民间文学中存在的盘瓠神话异文研究得较少，例如在研究某个民间故事文本时会结合盘瓠神话对故事文本进行解读，但对盘瓠神话母题的集中讨论，并不多见。除盘瓠神话母题之外，陈夏临对宁德民间故事的灾厄母题以及"石意象"母题进行了较为深入的探讨。陈夏临指出，在山海之乡福建宁德，流传至今的畲民故事有许多都含藏着具有灾厄智慧的母题，它们以隐喻手法暗藏灾厄记忆，展现宁德畲族的灾厄智慧。她将之概括为射日与龙女母题的协作智慧、海洋与龙神母题的互信智慧、天火与石母母题的互哺智慧、灾荒母题的共生智慧、时疫母题的发现智慧。① 同时，在《变与常：闽东畲族民间故事中的石意象》一文中，陈夏临和葛桂录又重点探讨了闽东畲族民间故事中的石意象母题，他们认为，石意象的隐喻是在闽东畲民所崇奉的"天人合一"观基础上应对突变灾厄与寻常世态的辩证态度与文化模因。石意象的"使者"意义体现在：它既与人共存共难又暗藏了自然对人性的考验，通过考验者受到"使者"直接庇佑，而违反"天人合一"观的自我意识，则毁伤"使者"、受到惩罚。石意象及其在民间故事中的传承，折射了闽东畲民世代流传的灾厄观与生态观，而无论是"石母"还是"流米石"均有隐性的"哺育"内涵。石的"性别"指向，决定了闽东畲族石头故事源于母系氏族社会，石意象是古老且见证族人原始文化观的民族符号，以质朴的形象记载并传承了民族文化模因。② 陈夏临进而分析出，宁德畲族民间故事的母题有独特的潜在话语建构与再生方式。宁德畲民故事通常以宁德民俗传说等为蓝

---

① 陈夏临：《"世内桃源"的集体性文化记忆：从民间故事管窥宁德畲族灾厄智慧》，《丽水学院学报》2022 年第 1 期。

② 陈夏临、葛桂录：《变与常：闽东畲族民间故事中的石意象》，《宁德师范学院学报》（哲学社会科学版）2021 年第 3 期。

本，但并非简单地转引或复制当地民间故事，而是凝聚了丰富的宁德畲族民俗文化特性、民族信仰因子，本质上是闽东畲民应对时代潮流时，地域民族文化自信的坚持与发展。① 应该说，陈夏临等人对于宁德或闽东民间故事的研究是较为深入和系统的，提出的一些观点和论断具有较强的创新性，是深化畲族民间故事学理研究的有益探索。

3. 审美特征与文本价值研究

畲族民间文学不仅是畲族人民生活的曲折反映，也是畲族审美艺术的重要方式。吴素萍通过考察畲族民间文学的审美内涵时，发现其审美特征与强调人与自然、人与社会、人与人和谐共处的生态精神不谋而合。具体表现为原生态的稚拙美、善美合一的崇高美、多元交融的和谐美。② 潘丽敏认为，畲族民间故事不但具有深刻的思想性，同时也具有鲜明的艺术特色和感人的艺术魅力，具有很高的审美价值。畲族民间故事结构常采用递进式结构，使故事呈现短小精悍、幽默风趣、主题突出、重在叙事、意在树人等艺术特征。③ 方清云深入广东凤凰山的凤坪村进行田野调查并指出，凤坪村的畲族传说故事具有山居文化特色鲜明、女性崇拜意识突出、畲客文化的交融等特征。④

（二）畲族民间故事研究的整体式微

综合以上分析，学界关于畲族民间故事的研究已有一定的积累，但也存在一定问题：一是研究内容不够全面，聚焦于盘瓠神话、灾厄母题以及"石意象"母题等少量母题；二是研究群体较为单薄，较多成果集中于个别研究者；三是研究成果影响力有待提高，发表于高水平期刊上的论文几乎没有，也缺乏关于畲族民间故事研究的专著。这些问题都说明了畲族民间故事研究才刚刚起步，与数量巨大的畲族民间故事文本之间存在极大的反差。

---

① 陈夏临：《论宁德畲族民间故事母题中民族潜在话语的文本再生方式》，《武夷学院学报》2021 年第 4 期。

② 吴素萍：《畲族民间文学的审美特征与生态精神》，《宁波职业技术学院学报》2016 年第 3 期。

③ 潘丽敏：《畲族民间故事的认知价值和艺术特点》，《兰台世界》2011 年第 S1 期。

④ 方清云：《凤凰山中的畲族故里——凤坪村的人类学考察》，中国社会科学出版社 2023 年版，第 149—150 页。

　　至于原因，大致有以下两点：

　　其一，由于特殊的历史背景和时势要求，在少数民族社会调查报告中的内容，主要侧重于对民族压迫与反抗斗争、经济生活、社会组织和风俗习惯等方面，对文教卫生方面的描述较少。而且内容大抵相同，主要指出畬族有自己的语言，但没有自己的文字，畬族社会现代教育发展落后，畬民受教育文化程度较低，且山歌或叙事诗（小说歌）是畬民的主要文娱活动。正是因为如此，山歌和叙事诗成为描述畬族的文化标签，在非物质文化遗产保护的浪潮中，率先得到关注，研究的群体较多，相关研究成果也较为丰富。而畬族民间故事虽然文本资源丰富，但其搜集、整理与出版的时间都集中于20世纪80年代以后，因此后续的研究在时间上也就必然较晚。

　　其二，畬族与汉族长期毗邻而居，畬汉民族之间交往交流交融持久且深入，使得畬族民间故事具有明显的畬汉共同性。这个特性虽然对本书的研究意义重大，是本书研究的逻辑起点。但在铸牢中华民族共同体意识被正式确定为新时代党的民族工作的主线和"纲"之前，社会各界更多的是关注单一民族发展的独特性与文化的特殊性。在此背景下，反而畬族民间故事的"族群性"并没有畬族山歌和叙事诗（小说歌）那般引人注目。而且在市场运行逻辑之中，民间故事也不如山歌那样具有较强的现场表演性，其娱乐欣赏的经济价值较难兑现。在这样多重因素的共同作用下，畬族民间故事研究的整体式微，就不难理解。

　　随着铸牢中华民族共同体意识被正式确定为新时代党的民族工作的主线和"纲"，畬族民间故事研究迎来了重要的时代契机。把畬族民间故事放在整体中华民族文化传统中进行讨论，从中探索可供借鉴的精神资源以实现传统智慧的现代转化，不仅有助于重构畬族民间故事研究的价值，促进畬族民间故事的保护与传承，而且有利于畬汉民族之间相互尊重、相互学习和相互借鉴，进一步传承中华民族优秀传统文化，铸牢中华民族共同体意识。

第三节　畲族民间故事研究的理论、
方法与内容框架

中国民间故事理论体系是立足于中国本土民间故事特质和历史社会发展特点的基础上，批判性借鉴外国民间文艺学和故事学的最新理论成果建构而成的。随着后现代主义"反传统"思潮深入民间故事研究领域，逐渐形成后现代主义研究的新范式，使得当前民间故事研究出现经典研究范式与后现代研究范式并存的理论格局。在整体上，呈现从文本研究渐向日常生活实践转换的方向趋势。① 本书正是在这样的理论发展脉络中，综合运用各种理论以及相应的研究方法对畲族民间故事进行学理探讨。

一　研究理论

（一）故事类型学理论

类型学是一种分组归类方法的体系，它通过假设的各个特别属性来识别类型的各成分。故事类型学是类型学在故事学中的应用，其代表性流派是芬兰历史地理学派。该学派认为，民间故事中的每个重要题材都有其原始形态和中心发源地，这是不同民族的故事中大量存在相似情节的关键所在。在广泛搜集故事异文的基础上，该学派将故事情节简化来探寻其原型，并通过对不同地区的异文比较，从地理文化视角追溯故事题材模式的迁徙和流变状况。芬兰历史地理学派的代表性学者安蒂·阿尔奈（Antii Aarne）对芬兰为主的大量北欧民间故事异文进行情节单元的划分，按照情节单元的异同和组合方式，归纳出民间故事的"类型"（Type），即"动物故事""普通民间故事"和"笑话故事"三类，并将不同的亚型分类编号。② 在这个分类基础上，美国学者斯蒂·汤普森（Stith Thompson）

---

① 康丽：《民间文艺学经典研究范式的当代适用性思考——以形态结构与文本观念研究为例》，《清华大学学报》（哲学社会科学版）2016 年第 1 期。

② 转引至康丽《民间文艺学经典研究范式的当代适用性思考——以形态结构与文本观念研究为例》，《清华大学学报》（哲学社会科学版）2016 年第 1 期。

将故事素材基础拓展到欧洲、亚洲和非洲等地民间故事后，将故事类型增加到五个，新增"程式故事"和"未分类的故事"①。二人创立的类型索引体系成为世界范围内民间故事通用的类型分析框架，被合称为"阿尔奈—汤普森体系"，简称"AT 分类法"。2004 年，德国学者乌特（Uther）又在 AT 分类法基础上补充了更多的资料，完成《世界民间故事索引》，也成为当前各国学者较多使用的"ATU"分类法。美籍华人学者丁乃通和中国台湾学者金荣华依据 AT 分类系统对中国民间故事的 AT 型号进行分析，前者编著了《中国民间故事类型索引》，后者完成了《中国民间故事集成类型索引》与《民间故事类型索引》。本书主要参考丁氏索引与乌特的类型索引，对畲族民间故事的类型进行比对、分类与归纳，为各类型故事的深入分析奠定基础。

（二）故事形态学理论

故事形态学的奠基人是俄罗斯学者普罗普（Vladimir Jakovlevic Propp），他从 100 个俄罗斯民间故事中借助情节与叙事节奏的复现，归纳总结出神奇故事的 31 种结构要素，也称为"功能"（Function）。通过从方法论到结论来推演故事形态研究中的形式规律，可以发现这些结构要素有着固定的组合规律。普罗普通过确定结构要素的组合与编排的序列归纳出神奇故事公式，几乎适用于所有俄罗斯民间故事。普罗普的形态学方法几十年来不断被许多国家民间故事学者广泛阐发、运用，用于探索本土的故事形态公式。格雷马斯（Algirdas Julien Greimas）简化了普罗普结构要素，在二元对立视角下总结出故事的"行动元模型"，并通过符号矩阵可视化（见图1）。格雷马斯的"符号矩阵"理论简化了故事人物关系和情节安排，将故事分析科学化、程式化。结构主义研究通过探寻文学的深层结构来规避文学分析中的主观元素，追寻故事的客观意义，其程式化的特点也让其成为人文学科众多分支学科的经典。本书以普罗普发现的"功能项"为参照，梳理和归纳畲族民间故事的"功能项"，通过"功能项"的"回合"来呈现，探讨"回合模式"的普遍性意义，进而从故事结构层面揭示畲族民间故事的特殊性与共同性。

---

① Stith Thompson, *Motif-Index of Folk Literature* (*revised and enlarged*), Indiana Press, 1990.

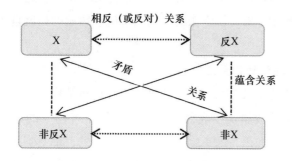

图1　格雷马斯"行动元模型"的符号矩阵示意①

（三）故事心理分析理论

精神分析学派是西方现代心理学的重要派别之一，随着跨学科研究的发展逐渐深入西方美学、文艺批评和社会学研究中。心理分析学派普遍地从故事的情节发展揭示人类心理发展的基本特征，试图超越文本层面解读故事文本蕴含的深层意义和心理根源，这一鲜明的学派特点高度适配民间故事饱含想象力的特点。民间故事中丰富的情感色彩和夸张的故事情节能够放大其中蕴含、寄托的心理机制和因素，是进行社会心理分析的良好素材。精神分析学派的创始人西格蒙德·弗洛伊德（Sigmund Freud）首次阐述了无意识的作用，提出了人格的三个层面，即欲望驱动的"本我"、有人生经验（比如遵守法律或者社会规范）的"自我"以及代表理想道德的"超我"，并阐释了三者之间相互对立、相互支撑的关系。② 弗洛伊德的精神分析法肯定了非理性因素在行为中的作用，这也为民间故事的心理分析开辟了潜意识研究的新领域。卡尔·荣格（Carl Gustav Jung）在精神分析的基础上开创了分析心理学，创造性地提出了"集体无意识"的概念，进一步强调相似甚至相同的社会体验对人的行为、意象、观念、情感等表达形式的影响。③ 在卡尔·荣格的研究中还使用广泛流传的神话故

① ［法］A.J.格雷马斯：《论意义：符号学论文集》，吴泓缈、冯学俊译，百花文艺出版社2011年版，第85页。

② 陈曼娜：《二十世纪中外心理史学概述》，《史学史研究》2003年第1期。

③ 赵冬梅、申荷永：《解释学与荣格心理分析》，《南京师大学报》（社会科学版）2007年第1期。

事中的相似人物设定和情节设置佐证了集体无意识的普适性。从心理分析学派的发展角度上看，该学派与民间故事研究领域的拓展是相互促进、共同前进的。

（四）后现代结构主义

后现代结构主义是结构主义的延续。与经典结构主义相反，后现代结构主义认为深入故事文字表面的内部研究是"解构"的过程。后现代结构主义认为文本和语言对事物的描述都是主观的，都受到文化习俗传统的影响，缠绕着社会意义和历史意义，并提出了"话语"这一概念来取代传统的"语言"概念。解构主义之父雅克·德里达（Jacques Derrida）从哲学研究范式出发，拒绝同一性逻辑，态度鲜明地反对固有的结构、固有的独断权威话语体系及固有的中心化的方式。德里达强调话语对事物、真理的梳理和系统化作用，认为话语能构建出不同形态的具象化可重复对象。① 米歇尔·福柯（Michel Foucault）作为解构主义理论的代表性人物，他从语言学的框架出发，认为话语的生成和权力密切相关，社会历史上权力的变化和更迭是话语不断重新建构的根本原因。参照此理论的基本意涵，本研究对畲族民间故事展开分析时，十分关注故事讲述的话语和语境的因素，即回到故事形成与讲述的特定时代和文化背景。

（五）现象学理论

现象指的是对象显示或展现自身的方式，强调从对象的角度对所呈现的表象或外在形式进行阐释。现象学认为社会中每个人的社会行动或社会现象都有其特定的含义，这些意义构成人类社会的本质。因此现象学的方法论是通过人的感知直接描述现象。现象学奠基人阿尔弗雷德·舒茨（Alfred Schutz）提出人类的生活世界是潜在常识的典型化（Typification）现象，人们是通过一系列决定他们的行为、行动、目的、行动方式的常识来建构和解释社会生活世界的。② 也就是说，社会成员通过运用一系列典型化的形式构建了有意义的外在经验世界，具有先验性。通过研

---

① 萧俊明：《从结构主义到后结构主义：一种文化思考》，《国外社会科学》2001 年第5 期。

② 何雪松：《迈向日常生活世界的现象学社会学——舒茨引论》，《华东理工大学学报》（社会科学版）2000 年第 1 期。

究分析现象这一外显形式能够还原出参与社会成员的常识和认知。因此，在畲族民间故事研究中，我们将现象学运用于对神幻故事的还原与再演绎，重点揭示神幻故事背后蕴含的人的潜在情感与理性认知。

（六）表演理论

表演理论，也称为美国表演学派，兴起于20世纪60年代末70年代初，是当代美国民俗学界乃至世界民俗学领域最富影响和活力的理论与方法之一。以往民间文学研究领域中的主流学派都以文本作为主要研究对象，但是表演理论聚焦于探究民间故事在流传中产生变化的原因，将故事的流传过程看作为一个创造性的交流"表演"过程，强调交流互动的特点。代表性学者理查德·鲍曼（Richard Bauman）认为交流的实际发生会受到情景、个人、传统、文化、历史、经济等因素的影响。他尤其强调表演者与参与者、观众、听众之间互动会对表演的即时性、创造性产生极大的影响。表演理论的发展扭转民间文学的静态化研究传统，代表着民间故事的研究范式从关注文本的方法论开始转向互动语境的方法论，拓宽了民间故事研究的研究视野，极大地推动了学界的新发展。[1] 本书运用该理论重点分析畲汉民族的互动交流对畲族民间故事形成与发展的深刻影响，进而窥探畲族民间故事的中华民族共同性的生成与实践。

二 研究方法

在上述理论的指引下，本书主要采用历史人类学法、故事文本分析法、主题法、故事比较法、案例分析法对畲族民间故事展开研究。

（一）历史人类学法

历史人类学方法是研究人类社会、文化和历史的一种重要方法。它结合了历史学、人类学、社会学等多个学科的理论和工具，强调在历史研究中融入人类学的视角和方法，如综合运用田野调查、口述历史、文献研究和跨文化比较等方法，旨在揭示历史事件背后的文化逻辑、社会结构和个体经验。历史人类学方法不仅仅关注历史事件和时间线，更注重人的文化、社会结构和日常生活实践。通过这种方法，可以更深入地理解人类社会的历史和文化，为未来的研究和发展提供有益的参考。民间故事起源于

---

[1] 杨利慧：《表演理论与民间叙事研究》，《民俗研究》2004年第1期。

人类早期的口头叙事，表现出了一定的相似性和文化的差异性，反映了人类基本的生理、社会心理、社会伦理等内容，因此本书可以运用历史人类学方法对畲族民间故事进行搜集整理，形成丰富的文化素材资源，并结合畲族发展的历史进程、社会结构、文化背景及实践经验对重点文本展开分析。

（二）故事文本分析法

民间故事由民间创造，且流传于民间。这就决定了民间故事联系着现实的民间文化空间，包含着知识分子的民间价值立场，以及由此所认同的民间审美原则。而这些潜藏在文本背后的价值立场和审美原则往往不会直接显现，因此需要通过分析文本加以挖掘。所谓文本分析法就是指从文本的表层描述深入文本的深层意义，进而发现那些不能为普通阅读所把握的深层意义。畲族民间故事数量繁多、类型多样、内容庞杂，唯有先通过文本分析，才能较准确地归纳类型。而文本分析主要包含修辞分析、互动分析、内容分析三方面内容。本书主要采用内容分析法，以客观和系统的方法确认畲族民间故事的信息特征，并进而推论出结果。

（三）主题法

一般来说，主题是通过人物和情节被具体化了的抽象思想或观念，是作品的主旨和中心思想，往往可以用名词或名词性短语来表述。本书运用主题法归纳与提炼畲族民间故事类型，为畲族民间故事类型的划分提供可靠的方法论基础，探讨不同主题在不同民间故事类型中的呈现方式，进而研究其所蕴含的丰富文化内涵和意义。

（四）故事比较法

民间故事具有较强的异文性，即同一主题或母题往往存在众多的异文。因此，比较法是研究民间故事较为重要的方法。本研究主要在两个维度运用比较法：一是运用比较法研究同一主题畲族民间故事因不同时空所产生的异文之间的一般性与特殊性；二是通过比较法研究畲汉民族之间关于同一主题故事的不同表达，从而探析故事背后蕴藏的畲族社会文化心理。与此同时，也在对文本进行类型比较研究中观照田野，将故事学研究与民俗学的学科转向契合，形成了故事文本与讲述交错互通的整体。

（五）案例分析法

在故事分类的基础上，通过选取该类型中具有代表性和典型性的作品进行案例分析，形成较为深入的认识，并将其中发现推而广之，从而探寻所属故事类型的结构特征与文化内涵。本书在分析同一母题但存在众多异文的故事时，往往采用此方法，对其中个别具有代表性和典型性的异文进行案例分析，同时结合一般性的异文进行补充论证，以求得出较为科学严密的论证结果。

概而言之，本书运用历史人类学方法对畲族民间故事进行搜集整理分析；通过 ATU 分类法对畲族民间故事文本进行比较与分类，以民间故事传统的类型学研究理论与方法，对畲族民间故事的世界性故事类型、本民族独特的故事类型及较难区分的故事类型进行辨析；从母题学和文学传播的视角，对畲族民间故事中的融合性故事与汉族相关故事进行比较研究，探索畲族民间故事的叙事特征；从叙事学和主题学的视角，对畲族民间故事的文学主题、文学形象、文学意义等进行考察；运用民俗学的研究方法，对畲族民间故事与汉族文化的关系进行梳理。

三 内容框架

本书的写作目的主要有两个：一是对畲族民间故事的主要类型和整体特征进行系统研究，以求向读者呈现一个较为全面的、清晰的畲族民间故事框架。二是在以铸牢中华民族共同体意识为主线的时代背景下，从族际互动视角探讨畲族民间故事中蕴藏的中华民族共同性的内涵与价值，为畲族民间故事的传承、保护与利用提供学理支撑。

根据写作目的，全书除了前言、绪论和结语，共分为六章。每章分为畲族民间故事的各类型概括和该类型典型故事中的中华民族共同性研究解析。

第一章"共同的族源想象：畲族创世神话中的中华民族共同性"，聚焦畲族创世神话故事，对神话故事的整体情况进行概述，并通过对畲、汉民族共享的同一起源神话的母题进行比较分析，揭示畲、汉民族之间存在"同源共祖"与"血脉相连"的文化心理。

第二章"共享的精神符号：畲族信仰故事中的中华民族共同性"，在对畲族信仰故事的整体情况进行概述的基础上，聚焦龙凤图腾崇拜故事、法师故事两大类型，探讨畲族信仰故事中的中华民族共同性，以此揭示畲、汉民族存在中华一脉的文化关联以及"巫道交融"的信仰特点，使得二者可以超越"血缘"隔阂，从而引向"地缘"上的结合，形成"共同体"。

第三章"共通的生态智慧：畲族动物故事中的中华民族共同性"，运用文本分析法对已搜集的畲族动物故事文本内容进行解析，概括其总体叙事特征，再就故事中涉及的虎与猴、牛与鸡等主要动物形象进行类型学分析，以此探讨畲族动物故事中共通的"天人合一"生态伦理价值与生态适应智慧。

第四章"共创的生活经验：畲族生活故事中的中华民族共同性"，根据母题情节的趋同性和相异性，从一般故事分类视角和畲汉互动的视角对畲族生活故事进行归类，以求更加全面系统准确地概括畲族生活故事的情况。再选取较为典型的畲汉通婚故事与畲汉团结互助故事进行专题解析，探索故事中蕴含的畲汉一家亲与和谐相处的生活经验与价值追求。

第五章"共融的文化传承：畲族小说故事中的中华民族共同性"，系统概述畲族小说故事的主题、特征与传播路径，在此基础上，以经典爱情小说、志人小说为研究对象进行分类型分析，了解民族文化交流互动中畲、汉民间故事的交流情况，由此窥探畲族小说故事中蕴含的对儒家文化的认同以及对儒家伦理道德的吸纳与适应。

第六章"共同的历史命运：畲族英雄故事中的中华民族共同性"，通过阐述畲族反抗故事的母题、畲族传统英雄故事的精英群体以及畲族革命斗争的英雄故事，对畲族英雄故事进行整体概述。同时，选取畲族传统精英故事，阐述畲族精英群体对战功的渴望与对家国的认同。再通过对畲族革命斗争的英雄故事解析，阐明近代时期畲族人民在中国共产党的领导下积极参加了革命斗争，并在历次革命活动中，各个民族达成共识，完成"救国图强"的同一目标，表明"中华民族"的概念已经深入人心。

最后，在结语部分回应了前言中提出的根本问题：如何增进共同性，实现民族民间故事的价值重塑。首先，阐明了多元一体视域下共同性与特殊性之间的内在逻辑，为民族民间故事的研究提供理论遵循。其次，总结畲族民间故事中的文化交融的重要内容，作为民族民间故事具象化研究的典型案例，为其他民族民间故事研究提供范例借鉴。最后，遵循共同性与差异性辩证统一的逻辑理路，结合畲族民间故事研究的内容和经验，提出以增进共同性推进民族民间故事研究的实践建议。新时代推进民族民间故事研究，要以铸牢中华民族共同体意识为主线，以增进中华民族共同性为目标，关注故事中所体现的共同价值观、道德观念及文化传统，探寻各民族之间的文化共性和精神纽带。

第一章

共同的族源想象：畲族创世神话中的
中华民族共同性

　　神话是最古老的一种民间故事形式。各民族几乎都有关于天地形成以及本民族"从哪来，到哪去"问题的追寻和探索的创世神话。这些创世神话的问世并非仅有解释性、娱乐性或欣赏性的功能，实质上它具有明显功利色彩，是当时社会状态下的人类繁衍生息的自我意识的强化与实用性教育。随着神话的留存以及神话思维方式的残存，它们在人类的发展历程中依然发挥作用。畲族在与汉族等周边民族的共生发展中，创造出了内容丰富、特征鲜明、意涵深刻的创世神话。本章聚焦畲族创世神话故事，对神话故事的整体情况进行概述，并通过对畲、汉民族共享的同一起源神话的母题进行比较分析，揭示畲、汉民族之间存在"同源共祖"的文化心理。这种文化心理，既是中华民族共同性的成因，也是中华民族共同性的表征。

第一节　畲族创世神话概况

　　明清以后，畲族人民陆续迁入闽浙赣交界地，也就进入了以汉地文化为主导的生成场域。畲族人民的生产与生活实践始终与周边的汉族人民联系在一起，因此畲族的创世神话故事也与汉族的此类故事存在千丝万缕的联系。加之，畲族没有本民族的文字，需要用汉字对本民族的口述文化进行书写，也使得很大一部分畲族创世神话，无论在内容上还是在叙事特征上，都有着"汉族"故事的痕迹。但同时正是在畲、汉民族文化紧密交融过程中，"社会化带动了民族个体，逐渐强化其出生的民族的历史和起源的特异性"①。畲民记述"以异求存"与"融异求真"的民族文化母题，构筑了平衡畲、汉民族文化权利生态的独特意象群。简言之，畲族的创世神话故事有自己关注的母题、较为独特的叙事特征和价值意涵。

一　畲族创世神话的母题

神话是一种叙事，它传达的是人类对世界、自己在世界中的地位、世界万物的起源以及对上帝、英雄的看法。马克思指出："任何神话都是用想象和借助想象以征服自然力，支配自然力，把自然力加以形象化"；神话"是已经通过人民的幻想用一种不自觉的艺术方式加工过的自然和社会形式本身"②。马克思的论断揭示了神话的本质：神话作为一种民间文学表达方式，是远古时代的人民所创造的反映自然界，人与自然的关系以及社会形态的具有高度幻想性的故事。③ 神话起初是一种口头文学，属于民间文学体裁。在 20 世纪，小说家们对神话产生了兴趣，他们借用神话来展示人生和社会规律。母题分析方法是当代国际神话学界较为普遍的神话研究法。王宪昭最先将母题与神话直接联系在一起，指出："母题可以作为一个特定的单位或者标准对神话故事进行定量定性分析。"④ 基于神话发生学的视角，对已搜集到的畲族民间故事进行梳理，可以发现，畲族创世神话主要有世界起源、自然现象、人类诞生等母题。

（一）世界起源的母题

在起源母题类型中，常常把世界起源放在第一位。这是因为在大多数传统中，宇宙起源神话为其他一切提供了样板，别的神话或与此有关或由此派生。由于可供人居住的世界——宇宙，是个带决定性的问题，所以不管其内容如何多样化，也不管一个时期与另一个时期有多么不同，宇宙起

---

① Zhou Da-ming, "On the Reconstruction and Identification of Ethnic Groups from 'Han Assimila-tion' to 'She Assimila-tion'", *Chinese Sociology and Anthropology*, 2007 (1), p. 75.

② ［德］卡尔·马克思：《〈政治经济学批判〉导言》，载《马克思恩格斯选集》第 2 卷，人民出版社 1995 年版，第 29 页。

③ 钟敬文主编：《民间文学概论》（第二版），高等教育出版社 2010 年版，第 123 页。

④ 王宪昭：《中华民族神话母题研究》，博士学位论文，中央民族大学，2006 年，第 8 页。

源学说最清楚地表达了人类基本的神话学倾向。① "盘古开天地"是中国民间关于世界起源最广为人知的神话。关于盘古神话的起源，学界莫衷一是。较为流行的说法是，盘古神话生产于南方民族之中，而后向北传入中原。北传后的盘古神话，使汉族与少数民族的文化增加了融合性。汉文古籍中"盘古开天地"最早见于三国时期徐整的《三五历纪》。原文如下：

> 天地混沌如鸡子。盘古生在其中，万八千岁，天地开辟。阳清为天，阴浊为地。盘古在其中，一日九变。神于天，圣于地。天日高一丈，地日厚一丈，盘古日长一丈，如此万八千岁。天数极高，地数极深，盘古极长。后乃有三皇。数起于一，立于三，成于五，盛于七，极于九，故天去地九万里。
>
> 天气蒙鸿，萌芽兹始，遂分天地，肇立乾坤，启阴感阳，分布元气，乃孕中和，是为人也。首生盘古，垂死化身，气成风云，声为雷霆；左眼为日，右眼为月；四肢五体为四极五岳；血液为江河；筋脉为地里；肌肉为田土；发为星辰；皮肤为草木；齿骨为金石；精髓为珠玉；汗流为雨泽；身之诸虫，因风所感，化为黎甿。

故事讲述了盘古生在"浑沌"之中，因无法忍受黑暗，用神斧劈向四方，形成天地。在流传过程中，各地各民族结合本区域和民族的特性，衍生了众多异文，并通过口口相传、代代相颂，形成了对传说中"盘古"形象与精神气质的一般性认识，使得"盘古"已不是一个具体的"神"或"人"，而是一个具有中华民族本土特色的象征性符号，也成为各民族构想出的"文化祖先"。

在浙闽地区，畲族民间社会也广泛流传着"盘古开天地"神话及其相关异文。例如，《造天地的传说》《盘扁和盘古》《盘古王分天地》《男造天　女造地》《天地是如何形成的》《造天造地》等故事文本。这些故事有的几乎沿用了汉文古籍中"盘古开天地"的故事原型，只是在细节处做了调整，赋予一定的畲族文化特色，如《盘扁和盘古》《盘古王分天

---

① 中国民间文艺研究会研究部编：《民间文学理论译丛》（第一集），中国民间文艺出版社1986年版，第29页。

地》，于是就被以往的民间故事搜集者纳入畲族民间故事范畴，编入相关故事集，体现了畲汉民族在民间叙事上的直接交流。而还有一些故事虽然借鉴了"盘古开天地"神话的原型，但在讲述过程中，进行了具有创造性的改编或创作，使故事的人物、情节与表达的主题都发生了较大的改变，形成了具有"畲族"特性的故事文本。

（二）自然现象的母题

从母题产生的原因看，在世界起源之后，对自然现象的解释以及周围世界的认识，就成为神话不可或缺的内容。畲族民间关于自然现象的神话较多，讲述的对象主要集中于太阳、月亮、星辰，雷声、闪电、云、雾，山川、河流、海水及火等自然现象和事物。如与太阳、月亮、星辰相关的故事，有《太阳和月亮》《日神与月神的传说》《日头月亮和人祖》《十个太阳的传说》《原来天上有十个太阳》《射日》；讲述雷声、闪电、雾的故事，有《雷公与雷婆》《雷霆为和先打闪》《雷神与闪电的传说》《雾神的传说》《云神和水神的传说》；讲述山川、河流、海水及火的故事，有《海水为什么是咸的》《水流到哪里才会尽》《火与水》《火种》等。

人类在神话故事中阐释自然现象时常常会应用到联想思维方式。常见的联想思维方式有性貌相似联想、行为相似联想、因时空关系引发联想、其他关系引发联想四种。其中，性貌相似联想、行为相似联想在畲族创世神话故事中最为常见。如在解释天象的故事中，"月亮"是由"宝珠"变的、"河流"是"眼泪"流成的、"雷鸣"联想到"怒吼"、"毛发"变成了"树木百草"，等等。二是行为相似的联想。畲民将大地山川的形成描述为是用"手"抓起来造成的，凸起来的地方就是"山"，凹下去的地方就是"江河湖海"。"月亮"是被吓白了脸的"太阳"，"闪电"是用镜子照的，等等。这些联想的原型是与人类社会发展的客观现实密切相关的。换言之，这些自然现象和事物是人类共有的、共享的，因此也常成为人类各群体从古至今讲述的重点对象。但因为每个群体生活的环境和文化上存在差异，虽讲述的是同一对象，但讲述的侧重点以及由此反映出来的主题却大不相同，继而折射出各群体不同的文化心理。

（三）人类诞生的母题

天地日月的形成为人的存在提供了基本的时空条件。因此，关于天地日月的宇宙事物形成的神话在时间轴上应在人类诞生神话之前。在天地日月形成之后，人从何处而来？于是就有人类诞生神话来解释人类的产生与繁衍。

一般认为，人类诞生神话包括造人神话、降人与变人神话、人类再生神话等类型。就畲族的人类诞生神话而言，主要有造人神话和人类再生神话两类。在中国民族造人神话故事，造物主可以划分为神和半人半神与文化英雄两种。其中，神又可细分为主神、天上的神、地底下的神和地面上的神。从畲族的造人神话故事来看，造物主主要是主神，即天帝或天皇（皇天爷和皇天姆）。如《皇天爷和皇天姆造人》讲述了皇天爷和皇天姆用天筛筛五色土筛出人类，并吹气让人能哭笑。皇天爷用竹枝抽打人类去干活，皇天姆用竹管教人说话有腔调。

《天帝造人》讲述天帝用白泥土捏了三个人放在火上烧，没烧透的变成白人，烧得刚好的是黄人，烧焦的是黑人。《人·肤色·语言》讲述了人的前世是阴阳神，被天皇砍成四片，被众神在尸身上涂上乌七八糟的颜色后，抛撒在四方，后变成人。《最初的人与后来的人》讲述了人最初是男女同体的，后来招天神嫉妒，被劈开后抛到异地，结果人类需要历经艰辛才能找到另一半，有的找到了还会离异。当然，还有畲族造人故事（实际上是人类再生的故事），讲述了人类的诞生是源于"石母"，这可以视为是畲民自然崇拜的体现。如《大石母救人种》讲述了天降天油燃起大火，石母救了一对兄妹，兄妹得救后，成亲繁衍出新的人类后代，相似的内容也出现在《人种是哪来的》中。

在畲族的起源类故事中，还有一类是关于本民族起源的神话故事。这类神话故事主要是盘瓠神话在畲族民间的不同叙述。在古籍文献中，盘瓠神话最早见于东汉应劭的《风俗通义》，汉代班固将之收录于《后汉书·南蛮传》之中，使得故事性质从"杂闻轶事"跃升为"正史"，这种神话的历史化，对后世产生了深远影响。畲族早期文献《抚徭券牒》也对此做了记载，称盘瓠为"忠勇王"。同时，畲族本民族的"史诗"《高皇歌》也是在此基础上改编、创造而成，使得盘瓠传说成为族群标志被其他民族所关注，"对民族认同起着至关重要的作用"①。受以上因素的影响，畲族民族起源类故事也是基于盘瓠神话展开，部分地区的相关故事加

---

① 郭志超：《畲族文化述论》，中国社会科学出版社 2009 年版，第 72 页。

入了盘瓠子孙迁徙的情节。

二　畲族创世神话的叙事特征

各民族的神话都有各自的民族特点。畲族创世神话是畲族人民在长期的生产和生活实践中诞生的，反映了畲族人民的群众智慧，并具有较为明显的"畲族"特征。

（一）故事主题的多重性：释"物"与述"人"结合

主题是一个故事的中心思想，它规定了故事的主要内容和讲述方向。因此明确的主题是一个成熟故事的基本前提。从这一点来看，无论篇幅大小，畲族创世神话的主题都较为明确，说明了畲族创世故事的类型是较为成熟的。但这种成熟并不是指畲族形成了对世界起源新的深刻解释，实际上恰恰相反，畲族创世故事对世界起源的解释，并没有超越汉族等周边民族同类型故事，体现了畲、汉民族同类型故事的"同质性"。但这也并不意味着畲族此类故事就没有自己的特点和意义。

畲族人民早已意识到这个"同质性"，因此他们在讲述此类故事时，是从畲族的现实社会出发的，讲述的主题除了解释世界起源与自然现象，也包括了讲述人类社会的现象，反映了畲族人民对宇宙世界与人类世界的理解。例如，《天地是如何形成的》讲述的主要内容是，天地的形成是由阿公和阿婆造的，但故事也解释了"单身汉"的来历以及"谢天谢地"民俗信仰的由来；《男造天　女造地》虽然也是讲天地的形成，但也借此解释了传统畲族社会女性地位较高的原因；《最初的人和后来的人》讲述了人类的起源，也解释了人间的悲欢离合的原因；《人·肤色·语言》讲述了人、人种以及语言的来源，同时也解释了对世界纷争的理解，反映了畲民对世界运行规律的思考，"世界一直不平静，源头就是阴阳神被砍碎从四面八方丢落后成人。后来凡间永远找不到自己的那一半"。

（二）故事类型的复合性：复合型故事为主

畲族创世神话主题的多重性与故事类型的复合型密切相关。一般而言，单一的故事类型在结构上也较为简单，其主题也是单一的，一个故事表达一个主题。而复合型的故事类型往往在结构上就较为复杂，是多种故事母题的结合，表达的主题也是多重的。例如，《原来天上有十个日头》是"射日神话"与"龙王/龙女"故事的结合，既讲述了日、月的形成，也体现了畲民对"龙"的崇拜;《射日》是"射日神话"母题与"八仙"——道教信仰母题的结合,讲述了射日的故事,也解释了八仙之一"李铁拐"变瘸的原因——李大仙为最后一个太阳挡了一箭,箭刚好射在他的脚踝。还有的畲族创世神话故事类型更为复杂,包括三个或三个以上的故事类型,这些故事的篇幅往往也较长,情节较丰富和生动。例如,《雷公与雷婆》是"自然现象"母题、"法师"母题以及"英雄冒险"母题的结合,畲民将雷公描述成历经千辛万苦到茅山和闾山学法的畲族少年,而雷婆(闪电)则是玉皇大帝的女儿大公主。两人不打不相识,最后结成一对——雷公和雷婆,为人世间惩奸除恶。又如,《海水为什么是咸的》是"自然现象"母题、"宝物"母题、"土地公"信仰母题、"智斗地主"母题和"生活故事"母题的结合,故事讲述了一个畲族的"后生仔"的猪肉被老鹰叼走了,土地公见他有孝心,就送他一个可以磨出金、银宝物的"宝磨"。贪心的财主就把女儿嫁给他,并趁机借走了宝磨。财主为了把宝磨占为己有,连夜雇船逃走。在海上的时候,财主用咒语驱动宝磨,磨出很多的盐巴,但一时之间,忘记了"停磨咒",于是盐越磨越多,把船也给压沉了。"财主和全家人都沉入海,宝磨也沉下海。一直到现在宝磨还在海里磨个不停,磨出来的盐。全部融入海里。所以海水一直是咸的。"再如,《火与水》是"自然现象"母题、"佛教信仰"母题、"道教信仰"母题、"龙王"母题与"英雄冒险"母题的结合。故事讲述了一个叫"释迦牟尼"的畲族后生,为了拯救苍生免于火难和水难,决定到天边神仙那里学法,他学会用水灭火,但他不小心把火全灭了,于是他又寻得"火石"。魔王(实际上是龙王)见释迦牟尼懂得灭火,于是又掏出点雨棒,做起水灾。释迦牟尼又向神仙求教,神仙给了他避水衣,助他到水底魔王的王宫寻宝。释迦牟尼打败了魔王拿到了点雨棒,但因为退水心切,多点了一下,点雨棒就不灵了,"从此水就不能由人心意:想要就来,不要就没。""释迦牟尼成佛后,头上黏着的海螺,就是他在水底寻点雨棒时留下的。"

可以看到,越复杂的故事,其涵盖的母题就越大,想要表达的主题也就越丰富,其所蕴藏的畲族文化心理也更系统和深刻。

(三)审美特征的原生态性:追求稚拙古朴的美学境界

在畲族的创世神话中,人是源于自然的,是宇宙的一分子;自然万物是有灵魂的，即万物有灵论，而且是平等的生命形式，人与动物、动物与植物全部处于一个层次，谁也没有比谁"高级"。人与自然之间是一种密不可分、相互依存、共同生存与发展的关系。因此，畲族的创世神话表现出一种原生态的稚拙美，这是畲族民间文学生态品格最直接最生动的写照。① 例如，《高辛创造月和世间万物》叙说了高辛帝创日月星辰的壮举。高辛帝用松树枝编成一个球，点着火挂在天空，便是光芒四射的太阳；用柳条编成一个球挂在天空，是发出柔和光芒的月亮；他用许多宝石做钉子把天补好了，就成了夜晚闪烁的星辰。他用手扳倒一棵枫树，抓些大大小小的叶子抛向天空变成了小鸟；把大枝儿拗断放在地上就成了兽；把小枝儿扔进水里就成了鱼虾；地面上的木屑被风一吹飘浮在空中就成了飞虫，从此世上变热闹起来了。《皇天爷和皇天姆造人》讲述了皇天爷和皇天姆用五色土捏人，并教人讲话的故事。人是神用土造的，人的本质与土壤中孕育出的事物是一样的，并不比其他事物"珍贵"。人自以为了不起的"语言"，也是神用"竹哨"吹的，每到一个地方吹一种调子，到许多地方就吹不同的调子，教会了许多地方的人讲许许多多不同腔调的话。

可见，畲族创世神话是由稚拙的思维模式而产生的幻想，体现了畲族先人单纯的认知观，从而构成了畲族民间文学原生态的稚拙美②，强调了人与自然、人与社会、人与人和谐共处的生态精神。

三 畲族创世神话的价值意涵

创世神话的目的并非为了表达思想感情创作出来的，而是源于自身生存和发展的需求。换言之，它的目的不是给伟大的创世者歌功颂德，而主要为了探索人类缘何而来的秘密，这种探索原本属于科学的活动。但当生产力极度落后、科学极不发达的情况下，想象力就替代了科学成为人类初民思考和探索自然的最主要工具。创世神话就是远古时期劳动人民开始思考和探索自然并结合自己的想象力所创造的具有高度幻想性的故事。它由

---

① 吴素萍：《畲族民间文学的审美特征与生态精神》，《宁波职业技术学院学报》2016 年第 3 期。

② 吴素萍：《畲族民间文学的审美特征与生态精神》，《宁波职业技术学院学报》2016 年第 3 期。

劳动人民集体创作，表现人类对超能力的崇拜、斗争及对理想的追求。因此，透过对神话内容的分析，我们可以探寻文本背后所蕴藏的价值意涵。这些价值意涵在本民族对神话文本的流传、改编与创造中，持续发挥作用。

（一）传承民族集体记忆

神话是人类历史谱系中最初的形态，属于人类最初的认知方式和叙述模式，是一段不可跨越的历史，一种遥远的不可或缺的呈现，为历史的演进奠定了基础。因此，在此意义上，神话就是一种重要的社会事实和文化事实，其建构的过程也是事实的呈现，而不仅仅是某一些历史的载体。勃洛尼斯拉夫·马林诺夫斯基（Bronsislaw Malinowski）从功能主义的立场出发，认为神话的功能在于强化传统，将传统演绎得比原来的叙述更高、更美、更超自然，成为一切文化不可或缺的，不断更新的要素和力量。

畲族创世神话讲述了畲族先民在与自然和谐共处或斗争的历史记忆。在开天辟地的故事《男造天　女造地》中，畲民强调天、地是生存之基、立身之本，"当初盘古来造天，造天造地禾谷生。男人造天女造地，三山六水一分田"。这首山哈歌言既唱出了盘古开天辟地的神话故事，也描述了畲族先民对自然环境的初步认知，山多、水满，田地少。故事最后也指出了"山哈女人勇敢勤奋，劳作纺织比男性强，就从造地开始"。这实际上是对畲民传统以刀耕火种的游耕生计模式的回忆。在这样的生计模式下，妇女确实要比男人承担更多的工作内容。她们不仅要参加田地的劳作，还要承担更多的照看老人、小孩等家务工作。在畲族的"射日神话"母题中，对畲族传统生计方式的表现就更直观，如在《太阳和月亮》中，射日的英雄变成了一对英雄夫妇：老公打猎、老姐摘果子。老公箭术了得，连续射落八个太阳，老姐连忙拉了一下老公的手，第九支箭射偏了，把太阳的脸吓白了，成了月亮。于是变白变凉的太阳就在夜间照世界，让人们夜间歇气、好困①。发热的太阳，就在日间上山照天下，让人们好打猎、种田。这反映了畲民在游耕生计模式中，狩猎与果实采摘是这种生计模式的重要补充，以及畲民擅长打猎的历史记忆。当然，射日神话蕴含着人类可能遭遇旱灾等极端天气灾害的共同经历。同理，"石母"母题的神

① 困：闽东地区方言，睡觉的意思。

话也就蕴含着生活在山地的畲民更容易经受火灾的经历。但畲民并没有被这些"痛苦"的经历所吓倒和击退，而是通过创造神话，讲述神灵或英雄战胜这些灾害的事迹，通过神话来激励后世之人继续前进。

（二）增强民族文化认同

用心理学审视神话，神话的意义不在于具体的形象，而在于其深刻的隐喻和象征：神话就是人类的灵魂，作用于我们的精神领地。迁入闽浙赣交界地之后，畲族人口就嵌入了以汉人为主的区域之中，畲族文化也就被迫进入当地汉民族文化圈。弗雷德里克·巴斯（Fredrik Barth）认为，族群意识产生于族群边界。在两种族群文化的交流碰撞中，畲族的族群意识开始觉醒，在强大的族群意识唤醒下，本民族特殊的族群文化也将被强化和塑造，因此，我们也就不难理解，越是邻近族群边界，族群意识会更强烈，族群间的文化差异会更鲜明。这实际上就是族群自我强化与保护的一种重要方式。

畲族创世神话也起到了这样的价值功能。在前文中，我们已经提到，很多畲族的创世神话与汉族的同类型神话具有一定程度的"同质性"，特别是"开天辟地"母题的神话和"射日"母题的神话。但我们也提到，畲族在改编和再创作这些神话母题时，结合了本民族的生存环境，融入了本民族的文化心理，使它们成为畲族的神话故事。例如，它们讲述神话故事时，把英雄主角置换成本民族的英雄（后生仔、猎人、武弓神、阿公和老姐），浓墨重彩地刻画本民族英雄的高超本领和光辉事迹。特别是在族源神话中，盘瓠以及与盘瓠相关的高辛帝和三公主，都成为畲族创世神话常见的英雄主角。在讲述故事时，他们会使用本民族的语言，如自称"山哈"，称呼畲族青年为"后生仔"，畲族少女为"布妮仔"，等等。这是因为民间故事本就是口头传承的文化形式，大量口语被"直译"为书面语言，同时这样的表述，也无疑增强了本民族的文化认同。

（三）促进族际文化交融

族群边界的张力可以塑造不同族群的文化，但也会推动族群文化的互动与共融。人类历史的实践已经证明，在同一个文化场域中，文化交流互动是不可避免的。弱势一方的群体文化要想更好地生存与发展，似乎只有两条路径，一是向强势文化靠近，因此，历史上一些族群的文化不断消失；二是借鉴强势文化改造自己的文化，使之与强势文化契合的情况下，保持自身的独立性和独特性，也就是文化适应，因此人类文化至今依然保持多样性。在中国的历史语境下，前一条路径称为"汉化"，后一条路径称为"交融"。畲族创世神话就是畲、汉民族之间文化"交融"的载体之一。关于这部分内容，我们将选取畲汉民族共享的同一起源神话的母题在后面两节中进行比较分析，以此揭示畲、汉民族之间存在共同的文化心理。这种文化心理，既是中华民族共同性的成因，也是中华民族共同性的表征。

第二节   同源共祖：畲族世界起源神话中的盘古与后羿意象

在起源母题类型中，常常把世界起源放在第一位。这是因为"在大多数传统中，宇宙起源神话为其他一切提供了样板，别的神话或与此有关或由此派生。由于可供人居住的世界——宇宙，是个带决定性的问题，所以不管其内容如何多样化，也不管一个时期与另一个时期有多么不同，宇宙起源学说最清楚地表达了人类基本的神话学倾向"①。畲族民间故事中的世界起源神话主要有"开天辟地""射日"两大母题。这两大母题与汉文典籍中的"盘古开天地"神话和"后羿射日"神话存在同源异流的关系，这种关系折射出畲族认为，他们与其他人类族群"同源共祖"的朴素世界观。

一　开天辟地：盘古神话在畲族民间的流传与变异

浙闽地区的畲族民间社会存在大量的"开天辟地"神话，例如：《造天地的传说》《盘扁和盘古》《盘古王分天地》《男造天　女造地》《天地是如何形成的》《造天造地》。从故事内容来看，这些神话故事与汉文典籍中的"盘古开天地"神话有着密切的关系。同时，畲族"开天辟地"神话中又有本民族的叙事特征，呈现出故事的民族性与主体性。

（一）畲族"开天辟地"神话的内容与特征

在畲族"开天辟地"神话中，相当一部分神话几乎沿用了"盘古开天地"的故事原型，只是在细节处做了调整，赋予一定的畲族文化特点，如《盘扁和盘古》《盘古王分天地》，于是就被以往的民间故事搜集者纳入畲族民间故事范畴，编入相关故事集，体现了畲汉民族在民间叙事上的直接交流。而还有一些故事虽然借鉴了"盘古开天地"神话的原型，但在讲述过程中，进行了创造性的改编或创作，使故事的人物、情节与表达的主题都发生了较大的改变，形成了明显的"畲族"特性。这些特性集中反映了畲族的文化心理。下面，我们以三则畲族"盘古开天地"神话异文为例进行具体分析。

故事一：《男造天 女造地》

当初盘古来造天，造天造地禾谷生。

男人造天女造地，三山六水一分田。

传说在盘古开天以前，天和地连在一起，一片混沌。有了人以后，男人就管造天，女人管造地。

男人毕竟比女人多事，造了一阵天，就要停下来，又是吸烟，又要喝水，停停打打，结果把天造小了，像个帐篷，绷得很紧很紧。

女人造地。女人的心是直的，手脚勤快哟！凡事就一干到底。她日夜无停无歇地挖呀挖呀，结果把地造大了。男人把天罩到上面，惊叫起来了，连忙喊道："地造大了，天遮不拢。"女人听了吓了一跳，赶快把宽的地方抓起来，这么一抓就形成了有的地方凸起来，成为一座座山峦高峰；有的地方凹下去，变成一片片江河湖海。整个地面十份中，三份是山，六份是水，一份是田，就是女人的五个指头抓出来的。

山哈妇女勇敢勤劳，劳作纺织比男性强，就从造地开始。①

该故事流传于福建寿宁等地。故事直接以歌言的形式讲述了与"盘

---

① 钟伏龙、林华锋、颜素开等编：《闽东畲族文化全书·民间故事卷》，民族出版社 2009 年版，第 9 页。

古开天地"的联系，即这个故事是"盘古开天地"的续写。盘古把天地分开了，但天地是如何形成的，畲民发挥了充分的想象。男的造天，女的造地，但因为各自生产劳作的不同特点，天造小了，地造大了，于是赶快把宽的地方抓起来，形成了高低起伏的地貌。故事最后还强调了畲族女性勇敢勤劳的特点并解释了该特点的成因是源于造地。体现了畲族传统文化中女性崇拜的特点。

故事二：《天地是如何形成的》

> 从前，没天没地，四面八方好像打翻的鸡卵丸。混沌里厮守着一公一婆。公、婆受不住憋闷，忽发奇想，要做高朗的天、厚实的地。阿公，阳刚来做天；阿婆，阴柔去做地。

> 公、婆各自埋头细细腻腻做事，因为没天没日，也不晓得做了几年几月。阿公、阿婆头毛做白了，总算将天地做了出来。阿公阿婆兴兴头头将天地来合拼，可地做大了点。阿公火气大，嗓门高，抢先吼一声："短命婆！眼睛生到哪里去了？地做得比天大！"阿婆随顺伊，只得用劲将平展展的大地捏了捏。地和天拼得合了，可是皱巴巴的，阿婆把那凸起的叫山冈，凹下的叫山谷。阿公管自己叫皇天，让阿婆作后土。皇天看后土坑坑洼洼皱皱巴巴的总是来气，就骂骂咧咧，絮絮叨叨。后土一怨皇天没明白；二怪自己没本事，暗暗流眼泪，那目汁流经的地方成为江河，汇集成了湖海。

> 天大地大眼睛光，眼睛一光，公婆俩越发孤孤零零。皇天、后土就依各自的模样用泥巴捏人仔。皇天捏男子，后土捏女子。各色人仔一男配一女，结成夫妻。皇天总是粗心大意，不好意思再烦后土，只好对伊说："你就将就过吧。"打这以后，世间就多了种人叫做"单身汉"。

> 人是晓得好的，从那时起到如今，不论男、女、老、少，若遇到称心如意的事，就一定要双手合十，念道："谢天谢地。"①

---

① 钟伏龙、林华锋、颜素开等编：《闽东畲族文化全书·民间故事卷》，民族出版社2009年版，第5页。

该故事流传于福建福安等地。与第一则故事相比，"盘古"这一符号已经在字面上被抹去，但故事明显脱胎于"盘古开天地"的原型，如形容混沌中的宇宙为"四面八方好像打翻的鸡卵丸"。之后，畲民用自己的理解去想象天地形成和人类起源，主要内容与故事一相似，但情节更加生动，角色也更加饱满，并且注入了"天地"崇拜的元素。

故事三：《造天造地》

相传很久很久以前，那时候世界到处都是海。海龙王在海里东游西玩嬉厌了，气得病倒在龙床上。

他的大儿子看着爹因没地方去嬉，而气得病倒在龙床上，就说："爹，你勿用愁，我造人跳舞给你看。"于是他就掘了一堆泥，揉揉捏捏，捏捏揉揉，捏了一男一女两个泥人。

过了七七四十九日，泥人活了，果真跳起舞来。海龙王觉得有意思煞，病自然好了。

过了九九八十一日，海龙王觉得光看跳舞也没意思，便回想有天有地可到处去嬉，那该多好呀！于是他就派那对男女去造天地。

女的说："叫我去造天，可以，不过我要带几样东西去。"

海龙王说："龙宫有的是宝，你要啥东西任你拣。"女的拣了七色衣裙一件，穿在身上，拣了镜子两面，胭脂一合，一个铁球一根钢鞭，又拣了珍珠一串挂在脖子上，便离开龙宫，去造天了。

男的去造地，勤力得煞。造呀造，地造得平平宽宽的。

女的呢，懒得很，她去造天。她就造了一个狭狭的天。

在狭窄的天上，她把从龙宫里带来的东西拿出来，在一面镜上涂满胭脂，镜就变成了日头（闽东地区方言，太阳的意思），把一串珍珠到处撒，珍珠就变成了星星，把另一面镜往天上一贴，这面镜就变成了月亮，把铁球一滚，铁球就变成了雷公，把钢鞭一抽一扔，钢鞭变成了闪电，把七色衣裙边撕边撒，七色衣裙就变成了不同颜色的云。

天虽然造得好，可太狭，盖勿住地。造地的男人想想没办法，只好使劲地把地一挤，地被挤得高低不平，高的就是现在的山，低的就是现在的洼地山沟。

从此，有了天，有了地，有了日，也有了夜。据说天地就是这样造起来的。①

第三则故事流传于浙江景宁。在这个故事中，似乎较难直接找到"盘古开天地"的痕迹，而是更多杂糅了第一则和第二则故事的内容。从内容上看，此时的畲民已经有了"生命起源于海洋"的朦胧认知，认为男女最早是由海龙王造出来的，天地又是由男女造出来的。而将海龙王视为造物主，可以折射出畲民的龙王崇拜意识。而结合"七七四十九日""九九八十一日"等时间表述，可以认为此时的畲民已经具有了农耕节气的知识以及神道宗教意识。"数九"是我国极具地方特色的民俗，民间认为冬至日后九九八十一日春天到来，意味着重生。而七七四十九日是我国旧时的祭祀文化，是指旧时汉族丧葬风俗，即人死后，亲属每七天设斋会祭奠一次，共做七次，合计七七四十九天，从头七到七七代表圆满的意思。这二者都常见于民间故事中关于时间的表达。也说明此时畲民讲故事的部分技法已和周边汉族群众相近。从以上几点，可以推断出第三个故事的出现时间应为最晚。

通过对以上三则神话的文本进行比较分析，可以发现，畲族的创世神话主要有三个方面的特征：一是故事的主角从盘古变为了人类——通常为一对男女，盘古成了故事配角，甚至只是故事发生的背景。除了以上三个故事，在浙江金华武义地区流传的畲族神话故事《造天地的传说》也是类似的叙事结构。盘古带领众男女开天造地。男人伐木搭造天台，把天造成一个箩盖；女人则纺线，用它圈了一个大囫囵圈，就成了大地。天小地大，盘古将大地收起，塞进天里，所以凸起的大地就变成高山，凹下的地面就成江河湖海。盘古再用松枝编一个火球就成了太阳，再用柳枝编成月亮。后来，天顶破了，盘古就寻来宝石，做成钉子，钉在天顶棚上，这就成了闪闪发光的星星。② 二是地貌的形成都是因为地被造大了，制造者只好通过"抓"来匹配天。故事一讲述是因为男人偷懒，导致天造小了。

① 景宁畲族自治县民间文学集成编委会编：《中国民间文学集成·浙江省景宁畲族自治县卷》，景宁畲族自治县文化局、景宁畲族自治县民间文学集成办公室1989年版，第1—2页。

② 中国民间文学集成全国编辑委员会、《中国民间文学集成·浙江卷》编辑委员会编：《中国民间故事集成·浙江卷》，中国 ISBN 中心1997年版，第82页。

故事二没有讲述什么原因，但指向的是女人（阿婆）把地造大了。故事三把男女的主角倒置，女人造天，男人造地，但女人偷懒把天造小了。三个故事的处理方式都是通过"抓"这一行为来实现天地的"匹配"，因此也导致山川河流的出现。三是在故事中，畲民总是会将现实观察到的现象以及产生的想法投射到故事之中，以此解释自然现象的成因。故事一用现实生活中男人做事要吸烟、喝水，停停打打的特点来解释导致天造小了的原因。故事二用女人"爱哭"的特点，流出的眼泪解释江河湖海的形成。故事三将镜子变成了日头，把珍珠变成了星星，铁球变成了雷公，钢鞭变成了闪电，七色衣裙变成了云。这三点构成了畲族创世神话的典型特点，体现了畲族人民的创造性。

（二）畲族"开天辟地"神话的文化意蕴

通过对以上三则故事的分析，可以发现，故事三《造天造地》出现的时间最晚，在讲述技法上与汉族故事最为相近，但在内容上却是与原型故事脱离最远。结合畲族的迁徙历史，我们可以发现其中的原因。学界一般认为，畲族的迁徙路线是从广州到福建再到浙江，其中一条具体的路线就是从罗源到闽东再到丽水景宁等地。换言之，在景宁出现的畲民是最晚的。从时间顺序上看，景宁畲族民间流传的故事是对闽东畲族民间故事的延续，这一点我们在对前面三个异文故事的解析中也能看到。而至于为什么会更加强调本民族的特性，进一步淡化汉族故事元素呢？

巴特的族群边界理论认为，族群是由其本身组成成员认定的范畴，造成族群最主要的是边界，而不是语言、文化、血缘等因素；一个族群的边界不一定是地理的边界，而主要是"社会边界"；族群认同是一套特定文化同价值标准相结合的。① 巴特的族群边界理论在国内外学界引起了广泛关注。参照巴特的族群边界理论，以及联系明清时期关于畲民的相关文献记载，可以认为，此时迁入浙闽地区的畲民已逐渐在此定居，在与周边汉人的交往交流交融中，不断实现本民族的发展，同时这也就意味着畲民与汉人之间的生存竞争逐渐加剧，作为后来者，畲民渴望获得更多的竞争资本，因此与汉人在文化上的接触和采借不可避免；但作为汉人眼中的

---

① ［挪威］弗雷德里克·巴特主编：《族群与边界：文化差异下的社会组织》，李丽琴译，商务印书馆2014年版，第1—29页。

"他者",畲民也在不断形塑着自己的族群意识,使得族群意识高涨,"他者"与"自我"之间的边界更加清晰。这两种意识并行不悖地出现于畲族的创世神话之中,从而赋予了畲族创世神话鲜明的个性。

但当我们把关注点从故事中表现出来的畲族特性抽离,回到故事的精神内核时,可以发现,畲族的创世神话故事与汉文故事原型在精神实质上是一致的。畲民始终强调世人生活的"天地"或世界是同一的,而盘古是他们共同的"始祖"。正如故事《男造天　女造地》开头唱的那样:当初盘古来造天,造天造地禾谷生。男人造天女造地,三山六水一分田。世人不分性别、不分种族、不分阶层,只要是人都生活在由盘古开辟的同一个天地里。由此,盘古——这个最早可能流传于南方民族口传文化中的神话人物,经汉文典籍的记述,再到畲族民间的自我言述后,成为畲民心中人类共同的创世神。

二　日月形成:后羿射日神话在畲族民间的流传与变异

"后羿射日"是中国古代神话传说。在先秦文献《楚辞章句·天问》中就已提到后羿射日的故事:"尧时十日并出,草木焦枯,尧命羿射十日,中其九日,日中九乌皆死,堕其羽翼,故留其一日也。"① 而且在古本《山海经》《括地志》《史记正义》等古文献中也有相关记载,可见"后羿射日"的故事流传之久远,并产生深远的影响。现有的射日神话中的母题一般包括多日、文化英雄名称、射日、日月数目变化和请日复出等,可以表述为:(1)时间(一般为"以前"或"古时候"等);(2)天上有多个太阳(2个以上,有的还介绍原因、日月的性别等);(3)太阳对人类和万物的危害(大地被晒焦、动植物被晒死、只剩少数的人或其他生命等);(4)英雄射落天上多余的太阳(有时射日前介绍英雄的诞生、艰难的过程、箭的制造、射日地点、射日动作及太阳落下后的情形等);(5)剩下的一个太阳躲藏起来(有时太阳与月亮并提);(6)请太阳复出(公鸡请居多);(7)大地恢复正常秩序。其中,(2)(4)(5)(6)属于基本母题。以上顺序是较为稳定的,人们已熟悉这种叙述模式,

---

① (汉)王逸撰,黄灵庚点校:《楚辞章句》卷3《天问》,上海古籍出版社2017年版,第124页。

尽管有的神话中的一些要素出现了缺失，人们在阅读时也会不自觉地填充进去，或者会意识到这个故事省略了什么。[①] 畲族中的射日神话基本具备以上母题，且采用相似的叙述模式。这也就意味着，它们是同一主题故事的不同异文，在故事的源流上具有密不可分的联系。同时，当此类故事进入畲族地区，流传于畲族民间社会时，畲民对它进行了改编和创作，融入了本民族的元素，使故事呈现不同的内容、特征和意涵。

（一）畲族"射日"神话的主要内容

从已收集到的流传于浙闽地区的畲族射日神话，主要集中在《闽东畲族文化全书·民间故事卷》和《畲家风情——畲族的故事》两本文集中，包括《太阳和月亮》《日头[②]、月亮和人祖》《十个太阳的传说》《原来天上有十个日头》《射日》《日头公和月婆娘》《十个日头九个月》等故事。畲族的这些故事几乎都脱胎于"后羿射日"的故事原型，但在各地流传时与其他的情节母题结合，形成不同的异文。

后羿射日神话与八仙传说的结合。流传于福建寿宁的《射日》故事与"后羿射日"的故事原型最为接近，射日主角的名字也叫后羿，这在畲族的其他异文中并不多见。《射日》增加了一些情节和内容。如天上的太阳从 10 个变成了 12 个；后羿射日的原因是为了给被日头"曝死"[③] 的儿子报仇；阻止后羿射落最后一个太阳的是八仙之一"李大仙"，李大仙用脚踝挡住了后羿射出的这箭，变成了"李铁拐"，而日头也被吓得脸煞白（变成了月亮）。后羿还想继续射，但被其奶奶阻止，而奶奶阻止后羿的理由是"你留一个日头给我晒衣服吧"。故事内容具有浓厚的生活气息，后羿孝顺老人，于是就"放下神弓，饶了最后一个太阳。""这日头日间朗朗亮，夜间放下面罩，就迷里朦胧，人喊做月亮。"可见，这个故事实际上是借用后羿射日的故事来讲述日月的形成，其中又杂糅了八仙传说等经典的故事母题以及孝顺等儒家的伦理思想，体现了畲汉民族之间文化上的密切联系。

---

① 王宪照：《中国民族神话母题研究》，博士学位论文，中央民族大学，2006 年，第 29 页。

② 日头：闽东地区方言，太阳的意思。

③ 曝死：闽东地区方言，晒死的意思。

　　后羿射日神话与盘古神话、"嫦娥奔月"故事的结合。流传于浙南一带的《十个日头九个月》，讲述了盘古造天地、立九州，又造了十个日头九个月，人们生活无序、人死山荒。有个人担心断绝人种，花半年工夫造出一张大弓和九十九支箭，站在最高山顶射落九州的九个太阳。还有一个射不下，箭头未接近就烫作水滴下来，所以现今泥中夹有铁砂。他又造九支箭射月亮，他的女人偷了一支藏起来。他射下八个月亮，发现少了一支箭，寻到后又要射。女人劝他不依，趁小路赶去，站在山顶上对男人说"我去了"，就随风飞到月亮里。她的男人很后悔，才软了手脚，留下一个日头一个月。① 这反映了畲民对日月形成的朴素认识。故事发生的时间是盘古造天地立九州之时。"九州"是古代中国的代称，最早出现于先秦时期的典籍《尚书·禹贡》中，是汉族先民的民族地域概念。自战国以来，九州即成为古代中国的代称，到了汉朝成为汉族地区的代称，又被称为"汉地九州"。可见在畲民心中，自己与汉人一样始终同在九州大地之内。这种典型的"地缘"认同，也为后来畲族中华民族共同体意识的生成提供心理支撑。故事还交代了十个太阳的来源，是由盘古所造。这对"后羿射日"的故事原型进行了内容补充。在故事中，故事的主角并没有具体的名字，但其身份应具有"铁匠"的职业背景，造出一张大弓和九十九支箭（从后文看箭应该是铁的），然后同故事一样射箭的地点在山顶（故事一为仑吾山，但据查阅相关文献，在福建境内历史上就没有名为"仑吾"的山，倒是在云南洱海境内有一座以此命名的山）。但箭头未接近太阳就烫作水滴下来，所以现今泥中夹有铁砂，解释了当地的地质特征。故事内容这两个情节的设置，说明畲民将生活常识代入了故事的讲述——山距离天空最近，铁遇热熔化。这则故事还糅合了"后羿射日"与"嫦娥奔月"两个神话主题，增加了与"嫦娥奔月"相似的情节，或者我们可以将之称为畲族版的"嫦娥奔月"。

　　射日神话与"龙女报恩"故事的结合。流传于福建福鼎畲族地区的《原来天上有十个日头》，讲述了古时候天上有十个日头，照得天下大旱，畲民无法过日子，只好进山打猎。畲族后生仔也以打猎为生，在大山岔看

---

　　① 中国民间文学集成全国编辑委员会、《中国民间文学集成·浙江卷》编辑委员会编：《中国民间故事集成·浙江卷》，中国 ISBN 中心 1997 年版，第 26 页。

见一只老鹰和一条小白蛇在打架。后生仔掏箭射杀了老鹰，救下了小白蛇。小白蛇实为龙女（东海龙王的女儿）幻变而成，她为了报恩，送给后生仔宝物——十粒宝珠，"你把这宝珠装到箭矢上，去西山头，等日头快到西山了，就能射下来"。后生仔把宝珠装到箭矢上射下九个太阳，并在龙女的建议下留下一个太阳给人间照光，然后龙女将剩下的一颗宝珠扔到天空变成月亮，从此天上就有了日、月。日头思念自己失去的哥哥弟弟，于是"就哭出了眼泪，这落下的泪水，就是下雨天了"[1]。这个故事在延续日月形成情节的基础上，添加了对星星、昼夜和雨天等自然事物和现象的解释，使故事表达的主题更加丰富。更值得注意的是，此时射日的英雄并不是神性英雄，而只是凡人畲民"后生仔"，体现了畲民敢于挑战苦难，征服自然的勇气。

射日神话与盘瓠神话的结合。流传于福建龙岩漳平的《日头公和月婆娘》，讲述了畲民先祖射日的故事。相传从前天上有十一个太阳，地上的人脊背是凸起的，还有尾巴。十一个太阳把地烤得干枯，很多人渴死累死了。一个叫盘瓠的猎人决定用箭把太阳射死，于是带着婆娘来到仑吾山顶。盘瓠一口气射下了九个太阳，最后一箭射偏了，变成月亮。[2] 故事中的主角是"盘瓠和他的婆娘"。这是故事"畲族"特点最直接的体现。猎人身份反映了畲民的主要生计方式——狩猎以及对猎神的崇拜。盘瓠的婆娘虽不直接参与射日，但她的出现影响了射日，导致一箭射偏，太阳被吓得脸煞白，变成了月亮。盘瓠与婆娘，太阳与月亮，折射出畲民"阴阳相生"的朴素思维。这一特点经常出现在畲族的创世神话之中。

（二）畲族"射日"神话的共性特征

这些畲族"射日"神话在叙事上呈现出一些共性的特征：

一是故事的主题以解释日月形成为主。畲族"射日"神话往往属于

---

① 钟伏龙、林华锋、颜素开等编：《闽东畲族文化全书·民间故事卷》，民族出版社 2009 年版，第 9 页。

② 福建省少数民族古籍丛书编委会编：《福建省少数民族古籍丛书·畲族卷——民间故事》，海峡书局 2013 年版，第 12 页。

复合型，杂糅了八仙传说、盘古神话、龙女报恩、嫦娥奔月等母题，因此故事表达的主题也不仅仅是射日，而是对日月星雨等自然现象形成的解释，特别是关于日月形成的解释是畲族"射日"神话最常见的主题。在畲族的"射日"神话中，月亮的形成主要有四种情况：第一种是日头受了惊吓（没被箭射中），变白了成了月亮（《射日》《太阳和月亮》《日头公和月婆娘》）；第二种是日头后背被神箭射中，减少光芒，成了月亮（《十个太阳的传说》）；第三种是月亮是由宝石变成的（《原来天上有十个日头》），还有一种是介于第一种和第二种之间，太阳被箭擦去一层皮，吓白了，成了月亮（《太阳和月亮》《日头月亮和人祖》等）。

二是故事主角一般为双主角且遵循英雄故事的一般性发展特点。畲族"射日"神话故事几乎都是"双主角"，且一般为男人和女人。例如，《射日》中的后羿和他的奶奶、《原来天上有十个日头》中的后生仔与龙女、《十个日头九个月》中的男人和他的女人、《太阳和月亮》中的英雄夫妇（老公和老姐）、《日头公和月亮婆》中的盘瓠和他的婆娘。在人物形象的设定上，都反映出男性勇敢刚毅，女性心地善良的特质。畲族"射日"神话的主角与中国民族英雄神话的一般性发展特点相似，也由最早的神（武弓神）演变成具有神性的人（英雄夫妻）再到普通人（后生仔），可以将这种变化视为人类逐渐成长，主体性不断彰显的一种标志，体现了畲族人民关于人的"自主意识"与主动性的不断增长。

三是叙事艺术形式的传承性。最典型的表现就是对故事发生时间较为准确地描述。在"原始"形态的民间故事中，对故事发生的时间交代较为模糊，一般采用"很久很久以前""古时候""远古时期"等没有确切所指的时间概念。而在畲族"射日"神话中，具有一种较为稳定的表述时间的情节母题——"人睡着后尾巴被白蚁啃掉"。在《十个太阳的传说》中，故事发生的时间是"盘古分天地后"，那时的人还有尾巴，而人类失去尾巴的形式是"睡着后被白蚁啃掉"。同样，在《太阳和月亮》中，将故事发生的时间描述为，"千万年前，天上的太阳有十个，地上的人有尾巴。你想，天上有十个太阳，没日没夜地曝，有多么热呀！打猎的人，种田的人，大汗流，小汗滴，辛苦极了，就躲进森林里歇气。这一歇呀就睡去了，睡到尾巴给白蚁食净光都不知晓。大家醒来你看看我，我看看你，尾巴都没有了。从此，人就没尾巴啦"。从形态上看，这两个故事中的"人"应属于"人科动物"，具有明显的古猿特点，尚且处于人猿未完全分离的阶段。根据地史学研究的观点，这个阶段应属于新生代的第三纪后期。古人类学界提出的人类起源理论认为，人和猿的分离至少在1400万年以前。这个时间极为久远，但相对于模糊性的时间表达，又能反映出畲民已具有一定的进化思维。这种表述成为畲民描述故事时间的固定套语，被不断传承。至今在闽东畲族地区，依然留存着这样的故事表述。

（三）畲族"射日"神话的文化意涵

畲族"射日"神话作为民间文化的表现形式，其背后隐含着相应的文化逻辑。

畲族"射日"神话是对畲族传统狩猎生计模式的反映。神话是人话，更是反映现实的"实在话"。狩猎是畲族传统文化生态区最主要，可能也是最重要的生计方式补充。畲族长期活动的南方山区，而南方山区的经济形态直至秦汉时期都是"以采集渔猎为主、原始种植农业为辅"。《汉书》记载："楚有江汉川泽山林之饶；江南地广，或火耕水耨。民食鱼稻，以渔猎山伐为业，果蓏蠃蛤，食物常足。故呰窳媮生，而亡积聚，饮食还给，不忧冻饿，亦亡千金之家。"① 从现存的粤、闽、浙部分地区的地方志以及畲族族谱记载的内容来看，唐代以前的畲族长期处于"刀耕火种"的原始农业经济和"捕野兽射豕肉"的狩猎经济阶段。如《家族谱牒》记载："皇治国安民，亲兑三七百石，不使粮税，应上盘瓠一十八戴，永免杂役……青山之中，自供口腹及木弩，捕猎为生。开宝，我盘瓠公祖，久住青山幽岩壁之中，早起助耕火种莳姜茹芋茄菜六种及时应食，住游山村，捕野兽豕射肉，供家之用。"② 这里应是畲民根据历史文献或族群口述资料，对盘瓠公祖生存状态的记忆和想象，反映出受"青山幽岩壁"的阻隔，畲民长期延续着祖传下来的原始生活方式。畲族"射日"神话正是对这一生计模式的反映，在神话叙事中渗透着畲族先民们的生存情景：畲民需要打猎，也擅长打猎。因此，畲族"射日"神话的主角一般

---

① （汉）班固撰：《汉书》卷28，中华书局1962年版，第1666页。

② 福建省少数民族古籍丛书编委会编：《福建省少数民族古籍丛书·畲族卷——家族谱牒》（上），海风出版社2010年版，第247页。

为猎人，或者与猎人相关。他们最擅长使用的武器是"弓箭"这一狩猎经济时代最主要的工具。

射日神话是古代各族对极端高温天气的共同历史文化记忆的表达。后羿射日的故事反映了古代人们对自然灾害（如干旱、高温等）的恐惧，并表达了他们通过英勇的行为与自然灾害进行抗争的决心。这种记忆在古代社会中是极为重要的，因为它提醒人们即使面临巨大的困难和挑战，也要勇敢地站起来抵抗。畲族的"射日"神话也表达了类似的记忆和主题：在畲族"射日"神话中，太多炽热的太阳往往给人间带来灾难，但太阳又给人间带来光明和温暖，无论太阳数目多少，最后都要有所保留，人世间若没有太阳，人类也将无法生存。于是按照畲族先民们的意愿留下一个太阳给人间照暖，被吓着的太阳按人们的意旨变成了月亮，夜晚给人间照亮。这也隐含了人与自然和谐共生的理念，体现了人类对自然的敬畏，也表达了人与自然之间需要保持一种平衡与和谐的关系。同时，畲族先民将两性观念和情感也直接运用到故事中解释自然现象。"太阳自己孤孤单单，去睡时，天就暗了，这就成了黑夜。日头有时也会想起自己失去的哥哥弟弟，感到伤心，就哭出了眼泪，这落下的泪水，就是下雨天了"。这些共同的神话记忆是中华民族共同体形成的思想文化根基。

畲族民众通过对射日神话的叙述共建对英雄后羿的认同。畲族的这些射日神话故事均脱胎于"后羿射日"这个故事的原型。从畲族"射日"神话表达的内容可以看出，射日神话包含着始祖敬奉和英雄叙事的要素，他的核心是建构一个不畏艰辛、勇于担当、甘于牺牲的中华文明形象符号。畲族民众将后羿与盘瓠联系在一起，甚至实现身份的替换，后羿成了盘瓠，盘瓠就是后羿。这种表述直接将后羿与畲族联系在一起，一代代的畲民通过对射日英雄故事的不断讲述，形成了畲族人民长期以来对后羿作为中华文明形象的认同和信仰，这种认同和信仰甚至进入畲族自己的神灵体系，成为"武弓神"或猎神。这是畲族人民对共有的中华文明形象符号的重要表述。基于汉语言系统表达的"射日"神话，在畲汉民众共同讲述的过程中形成了深刻的认同，其表达的敢于征服自然，实现自我拯救的人类精神也是一脉相承的。

第三节　血脉相连：畲族人类诞生
神话中的女娲与石母意象

创世神话的目的并非表达思想感情创作出来的，而是源于自身生存和发展的需求。换言之，它的目的不是给伟大的创世者歌功颂德，而主要是为了探索人类缘何而来的秘密。人类诞生神话就是用来解释人类诞生与繁衍的故事。人类诞生神话包括造人神话、降人与变人神话、人类再生神话等类型。就畲族的人类诞生神话而言，主要有造人神话和人类再生神话两类。畲族造人神话与"女娲造人"神话之间有着源与流的密切关系。而石母救人是畲族再生神话的经典母题，蕴含着丰富的民族文化心理及文化象征意义。

一　天神造人：畲族造人神话对女娲神话的吸纳与再创作

在中国古代神话中，盘古、伏羲、女娲是最为典型的创世神话主角。顾颉刚在《古史辨》中对中国信史勘定后提出："时代愈后，传说的古史期愈长"；"周代人心目中最古的人是禹，到孔子时有尧舜，到战国时有黄帝神农，到秦有三皇，到汉以后有盘古等"。① 盘古是开辟世界之人，但起源最晚，伏羲氏被称为文化始祖，其起源略早于盘古，女娲或平行于伏羲，也可能早于伏羲。② 女娲造人神话最早可以追溯到先秦时期的《山海经》中的相关记载，然而《山海经》中并没有明确描述女娲造人的具体情节，而是提到了与女娲相关的神秘元素。直到东汉时期的《风俗通义》才明确提出了女娲用黄土造人的故事。《太平御览》辑录的《风俗通义》记女娲抟土和引绳造人："俗说天地开辟，未有人民，女娲抟土做人，剧务，力不暇供，乃引绳于絚泥中，举以为人。"③ 此后，随着女娲神话的不断发展，女娲不仅造人，还创造了人类社会，又替人类立下了婚姻制度，使青年两性相互婚配，繁衍后代，因此成为人类起源和文明发展

---

① 顾颉刚编著：《古史辨》（一），上海古籍出版社 1982 年版，第 60 页。

② 汪晖：《创世者与反神话——重读〈补天〉》，《中国社会科学》2024 年第 3 期。

③ （宋）李昉等撰：《太平御览》（第一册），夏剑钦、黄巽斋校点，河北教育出版社 1994 年版，第 672 页。

的象征。

（一）畲族造人神话的文本解析

女娲神话在中国文化中代代相传，也逐渐渗入包括畲族在内的少数民族民间故事之中，对各民族神话故事产生较大影响。畲族造人神话在吸纳女娲神话中与造人相关的重要元素时，也进行了改编和再创作，在内容、特征与意涵上表现出畲族特性。下面，以《天帝造人》《人·肤色·语言》《皇天爷和皇天姆造人》三则故事为例，进行详细解析。

我们先来看第一则故事《天地造人》：

现在凡间的人，肤色怎么有黄的、白的、黑的呢？传说是天帝造人时候造成的。

很早的时候，凡间没有人。那一年，天帝下凡来，看到地这么大，没有灵性的生命，到处都是冷冷清清的，就忖①要造人。

忖造就造。天帝先用白泥土捏成三个人，放在火里烧。他性急，头一个未烧透就拿出来了，放在掌心一看，还是白白的，不够绰，就把他丢到一边去了。等了一会，天帝算时间正好了，就拿出第二个来，放在掌心一看，黄澄澄的，不晓得几多生得好，翻过来覆过去看，不舍得放下去。等他忖起火中还剩一个时，赶紧拿出来，一看，已经烧焦啦，全身黑溜溜的。

后来，这三个土人都变活了。头一个就是现在的白种人；第二个就是黄种人；打尾一个就是黑种人了。②

这则故事非常简短，讲述了天帝用泥造人以及白、黄和黑三种人的形成。不难发现，故事的原型是"女娲造人"。这个判断主要的依据是"天帝先用白泥土捏成三个人"，也就是所谓的"抟土造人"，这是女娲造人神话中最经典的元素。无论是抟土，还是结绳，女娲造人的地基都在土地。土是人得以孕育的母体。在畲族的这个故事中，天帝在抟土造人的基

---

① 忖：本义为思量、揣度。

② 钟伏龙、林华锋、颜素开等编：《闽东畲族文化全书·民间故事卷》，民族出版社2009年版，第22页。

础上，通过烧制的方式最终形成人，并解释了因为火候掌握问题导致不同人种的形成。这里至少蕴藏两种意识：一是畲民将生活生产中类似烧制陶器的技术代入了神话故事，实际上也意味着所谓的造物主天帝也是"拟人化"的象征存在；二是说明此时的畲民已具有种族的意识。不同的肤色代表不同的种族。而且畲民在故事中流露出对黄种人的"偏爱"，这样一种较为典型的、"原始的"的种族意识。

畲民这种意识也在第二则故事《人·肤色·语言》中得到体现。

听说古早时候，凡间原来没有人，上界天皇就派两个阴阳神下凡来传人种。不知过了几多年，凡间还是这两个人。

天皇看看大气，骂这二神没用，下旨要把二人砍成四片，从东西南北天门丢落凡间去。众天神也很气，掏刀砍碎后，把尸身涂上乌七八糟许多颜色，就从四方抛落凡间去了。尸体抛落凡间后，又活起来变成了人，就有男也有女。原来这两个阴阳神都是一半阴一半阳，被刀这式一劈，变成了阴归阴、阳归阳、男归男、女归女了。男女相配对，正好在世上繁衍了很多人。因这些人原先被天神涂上乌七八糟颜色，故此凡间就有了黄、白、棕、黑等各种肤色的人。

天皇有天到云头一看，凡间旺了这么多人，很高兴。可是这些人不知道讲话，天皇就派铁拐李下凡教话。铁拐李下凡后，看人肤色不同，住的地方不同，也教了许多不同的话。故此，不同语言也就在凡间产生了。

凡间人总是合不来，往往为一件小事而争吵不休。这是因为阴阳神被砍分四方丢落凡间，变成人，都很难找到原来搭配的一半了。

故此几多好的夫妻，几多好的兄弟姐妹，几多好的亲戚朋友，一辈子和好好的总是没有的。直到如今，不管黎民百姓，或皇帝朝臣，都有争、有吵，甚至结仇恨，打仗，互相打死了许多人哩！

世界一直不平静，源头就是阴阳神被砍碎从四面八方丢落后变人，后来凡间人永远找不到自己的那一半。①

---

① 钟伏龙、林华锋、颜素开等编：《闽东畲族文化全书·民间故事卷》，民族出版社2009年版，第21页。

　　通过对这两则故事的对比分析，就能发现，《人·肤色·语言》与《天帝造人》应属于同一故事的异文。故事二较之故事一做了四处较大的调整和补充：一是造物主虽然还是天帝，但变成由他派两个阴阳神来执行造人的任务。二是造人材料从"白泥土"变成了尸体（肉）。阴阳神任务完成失败后，被天帝和众神砍碎并涂上颜色，抛撒人间。这些尸体变成了人，有男有女并相互婚配，于是世界有了很多人并有了黄、白、棕和黑等各色人种。在文学作品中，土与肉被赋予共融共生的深刻寓意。土壤象征着大地、自然和生命之源，而肉体则代表着人类、生命和感知的主体。二者共同构成了生命存在的完整体验。三是增加了对人类语言形成的解释。天帝见世人不会说话，于是派铁拐李下凡教话（在畲族民间故事中，铁拐李是八仙之中被畲民提起最多的一位神仙，或许这与畲民有"李"姓有关，畲民在情感上更亲近，可能将他视为"自己人"），于是不同肤色、不同地方的人就讲不同的语言。语言是人类沟通的主要工具，也是人与动物区分的重要标志，在族群的形成与识别中也起到重要的作用。章太炎在《国故论衡》和《国学讲演录》中将语言文字、典章制度、人物事迹定位为国故的三重核心内容，同时也是辨识民族主体性的要素。其中，语言文字被定位为国故之首。关于语言的产生，在另一则畲族神话中也有提及。流传于福建福鼎畲族地区的《五百罗汉教话》，讲述了玉帝派出五百罗汉下凡教世人说话，五百罗汉五百腔，于是各地人讲的腔调都不一样。玉帝觉得好玩，便哈哈大笑起来，笑声传到凡间，凡间的人也学会了笑，笑声都是一样的[①]。结合第二个调整，畲民对人种肤色的认识由三色（黄、白、黑）变成四色（黄、白、黑和棕）以及增加了对语言形成的解释，体现了畲民族群意识的"进化"——从较为原始的种族意识逐渐向外延较小、内涵更精准的种族或民族意识发展。四是增加了对人类世界纷争现象的解释。"源头就是阴阳神被砍碎从四面八方丢落后变人，后来凡间人永远找不到自己的那一半"，体现了畲民对世界运行规律的思考，反映了畲民认识世界不断深化的过程。

　　再看第三则故事《皇天爷和皇天姆造人》：

---

① 钟伏龙、林华锋、颜素开等编：《闽东畲族文化全书·民间故事卷》，民族出版社2009年版，第24页。

在上古的时候，天和地刚刚分开，天上面有天神住着，地上是一片阔茫茫、平铺铺的无边无界的五色土，看不到半个人种。天神皇天爷和皇天姆，看看凡间没人做世界，这怎么行？就下凡到地上造人。怎么造呢？皇天爷和皇天姆商量又商量，就用地上的五色土来捏人。

皇天爷专门捏男孩，皇天姆专门捏女孩。他俩就这样蹲在地上捏着捏着，捏得手都酸了，蹲得脚也麻了！皇天爷说："这样捏，要捏到何时，才能够把天下人都捏满呢？"皇天姆说："这样吧，拿个天筛来筛吧！我铲土，你筛！"只见皇天爷身子一伸直就顶天高，捧来一个湖面大的天筛；皇天姆也拿来一把大铲，一铲就是百担泥土。两人你筛我铲，筛呀筛！东边筛黄土，西边筛白土，南边筛红土，北边筛棕土；四方筛过中央筛，中央筛的是黑土。筛呀筛！天筛圈圈转，土粒纷纷扬，随风长，落地变成人模样，有手有脚有五官，男男女女几万万。黄土筛的黄种人，黑土筛的黑种人。那些人痴呆呆没灵性怎么办？皇天爷与皇天姆又商量着，鼓起气，这么多男男女女全都手舞脚蹬，睁大眼睛看着皇天爷笑声震天动地，这么多的人也跟着笑个不停。

一阵笑声过后，皇天爷和皇天姆又忧头苦脸起来。皇天爷问皇天姆愁什么？皇天姆说："我们辛辛苦苦造出来的子孙，只知道傻笑，不会说话像哑巴不行，应该教他们说话。"皇天姆也问皇天爷你愁什么？皇天爷说："我俩辛辛苦苦造出来的子孙，一个个都贪懒躺着不动，要教训教训他们站起来，勤勤恳恳做世界。"于是，皇天爷掏了一大把竹哨吹，教人学讲话。每到一个地方吹一种调子，到许许多多地方，吹许许多多不同的调子，教会了许多地方的人讲许多不同腔调的话。

从此，凡间人不论什么地方，还是讲哪一种话，哭声和笑声都是一样。这是老祖宗当初一起向皇天爷和皇天姆直接学来的。也因为皇天爷和皇天姆取土造人，凡间平铺铺的土，被挖得凸凹不平，高的变山，低的成江河湖海。

从文本内容来看，第三则故事杂糅了前两则故事的一些内容，并做了一些重要的改编，使得内容更加丰富、语言更加生动、寓意也更加深刻。

一是造物者从笼统的"天神"被明确为皇天爷与皇天姆，体现了畲民"天地崇拜"信仰体系的进化。如果对中国民族造人神话故事中的造物主进行细分，大致可以划分为神、半人半神与文化英雄三种，其中神又可细分为主神、天上的神、地底下的神和地面上的神。从流传于浙闽地区畲族的造人神话故事来看，造物主主要是主神，即天帝或天皇（皇天爷和皇天姆）。二是造人的材料从白泥土（或肉）变成了五色土。五色土指的是青、红、黄、白、黑五种颜色的纯天然土壤。这五种颜色分别对应着五行理论中的木、火、土、金、水，同时也与东、南、中、西、北五个方位相关联。"五色土"不仅是一个地理学和土壤学的概念，更是一个深具文化内涵和象征意义的人类学符号，它在华夏传统文化中占有重要地位。在古代中国，五色土被用作社稷坛的主要材料，被赋予了象征江山社稷的意义。五种颜色的土壤由全国各地纳贡交来，体现了"普天之下，莫非王土"的意涵。五色土还与华夏五帝相关联。青帝伏羲、赤帝神农、黄帝轩辕、白帝少昊、黑帝颛顼分别对应着五色土中的五种颜色。这种对应关系体现了古代中国人对祖先的崇拜。因此，"五色土"绝不仅仅一个地理学和土壤学的概念，这些象征意义共同构成了五色土在华夏文化中的重要地位。在故事中，畲民将天神造人的材料从一般的白泥土置换成"五色土"，就具有深厚的文化内涵和象征意义，体现了畲民对以华夏文化为核心的中华文化的高度认同。三是故事不仅解释了人种和语言的形成，还解释了哭声和笑声以及地貌的形成。语言的形成是皇天爷用竹哨吹，教人学讲话，"每到一个地方吹一种调子，到许许多多地方，吹许许多多不同的调子，教会了许多地方的人讲许多不同腔调的话"。哭声和笑声一样，是因为老祖宗当初一起向皇天爷和皇天姆学的。可以说，它不是单一的造人神话，而是各种创世神话的混合体，说明这个故事的创作时间应该是较为晚近的。

（二）畲族造人神话的文化价值

畲族造人神话是杂糅了多类型神话内容的一种复合型神话。从《天地造人》故事的内容相对比较纯粹，解释了不同肤色（人种）的来源，到《人·肤色·语言》故事中增加了语言起源的内容以及对人之间纷争不断的解释，再到《皇天爷和皇天姆造人》中融入了地理元素：讲述不同方位，不同土壤，造就不同肤色的人以及造人后导致山川、江河、湖海等地形地貌的形成。正是因为畲族造人神话是一个复合型的神话，丰富的文本内容，使得故事的文化意蕴与价值凸显，为我们深入研究提供思想源泉。

畲民透过神话叙述，认为人都是由天神创造的，都是用泥土（五色土）做成的，其本质是一样的，无所谓"贵贱轻重"之分。虽然因为后天的差异，如在故事《天地造人》中因为天帝的一时疏忽，导致泥人不同肤色的出现，透露出情感的差异，对黄种人的喜爱，也映射出畲民对自身所属人种的一种认同。但这个差异并不影响畲民对于不同肤色的人实质都是一样的认知——每种人都是由神用"泥"造的。这个观点在后面两个故事得到延续，成为畲族造人神话的主要特征之一。而神，无论是天帝、天皇，还是皇天爷和皇天姆，其实都是创世神的化身。与此同时，在畲族造人神话中，语言的产生是由神（铁拐李、五百罗汉或皇天爷）教授的，也并非人类自创的，表达了人类与自然万物平等的生态伦理意识。而且语言的差异是由生存环境的不同引起的，强调了地理环境对族群及其族群文化特征形成与发展的重要意义，这是一种唯物主义的认识，也体现了各族群语言的平等性。

总之，畲民通过造人神话表达了对人的起源以及族群重要文化起源的认识，认为人与人的语言都是"同源"的，因此他们也都是平等的，不能以肤色或语言的差异来区别对待。这种认知观点的形成，有利于畲族中华民族共同体意识乃至人类命运共同体意识的形成。

二　石母救人：畲族再生神话的内容与文化意蕴

许多民族都有涉及人类再生母题的神话。一个神话是否含有"人类再生"情节母题，必须具有人类被毁灭、人类何以被创造和创造结果三个基本条件。我们以较为常见的洪水神话为例。故事主要情节：（1）灾难发生。往往以"洪水淹天"，人类几近灭亡为开端；（2）灾难后果。洪水之后，剩下"兄妹"（较为常见）二人时，面临传宗接代的历史使命；（3）拒婚或验婚。此时兄妹中的一方拒婚和占卜验婚的情节，占卜或问神灵的方法简直五花八门，有的山顶滚石磨、滚筛子、滚簸箕卜凶吉，有的以柞击碎乌龟重生看结果，有的砍断竹子重长见分晓，有的隔山烧火烟相交为标志，有的隔河种竹相交为依据，有的隔河洗发长发相连为理由，有的手指滴血相合为借口，还有的父亲的灵魂苦劝，玉皇大帝命谕，太白金星指点，老鹰、乌鸦牵线等离奇的现象作铺垫，为此而极大增强了原生神话的故事色彩，其目的就是试图证明兄妹结婚的合理性、合法性。(4) 人类再生。婚后生儿育女，世代繁衍。部分神话中出现婚后产"肉团"或"大瓜"或不成形的"怪胎"，则为了说明近亲婚配危害性的意味，暗含着对血亲乱婚的指责。(5) 语言或其他社会文化的出现。往往部分再生故事会同时解释人类社会的部分重要文化现象的产生，如语言等。

(一) 畲族再生神话的文本解析

畲族再生神话也没有脱离这样的叙述模式，只不过在一些情节上融入畲族特有的环境印记和文化习性，使之成为畲族神话。我们以《大石母救人种》《"二世人"怎么来的》《人种是哪来的》三则故事为例进行解析。

先来看故事一《大石母救人种》：

> 传说上古几万年前的洪荒时代，东海南岸山脚边，有一块方围百丈齐山的巨石，这就是大石母。在大石母附近有一村庄，住了几户人家，其中有一家兄妹二人，兄名祖兄，妹名先妹，常赶牛到大石母边草坪上放牛。牛吃草去了，兄妹就在大石边草台上乘凉、游戏，时到中午就拿出随带的饭菜边吃边谈笑。

> 有一天，兄妹俩依偎在大石母背阴处，忽然听到有人叫："阿弟呀！阿妹呀！我肚子饿得很，嘴也干得很，能不能给我一瓢饭一羹汤?"兄妹俩四处查看并无一人。再回头细察话声来自石中，才知石母开了腔。石母又说："阿弟、阿妹你帮我解饥，将来我也会帮助你的。"兄妹心想，说得也是，宁愿自己少吃一点，也要让些给石母吃，就这样每天兄妹中午吃饭时都留上一碗饭塞到石母嘴里。一餐又一餐，一次又一次，时间过得很快，一晃就是数年。兄妹俩也逐渐长大成人了。

> 一年盛夏，天气奇热。有一天，天空中突然间连续不断地向大地下起天柴，连下了三暝三日，接着又下了三暝三日天油，像下雨一样流得满地油滑，一阵雷电爆发火星，把天柴和天油都燃烧起来，烧得

大地、山川变成一片火海。兄妹俩走投无路，只得一步一跌地直奔南岸大石母边，双脚跪地连声大喊："石母石母，救我、救我！"石母说："快躲进我的嘴里来，快躲进我的嘴里来。"兄妹二人赶紧爬到石母嘴边钻了进去，石母就把嘴闭上了。这时，大地上一切都被天火烧得精光，地焦三尺深，高山成为一片黑炭，河流干涸，大海的水被火烧成热汤，海水降落三丈。那块大石母也被天火烧得难受，一直滚到东海里翻来覆去。天火连烧了七暝七日，大石母才张开嘴巴，叫兄妹二人出来。兄妹出来后，就到处去找吃的东西，他们边走边寻，不知走了多久，直到洞庭湖定居下来。后来兄妹二人结成夫妇，生男育女成为天下人类的祖先。

这个故事在畲村一直流传着。①

故事发生的时间和背景是上古几万年前的洪荒时代，人类面临天灾，"天气奇热。有一天，天空中突然间连续不断地向大地下起天柴，连下了三暝三日，接着又下了三暝三日天油，像下雨一样流得满地油滑，一阵雷电爆发火星，把天柴和天油都燃烧起来，烧得大地、山川变成一片火海"。从故事对灾难的描述看，这一灾难应该是火灾。畲族"以山为基"的生存环境，相对于主要活动于平原地带的其他族群而言，更忌惮火。火灾对长期生存于山地的畲族更为常见，危害性也更大。这也是畲族人类再生神话主要以"天火"为主，而较少出现其他族群中的"洪水"灾害情节的重要原因。

此时，兄妹二人躲进了石母肚中，石母滚到东海。故事还交代了畲民是起源于洞庭湖的族源记忆。这段描述寓意深刻。在前文我们提到的有关女娲的记载中，造人行动是在土地上进行，从未出现过海洋的形象，因此理解造人的问题必须通过土地才能获得。换言之，对于古人而言，陆地始终是观察起源的方式。但实际上，问题并没有那么简单。在人的深层的、常常是无意识的记忆中，水和海洋乃是一切生命的神秘之源。大多数民族在他们的神话和传说中不仅能够回忆起土生土长的神灵和人类，而且也能

---

① 钟伏龙、林华锋、颜素开等编：《闽东畲族文化全书·民间故事卷》，民族出版社2009年版，第25页。

够回忆起从海洋中诞生的神灵和人类。它们都提到了有关海洋和湖泊的儿女的故事。① 畲族故事《大石母救人种》这个情节设置也恰是海洋起源说的一种回声。

再来看第二则故事《"二世人"怎么来的》：

在闽东浙南这一带，丈夫死了，妻子为什么一声声哭"兄弟啊兄弟……"呢？这有个传说。

畲家人有一句老话，"下天油，灭人种"。据讲，古代天上下天油，只要一碰到人间的一粒火星，就起大火，把世间草木、房屋和人兽都灭得精光。

有一天，天上忽然像大雨一样地下起"天油"，火光大起，到处房屋倒塌，山崩地裂，人、山兽、飞鸟纷纷逃难。有两个兄妹跑不动，躲在一个大石边大哭大叫。忽然面前出现一个白头发、白嘴须的土地公，摸摸小哥妹的头说："小哥妹不要怕，等下这石头张开嘴，你们两个就钻进去避难吧！"不一会，石头果然张开嘴，两哥妹一钻进去，石头就把嘴合起来，滚呀滚，滚呀滚，从山上滚落海底，沉在海底七天七夜，石头才浮到岸边，把嘴一张，裂做两片，哥妹俩钻出来一看，世间静悄悄，一个人也没有。

"笃！笃！笃！"那个白头发、白胡须的土地公，拿着拐杖又走来了。土地公说："小哥妹！你们两个都长大了，现在世界只有你两兄妹了，你们就成亲吧！不然就没人种了。"哥妹一起回答说："我们是亲兄妹，怎么能成亲？"土地公说："这样吧！你们避难的这个石头，现在裂成两片。你们就一人抱一片，把它滚到山下去，如果两片石头合在一起，你们就成亲吧。"哥妹俩听土地公的话，就各人把一片石头推下山去。滚呀滚，两片石头真的合在一起。哥妹俩就成了亲。后来生儿育女，一代一代传到世间这么多人。②

---

① ［德］C. 施米特：《陆地与海洋——古今之"法"变》，林国基、周敏译，华东师范大学出版社 2006 年版，第 2—3 页。

② 钟伏龙、林华锋、颜素开等编：《闽东畲族文化全书·民间故事卷》，民族出版社 2009 年版，第 26 页。

第二则故事与第一则故事表达的主题基本一样，都是讲述人类的再生。但相较于第一则故事，第二则故事并没有交代石母为什么要救兄妹二人，而是重点强调了"拒婚或验婚"这个情节。哥妹一起回答说："我们是亲兄妹，怎么能成亲？"这样的伦理拷问，意味着这个故事产生时，人们已在文化上拒斥近亲婚配。可见，这些母题情节的滋生是后来人类的婚姻形态发生了根本变化，人们为了使原来的神话母题与当时的情形相适应，而有意加工改造的结果。也可认为，此时的畲民在婚配伦理方面的认知已与周边汉人趋同。

在畲族史诗《高皇歌》中，畲族的族群发展是源于盘瓠子女的"自相婚配"。而且实际上，这在很大程度上与原始社会婚姻形态相对应。同胞兄妹或旁支兄妹互为夫妻，甚至不同的辈次之间互为婚姻，都是一种正常的现象。正如马克思所指出的"在原始时代，姊妹曾经是妻子，而这是合乎道德的"。恩格斯在其《家庭、私有制和国家的起源》一书中对此顺序作出进一步梳理，提出人类婚姻从最初的杂乱婚、血缘群婚、普那路亚群婚、对偶婚到后来的一夫一妻制，是一个漫长的发展过程。但随着人类社会的发展，人类逐渐认识到近亲婚配的不良后果并且在文化上加以排斥，建立了有利于人类繁衍的婚配伦理。而这样的进程在不同的族群发生的时间有先后之分。因此，较早出现这种文明的族群就将尚未出现这种文明的族群视为落后和野蛮。而在族群交流的境遇中，被视为野蛮或落后的族群也必然会做出一些回应，如在绝大多数神话中都明显地表现了对近亲婚配的恐惧和反抗的心理。于是，在《"二世人"怎么来的》中就出现土地公（这一畲民普遍信任的神仙）指点通过山顶滚石磨进行验婚，并将之上升为人类"做种"的使命，其目的就是试图增加兄妹结婚的"合法性"。

最后来看故事三《人种是哪来的》：

> 　　古时候，有姐弟俩，阿弟看鸭，日日坐在一块大石头上歇气，阿姐天天给他送饭吃。每次吃饭时，这块大石头就会张开嘴，阿弟就捏一团饭喂它。有一天，这块石头开口说起话来："弟啊弟，天快抹杀了，你和你阿姐赶紧钻我嘴里来，要不就没命了！"石头刚说完，天一下子暗了下来，姐弟俩就慌忙钻进石头嘴里去了。

天火烧了七七四十九天，天下被烧成乌黑的一片。

山烧尽了，海烧干了，姐弟俩藏在里面的这块大石头也被烧得热烫的，从山崖落下，一直滚到海边。火停了，"嘭"的一声，石头裂成两片，姐弟俩从石缝中走出来。命是保住了，但吃什么呢？望山山成炭，望地地成灰，到处是黑乌乌的焦土，真把姐弟俩愁煞了！噢！有救啦！满海都是烧熟的鱼虾，他俩就靠这吃了三年。三年也还未吃掉大海里一块屁股大的鱼虾哩！

天底下就剩他们姐弟两个人了，这是人种，可惜一个是姐，另一个是弟，姐弟怎么好配呢？不配，后代又怎么来呢？真难死他们了。这时候，那块石头又讲话了：弟呀弟，妹啊妹，你两姐弟背上我的一片石，爬到山顶，把石滚下来，若是两片石能合到一堆，你们就成亲吧；合不到一堆，天下就没种了，凭天意吧！他俩听了，各自背着一片石爬山，两片石同时滚落下来，正好合到一处。这样，姐弟就成了亲。

山哈至今还流传这样古歌言为证——
上古元仙二弟妹，日日掌鸭山里来，
送饭也分石母食，有日石母又开嘴。
有日石母又开嘴，子时天火放落来，
姐弟存转我肚内，后来两人结头对。
一时泥土烧作灰，田中石牯滚出来，
当时天下无人种，乃剩元仙二弟妹。
元仙元英二弟妹，眼看田园苦哀哀，
怪山世上无人种，世界田园怎么开。
石母帮他出主张，你背石牯走山上，
背上山头双滚落，石牯那合结妻房。
一胎养仔五十个，二胎养仔一百个，
传转天下十三省，发族人丁几万个。

姐弟成亲，阿姐总觉得不好意思，羞愧，阿弟就折一枝树叶给她遮脸，这才结成夫妻。没多久，他们生男育女，一代传一代，仔生孙，孙生仔，发成今天世界。直至今日，山哈女人拜堂结婚，都要在脸上蒙一块遮羞布，这风俗就是那时阿姐留下的。

　　由于石头保住了人种，山哈后代感恩不尽，一代又一代都把石头敬为神明，到如今有的人还把石头叫石母。给孩子讨名，要到大石岩面前问卜，取名用"石"字头的特别多，如石弟、石妹、石成、石福、石贵……①

　　故事三杂糅了前两个故事的主要内容，在二者的基础上进行了细节描述和内容补充，故事的可读性更强，并采用了畲族最擅长的"歌言"形式来补充讲述。说明，该故事产生的时间应该是最晚的。而且故事对婚配伦理的强调更为突出，说明了此时畲汉民族的交往交流交融已非常深入，汉族的伦理思想已深刻地影响了畲族。以至于"直至今日，山哈女人拜堂结婚，都要在脸上蒙一块遮羞布，这风俗就是那时阿姐留下的"。而且故事也在强化"水和海洋是一切生命的神秘之源"的隐喻："姐弟俩藏身的这块大石头从山崖落下，一直滚到海边，俩人从石缝中走出来，靠着烧熟的鱼虾吃了三年。而且三年还未吃掉大海里一块屁股大的鱼虾！"说明海洋中蕴藏着丰富的可供人类生存的资源。如果我们将其与明代以降畲民的迁徙路径相联系，这个情节可能也意味着畲民开始从大山中迁徙到了闽东的滨海地带，并发现了海洋中蕴藏的大量食物。换言之，这则故事折射了畲民迁徙以及在迁徙过程中与周边汉人发生交往交流交融的族群记忆。

　　还需要说明的是，在本节中我们为了便于讨论，将畲族的人类诞生故事分为诞生故事和再生故事两种进行解析。但实际上，在畲族民间还存在将二者融为一体，即既有诞生的情节，也有再生情节的故事。如《最初的人和后来的人》：

　　如今活在凡间的人，都是后来的人哩，最早的人本是男女同体的，就是讲一个人既是男人也是女人。一人就能生仔，生仔也是男女同体。那时候的人没有讨妻，没有拜堂入洞房的事，也没有男人争女人或女人争男人的事。

---

① 钟伏龙、林华锋、颜素开等编：《闽东畲族文化全书·民间故事卷》，民族出版社2009年版，第22页。

人类未撩大未撩细①，和睦安乐地过了好长好长的日子。有一巡天的凶神，看人活得美满，心里大恼火，那是妒火。伊忖，贵为上界神仙、西土佛祖，还老老实实做单身，而你这下界尘埃里的人，倒男女合一身，这多喜乐。伊无讲价地降落云头，拔毛折蕨一样把人全摄上云头，抽出宝剑将人身劈成男还男、女还女，直劈得两眼发青，还是气呼呼地骂不停口，将劈开的男女乱抄一气，然后随手抓起往东南西北乱扔乱抛。开头一抛抛得老远，后来，腹肚饥了，也就扔得近些。末了，索性不耐烦地用脚板胡乱踢或拨扫下云头。打发完凡间的男女，他这才打道回府。

这一来，被生硬拆散的人这一半和那一半也就是男和女可苦了。他们为了找回美满原身，繁衍后代，便漫天去找另一半，历尽千辛万苦。有些人这一半还能找到那一半，他们结成一对儿，他们的脾性、志趣相投，有时连音容笑貌都相像，就像一母所生同胞兄妹哩。有的这一半找呀找，找到一个又一个似是而非的另一半，可没几时又格格不入，离异了，甚至反目成仇。有的千里有缘来相会，这是巡天凶神最早，气力足，抛得远的一对男；有的俏冤家就住在隔壁厝，那是巡天凶神后来用脚板拨扫下云端的男女。

男人和女人恩恩怨怨地在凡间上演了许多悲喜剧，想不到吧。全是天神一时妒心所致。在人间，幸福的家庭都是相同的，不幸的家庭有各自的不幸。每个人注定了在天底下都有和你相适合的另一半，你若耐心寻找，总会找得到的。②

这个故事虽然讲述的是人类再生的主题，但故事的主要情节却是人类的诞生，与《人·肤色·语言》故事极为相似，人最早出现的时候是男女同体（阴阳神）。而且神与人之间的关系是对立的。最早出现的人因为是男女同体，在情感上少了很多纷争，在世间就能和睦安乐地相处，也就不需要神的干预。这也就意味着人可以不受神的控制，人与神之间的关系

---

① 未撩大未撩细：闽东地区方言，不惹是生非的意思。

② 钟伏龙、林华锋、颜素开等编：《闽东畲族文化全书·民间故事卷》，民族出版社 2009 年版，第 19 页。

是相对独立和平等的。而之后神开始嫉妒人的幸福和美满，对人的肉体进行破坏与分离，制造了情感的纷争和纠结，此时人与神的关系是对立的。从神话学视角来分析，这体现了人与神关系的变迁历程。在人类社会早期，人们对自然的认知有限，对神秘力量充满敬畏，因此神话中的人和神往往是杂糅在一起的，人和神之间的关系是相互转化的。随着社会的发展和人类认知的提升，神话逐渐形成并发展。人和神之间的界限逐渐变得分明。神被描绘为具有超凡能力的存在，而人则是凡夫俗子。但人们可以通过祈祷、献祭等方式与神进行交流，试图获得神的庇佑和帮助。这一时期，人与神关系表现为一种契约关系。到了神话发展的成熟时期，人神关系呈现出多样化的特点。一方面，有些神话故事中的人神关系依然保持着原始的和谐共生状态；另一方面，有些神话故事则开始出现人神对立甚至战争的情节。这种多样化的人神关系反映了人类社会内部的矛盾和冲突以及人类对未知力量的恐惧和挑战。《最初的人和后来的人》这个故事就是反映了畲民对人与神关系的反思以及人对幸福生活的理解，整个故事充满了人文主义色彩。

（二）畲族再生神话的文化意蕴

畲族再生神话的情节包括了灾难发生、灾难后果、拒婚或验婚、人类再生、语言或其他社会文化的出现等内容，在叙述上没有脱离"人类再生"情节母题的一般模式，只不过在一些情节上融入畲族特有的环境印记和文化习性，使之成为畲族再生神话故事。同时，畲族再生神话都讲述了石母（石头）救人情节，反映了畲民的巨石或"异石"等自然崇拜现象，这种崇拜现象在畲族历史上长期存在，在现今的部分畲族乡村还能看到畲民在村寨附近的石岩上点香烧纸祭拜的遗存现象。

畲族再生神话是以"家"为核心价值取向，想象和描述了祖先家庭生活和迁徙生活，代表着本民族处理人与自然、人与社会之间的关系，也蕴藏着关于族际关系的态度和方式。畲族人类再生故事的主角是一对姐弟，在故事中，这对姐弟结成夫妻，"生男育女，一代传一代，仔生孙，孙生仔，发成今天世界"。这也就意味着这对姐弟是人类共同的祖先。因此，对于人类而言，家是共有的，父母是"世界父母"，在人类早期发展过程中，都是以"家"为根本，表现出相依相伴、休戚与共的亲密关系。这种源自同一祖先而共同拥有的文化基因在人类社会分化出民族之后始终潜藏在各民族发展过程中，并维系着民族之间的和谐共处。

小　结

畲族在与汉族等周边民族的共生发展中，创造出了内容丰富、特征鲜明，意涵深刻的创世神话。畲族创世神话故事有自己关注的母题、较为独特的叙事特征和价值意涵。这些价值意涵在本民族对神话文本的流传、改编与创造中，持续发挥传承民族集体记忆、增强民族文化认同、促进族际文化交融的重要作用。畲族创世神话是畲、汉民族之间文化"交融"的载体之一。这种文化心理，既是中华民族共同性的成因，也是中华民族共同性的表征。

畲族世界起源神话是从畲族本民族视角讲述了畲民关于世界起源与自然现象形成等最基本问题的理解与想象。在畲族世界起源神话中，我们能轻易地找到畲族与汉族之间交往交流交融的印记。透过这样的故事讲述，畲族人民要表达或表明的是畲族与其他各民族是"同源共祖"的关系。一方面，他们生存的世界是同一个世界。这个世界是由盘古开辟的。正如《男造天　女造地》开头唱的那样：当初盘古来造天，造天造地禾谷生。男人造天女造地，三山六水一分田。世人不分性别、不分种族、不分阶层，只要是人都生活在由盘古开辟的同一个天地里。由此，这个原本存在于汉文典籍中的"盘古"，经民间故事的叙述后，在畲民心中，已然成为人类共同的创世神（人）。另一方面，他们经历了一些共同的神话历史记忆，如旱灾（后羿射日）、洪灾（人类再生故事）及畲族特别强调的火灾（天火引发火灾）。这些共同的经历，让早期的人类形成生死与共、命运与共的相生相伴的共同体意识，这种意识透过神话世代传承，影响世人的言行思想。畲族民众将后羿与盘瓠联系在一起，甚至实现身份的替换，后羿成了盘瓠，盘瓠就是后羿。这种表述直接将后羿与畲族联系在一起，一代代的畲民通过对射日英雄故事的不断讲述，形成了畲族人民长期以来对后羿作为中华文明形象的认同和信仰。这是畲族人民对共有的中华文明形象符号的重要表述。而基于汉语言系统表达的"射日"神话，在畲汉民众共同讲述的过程中形成了深刻的认同，其表达的敢于征服自然，实现自我拯救的人类精神也是一脉相承的。

畲族人类诞生神话重点体现了畲族与其他民族"血肉相连"的亲密关系。畲族造人神话多为复合型故事，在讲述造人的同时，也解释了人种的形成以及语言等人类社会重要的文化现象。在畲族造人神话中，所有的人类，不论是何种肤色都是由创世神（女娲、天皇或皇天爷）用土或神的肉身做成的，他们在本质上是一样的、平等的。特别是畲民将天神造人的材料从一般的白泥土置换成"五色土"，就具有深厚的文化内涵和象征意义，体现了畲民对以华夏文化为核心的中华文化的高度认同。而神，无论是天帝、天皇、还是皇天爷和皇天姆，其实都是创世神的化身。畲民通过造人神话表达了对人的起源以及族群重要文化起源的认识，认为人与人的语言都是"同源"的，因此他们也都是平等的，不能以肤色或语言的差异来区别对待。这种认知观点的形成，有利于畲族中华民族共同体意识乃至人类命运共同体意识的形成。"石母"是畲族人类再生神话的最重要母题。在畲族人类再生故事中，一对姐弟结成夫妻，生儿育女、传宗接代，成为人类共同的祖先。这种源自同一祖先而共同拥有的文化基因在人类社会分化出民族之后始终潜藏在各民族发展过程中，并维系着民族之间的和谐共处。不同民族均将自身融入中华民族人文始祖谱系中，这是构筑中华民族"多元一体"格局的鲜明表达和行动实践。这类神话从民族祖先的身体到祖先繁衍不同的民族，再到家国的"差序格局"，[①] 构成中国统一多民族国家的社会结构、文化生活和精神世界，从而使中华民族共同体"雏形"在"同源共祖"与"血肉相连"的神话讲述中得到孕育和滋养。

---

① 费孝通：《乡土中国》，人民出版社 2008 年版，第 25 页。

第 二 章

共享的精神符号：畲族信仰故事中的
中华民族共同性

在人类远古时期，人类先民对于宇宙奥秘和人类起源等终极性问题，总是充满好奇，但这一时期生产力极为低下，人类先民们对客观世界的认识处于极为幼稚的阶段，探索问题的方式更多的是靠想象，自然力对于人类先民而言是某种异己的、神秘的超越一切的东西，因此信仰故事滥觞，成为民间故事的重要内容之一。钟敬文认为，民间会产生一些关于灾异的解释、变形的幻想和新生的鬼神，是由于人类神话思维方式的残存，反映了原始人类的生活情景和思想感情。[①] 故事中的"神灵"往往成为各族先民们思考万物之始的精神载体。这类内容在各民族民间故事中较为常见，也构成了畲族信仰故事的主要类型。本节将对畲族信仰故事的整体情况进行概述，并聚焦图腾崇拜故事、"法师"故事两大类型，揭示故事的文化意涵，以此探讨畲族信仰故事中的中华民族共同性。

第一节　畲族信仰故事概况

畲族是个历经千年辗转迁徙的民族，在迁徙过程中其文化不断与周边族群文化进行交流、互动、涵化，因此畲族文化呈现出多元而复杂的样貌。信仰文化作为精神文化的内核，虽具有较强的稳定性，但在日积月累

---

① 钟敬文主编：《民间文学概论》（第二版），高等教育出版社 2010 年版，第 125 页。

的发展变迁后，也呈现出多样性特征。① 畲族传统社会的宗教信仰既包含图腾崇拜、自然崇拜和鬼神崇拜等"原始宗教形式"，又受到儒、释、道的影响。因此，这类故事在畲族民间较为常见，构成了畲族信仰故事的主要类型。本章中的信仰故事包括图腾崇拜、宗教、神灵鬼怪等神话故事类型。在本节中，我们将分别对畲族的图腾故事、佛教故事、道教故事进行概述，勾勒畲族信仰故事的整体面貌，为后面的分类型分析奠定基础。

一　畲族图腾崇拜故事的主要母题

神灵崇拜的重要载体是原始宗教。广义上的原始宗教，是指人类社会早期的氏族部落为主体的各种信仰形态，包括自然崇拜和人类社会与人自身的崇拜两大基本类型。随着社会关系的发展变化，这两大类型经历着由合到分、由分到合的发展过程，即以早期母系氏族社会的图腾崇拜为起点，分化为各种各样的自然崇拜与祖先崇拜形式，再由父系逐步占统治地位而形成统一的大神为基础，在主体上二者融合起来。

据民俗考古结论，世界上所有民族几乎都曾经历过图腾崇拜阶段。在生产力水平低下的远古时代，人们无法解释周围的诸多自然灾害，认为存在某种神秘的力量，发源于某些客观存在的物体。不同的氏族由于处境所限，往往选择经常接触的动物，并与这种长期接触的动物产生一种特殊的感情，在内心中设定出与这一自然物的特殊的"亲缘""血缘"关系，甚至进而上升为族的"标志"。此外，图腾又具有民族性、群体性。不同的氏族、部落及民族在特定的历史时期，可以有不同的崇拜物，即使同一民族的不同分支也可以出现不同的图腾崇拜。后来随着社会生产力的不断进步，人们渐渐发现原来所崇拜的图腾物并不具有他们想象的那么大的神力时，或者图腾物随着环境的改变、生态的恶化而减少乃至灭绝时，人类聪明的大脑便发挥出抽象思维的功能，认为图腾符号具有比图腾物具有更大的神力，于是逐渐转向图腾意象或者图腾符号崇拜，强调的是它的象征意义。

图腾崇拜对族群发展的各方面都产生广泛和深远的影响，也对各民族

---

① 方清云：《凤凰山中的畲族故里——凤坪村的人类学考察》，中国社会科学出版社 2023 年版，第 205 页。

民间文学的创作和传承产生直接的影响。图腾崇拜故事正是在宗教信仰发展的历史进程中应运而生。就目前搜集到的畲族图腾崇拜故事来看，涉及的图腾主要有盘瓠和龙、凤。

盘瓠源于盘瓠神话。学界一般认为，畲族主要崇拜的图腾就是盘瓠。实际上，盘瓠也并非畲族独享的图腾，以盘瓠为图腾的民族分布范围相当之广，就国内而言，有瑶族、海南的黎族和台湾的高山族。在世界范围，例如爪哇的卡郎，日本北海道与库页岛的虾夷，琉球岛人等十多个地区民族都有类似的崇拜。可见，盘瓠图腾崇拜是一个具有广阔区域性和具有广泛意义的一种信仰。① 由于历史和现实的原因，在已收集整理出版的畲族民间故事中，直接以盘瓠为讲述对象的图腾崇拜故事并不多，但盘瓠的影响或"影子"依然渗透在畲族许多故事类型之中。

龙与凤是畲族图腾崇拜故事的另外两个重点讲述对象。"龙"常被视为中华民族的象征图腾，是一个极为常见的母题。在中华民族的水神信仰中，龙是司水水神的集大成者。龙王可以呼风唤雨，主宰江河湖海渊潭井泉等各种水府。因受道教的影响，四海龙王，尤其是东海龙王，在汉文典籍和汉人民间广泛流传。作为海神信仰的龙王及其子女成为民间故事体系中讲述频率最高的神祇。这一点在畲族民间故事中也不例外，畲族民间故事中拥有丰富的龙故事，且内容也多借此衍生，体现了畲、汉民族在信仰文化上的互动交流。同时，畲族关于龙的故事结合了本民族的生存环境条件加以改编和创作，表现出畲族的鲜明特色，亦体现出本民族的特有文化心理。畲族民间故事中的龙王，更多的是出现于渊潭井泉，而不是海洋之中，体现了畲民生存环境以"山地"为主的特征。如《蓝法师捉龙》中的龙升天于潭坑至双坑的旱田、②《谢伯文成仙》③ 中的龙存在于"龙井"之中、《龙珠井》④ 中的龙也是存在于"七眼龙井"——实际为泉水井，等等。正是受"临山望海"生存环境的影响，在畲族的民间故事中，龙

---

① 蒋风、陈炜萍、陈华文编：《畲族民间故事选》，上海文艺出版社1993年版，第8页。

② 吕立汉主编：《浙江畲族民间文献资料总目提要》，民族出版社2012年版，第336页。

③ 钟伏龙、林华锋、颜素开等编：《闽东畲族文化全书·民间故事卷》，民族出版社2009年版，第43页。

④ 中国民间文艺研究会浙江分会编：《浙江风物传说》，浙江人民出版社1981年版，第153页。

王与畲民之间发生了密切的联系。同时，在畲族民间故事中，与龙对抗的主要是畲族社会中的"普通"英雄，他们或是法师，如《蓝法师捉龙》中的蓝法堂等法师、①《谢伯文成仙》中的法师谢伯文师徒；②又或是畲族的青年，如《龙珠井》中的畲山"桑哈仔"蓝岩、③《天眼重开》的畲族青年勇团、④《九龙江恶龙作恶》中的畲族青年兰隆江。⑤对抗的原因和目的均是为了"求雨"，反映了畲民生活的山地环境中水与地之间的尖锐矛盾。还有畲族关于"分龙"习俗的传说，与畲族的盘瓠神话联系在一起。在这些故事中，畲民认为自己是龙麒（盘瓠）的子孙，是龙王的亲戚，也属于龙族。因此，在族群心理上认为，畲汉民族是平等的，理应受到一视同仁的待遇。

在以往的畲族民间故事研究中，研究者们更倾向于将畲族中的凤凰与盘瓠神话中的高辛帝的三公主联系在一起，认为畲民崇拜凤凰主要是受"三公主"崇拜的影响，其背后是王权崇拜的逻辑。但实际上，除了王权崇拜，部分畲族民间故事中的凤凰依然保留着"百鸟之王"的神鸟元素。例如，《畲族祖宗的传说》将畲族的诞生描述为由凤凰蛋孵化而成，这符合"鸟"的生物属性，而卵生后的阿郎是在百鸟的养护下成长，也直接点明了凤凰与百鸟之间的关系。阿郎与龙女结合，可视为是龙凤互助合作关系的象征。又如，畲族《龙脉》故事的核心类似"玄鸟生商"，畲族宗谱谓"鸟成者土雉也"（"土雉"即"山鸡"），属于较为典型的凤鸟图腾崇拜的"鸟卵生人"的变异故事。这些畲族故事中的凤凰形象，说明畲族民间故事中的凤凰也是一种鸟图腾崇拜。这既可以视为各民族心理一致性的体现，也可以认为其产生是各民族交往交流的结果。对此，我们将在下一节中进行专题论述。

---

①　吕立汉主编：《浙江畲族民间文献资料总目提要》，民族出版社 2012 年版，第 336 页。

②　钟伏龙、林华锋、颜素开等编：《闽东畲族文化全书·民间故事卷》，民族出版社 2009 年版，第 43 页。

③　中国民间文艺研究会浙江分会编：《浙江风物传说》，浙江人民出版社 1981 年版，第 153 页。

④　吕立汉主编：《浙江畲族民间文献资料总目提要》，民族出版社 2012 年版，第 239 页。

⑤　福建省少数民族古籍丛书编委会编：《福建省少数民族古籍丛书·畲族卷——民间故事》，海峡书局 2013 年版，第 608—610 页。

二　畲族佛教故事的叙事特征

随着人类社会中宗教的发展，天地众神纷纷登场，关于天神、妖魔、仙人之类的神话也被大量创造出来，并不断融入口传原生态神话之中。佛教是世界性宗教。它为外来宗教，但传入中国后，在与不同思想、不同文化的交锋、碰撞、融会与演变中，深刻地影响了中国文化，也铸就着中国文化，成为中国文化的重要内容。佛教也同样渗入畲族人民的生活，在畲族民间故事中流传着关于佛教的神话传说。但相对于畲族的民间信仰故事、道教信仰故事，畲族的佛教故事在数量和类型上并不算多。

在此，我们对畲族佛教故事的整体特征进行描述：

一是故事数量较少。与周边汉人广泛流传的种类众多的佛教故事不同，畲族的佛教故事，在畲族民间信仰故事中存在的数量较少，远远不及道教故事和鬼怪传说。从数量上看，道教故事最多，鬼怪故事次之，佛教故事最少。

二是故事角色较为单一。在为数不多的佛教故事中，佛教人物形象往往作为故事的辅助角色出现，帮助主公人完成得道成佛或惩奸除恶的任务，宣扬真善美的故事主题，且集中于释迦牟尼、观世音菩萨（观音大士）及和尚等角色形象。如《火与水》中治火治水的释迦牟尼；[①]《浮宫》中救出被山洪围困的畲民的观音[②]以及《阿弥得道升天》中帮助畲民得道升天的和尚（实为大佛化身）。[③] 除此之外，还有出现五百罗汉的故事《五百罗汉教话》，但故事将五百罗汉下凡教话描述为是玉帝委派的，明显是畲族民间佛道不分或佛道融合的认知结果——玉帝成为最大的天神。因此，这个故事很难归入与佛教相关的故事。

三是故事中佛教形象褒贬不一。具体地说，释迦牟尼和观音菩萨（观音大士）的形象往往是正面的，畲民对他们也是褒扬的，特别是观音

---

① 钟伏龙、林华锋、颜素开等编：《闽东畲族文化全书·民间故事卷》，民族出版社 2009 年版，第 16 页。

② 连江县民间文学集成编委会编：《中国故事集成·福建卷·连江县分卷》，连江县民间文学集成编委会 1991 年版，第 174 页。

③ 福建省少数民族古籍丛书编委会编：《福建省少数民族古籍丛书·畲族卷——民间故事》，海峡书局 2013 年版，第 510 页。

菩萨，畲族社会就出现关于她的专题故事《观世音和她的父亲》。故事讲述了南海观世音出家成佛的故事：观世音菩萨出生于一个宰相家里，从小有佛骨，生来不吃荤。因看到女人怀孕的痛苦而决心出家，不顾父亲百般阻挠，前往尼姑庵修行。她的父亲怕观音当了尼姑给他丢脸便火烧尼姑庵，烧死了所有的尼姑，最后被索命鬼讨了性命。[①] 但代表佛教的和尚，在笔者已收集到的故事中的形象却不总是正面的。

畲族佛教故事叙事特征的形成，与佛教在畲族民间社会的流传与影响有直接的关系。正如前文所言，"信鬼好祀"是畲族传统社会的重要特征。畲族传统社会的这个特征有利于道教在畲族民间社会的流传，畲民也因此对道教有天然的"亲近感"。再者，由于不断地辗转迁徙以及由此形成的"家族即民族"的族群文化特点，使得畲民对家族有强烈的认同感，自古"盘蓝雷钟一家亲"，正是对畲族内部强大凝聚力的自我表述与强化。在此历史文化语境中，佛教强调对俗世的超脱以及对来世与彼岸的追求，自然没有道教与巫术对关注现世的畲民有吸引力。此外，佛教大兴土木的寺院建设，也成为生存环境恶劣、生活条件艰辛的畲民拒斥其的理由之一。这些都不同程度地在畲族民间故事中得到体现。

三　畲族道教故事中的角色形象

与佛教形成鲜明反差的是，在畲族神话故事中，道教元素是最常见的，道教的神仙魔怪经常作为故事的重要角色而出现。道教对畲族民间社会的渗入与影响，可见一斑。现就畲族道教故事中的角色形象进行简要分析，以此窥探道教对畲族社会和文化发展的具体影响。

（一）玉皇大帝：畲族道教信仰的象征

玉皇大帝（简称"玉帝""玉皇"）。该神名最早出自梁代陶弘景的《真灵位业图》，分别指"玉皇道君"与"高上玉帝"，并非一神。唐人崇尚修道游仙，往往以"玉皇""玉帝"入诗，作为天界主宰的代称。至宋代，统治者将"玉皇"与历代正统祭祀的最高神祇"昊天上帝"合一，奠定了玉皇的至尊地位，深刻地影响到民间信仰。在畲族的民间故事中，玉皇大帝应该是众多神祇中出现的频次最高的，在很多故事类型中都有他

[①]　刘锡诚主编：《观音的传说》，花山文艺出版社1995年版，第35—37页。

的角色。

在畲族神话故事中，玉帝通常以主神的形象出现。如流传于福建福鼎市畲族地区的《雷公与雷婆》，讲述了雷公雷婆的来历。有个孤儿叫雷公，性情耿直刚烈，16岁时在茅山学艺三年，下山被玉帝的大女儿制服，又到闾山学法三年，学成一身非凡本事，连天兵天将都奈何不了他。于是，玉皇大帝封他为雷公，玉帝的大女儿成了雷婆，掌管人间不平事。①这里的玉帝就是掌管天地的最高神祇。

在畲族的动物与幻想相结合的故事中，如《金蚕姑娘与牛金星》《牛和草》《牛大王》等故事，玉帝也同样扮演主神的角色，不仅掌握天上的神仙，也管人世间的所有事。但故事中的玉帝形象呈现逐渐发展的特点。这个特点也反映了畲民对道教信仰由浅入深的过程。在《金蚕姑娘和牛金星》中，灶君娘娘要向玉帝禀奏，玉帝派金蚕姑娘和牛金星下凡，并对办事不力的牛金星进行惩戒，俨然是位于高位的神仙。但故事的开头却是"弥勒佛管天下，世间上男女老少都是赤身裸体"②，除民间故事本身的"不严谨"之外，其潜在的意义可能说明此时的畲民在信仰上是较为多元的，或者说对以玉帝为代表的道教并未完全信奉。故事《牛和草》在开篇对《金蚕姑娘和牛金星》的故事背景进行了改造，将"弥勒佛管天下的时候"改为"古时"；对人间景象也进行了改写，在保留原先的"土地肥沃，漫山遍野长粮食，世人也不愁吃"的基础上，描写了人的精神状态"人温饱了就想入非非，个个精明如神，专门算人，损人。一时间争争吵吵，乌烟瘴气，更不堪的是对神明、天地都大不敬了，讲：'人不求人平平大'。"将人从《牛和草》的原始状态转向有精神要求的"智慧人"，体现了人已开始超越动物本性朝着"文明人"的方向发展。但在人对生存环境和自身状态进行思考的早期，并未对道教产生信仰，这也导致"玉皇大帝由于受不了人们的藐视，就想给闲得寻事的人弄点事干干"，从而"迫使"人信仰道教。此时，玉皇大帝的形象也变得更加生

---

① 《中国民间故事集成》全国编辑委员会、《中国民间故事集成·安徽卷》编辑委员会编：《中国民间故事集成·安徽卷》，中国ISBN中心2008年版，第16页。

② 钟伏龙、林华锋、颜素开等编：《闽东畲族文化全书·民间故事卷》，民族出版社2009年版，第45页。

动，"是死爱面子的老家伙"①。第三个故事《牛大王》中的玉帝形象更加威严，且不可挑战，面对众神为牛官求情，玉帝喝道："此乃朕之天旨，谁敢违抗，皆与牛官同罪!"② 同时，故事还增加了二郎神和其他众神的"戏份"，出现二郎神催逼牛官下凡的情节，说明此时道教的神仙体系更加丰富并臻于完善。

（二）土地公：道教在畲族民间的代言人

土地公是畲族民间信仰中出现频次最高的神仙。如果说，玉帝是代表最高位阶的神仙，是道教神仙威严的象征，不容凡人置疑和挑战的。那么，土地公（和土地婆）可以说是道教神仙中最平民的代表，他往往作为凡间和仙界的信使，在人们的日常生活中发挥作用。因此他的故事形象也总是贴近生活的。他在畲民心中的地位虽高，但不是不容挑战的，人们有时也会出于一些目的而对他进行"恶作剧"，这也使得在畲族神话故事中，土地公的角色是丰富多样的，其职能也是多元的。土地神虽然在道教神仙谱系中地位较低，但其在民间信仰中却是极为普遍的，人们对他的崇拜和信仰，可以说是流行于全国各地的，旧时凡有人群居的地方就会有祀奉土地神的现象存在。

土地神源于古代的"社神"。社神不像土地神这样官微言轻，而是地位显赫，为神界数一数二的大神。"社神"，源于远古时期人们对土地的崇拜。土地，为人类提供了活动场所。土地生长的万物，又为人类提供了丰富的食物，故而人类感激它、崇拜它。对"社神"的祭祀，早在《诗经》中就有记载，《礼经·郊特牲》中说："社，所以神地之道也，地载万物，天垂象，取财于地，取法于天，是以尊天而亲地也。"为什么要祭祀"社神"呢?《孝经援神契》中将其说得很清楚："社者，五土之总神。土地广博不可遍敬，故封土为社而祀之，以报功也。"因而，祭天和祭社（地）成了古代两项最重要、最隆重的祭祀活动，由此可见社神的地位非同小可。但进入封建社会后，原属自然崇拜的社神被逐渐人格化、社会

---

① 钟伏龙、林华锋、颜素开等编：《闽东畲族文化全书·民间故事卷》，民族出版社2009年版，第48页。

② 钟伏龙、林华锋、颜素开等编：《闽东畲族文化全书·民间故事卷》，民族出版社2009年版，第47页。

化，社神的地位也由此不断跌落。虽然由皇帝专祀的国家社神祭祀不断，但失去了民众的参与，而步入名存实亡的境地。倒是那些遍布各个角落的小社神（俗称土地神），充当了地方保护神的角色，香火颇旺。由此，土地神这一神祇开始出现，并被道教所承袭，渐渐给演变成自己的神祇。

在故事《"二世人"怎么来的》[1] 中，人类仅存的两兄妹是听从了土地公的劝告以滚石验婚的形式最终结为夫妇，土地公在其中扮演的是辅助创世主的角色。在《火种》故事中，土地公帮助人们寻找火种。土地公找了很久还是没有找到，越想越气，便用拐杖狠狠地敲打石头，没想到火星就这样喷了出来。从此大家便知道了火种就在石头里，而这种石头就叫燧石。[2] 火对于人类生存和社会发展具有至关重要的作用，在故事里人们把寻火的希望和功绩赋予了土地公，可见对他的喜爱。

当然，土地公的形象也不是一成不变的，他不仅具有"神性"，也具有"人性"。在《蓝阿三许桃愿》中，蓝阿三开山栽桃，在土地公的庇护下树粗果大，单单就忘了对土地公的供奉。第二年依然如此，土地公生气了，就叫猴子毁坏桃树并托梦给蓝阿三。从此蓝阿三每年如约供奉土地公，因而年年丰收，远近出名。[3] 这则故事的主要目的虽是警诫人们要尊敬土地公，要供奉土地公，但从故事中也表现出土地公像人一样，具有"爱憎分明"的脾气，对于对他不敬的人也会施予惩戒。在《土地公从此不灵》故事中，土地公的形象就更加"平民"。故事流传于柘荣县，讲述了有个后生嗜赌成性，请求土地公指点，答应塑一个金身土地婆给他做伴。土地公就教他压花会字，一压就赢钱，但对方唯独不提塑金身土地婆的事。土地公知道受骗，就不再理他，这后生越赌越输，就把土地公打得粉碎。从此，土地公任凭凡人求拜都装聋作哑，再也不灵了。[4] 在农耕社

---

① 钟伏龙、林华锋、颜素开等编：《闽东畲族文化全书·民间故事卷》，民族出版社2009年版，第26页。

② 钟伏龙、林华锋、颜素开等编：《闽东畲族文化全书·民间故事卷》，民族出版社2009年版，第18页。

③ 霞浦县民间文学集成编委会编：《中国民间故事集成·福建卷·霞浦县分卷》，霞浦县民间文学集成编委会1992年版，第187页。

④ 福建省少数民族古籍丛书编委会编：《福建省少数民族古籍丛书·畲族卷——民间故事》，海峡书局2013年版，第488页。

会，赌博可能危及家庭幸福、社会稳定而经常被统治者所禁止和民间社会所抵制。但在这个故事中，土地公却答应给嗜赌成性的后生指点，助他赢钱，只为后生"答应塑一个金身土地婆给他做伴"的口头诺言。可见，这里的土地公也有"七情六欲"，而且似乎有点"好坏不分"。后来，后生没有兑现诺言，土地公也就不再帮他，于是后生就打碎了土地公的神像。土地公因此装聋作哑，再也不灵了。该故事折射出人们对道教信仰"灵"与"不灵"的一种反思，开始探讨道教对人们现实生活的实际意义。在这过程中，作为道教在畲族民间的代言人，土地公自然首当其冲受到畲民的调侃甚至质疑。

（三）民间俗神：畲汉民众民间信仰互动的直接证据

"信鬼好祀"是畲族传统社会的重要特征。在历史上畲族社会较为盛行巫风，畲民普遍相信鬼魂。在许多记载畲族历史文化的汉文典籍中都有相关描述，如《长汀县志》记载，畲民"俗信巫事鬼，祷祠祭赛，则刑牲庀具，戴树皮冠，歌觋者言，击铙吹角，跳舞达旦"。[①]

在"信鬼好祀"的古风影响下，除以上释道二教诸神的信仰之外，畲族民间还自造许多地方特有的神祇。这些地方神祇有的是由畲民创造的，有些是汉人创造的，也有的是畲汉民众共同创造并共同信奉的，这些民间俗神信仰往往通过一定的仪式体现，于是就构成了民间风俗。这些关于共同信奉的民间俗神和习俗的民间传说，就成为畲汉民众民间信仰互动最直接的证据。

妈祖信仰。妈祖被尊奉为渔民和船员的守护神，被认为具有保佑渔民安全与丰收的力量。妈祖信仰起源于我国南部沿海地区，后来逐渐传播到全国各地，并成为华人社区和海洋相关行业的信仰之一。尽管妈祖信仰与道教密切相关，但妈祖信仰融合了其他宗教元素，如民间信仰、佛教和儒教等。因此，妈祖信仰具有多元化的宗教特征，既有道教的神灵崇拜，也有佛教的慈悲救度和儒教的道德教化。《"山哈"为何也拜妈祖》，讲述了畲民拜妈祖的由来。闽东沿海部分畲民依靠滩涂养殖和出海打鱼为生，祈望风调雨顺，出海平安，生产丰收，便和汉族渔民一样，希望妈祖保佑，

---

① 长汀县地方志编纂委员会编：《长汀县志》，生活·读书·新知三联书店1993年版，第163页。

于是每年农历三月二十三日，畲民亦到福安溪潭妈祖庙参加祝神节。① 从此类故事流传的地域来看，也主要集中于福建沿海的畲族集聚区，是畲族从山区往沿海地区迁徙过程中对生存环境的文化适应。在闽东沿海地区定居的畲民必然需要变更传统的游耕生计模式，而采用适应环境的滩涂养殖和出海打鱼模式。在这种模式下，妈祖信仰就发挥作用。畲民需要依靠信仰的力量祈求风调雨顺，出海平安和生产丰收。因此，妈祖信仰也由汉族群体传入畲族群体，受到共同信奉。

妈祖信仰与畲族的迁徙有关也在另一则故事中得到体现。流传于福建安溪县官桥镇善坛村的《钟颜德出祖》讲述了安溪官桥善坛之名的由来和开山祖钟颜德肇居当地的经过。厦门钟宅畲族世代人少势弱，立下每代要有人出祖到外乡繁衍的规矩。钟颜德抽中出祖的签，在妈祖娘娘的指引下，背着妈祖真身像渡过鹭江，来到安溪善坛安居创业，并为妈祖娘娘建造庙宇和神坛。为纪念钟宅祖上世代以晒盐为业，把此地称"盐坛"，后改名为"善坛"。② 与前一则故事相比，这则故事更是直接将畲族村庄的起源与妈祖信仰联系在一起，在畲民的家族记忆中，将妈祖信仰作为家族"信史"进行讲述，使其更加深入畲民生活，具有更强的亲近感和可信度。

魏公侯信仰。畲民在迁徙过程中，必不可少要与周边的汉人发生联系。在传统阶级分析的视角下，这种联系往往被表述为剥削或歧视等不对等的关系。但实际上，在畲族民间故事中，存在大量反映畲汉民间互帮互助团结友好的故事。《鼓楼山"二月二"庙会》就是一例。

> 传说数百年前，福安县畲族雷姓祖公逃荒到鼓楼山的时候，鼓楼山只住着一对姓魏的汉族兄弟，哥哥名叫崇广，弟弟名叫福应。兄弟两人聪明善良，体力过人，是最先来到这座山开荒的。畲族雷姓祖公迁到这里后，汉族两兄弟热情接待，他们互相帮助，共同合作，把这座荒山开成一片片良田。

① 钟伏龙、林华锋、颜素开等编：《闽东畲族文化全书·民间故事卷》，民族出版社2009年版，第258页。

② 安溪县民间文学集成编委会编：《中国歌谣集成·福建卷·安溪县分卷》，安溪县民间文学集成编委会1989年版，第85页。

可是，这座山里的鸟害和兽害很严重：谷子发了芽，鸟雀飞来啄；禾苗分了蘖，山羊出来啃；稻谷出了穗，山猴、野猪齐来抄。弄得一年到头颗粒无收。此后他们只好把田水烤干插番薯。可是，薯苗一发芽，山猴就来拔；薯蔓一分枝，麂子就来吃；薯仔一长大，野猪就来拱。大家被弄得没有办法，畲家祖公就和汉家两兄弟一起商量如何除害。崇广兄弟会打铁，便造了神铳和铃刀，见鸟雀来啄谷芽时，便放响神铳，鸟雀就吓飞；稻谷出穗时，摇响铃刀，山兽听到铃声就不敢来吃了。可是时间一长，鸟兽听惯了铳声和铃声，又不怕了。这时，畲族祖公就用树皮制出螺号。野兽来了，祖公吹响螺号，畲、汉两族在四面山头的小孩、姑娘及小伙子、老阿公们，便都纷纷赶来，将野兽围在中间，用铳打，用刀砍，一齐动手，渐渐地把鸟害兽害灭除了，年年获得了丰收。

从此以后，鼓楼山的耕田面积越来越大，畲族后代越来越兴旺。畲族人民为了纪念这两个汉族兄弟的帮助，就在鼓楼山上为他们兴建一座庙宇，尊称他们为"魏公侯"。因魏崇广是农历二月初二生的，所以定这一天在这里举行盛大的庙会，庆祝他的生日。大家还用糯米和蔗糖做成馒斋、米酒，到山上公祭。同时放起神铳，舞起铃刀，吹响龙角，驱逐飞禽走兽，祈祷田园丰收，人畜平安。然后，在庙前燃起两丈来高的"火树"，银花四射，照耀歌场，进行盘歌，通宵达旦。庙会活动完了以后，大家就互赠馒斋，预祝来年丰收。

这则故事讲述了畲族雷姓祖公从牛石坂逃荒到鼓楼山，与当地的魏姓汉族兄弟友好互动的过程。在开荒过程中，崇广兄弟制造了神铳和铃刀，畲族祖公就用树皮制出螺号，两族群众共同合作克服鸟害和兽害，终于把荒山开成一片片良田。故事具有现实主义风格，汉族拥有畲族所没有的较为先进的农耕计划和工具，特别是制铁技术。而畲族在狩猎方面具有更为丰富的经验和技术。两族群众各有所长，这是合作的基础。随着耕地的增加，畲族族群也得到了发展。为了纪念这两个汉族兄弟的帮助，就在鼓楼山上为他们兴建一座庙宇，尊称他们为"魏公侯"。可见，此时畲汉两族友好互动的种子就埋进了畲族的集体记忆之中，并通过举办"二月二"庙会对一起驱逐飞禽走兽的情景进行展演。在不断地展演中，将这段集体记忆不断巩固，使其在族群发展中持续发挥作用。

类似的故事还有《三月十六日林公节》。该故事讲述了三月十六日"林公节"的来历。从前山里虎豹山猪多，经常为害畲民，一年三月十六日，一个汉族长工林公，上山砍柴偶遇一只老虎，用扁担打死老虎，自己也因过度劳累去世。畲民为纪念和感谢他为民除害，把三月十六日定为"林公节"，敲锣打鼓，鸣放神铳，威吓山兽。① 林公信仰是浙闽地区较为常见的民间信仰，关于林公的传说故事在浙闽地区的畲汉民间都有广泛流传。这很大一部分是源于畲民长期生活在山区地带，鸟兽的灾害比较严重，因此，作为打虎英雄的汉族长工，也受到了畲民崇拜。

可见，若是从民间视角去分析族群互动的影响因素，族群意识不一定是族群交往的首要因素。换言之，民间的族群互动更多的是基于现实需要的逻辑，而不是思想意识上的认知。

第二节　中华一脉：畲族龙凤图腾崇拜故事的符号象征

在中华民族和中华文明的发展进程中，龙与凤凰逐渐演变成为中国传统文化的象征。龙代表权力、高贵、尊荣，被称为"众兽之君"，凤凰则代表吉祥、和谐、太平盛世，被称为"百鸟之王"。龙凤也被后人作为美好的互助合作关系的象征，于是就有了"龙飞凤舞""龙凤呈祥"的美好愿景。在本节中，我们结合汉文典籍中关于"龙""凤"的相关记载，探讨畲族民间故事中"龙"与"凤"的形象特点以及它所蕴含的文化意义，借此窥探畲汉之间的民间互动以及对畲族社会文化心理的影响。

一　和谐与对抗：畲族民间故事的"龙王"形象及象征意义

"龙"是一个极为常见的母题。以往对龙母题的分析存在两种观点，一是作为图腾性质的母题对待；二是只把它看作是一种崇拜。"图腾说"

---

① 钟伏龙、林华锋、颜素开等编：《闽东畲族文化全书·民间故事卷》，民族出版社 2009年版，148 页。

源于闻一多《伏羲考》中的说法，曾是占主导地位的观点，但后来也有不少研究者质疑龙图腾的性质，如阎云翔指出"无论如何，图腾物总是自然界中实有的物体。因为说到底，图腾制体现的也正是人类与自然界之间的关系。因此，如果依据通行的理论和被学界接受的材料，龙作为一种图腾同时又不存在于自然界中是难以令人接受的"。"迄今为止，考古学、历史学均无可信资料证明在中国历史上曾有过一个强大的以蛇为图腾的氏族部落，至于兼并与融合其他以马、狗、鱼、鸟、鹿为图腾的氏族部落的说法更是完全出于臆想"①。这些质疑有一定的道理，但神话研究毕竟不同于历史考证，研究过程应更注重发现文化契合。假如我们认为"龙"的"原型"就是对曾经匿迹了的"恐龙时代"的"龙"的记忆，是否也有一定的道理？从各民族的神话内容看，龙母题的出现的确晚于动物或植物图腾，并且"龙"本身就是一种带有文化创作意味的概念，是诸多图腾意象的组合体。因此把"龙"作为母题，视为图腾，是有一定依据的。

（一）汉文典籍中的"龙"及其文化意涵

1. 作为图腾崇拜的"龙"

在中国文化中，"龙"作为一种神兽符号发端极早。初民将"龙"想象为一种变幻无端、威力无穷的灵异生物。龙是古代华夏民族的图腾。民间将龙的图腾讲述成是黄帝统一联盟之时创造的，而在官方文献中记载，龙乃是华夏民族人文先祖、三皇之一的伏羲氏部门的图腾。《左传》称："大皋氏以龙纪，故为龙师而龙名"。"大皋"即"伏羲氏"②。伏羲部族从黄土高原发起，逐渐向中原大地、四川盆地、云贵高原征战、流动和迁徙，征服合并了黄河流域、南方甚至偏僻地区的部落。他将这些被征服部落的图腾，吸收融入自己部落的图腾中来。原来那个简单原始的龙，由于兼收并蓄了各民族的图腾，便形成了综合的龙图腾。至于黄帝与伏羲之间的关系，有研究者根据古籍中对三皇五帝的描述，发现三皇五帝之间有着千丝万缕的血缘关系，尤其是少昊、颛顼、帝喾，他们都是黄帝一支直系传承。这也是我们会将伏羲和黄帝视为华夏人文始祖的原因。简言之，伏

---

① ［美］阎云翔：《礼物的流动——一个中国村庄中的互惠原则与社会网络》，李放春、刘瑜译，上海人民出版社 2000 年版，第 231 页。

② 杨伯峻编著：《春秋左传注》，中华书局 1981 年版，第 1084—1085 页。

羲是黄帝之祖父。① 从上述的讨论中，关于龙作为图腾符号有两点是可以确认的：一是它是华夏族的图腾；二是它是吸收了其他部落的图腾特点综合创造而成的。

在古典文献中，"龙"与水、雨、云、雷等自然物存在着密切的联系。在春秋战国时期，多水地区的诸侯各国往往采用龙形符节，以区别于山地和平原之国。《周礼·掌节》记载："凡邦国之使节，山国用虎节，土国用人节，泽国用龙节。"②《山海经》记载："应龙已杀蚩尤，又杀夸父，乃去南方处之，故南方多雨。"③ 应龙为有翼之龙，能降雨。《庄子·天运》称龙"乘云气而养乎阴阳"④，《周易·文言》亦将"云从龙，风从虎"作为"同声相应，同气相求"之证。⑤ 同时，"龙"还被人格化，用作大人君子的比附。《周易》爻辞中的"龙"是乾德阳刚强健的象征；《离骚》引类譬喻，将"虬龙鸾凤，以托君子"。带着神圣威严、刚健崇高的文化底蕴，"龙"渐渐成为帝王的化身。《史记·秦始皇本纪》中的神秘预言者用"祖龙"代指嬴政，《高祖本纪》也传言刘邦为人龙交合而生。此后，"龙"与王权的联系愈加紧密，与"龙"有关的名词、器物等，在中国封建社会几乎成为帝王与皇族的专利。

2. "龙王"名号的出现

"龙王"名号最早出现于中国道教典籍之中，但情节化的龙王故事来源于印度佛书。中国学界普遍认同"龙王"外来的观点，⑥ 文献资料亦表明龙王形象自唐代开始在中国流行。传教者将梵语中的 Naga（一种多头巨蛇）译作"龙"，以凸显其神力与地位；Nagaraja 被译作"龙王"，连同与之相关的"龙宫""龙妇""龙子""龙女"等，一并移植入中土的宗教体系、文学作品与民俗信仰之中。这些观点也得到了考古学界的印证。出土的谭副造释迦牟尼像背面的龙王形象则进一步表明这类图像可能

---

① 张恒：《以文观文——畲族史诗〈高皇歌〉的文化内涵研究》，浙江工商大学出版社2014年版，第23页。

② 十三经注疏整理委员会整理：《周礼注疏》，北京大学出版社2000年版，第387页。

③ 袁珂校注：《山海经校注》，上海古籍出版社1980年版，第359、427页。

④ 陈鼓应注译：《庄子今注今译》，中华书局1983年版，第382页。

⑤ 陈鼓应、赵建伟注译：《周易今注今译》，商务印书馆2005年版，第13页。

⑥ 季羡林：《印度文学在中国》，《文学遗产》1980年第1期。

与古印度艺术存在联系，并将中国出现龙王形象的时间上溯至 5 世纪。

"龙王"的名号随着佛教传入中国后，与中国原有的龙文化结合，风云雨水神职的"龙王"形象越来越饱满，也在道教经典中出现。两晋时期，结合五行理论、帝王权威，龙王的地位也不断提高，进而得到统治者的承认。

道教典籍《太上洞渊神咒经·龙王品》中记载：

> 东方青帝青龙王，南方赤帝赤龙王，西方白帝白龙王，北方黑帝黑龙王，中央黄帝黄龙王……
>
> 如有国土、城邑、村乡，频遭天火烧失者，但家家先书四海龙王名字，安著住宅四角，然后焚香受持，水龙来护。①

但本典籍仅对龙王的名号和职能进行简要的介绍，并未进行情节化的描述。到了北魏时期，在杨衒之的《洛阳伽蓝记》中就对龙王进行了较为详尽的记载：

> 十一月初入波斯国……其国有水……毒龙居之，多有灾异。夏喜暴雨，冬则积雪，行人由之多致难艰……祭祀龙王，然后平复。
>
> 初，如来在乌场国行化，龙王嗔怒，兴大风雨，佛僧迦梨表里通湿。雨止，佛在石下，东面而坐，晒袈裟……佛坐处及晒衣所，并有塔记。
>
> 水西有池，龙王居之。池边有一寺，五十余僧。龙王每作神变，国王祈请，以金玉珍宝投之池中；在后涌出，令僧取之。此寺衣食，待龙而济，世人名曰龙王寺。②

《洛阳伽蓝记》记录北魏时期洛阳佛寺历史兴衰，所涉及的语汇与掌故带有浓重的异域色彩。梵文化语境下的龙王具有两面性：一方面凶悍易怒，施风雨阻碍如来化缘。仅从具有驱策雨雪风暴之能而言，与中国本土

---

① 张继禹等主编：《中华道藏》（第 30 册），华夏出版社 2004 年版，第 49—50 页。

② 范祥雍校注：《洛阳伽蓝记校注》，上海古籍出版社 1978 年版，第 289、298—299 页。

的神龙极似；另一方面，又富有多金，以其财产作为佛寺的经济支柱。在中国后来的小说戏曲和民间故事中，龙王也时常扮演着两种角色，既是珍宝的所有者与施赠者，也是暴躁强悍的负面力量。这或许与龙所处的多水环境有关。就普通民众的生产生活来说，人离不开水，但多水尤其是海洋环境较之陆地无疑具有更大的风险性和不确定性。

（二）畲族民间故事的"龙王"形象

在中华民族的水神信仰中，龙是司水水神的集大成者。龙王可以呼风唤雨，主宰江河湖海渊潭井泉等各种水府。因受道教的影响，四海龙王，尤其是东海龙王，在汉文典籍和汉人民间广泛流传。作为海神信仰的龙王及其子女成为民间故事体系中讲述频率最高的神祇，与之相关的海洋精灵——虾兵、蟹将、龟相、鲍女、螺姑、鲸郎等，亦活跃于民谭之中。这一点在畲族民间故事中也不例外，畲族民间故事中拥有丰富的"龙"的故事，且内容也多借此衍生，同时结合本民族的生存环境条件，体现出本民族的文化心理特征。

正如汉文典籍中"龙王"的形象一样，畲族故事中的龙王也时常扮演着两种角色，它既是珍宝的所有者与施赠者，又是暴躁强悍的负面力量。因此，畲民与龙王之间的关系也是复杂多元的，主要有和谐和对抗两种。

1. 畲民与龙和谐相处的故事

作为海神信仰的龙王形象在畲族民间故事中出现，与畲族的迁徙历程存在密切联系。明代以降，大量的畲民迁入闽浙赣交界地，并逐渐定居。而原本在汉文典籍中从未出现有关畲民内容记载的闽东地区，也在这段时间从地方志和官方文献开始出现畲民的相关记载。可见，畲民的生活环境已由原来的"以山为基"转向"山海结合"的特点，甚至有部分研究者将之称为"滨海"畲族。[①] 闽东三面环海的地理条件赋予了闽东地区较为鲜明的海洋文化特色。而迁入此地的部分畲民也以靠海为生，萌生出仰赖海洋、敬畏海洋的深厚感情，对于未知的海底世界也充满了向往与遐想。因此，在浙闽沿海地带的畲族民间故事中，海龙王的形象被提及的频数都高于其他畲族地区，且当地山川河流、村落庙宇，多有以"龙"命名者，

① 林校生：《"滨海畲族"：中国东南族群分布格局的一大变动》，《福州大学学报》（哲学社会科学版）2010 年第 5 期。

如流传于福建龙岩漳平的《正龙坑的传说》，讲述了山羊隔村罗盛仙的传说。畲寨山羊隔山高岭陡，水源奇缺。东海龙王派出十八条龙，由罗盛仙率领来到山羊隔降雨，从此山羊隔一派欣欣向荣的景象，并把十八条龙点化成山，于是形成了"正龙路口"，十八座山、十八条岭、十八个坑都在路口会集。从那时起，山羊隔的畲族人总要到此祭祀答谢罗盛仙。①

人与龙和谐相处的关系主要表现在畲族的"分龙节"习俗传说之中。故事中，畲民祈求龙的庇护，且龙也爱民，施予风调雨顺，使国泰民安，甚至人与龙也能实现"感生"结合。

我们先以流传于福建福安的《分龙节》，这一情节最为生动的故事为例进行解析。

每年农忙过后，畲家都有过"分龙节"的习俗。分龙节的由来，要从白龙仔出世讲起。

相传在很久很久以前，旱灾年年不断，黄坑村有个看牛的小孩，学着财主家楼楹上的雕龙，在沙滩上画了一条黄龙，企望它行云布雨。这条龙，身像蛇，角像鹿，鳞像鱼，腿像牛，活像真龙一般。

有一天，一位道人路过沙滩，一看到黄沙龙连声说："善哉，善哉！龙虽画得好，就是缺龙珠。"看牛小孩听见了，立即跑回村里，摘来两粒桂圆，放到黄沙龙的嘴里。说也奇怪，一时天地漆黑，雷电交加，狂风大作，下起大雨来了。黄沙龙飞起来，变成了一条黄龙，连放牛小孩都被刮跑了。

黄龙在天上飞来飞去，只因嘴里多了两粒龙珠，进不了天庭。有一天，黄龙飞到瓮潭上空，看见溪边有个在洗腌菜陶瓮的姑娘，生得好像一朵莲花映在水里。它心花一开，咧嘴一笑，一颗桂圆掉下嘴来。洗瓮的姑娘看见水面浮着一粒东西，连忙伸手去拾。这时，她好像听到背后有人笑，就把它扔进嘴里，一下就滑到肚里去了。

洗瓮姑娘吞下了这粒东西，肚子立即大了起来。她原来是人家的童养媳，未拜堂先怀孕，名声多坏呀。婆婆不由分说，就把她赶出家

① 福建省少数民族古籍丛书编委会编：《福建省少数民族古籍丛书·畲族卷——民间故事》，海峡书局 2013 年版，第 163 页。

门。她无家可归，只好在后坑的避风处搭个茅寮住下，靠编龙须草席过日子。

洗瓮姑娘怀胎十月，生下一个小男孩，全身白兮兮，外号"白龙仔"。白龙仔七岁那年，官井革带龙称王，要天下各处龙公向他进贡珠宝。瓮龙向他进贡又嫩又细、冬暖夏凉的龙须草席，他还不满足，还要瓮龙嘴里的那粒龙珠。白龙仔晓得这事，就对他娘说："把劈柴刀给我用用。"

白龙仔背插柴刀，腾云来到官井洋上空。革带龙看见迎面来的是一位小孩，毫不在意。白龙仔恨从心头起，一爪扑去，就戳中了他的眼睛。革带龙眼睛受伤，连忙逃避。白龙仔紧追不放，从背后拔出劈柴刀朝他砍去。革带龙连龙带刀都掉进了官井洋。

龙怕铁，虎怕叉。革带龙在海底拼命打滚。一时天昏地暗，恶浪冲天，好不容易才把柴刀甩出东冲口。革带龙这一滚，天下遭殃了，山洪暴发，河水倒流，田园受淹，厝倒人亡，百姓哭喊连天，躲避无门。

玉皇大帝知道了，急忙下旨四海龙王，不许他们争斗，祸害人间。这一天，是夏至刚过的辰日。从这以后，每年夏至过后逢辰的一天，各处龙王自己把守自己的地盘，不敢争斗，乱下云雨。玉皇还托梦给村中长老：这一天叫做"分龙日"，大家莫掏铁器和挑粪桶出门，以免惊吓龙王。因此，每逢分龙日，畲家人就不上山下田耕作了。他们有的挑着山货去赶集，有的打扮得漂漂亮亮地去盘歌。畲乡这个分龙节，比过年还热闹。①

这个故事的情节和母题极为丰富。故事开篇，即借鉴"画龙点睛"故事要素，只是将点睛换为了增添龙珠——桂圆，这种福建等南方地区较为常见的水果。故事又从点睛、添珠变为了画爪，而画爪的人换成了正德皇帝，这也体现了龙与皇权之间的密切联系。随后，"黄龙升天"这一情景的描写，也与龙的一种原型传说——龙卷风相关。有学者认为，龙的原

---

① 本书编委会编：《中华民族故事大系》第八卷，上海文艺出版社 1995 年版，第 370—371 页。

型不是动物，而是龙卷风这一自然现象。其依据就是龙字的甲骨文原形主要来自龙卷风的形状。先秦中关于龙的记载，也多能找到龙卷风的踪迹。且龙卷风具有比虎豹熊罴等动物更大的破坏力，是一种超自然的力量，是天地间的联系纽带，因此，古人也将龙卷风赋予神秘色彩和天神意志，经口口相传，最终演变为龙的崇拜。

　　之后，故事进入"龙王感生"情节。白龙仔是由洗瓮姑娘吞下龙珠而生。而所谓龙珠是看牛的小孩放入黄龙嘴里的桂圆。黄龙升天顺带也卷走了看牛小孩。按此故事的逻辑链，小龙仔虽是龙王感生，其隐喻的实质应是看牛娃与洗瓮姑娘所生。与此相关的感生主题在畲族的故事中较为常见，如在流传于闽东浙南沿海一带的《畲族买白鲎鱼过节的传说》中，姑姑吞食了嫂子在海边捡到的一个五颜六色的大石蛋"龙蛋"，十月之后诞下一条龙。到孩子长到五岁之时，孩子现出龙形，母亲被吓死了。往后每年端午节，龙仔为报答母舅恩情，就揭下鳞片变成白鲎鱼，挂在母舅的屋檐下，以此祭奠。而后有一年端午节，母舅叫他不要送白鲎鱼，有孝心就把母亲的灵柩接走，结果潮水涨起来，把母亲的灵柩冲到老鹰石洞的大礁旁。龙仔用尾巴把礁石打了个洞，把灵柩葬到里面，因此，每年端午节前后老鹰石洞有龙出现，就会下大雨。畲民也要买白鲎鱼过节。① 甚至人与龙（龙族）实现感生结合。又如在流传于浙南一带的《蛙崽成亲》中，故事的主角则为海龙王的山将——青蛙。青蛙为蛇所食，幸遇一老农打死了蛇而获救，就认老夫妻为父母。一次随父看戏时相中一员外之女，即叫父亲托人去议亲，员外信口说要以三斗珍珠和三捆洋丝为聘，青蛙如数送去，员外只好将女出嫁。其母犯疑，就去女儿家探视，窥见青蛙夜晚脱去蛙衣，变成英俊的白面书生，就偷取蛙衣并弄秽，蛙婿无法再复原形，众人皆大欢喜。②

　　之后，故事进入第三个母题情节"屠龙"。因白龙仔是天上黄龙所生，因此七岁那年，就可拿劈柴刀重伤革带龙。革带龙连龙带刀掉进了官井洋，"导致山洪暴发，河水倒流，田园受淹，厝倒人亡"。白龙仔伤龙

----

① 雪犁主编：《中华民俗源流集成》（第八卷），甘肃人民出版社1994年版，第340页。
② 中国民间文学集成全国编辑委员会、《中国民间文学集成·浙江卷》编辑委员会编：《中国民间故事集成·浙江卷》，中国ISBN中心1997年版，第620—621页。

是世界经典"屠龙"母题的畲族版，同时也引出"龙怕铁，虎怕叉"的民俗知识。故事虽然有"屠龙"的情节，但可以看出，人与龙之间并没有直接的矛盾，矛盾的主要双方是革带龙与瓮龙，是龙族内部的矛盾。

最后，故事进入结尾阶段。玉帝下旨不许四海龙王争斗，同时托梦于村中长老，"大家莫掏铁器和挑粪桶出门，以免惊吓龙王"。这一天正好是每年夏至过后逢辰的一天，于是又称"分龙日"。

整个故事具有丰富的寓意，道教元素在故事的推演中起到推动作用。先是点化了看牛娃，使龙得以升天，而后又是玉皇大帝下旨和托梦使得故事圆满结束，体现了畲族的道教信仰，也体现了人与龙和谐相处的美好愿景。

实际上，关于"分龙"习俗的传说在畲族民间广泛流传，而且这些故事还与畲族的《盘瓠神话》联系在一起。例如，流传于浙江金华武义宣平《分龙的传说》，叙述畲族每年农历夏至后的"辰日"之"分龙节"的来历。相传畲族世代住在山顶岗背，每年夏天都要遭受旱灾，而山下赫老①的田有泉水故不受灾。畲族后生雷大宽，就到龙潭用弓箭将龙王射出，对其讲："龙王爷，我是盘瓠王龙麒三子雷巨佑的子孙，今日我要找你评评理，为什么山顶畲家的田年年受旱灾，而山下赫老的田却水足稻禾好？"龙王念其是亲戚龙麒的子孙，就对雷大宽说："自此始，每年的今日我就分龙给畲山，及时行雨到坡岗垅田，让你们的庄稼也长得和赫老一样，岁岁五谷丰登。"因此，每年龙王守信在此日到畲山分龙施雨，所以畲山夏至后就有"龙王分龙夏至后，辰日落雨隔田塍"的现象。因为雷大宽去龙潭斗龙祈雨的日子是夏至后的第一个辰日，人们就把这天定为"分龙节"。相传：龙爱洁，龙怕铁。为了不惊动龙王分龙行雨，所以此日，大家都停息农事，不动铁器，不动脏物，迎龙皇施雨。② 在这个故事中，畲民认为自己是龙麒（盘瓠）的子孙，是龙王的亲戚，也属于龙族。因此，理应受到与周边汉人同样的待遇。

而在流传于浙江金华武义宣平《尝新米的由来》故事中，盘瓠王架起龙犬飞到天庭，偷来一口袋的谷种，凤凰山便开始种植水稻了，盘瓠王

---

① 赫老：畲语，汉人的意思。
② 张世元主编：《金华畲族》，线装书局2009年版，第126页。

也因此被玉皇派出的兵将追赶，被打落山崖，跌死在一株万年古树丫上。① 此故事是《盘瓠神话》在畲族民间流传过程中发生的异化。这则故事借盘瓠神话，阐述畲族农耕文化的产生与发展。其中，具有"龙"形象的龙犬成为盘瓠王的座驾和助手，体现了畲民与龙之间的亲密关系。

流传于福建连江畲族地区的《分龙》故事也讲述了畲族"分龙"节的由来。与前面的故事相比，这个故事中龙的形象更加"人性"。当地有个畲家"神医"兰牛头，受龙王邀请为其治烂头病。兰牛头提出一个条件：夏至后的几天时间里，龙王要分开龙身，把雨水均匀地下到稻田里，乡亲们会用锣鼓声来告诉龙王哪里需要下雨。龙王答应后，兰牛头为其治好了烂头病。龙王没有失信，那年风调雨顺，五谷丰登。从此，畲家人便形成了祈求丰收的习俗。② 在故事中，畲民与龙之间和平相处，互帮互助，人也不完全依附龙，龙也不是无所不能、高高在上的形象，而是也有"难言之隐"，并诚实守信。

可见，畲族关于"分龙节"的习俗传说，整体上表现了畲族与龙之间的密切关系，同时也表达了与龙和谐相处的美好愿景。这种关系也在畲族其他类型的民间故事中出现，如流传于福建闽东、浙江金华的《钟汉生救蛇得宝》讲述了畲民钟汉生救了龙子而得到龙王宝物答谢的故事。浙江金华府人钟汉生，家贫母老妻亡子幼。有一年饥荒，钟汉生上街将孩子卖与一北方生意人，用卖儿钱买了蛇放生。原来，此蛇乃东海龙王太子，幸遇汉生相救，龙王送一八角宝盘答谢汉生。这八角宝盘，每敲一角，就有一样东西凭空飞来，连敲连有，汉生由此富裕。后来汉生到北方寻回早年卖掉的儿子，过着幸福的生活。③

2. 畲民与龙对抗关系的故事

畲民与龙发生对抗的关系，往往是因为龙的暴躁引发民众的不满，从而引发民众的抗争，促使其从恶转善。这类主题在畲族民间故事中也较为突出。这或许是因畲民所在的山地环境，水与地之间的矛盾更加尖锐，于

---

① 吕立汉主编：《浙江畲族民间文献资料总目提要》，民族出版社2012年版，第337页。

② 连江县民间文学集成编委会编：《中国故事集成·福建卷·连江县分卷》，连江县民间文学集成编委会1991年版，第271页。

③ 钟伏Element、林华锋、颜素开等编：《闽东畲族文化全书·民间故事卷》，民族出版社2009年版，第226页。

是对水神龙王的态度也更加复杂。与龙对抗的主要是畲族社会中的"普通"英雄，他们或是法师，如《蓝法师捉龙》中的蓝法堂等法师、《谢伯文成仙》中的法师谢伯文师徒；又或是畲族的青年，如《龙珠井》中的畲山"桑哈仔"蓝岩、《天眼重开》的畲族青年勇团、《九龙江恶龙作恶》中的畲族青年兰隆江。① 对抗的原因和目的，均是"求雨"，而这些普通人类型的英雄也往往付出生命的代价（虽然他们最后可能都得道成仙）。

畲族民间存在人与龙对抗关系的故事篇幅一般较为简短，情节较为简单，表达的主题也较为单一，在此不一一列举。以下，重点探讨《天眼重开》。

《天眼重开》属于畲语神话传说，流传于浙中一带。故事全文 9013 字，角色众多，情节曲折，含有多个经典母题。② 故事的开端描述了人间地狱的惨状，两条九角旱龙吐出乌烟，使天下一片漆黑，人们难以度日。故事中的龙不是中国司水水神的"水龙"，而是来自西方双龙山的九角旱龙，反映了中西方关于龙文化的碰撞。无论人们怎么求神拜佛都无济于事。故事主人公畲族青年勇团既是为了给母报仇，也是为了拯救天下百姓，决心除灭两条旱龙。勇团带着斧头和大锯——畲族日常生活中常见的生产工具，受长胡子老爷爷的指点，到凤凰山③取得双头宝剑。而获得宝剑的过程也是较为波折，斧头和大锯并没能砍倒大殿门柱，勇团使用了最原始的"武器"——牙齿，啃倒了门柱，然后用九堆大火连续烧，浴火淬金，终于获得宝剑，并在白眉白发老婆婆的帮助下，获得两样宝物，一双草鞋，一条腰带，这两样都是畲民在日常生活中最为常见的用品。长胡子老爷爷和白眉白发老婆婆的形象与民间故事中较为常见的神性人物的形象较为吻合，在此故事中他们是山神之女——凤凰的化身。在降龙的路上，勇团先是看到了一块石碑，上面写着"龙王地界，人兽止步"。他走进石碑，狠狠地跺了一脚，石碑就碎成粉末，随风飘散。这个情节设置非常有寓意，它表明了畲民打破了心中对龙王的禁忌，正式向龙王宣战。穿

---

① 陈炜萍：《畲家风情——畲族的故事》，福建少年儿童出版社 1988 年版，第 75 页。

② 吕立汉主编：《浙江畲族民间文献资料总目提要》，民族出版社 2012 年版，第 239 页。

③ 畲族民间一般认为，凤凰山是本民族的发祥地，也是畲民心中的文化"圣地"。

上草鞋经受滚烫的血河考验，并降伏了乌鸦精，九头火炼蛇和蛤蟆王，这些较为常见的龙家族的精灵成员。在接好凤凰的断翅后，凤凰变成一个美丽的姑娘，与他一起去杀孽龙。他们来到双龙山，妮囡抛出一颗明珠引诱恶龙（借用"双龙戏珠"的故事元素），两人就合力杀了两龙，然后坐上腰带，飞上天空，一个拿宝剑劈开乌云——闪电，另一个拿宝锤敲开乌云——雷声，而从勇囝和妮囡头上洒落的汗水，就成了星星。后来，勇囝和妮囡结为公婆，一直住在天上，替地上的人们守着天眼。

整个故事充满了浪漫主义色彩，它用畲族人的视角讲述了宇宙现象的形成，是畲民认识宇宙，对宇宙进行探索的想象与尝试。故事讲述的内容并非畲民独有的，而是融入了大量的外族元素，甚至来自西方的龙族神话，体现了民族之间文化上的兼容并蓄。但故事的表现形式又是畲族化的，里面出现的畲族名字以及大量畲民现实生活中常见的生产工具和生活用品。在这个故事中，龙成为凤凰的对立面而存在。同时，在龙开始作恶的时候，其他的信仰并没有帮助到人们，只有人的勇气以及凤凰的神力和智慧才真正拯救了人类，重点体现了畲民敢于抗争的勇气和对凤凰的崇拜。

这个故事还有一个异文，即流传于浙江丽水一带的《日神和月神的传说》（亦称《金水湖与银水湖》）。故事讲述了钟郎与蓝娘原是凤凰山上一对美满的夫妻，因地面的水被一大水鹰吸干，一条火龙又将地面的火吸光，人们的日子很苦，夫妻俩商量分头找水和火。钟郎往东方找火，在一老爷爷的指点下跳到滚烫的金水湖里练就金身子，与火龙格斗，降伏了火龙，把火吐还人间；蓝娘往西方找水，在一位老婆婆的指点下跳到冰冷的银水河里练成了银身子，与水鹰搏斗，制服了水鹰，把水吐还人间。钟郎和蓝娘两人从此永远环绕着相互寻找，他们就成为日神和月神，从此便有了太阳和月亮。[①]

通过对两个故事的对比分析，不难发现，二者在基本结构上是一致的，只是通过一系列较为简单的"列维－斯特劳斯"式的操作，就转变成了另一个故事。例如，将故事的主角从畲族青年勇囝与山神之女"凤

---

① 蒋风、陈炜萍、陈华文编：《畲族民间故事选》，上海文艺出版社1993年版，第13—17页。

凰"变为凤凰山上一对美满夫妻"钟郎与蓝娘";英雄的敌人(反面对象)从西方双龙山两条口吐乌烟的九角旱龙变为能吸水的大水鹰和吞火的火龙;将英雄能力进化升级的方式从获得宝物变为经过湖水和河水的历练;故事的结尾从男女主角相守合作变成了环绕寻找等一系列操作,就变成了两个故事。但在故事中,我们依然能够看出二者实际上是同一种类型故事叙事模式。这也间接验证了人类学中的结构主义观点:人类心智具有某些共同的特征,这主要源于智人(Homo sapiens)大脑的共同特质。这些共同心智结构导致世界各地的人们,无论其社会与文化背景如何,都会采取类似的方式进行思考。①

实际上,在畲族民间故事中,人与龙的关系无论是和谐相处还是对抗,均与汉文典籍中的"龙王"形象相关,它既是珍宝(雨水)的所有者与施赠者,又是暴躁强悍的负面力量。只是畲民在讲述此类故事时,结合了本民族所处的生存环境、融入了本民族的生产生活需要和价值追求,对故事进行了再创造,从而赋予了故事的"畲族"特性,体现了畲族文化与华夏文化一脉相承且相得益彰,共同构成中华民族丰富多样的文化品性。

(三)畲族民间故事中的"龙子"与"龙女"形象

同龙王"亦正亦邪"的形象相比,龙王子女的形象显得亲切可爱。畲族民间故事中的龙女、龙子大多善良正直、亲和人类,龙宫也被默认为珍宝渊薮,龙女、龙子往往携宝下凡,造福人间。丁乃通概括出中国民间故事的一个类型即"感恩的龙公子(公主)"。

1. 畲族民间故事中的"龙女"形象

龙女知恩图报的故事尤为民众喜闻乐道。"龙女报恩"主题情节最早流传于印度佛教经典之中。东晋释法显与天竺高僧共译的《摩诃僧祇律》写一落难龙女被驱牛商人赎救之后,将自行生长,用之不竭的神奇金饼作为酬谢,堪称龙女报恩故事的原始形态。《法华经》《经律异相》《大唐西域记》等又保留了龙女修佛、与人婚恋的传说。龙女故事在中土传播过程中,报恩主题表现出极大的概括性与普适性,"婚恋""修

---

① [美]康拉德·菲利普·科塔克:《文化人类学:欣赏文化差异》,周云水译,中国人民大学出版社 2012 年版,第 77 页。

佛"等往往成为"报恩"的具体内容。《柳毅传》中洞庭龙女为报柳毅传书之恩，化身卢氏女嫁其为妇，成为本土化人龙婚恋故事的范本。明代章回小说《南海观音全传》则写龙太子为观音所救，其女自愿往献明珠并为观音近侍。有研究者认为，这个来自异域文化背景的"龙女报恩"故事之所以能够在中国民间广泛流传，主要在于它能够迎合普通人的现实需求与期待。男性普遍幻想以品德才能得到女性知己的垂青，仙姝龙女比闺阁佳丽更为超尘脱俗，并能以异宝奇术助其达成真实生活中种种失落的理想，包括收获人间的权力与美色；即便被迫分离亦无须男性一方背负伦理责任。结识异类的刺激离奇、龙宫珍宝的华美绚烂、龙女姻缘的神异香艳也触动了世人于平凡生活中艳羡财色之福、渴望好运降临的心理。①

畲族民间故事讲述的龙女与凡人婚恋故事也常以"报恩"为由，但不同之处在于畲族民间故事中的情节展开往往是龙女主动示好（求婚），但畲民青年因为心有所属而不为所动。如流传于浙江丽水一带的畲语神话故事《畲岚山》讲述了畲岚山蓝公之女云姑与青年阿义以歌交往，交情甚笃，不料云姑被虎头岩老妖摄去，阿义急得四处寻找，阿迁心怀鬼胎，趁阿义槌绳救出云姑后，砍断绳索，带回云姑逼之成婚。阿义要逃离魔窟，跳下龙潭而拯救了被妖魔所困的龙女。龙女将阿义带回龙宫，欲与他成亲，阿义心系云姑，坚决辞归。龙女依依不舍地护送阿义回到畲岚山，帮助灭了妖魔、除掉歹人，使有情人终成眷属。② 该故事以神话形式构架故事，展现了两种不同人生观的较量，突出了扬善惩恶主题。

这个故事还有个异文，畲语爱神传说《一颗杏儿一颗心》。故事讲述了雷姆和蓝姆吃了杏果后，雷姆生了个杏郎，蓝姆生了个杏姑，按预先约定，两人定了亲。不久，番王带兵攻打畲山，把杏郎、杏姑等都揽去做牛马，两人发现对方脖子上戴的半颗杏子，甚为高兴，就互相对歌，却被番王分别丢进很深的石洞和冰冷的石潭，要叫两人死也死不到一块。结果杏姑落入了虎郎的金殿，虎郎求婚不果，要将她烧死，她死也不怕，虎郎为之感动，赠给金衣，送她出洞；杏郎则落入小龙女的银宫，龙女向他求亲

---

① 汪泽：《〈朱蛇记〉故事文本流变与文化分析》，《天中学刊》2015 年第 1 期。
② 吕立汉主编：《浙江畲族民间文献资料总目提要》，民族出版社 2012 年版，第 243 页。

不依，把他投入冰窖冻死，他死也不怕，龙女为之感动，赠给银裳，送他出潭。番王又来抓人，两人穿上金衣、银裳，变成一对美丽的鸟儿，番王搭箭射下两根羽毛，羽毛化为冰雹与火焰冲去，将番王和众兵除灭。这对爱唱歌的鸟儿就是"爱神"。①

　　两个故事在龙女与畲族青年的婚恋情节设置上如出一辙："畲族青年误入龙宫（或进入龙宫救了龙女）—龙女求婚—畲族青年拒绝—龙女感动，授予宝贝或协助—成功击退敌人。"故事主题无不宣扬畲族青年专一深情的品质，而龙女也被男性这种高贵品德和优秀才能所吸引，并以异宝奇术助其达成真实生活中种种失落的理想，包括收获人间的权力与美色。较典型的还有两则简短的故事《守孝的故事》和《畲山出金龟》。《守孝的故事》流传于宁德八都闽坑一带畲族村，讲述三兄弟守孝奇遇。畲村有个老人死后，前两夜，分别由老大和老二守灵，他们各自挑了一堆白银回家。第三夜，老三守灵，获得一颗龙珠，还和龙王的三公主成了婚。西京皇帝拿半壁江山跟老三换龙珠，老三就去西京做了皇帝。②《畲山出金龟》流传于周宁县咸村乡畲族村，讲述了畲山金龟帮兄弟三人完成心愿的故事。从前，一座畲山上有只得道成仙金龟，勤劳的畲家蓝姓三兄弟也住这山上。老大是个好猎手，金龟给了他一堆白银宝，让他当了财主；老二是个青草医，金龟帮他获得了一篮灵芝草，成了名医生。老三是个种田人，金龟让他的水稻有好收成，还帮他讨了龙女做老婆。③

　　可见，这些畲族民间故事中龙女的形象与中国其他地区或民族流传的龙女报恩的主题，并无实质上的区别，体现了各民族交往交流交融后的文化结果。例如，在流传于福建福安地区的《原来天上有十个日头》神话故事中，一后生仔得小龙女赠送宝珠射落了九个日头，龙女把剩下的那粒宝珠往天上一扔，就变成了月亮。日头思念失去的兄弟，哭出的泪水就变

　　① 本书编委会编：《中华民族故事大系》第八卷，上海文艺出版社1995年版，第102—106页。

　　② 福建省宁德地区民间文学集成编委会编：《中国民间故事集成·福建卷·闽东畲族故事》，宁德市印刷厂1990年版，第219页。

　　③ 中国民间文学集成全国编辑委员会、《中国民间文学集成·福建卷》编辑委员会编：《中国民间故事集成·福建卷》，中国ISBN中心1998年版，第554—555页。

成了雨。① 这则故事的母题是"后羿射日"神话，畲民在讲述中将龙女的角色融入进行再创作而成。而在《秦始皇与龙女》故事中，龙女三公主为了盗取秦始皇的"赶山鞭"，变成漂亮姑娘亲近秦始皇。龙女不久怀孕而鞭还未弄到手，就把他灌醉，盗了鞭逃往海边，忽然临产，生下一小孩，见一带箭伤的母虎给小孩喂奶，就迅速返回龙宫。猎人见状，未伤老虎，就将孩子带走，这孩子就是后来的公子扶苏。② 这一故事以耳熟能详的秦始皇修长城为背景，讲述龙女与秦始皇之间的关系，从而阐述畲民关于正统历史的想象与理解。

当然，畲族也有较具特点的龙女故事。如流传于浙江宣平的《龙女梅丹》。故事讲述了宣平五龙殿、梅丹峰的来历。相传宣平柳城镇西侧有一瀑布名白水滩，每年春夏，白水滩洪水冲毁粮田，淹死人畜，而一到秋冬，干涸得连喝的水都没有。白水滩东边住着一个名叫梅丹的畲姑，一年涨大水，冲走了她的爹娘，她在沿河寻找爹娘时，救了一只被豺狼咬伤的獐仔。獐仔原来是龙王的儿子乌龙。乌龙告诉梅丹，如有事相求，只要到东海边一株千年榕树下，拍三下并叫三声"乌龙"即可。一年春夏之交，白水滩又发大水，梅丹果真来到东海边找乌龙，乌龙带她来到了龙宫，龙王认梅丹作龙女，梅丹请求龙王填平白水滩，龙王说："白水滩的水是天上王母瑶池专用的，每年春夏之交王母就派天神把旧年的水倒进白水滩，冲走污物后，每天从白水滩取水，到秋冬之时，水又全部收进王母瑶池。所以不能填白水滩，否则要犯天条的。"梅丹和四个龙兄商议要用行动阻止王母残害生灵的做法，就来到白水滩，将水吸进腹中，梅丹指挥着畲族兄弟填石埋土。但填埋进去的石头马上便变成稀泥，怎么也填不高，最后一个老人担来一桶尿，泼进白水滩，才破了王母娘娘的法，石块就越堆越高，仙水就不中用了。可是山神已去玉皇大帝处奏了本，王母派来天神发出三十六把神剑，梅丹和四个龙兄被击中，他们紧紧抱成一团，梅丹往上一跃，就化成了五龙山的尖峰。白水滩就被压在五龙山之下，再也不会兴

---

① 钟伏龙、林华锋、颜素开等编：《闽东畲族文化全书·民间故事卷》，民族出版社2009年版，第9页。

② 中国民间文学集成全国编辑委员会、《中国民间文学集成·浙江卷》编辑委员会编：《中国民间故事集成·浙江卷》，中国 ISBN 中心1997年版，第87页。

风作浪残害生灵了。人们为了纪念梅丹和四个龙子，就把此山称作五龙山，山尖峰就叫作梅丹峰。[①]

这个故事与之前的龙女故事最大的不同在于，畲姑救了龙子，龙子带她来到了龙宫，龙王认梅丹做龙女。换言之，畲族女子也可以成为龙女，二者之间并没有完全不可逾越的鸿沟。这种情节在宗教典籍、官方文献及其他文人作品中几乎没有出现，表明了在畲民心中，依靠高尚的道德品行和高超的自身能力是可以突破身份与阶级的限制，实现身份转换和阶级跃升。而这种不畏强权、突破阶级局限的文化心理在后文情节中得到更直接的体现。梅丹和四个龙兄商议要用行动阻止王母残害生灵的做法，就来到白水滩，将水吸进腹中，梅丹指挥着畲族兄弟填石埋土。但填埋进去的石头马上便变成稀泥，怎么也填不高，最后一个老人担来一桶尿，泼进白水滩，才破了王母娘娘的法，石块就越堆越高，仙水就不中用了。用"尿"这一污秽之物去攻击神权，属于典型的"弱者的武器"，体现了对神权的蔑视与挑战。虽然英雄因此付出了惨重的代价，但得到了民众的尊重。

如果说，畲民借《龙女梅丹》故事展现自身敢于突破阶级束缚、挑战强权的勇气，那么故事《"吁哩哥"与三公主》则体现了畲民对男耕女织的定耕生活的追求和向往。

古时，畲家有个单身哥，姓蓝？姓雷？还是姓钟？都已说不清楚了，只记得个绰号，叫他"吁哩哥"。

这个单身哥够苦的，屋里屋外的事，不论大小轻重，都得他一个人揽着，还得不时走乡串村地去帮人打短工。家里养的那头猪，也没工夫去照料，常常是吃一顿饿三顿，头尾养了三年，还只十来斤重！有时候，小猪饿慌了冲出栏，东撞撞，西碰碰，四处觅食，见人便"吁哩吁哩"地叫唤，使人发笑，大家就给它的主人起了个"吁哩哥"的外号。

一天，吁哩哥从田里犁完地回来，累得饭也没煮就躺倒去睡。第二天起床，他到猪栏瞄瞄，栏里空空的，他心里明白：小猪又是饿得出栏寻食去了。他"吁哩吁哩"地喊着，一路找到海边，见那小猪

①　张世元主编：《金华畲族》，线装书局2009年版，第255—256页。

正对着大海叫喊，孤零零的，他竟联想到自己也是孤零零的，都三十
出头了，还是一个人过日子。他苦思苦想，想起别人说，龙王三公主
最善良，能给穷人排忧解难，也不知怎的，就对着大海呼喊起来：
"善良的三公主，你出来，出来跟我结公婆吧。"吁哩哥喊着，一次
又一次地喊叫；说也奇怪，那海水竟然应着他的呼喊声"哗哗"地
朝他涌来，但不多时，海水又"哗哗"地退了回去。

是不是三公主没有听清楚呢？吁哩哥虽然有点失望，却不灰心，
又鼓足全身的力气，一声接一声地喊道："三公主——善良的三公
主——你出来吧——出来跟我结公婆——。"他喊得情真意切，声音
一阵高一阵低地在海面上响着，竟然呼来一阵大风浪，一个浪头就把
他身边的小猪卷到大海里去了，不多久，海面又平静下来，慢慢地，
在不远的地方冲起一股晶亮晶亮的水柱，在水柱落下溅起的一片水花
中，一条小金龙从海里钻出海面，急急地向吁哩哥游来。吁哩哥见小
金龙五色光亮，很惹人喜爱，便高高兴兴地领着它回家去了。

从此，吁哩哥与小金龙成了伙伴，一起过着苦日子。

吁哩哥对小金龙很好很好，自己吃什么，也给它吃什么，有时出
去种田，还怕它跑了，就把它锁在屋里，让它在灶边睡觉。

一个月两个月地过去了，吁哩哥每次种田或打猎回来，一进屋都
要先去看看那条五色金龙，不是拍拍它的头，就是摸摸它的身腰，或
是用手去梳理梳理它的脊背，亲热得很。小金龙对吁哩哥也很好，成
天跟着他，烧火煮饭时就依偎在他的旁边，擦着他的身子，一副亲热
温柔的模样。

一天，吁哩哥从外种田回来，一进屋，就闻到一股扑鼻的饭菜
香；他看看灶头，瞧了饭桌，不禁愣了：饭菜全好了，还热腾腾地冒
着气呢！他四处找做饭的人没找到，连他那心爱的五色金龙也不
见了！

谁做的饭菜？小金龙哪里去了？

吁哩哥慌得六神无主，也不敢去动那来路不明不白的饭菜，随便
弄了点吃的就睡觉去了。

第二天，吁哩哥闷闷不乐地又上岭去种山田。傍黑回家，他又闻
到一股扑鼻的饭菜香，又像昨天一样，饭菜全上了桌，连筷子和汤匙

都排好了！

吁哩哥这天在田里干了重活，累得很，也饿得慌，望着那热腾腾、香喷喷的饭菜，上桌便吃起饭来。他边吃边想，是哪个人这么好心肠？

为了解开这个谜，这天，吁哩哥在田里锄草锄了一半便赶回家来，从草寮缝里朝里一瞧，见一个身穿五色花衣的小娘正在灶边煮饭，他便轻轻地撬开寮门，三脚两步地冲到灶前，一把抓住姑娘的手；这女子慌忙想挣脱躲开，但身不由己，低头一看，这畲家后生的一双大脚正踩在她脱下的龙皮上！她已无法恢复原形，也无法逃脱了。姑娘羞得两颊红通通的，一直低着头，不敢看眼前的小伙子一眼。

吁哩哥问她是哪家姑娘？为什么到他这么个穷家来帮他煮饭？姑娘羞红了脖子，低着头不作声。直到吁哩哥求她结夫妻时，姑娘才抬起头来瞧了瞧这个勤劳壮实的畲家后生一眼，含羞地点了点头。就这样，吁哩哥与姑娘结了公婆，男耕田，女织布，夫妻和乐恩爱，第二年便生了个儿子。

快活的日子眨眼间就过去了；没见坡上的杜鹃开过几回，他俩的儿子便长到了十岁，会唱畲歌了！

一天，吁哩哥带着儿子下田翻地，犁呀犁，翻呀翻，忽然从田里翻犁出一张龙皮来！还不等儿子问是什么，吁哩哥抢前一脚就将那张皮踩进田泥里。回到家里，儿子就把这件事告诉他娘，母亲听了脸色煞白，忙问皮埋在哪里？一定要跟着到田里去将皮取出来。到了田里，儿子见他娘在皮上一滚，立即变成了一条五色金龙向海边飞去，儿子哭着喊着地跟着娘跑，而娘这时已无法应答，只是双眼泪汪汪地望着她的儿子，难分难舍地向海边飞去。

原来，这条五色金龙是东海龙王三公主的化身。那天，三公主正在珊瑚林里游玩，忽然听到吁哩哥那一声声情真意切的呼叫，不由动了芳心，她可怜畲家后生孤身只影，爱慕他勤劳善良，便悄悄地离开水晶宫来到畲家与吁哩哥结了公婆。夫妻恩恩爱爱，又生了贵子，本想留在人间长住，无奈宫中一日，人间十年，限定的归期已到，她不敢违抗父命宫规，却又难舍夫妻母子之情，一路洒泪地来到了海边，再回头一看，见匆匆赶到的丈夫与孩子哭喊着追扑过来，她一慌，就跳进海里去了。吁哩哥情深，也紧跟着跳入大海，剩下个儿子倒在岸边的地上哭喊着他的爹娘……

再说吁哩哥沿着三公主分开的水路来到透明透明的水晶宫，被虾兵蟹将捆送到龙王殿前。龙王怒气冲冲地责罪他勾引公主，原要推出斩首，无奈三公主在旁恳求，一声情，一声泪，最后跪地不起，求父王恕罪，成全他夫妻，成全他母子，说得龙王软了心。答应先饶了他，但要吁哩哥过三关，声言一关不过，立即处斩，三关都过，方可成亲。

海龙王设下的三道难关可难过呢！

第一道难关叫吁哩哥睡"臭虫床"。这架千年的古老木床，有数不清的小洞洞，洞洞里有数不清的吸血臭虫，吁哩哥被推上床后，臭虫闻到人气，立即从四面八方涌来咬呀噬呀，噬咬得他头肿脸肿，手脚麻痛；正当吁哩哥难受得大喊大叫不想活时，贤惠的三公主急匆匆地来了，在他的掌心上画了只公鸡，念了咒语，臭虫一来，吁哩哥手一晃，公鸡叫了，那几万只乱爬着的臭虫吓得全都缩进小洞里不敢动弹，才使他平安度过了一夜。

第二天龙王见吁哩哥还活着，觉得奇怪，想再试试他的本领，又推出第二道难关——过"芝麻关"。龙王叫蟹将军抱来一斗芝麻，要吁哩哥一天之内撒落海田，又要在一天之内将芝麻全部捡回交还龙王。一斗芝麻，也不知有多少粒，数也数不清，撒出去容易，收回来却难呀！收不回来，龙王问罪，就要做刀下鬼！怎么办呢？吁哩哥好不容易将芝麻撒出去了，他捡呀捡呀，捡了半天还没有捡回半升芝麻！正当他为此发愁的时候，聪明的三公主又来了，她摘下一片海柳叶贴嘴一吹，百鸟都飞来了：一只只的鸟儿，按照三公主的吩咐，将撒落在四面八方的芝麻一粒粒、一颗颗地全衔回来了，整整装满了一斗，只是有个酒杯大的地方老是填不满——因为有的鸟偷吃，将芝麻吃进肚里去了。特别是那个"学舌鸟"不老实，边啄边偷吃，三公主罚它，用绳子绑它的脖子，所以，这种在畲山常见的全身黑毛的学舌鸟，至今颈子上还有一圈白毛——那就是被三公主的绳子绑出来的。有一种叫"长尾哥"的鸟行为最好，衔回一粒，交还一粒，来回地捡，来回地飞，不偷懒，不偷吃，三公主就奖励它，将红宝石粉涂在它的嘴上。所以，这种在畲山树上筑窝的黑羽毛、长尾巴的鸟，全身黑得像闪光的缎子，只有那张灵巧的嘴是红的，红得晶亮晶亮，像一颗红宝石，显得十分漂亮。那吁哩哥将一斗芝麻交还给龙王，龙王十分吃惊，暗自佩服，想再试试他的本领，又推出第三道难关——过"林木关"。

龙王叫银鱼将军把吁哩哥带进一片海底森林里，要他一天之内砍完这片树木，也要他在一天内将这一大片的木头烧成木炭，并声言：献不出木炭，拿头来见！这回又苦死了吁哩哥。他砍了半天才砍下三棵树，往下还有成千上万，还要烧成木炭，怎么干得完呢？吁哩哥愁得饭也吃不下，知人危难的三公主这时又来了。她解下身上的绸带，叫吁哩哥把树林围起来——这条会不断延长的绸带，绕过了一棵又一棵的大树，终于将这一大片的树木全部围了起来。三公主叫吁哩哥抓紧结头的地方，一声叫"倒——"，全被吁哩哥拉倒了！三公主闭目念念有词，手向东方一招，便招来了五雷真火，将一片木头全烧成了黑木炭。龙王又惊又喜，他佩服这个畲家后生的本领，就招他为驸马，封三公主为"吁哩夫人"，准她和丈夫返回人间与儿子团聚，从此一家人又过着男耕女织的安乐日子。①

故事的主角"吁哩哥"除壮实勤劳之外，实在是再普通不过。他既没有奇异的超能力和超凡的智慧，也没有厉害法器的加持。而故事的女主角是畲民最为熟悉的"三公主"，但此三公主并非天上的神仙，也非皇帝的女儿，而是龙王的第三个公主。只不过，故事之中的龙女三公主几乎具有畲族传统女神"三公主"一样的神性特点。这在故事后文的"过三关"中得到淋漓尽致的展现。这个故事具有多个熟悉的母题。龙女三公主因为"吁哩哥"的深情爱上了他，并为他做饭生子，而最后又不得不离开的故事情节，延续了《柳毅传》中洞庭龙女为报柳毅传书之恩，化身卢氏女嫁其为妇的本土化人龙婚恋故事的范本。但故事并未到此结束，而是进入

---

① 本书编委会编：《中华民族故事大系》第八卷，上海文艺出版社1995年版，第255—260页。

了民间故事典型的"三叠式"考验环节。虽然考验的对象是"吁哩哥"，但真正让他通过考验的是龙女三公主。三公主先是用"公鸡"通过了第一道关睡"臭虫床"。畲民认为"公鸡"与凤凰有着密切联系的，凤凰赋予了公鸡神性，而公鸡在生物链上与臭虫是吃与被吃的相克关系。然后，又招来百鸟助他过"芝麻关"。凤凰乃是"百鸟之王"自然可以号召百鸟为之效命；最后，用五雷真火，在一天内完成规定的烧炭量。烧炭是畲民最为主要的谋生手段之一，而能使用五雷真火说明此时龙女三公主已成为神道人物。可以说，这三关的通过，"吁哩哥"唯一可以称道的是他敢于接受挑战的勇气，而三公主在这过程中，起到了决定性的作用，体现了畲族典型的"三公主"崇拜。因此，与其说这是一个"龙女"的故事，不如说，它就是一个披着龙女外套的"三公主"故事。但可以肯定的一点是，畲民对龙女充满好感，这一点与其他民族和地区流传的龙女故事基本一致。

2. 畲族民间故事中的"龙子"形象

畲族民间故事中的龙子故事形象与龙女存在异同之处。相同之处在于，二者的故事形象都以正面居多，与人类之间能够和谐相处，或者说对人类有益。不同之处在于，龙女报恩多以婚嫁或"修道"为主，而龙子报恩则多以神力协助解决问题（如求雨、治病等）。

先来看流传于浙江丽水的《山姑石》故事。故事讲述了魔鬼獠客来到四姑潭闹旱灾。山姑去龙潭求白龙王子放水。白龙王子被龙王锁在潭底。山姑在救他的过程中遇到了龙王婆婆。龙王婆婆告诉山姑解救白龙王子的办法，"这龙潭旁边有棵老樟树，树上有片红叶子，那是钥匙。你拿着那把钥匙把树洞打开，在树洞里找出分水珠，你就可以到潭里救白龙王子！"山姑要砍老樟树。山姑在老樟树和啄木鸟的帮助下找到了分水珠，闯到龙宫，救出了白龙王子。龙王婆婆给了白龙王子一根降魔棒。白龙王子降住了魔鬼獠客，但不小心被山姑放走了。从此白龙王子就守着龙潭。山姑痴愣愣地望着龙潭，后来就化为了"山姑石"。①

与这个故事属于同一母题的异文有《雷爱勤扇雨》。故事讲述了大凉山麓的畲乡一带遭遇大旱，雷爱勤挖野菜时在崖壁顶上遇一受罚的小龙，

---

① 陈玮君整理：《畲族民间故事》，浙江人民出版社 1979 年版，第 185—188 页。

求其降雨救灾。小龙告诉他说，给我扇凉风可以致雨，但只能扇两次，如扇三次，你就会变成白鹤，永离亲人。雷爱勤扇了两次，下了两次雨，但旱情仍未从根本上解决，他想再扇一次，又舍不得丢下老娘，就把实情告诉母亲，母亲很支持他。他第三次扇雨后就变成了白鹤，母亲很伤心，乡亲们此时才知原委。人们就在大凉山崖壁下建"凉龙殿"以纪念，旁边白鹤栖息的大石也就叫"白鹤石"。①

　　以上两个故事的叙事模式基本一致。畲民（男女均可）在机缘巧合之下帮助或解救了受罚的龙子，龙子答应报恩，协助畲民解决旱灾问题。但龙子也因此付出了一定的代价。

　　畲族民间还存在一个龙子治病的故事较为典型。流传于浙江云和、莲都等县区的故事《根凤驱魔》，亦称《捉山鬼》，讲述了美丽善良的钟根凤与威武强壮的雷旺结为夫妻，生活美满，不料"大脖山鬼"横行乡里，很多人患了大脖子病，雷旺也染病不能动弹。钟根凤决心为民驱魔，她击倒三头花豹，吃了豹胆，又射落七只鹬鹰，吃了鹰的眼，变得胆壮眼亮，终于逮住山鬼，要它说出治病神药。山鬼说神药在海底，通道是白龙潭。钟根凤在小白龙的帮助下战胜水族，采得神药，治好了不少乡亲的病，但有的地方又在蔓延，原来雷旺不知被根凤用头发捆着的石蟾就是"大脖山鬼"而把它放了。小白龙也因帮助根凤而被贬，来找根凤。他们夫妻就骑着小白龙四处为民治病，追捕大脖山鬼。②

　　该故事发生的背景是"大脖山鬼"横行，很多人患了大脖子病的时期。这其实是对古代社会，山区因为缺碘盐，山民容易患"大脖子病"社会现象的反映。而在缺乏科学知识的背景下，畲民往往认为这是山鬼在作怪，而在打败了山鬼之后，才得知神药在海底，暗喻了此时的畲民已掌握海盐是可以治"大脖子病"的知识。这是长居深山之中的畲民难以想象的，因此，也间接说明此时畲民已逐渐迁徙定居在浙闽沿海等地。龙子答应钟根凤带她前往潭底寻药。到了潭底的龙宫，龙子用荣华富贵和美色"引诱"根凤，根凤不为所动，龙子大受感动，于是赠予一片"龙鳞"助她寻药。根凤找到了药，但不敌大海龟，此时龙子又出手相救，终于在龙

① 蒋风、陈炜萍、陈华文编：《畲族民间故事选》，上海文艺出版社1993年版，第234页。
② 蒋风、陈炜萍、陈华文编：《畲族民间故事选》，上海文艺出版社1993年版，第236页。

子的帮助下，根凤取得了神药，回寨给"山客"① 治病。而小白龙也因帮助根凤而被贬，来找根凤，与他们一同四处为民治病。

综合以上有关龙子的故事，不难总结出畲族相关故事的叙事规律：受罚的龙子，体现了龙子与父亲（龙王）之间的关系并不融洽，也间接表达了对父亲的否定态度。有学者指出，此类故事反映了男性的恋母仇父情结。② 之后，畲民（男女均可）在机缘巧合之下帮助或解救了龙子，龙子答应报恩，协助畲民解决现实问题。而故事中的龙子往往也具有极大的牺牲精神，他们甚至为此失去自由（长守龙潭或四处治病）。但值得注意的是，故事中龙子并非主角，故事要歌颂的重点是畲民的勇敢无畏的献身精神，龙子只是作为辅助角色，帮助实现主角形象与精神的全面升华。

二　凤凰到此：畲族民间故事中的"凤凰"形象及象征意义

凤凰是畲族文化中女性崇拜的图腾。在畲族的传统习俗文化中，可以发现"凤凰"意象的存在，甚至在现今浙闽两省的部分地区，畲族群众直接将凤凰视为本族的图腾加以崇拜和展示。畲族民间社会中亦存在着大量关于凤凰的传说故事，通过将它们与汉文化中凤凰的形象及文化内涵进行比较分析，可以看出畲汉民族崇凤具有同一的文化渊源，但又有各自的传承迁衍。

（一）汉族文化中的凤凰形象及其文化内涵

在卷帙浩繁的汉文典籍之中，对"凤"的记录很多。据《左传》记载："我高祖少皞挚之立也，凤鸟适至，故纪于鸟，为鸟师而鸟名。"③ 同时，《史记·殷本纪》又对"天命玄鸟，降而生商"之事作了记载："殷契，母曰简狄，有娀氏之女，为帝喾次妃。三人行浴，见玄鸟堕其卵，简狄取吞之，因孕生契。"④ 从以上两个文献，可以梳理出东夷部落与凤凰图腾之间的文化渊源。根据三皇五帝的神话谱系分析，东夷部落的首领少皞是黄帝的长子，也是颛顼的伯父，而帝喾（高辛帝）是颛顼的侄子，

---

① 山哈：畲民的自称。

② 王娟：《断尾龙故事类型的心理分析研究——兼谈民俗学的研究方法》，《民间文学论坛》1994 年第 3 期。

③ （春秋）左丘明：《左传·昭公十七年》，中南大学出版社 2017 年版，第 125 页。

④ （汉）司马迁撰：《史记》，中华书局 1982 年版，第 21 页。

因此在家族辈分上，少皞应是高辛帝的曾祖父辈。而商人的始祖殷契又是帝喾的次妃简狄吞玄鸟蛋所生，因此说明了由东夷部落发展而来的商自古以来就有崇拜凤鸟（玄鸟）的传统。后来，随着氏族部落的不断发展与融合，玄鸟的形象逐渐演变为统一的凤凰。

在中国的象征文化体系中，凤凰是完美主义的化身，其精髓是"和美"。① 《海山经》中对凤凰如此描述："其状如鸡，五采而文，名曰凤皇，首文曰德，翼文曰义，背文曰礼，膺文曰仁，腹文曰信。是鸟也，饮食自然，自歌自舞，见则天下安宁。"在此，凤凰被视为具有"仁义德顺信"的"五德之鸟"。凤在汉文化中寓意深远，孔子在《论语·子罕》中以"凤鸟不至，河不出图，吾已矣夫"来感叹当时各诸侯国争雄称霸，礼崩乐坏，天下大乱的时景。司马迁在《史记·五帝》中以"于是禹乃兴《九招》之乐，致异物，凤凰来翔"来描绘帝舜任用贤能，天下大治的盛况。明朝王世贞在《钦鸟行》以"飞来五色鸟，自名为凤凰。千秋不一见，见者国祚昌"来形容国运盛昌的祥瑞之兆。但是，随着汉族社会等级观念的日益加深，以及中国大一统政权的建立与巩固，凤的形象也从代表全体族员的共同祖先的图腾之物变成了只是代表最高统治者一姓之祖先的象征之物，成为"帝德"与"天威"的标记。②

因此，汉文化中的凤凰形象具有双重的含义：一方面是皇权的象征，代表着帝王与后妃的福瑞；另一方面是源于神鸟崇拜，成为民俗之中的祥瑞符号，二者共同构成凤凰形象的完整意义。

（二）畲族民间故事中的凤凰形象及意义分析

从形态以及文化内涵上看，畲族文化中的凤凰形象与汉文化中的凤凰形象有着相同的文化渊源。畲民通过讲述族源传说以及传唱"史诗"《高皇歌》将本民族的始祖龙麒与高辛帝产生亲缘关系：龙麒因平番有功，高辛帝将自己的女儿三公主嫁给他，二者是"姻亲"的关系。因此，畲族民间故事中的凤凰形象也具有了双重的象征意义：皇权象征与神鸟崇拜。

---

① 张恒：《以文观文——畲族史诗〈高皇歌〉的文化内涵研究》，浙江工商大学出版社2014年版，第107页。

② 闻一多：《神话与诗》，上海人民出版社2006年版，第75页。

　　过去的畲族研究者，特别强调畲族文化中的凤凰与盘瓠神话的相关性。在盘瓠神话中，畲族先民将高辛帝的三公主视为始祖母，而作为皇帝女儿的三公主自然就是"凤"。这里的"凤"实质上是一种皇权象征。在它的影响下，畲族民间的头饰、服饰中都保留了特殊的称谓，畲族妇女戴的帽子称为凤冠，其头髻则称凤髻，衣裙则称为凤凰衫和凤凰裙，就像畲族民间故事《三公主的传说》中说的那样，"凤冠是高辛国的国宝呵，只有你才配得到它；让这顶凤冠在你的子孙中代代相传吧，你们的子孙永远是高辛王御封的高贵民族！"① 因此，畲族妇女常戴的凤冠，就这样拥有自身是高贵血统的潜在心理，进而指出畲族喜欢凤凰绝不是鸟崇拜的遗存，而是保留了女性崇拜的意识，甚至认为"有传说是凤凰卵生而来，其实不过是三公主其人其事在传说中的潜在表达"②。

　　但实际上，畲族对于凤凰的喜爱与崇拜，除源于"三公主"崇拜或者是对皇权的向往之外，还蕴含着一般意义上的"神鸟崇拜"元素，甚至这一元素占据更为突出的位置。最明显的表现，就是在畲族民间故事中大量沿用或借鉴了"玄鸟"的神话原型。

　　畲民将民族起源与凤凰孵蛋联系在一起。《畲族祖宗的传说》讲述了凤凰山金银坑有只金凤凰，产下一个凤凰蛋，出生一个漂亮的胖娃娃，在百鸟养护下长大，并教会他唱歌、爬山、划船等本领，这就是阿郎。阿郎在海边的天龙岭除灭大蟒、救出宝鸟、取得宝剑等宝物，又在虎背山杀掉猛虎。阿郎在湖边幸遇龙女，与她一起骑上宝马，回到凤凰山成亲。后来生下三个孩子，分别以雷、蓝、钟为姓。孩子长大后，龙女又去海里招来三个侄女与他们成亲。凤凰山人口兴旺，县官就要他们缴粮纳税。阿郎送了一百头羊、一百头牛还嫌少，就差兵强抢。阿郎带着子孙把官兵杀得大败，龙女又跳进龙潭翻起大浪，把官兵淹死。官兵三战三败还不死心，又来偷袭，把宝马砍伤、将龙潭填平。阿郎敲锣唤醒子孙，杀退敌兵。祖公祖婆在战斗中牺牲，子孙们沉痛地把他们安葬在天龙岭后，分迁各地。③从这个故事中可以直观地看出凤凰作为"百鸟之王"的原型：凤凰生蛋

---

① 蒋风、陈炜萍、陈华文编：《畲族民间故事选》，上海文艺出版社1993年版，第62页。

② 蒋风、陈炜萍、陈华文编：《畲族民间故事选》，上海文艺出版社1993年版，第10页。

③ 谷德明：《中国少数民族神话选》，西北民族学院研究所1984年版，第181页。

孵化，符合飞禽的生物属性，而卵生后的阿郎是在百鸟的养护下成长，也点明了凤凰与百鸟之间的关系。

畲民又将"神鸟崇拜"元素通过民俗形式固化下来。《凤凰到此》讲述的就是畲家在婚娶喜庆风俗中的凤凰文化元素。

畲家在婚娶喜庆的日子里，都爱在厅堂的正壁上贴着"凤凰到此"四个大字。在穿戴上也爱扮凤凰装，还爱把圆的东西说成凤凰蛋。这是为什么呢？传说是这样的。

很久以前，在凤凰山下有一个年轻人，名叫盘阿龙，阿爸早年去世，娘儿俩单靠打猎为生。一天早晨，不等日头露面，阿龙就拿着火铳，摸上了凤凰岗顶上，发现了凤凰窝，就用斗笠，盖住凤凰窝，一手摸进窝里，逮住了一只凤凰。他把凤凰捉回家来，操起刀子正要杀它时，凤凰说话了："唉，阿龙哥，求你放了我，我也是有阿娘的。你放了我，我娘儿俩都会感谢你的。"阿龙哥呆了，阿龙娘见状赶紧说："哎，孩子，它也是一条生命，放了它吧！"阿龙说："要是放了它，咱娘儿俩的生活怎么过哪？"

这时，凤凰从身上拔下三根羽毛交给阿龙，说道："阿龙哥，今后你要是碰到困难，只要用火点着一根羽毛，我就会来帮助你的。"阿龙收下羽毛，凤凰就展开翅膀飞向蓝天。谁晓得第二天连连下雨，阿龙出不了门，母子饿在家里，揭不开锅。这时，阿龙就按凤凰的吩咐，用火点着一根羽毛。一会儿，凤凰飞来了，从嘴里吐出三粒谷子道："阿龙哥，请把这些谷种播进田里，保你永世食不完。"

阿龙听了凤凰的话，把谷种撒到田里，过了一阵工夫，谷种就发芽、苗长、扬花、吐穗，很快就变成一片沉甸甸的金色谷子。阿龙母子从此就能吃到香喷喷的大米饭，再也不用整天跋山涉水去打猎了。

阿龙母子不挨饿了，可是每到冬天，就冷得发抖，火炉烤也不顶用，心想要是有件新衣服御寒就好了。这时，阿龙又想起了凤凰的吩咐，用火点着第二根羽毛。

一会儿，凤凰飞来了，从嘴里吐出三粒芒麻籽道："阿龙哥，请把这些种子种到园里，保你永世也穿不完。"

阿龙听了凤凰的话，把芒麻籽种了下去，过了一阵工夫，只见地上长出一棵棵如芦竹的芝麻。春天割了，夏季又长。夏季割了，秋天又长。秋天割了，冬季又长。一年四季都有麻收。阿龙娘剥下芒麻黑皮，日纺夜织，做了许多衣衫。

阿龙母子食物有了，穿得也暖啦。可是，阿娘年老体衰，身边还缺个媳妇。这年歌会，阿龙认识了一位畲家姑娘，回来托媒说亲，姑娘家虽然同意了，但是要阿龙送一套凤凰装才肯过门。这倒难住了阿龙母子俩，他们朝思暮想，也拿不出什么办法来。这时，阿龙又想起了凤凰的吩咐，用火点着第三根羽毛。

一会儿，凤凰飞来了，从嘴里吐出鲜花、绿叶、虎牙，道："阿龙哥，请把这些东西嵌在阿娘裁好的衣裳上，保你夫妻永世如意。"

阿龙听凤凰的话，把鲜花、绿叶、虎牙嵌在裁好的衣裳上，挂到厅前一看，真像一件凤凰装，可是缺头缺尾。这时，凤凰又忍着疼痛，卸下自己的头髻和尾巴送给阿龙。阿龙托媒人把这些东西送给姑娘。到了成亲那一天，姑娘把它穿戴起来，就像一只美丽的活凤凰飞进门来了。

后来，人人都说："谁家有了凤凰，谁家就有了衣食，有了媳妇。"因此，畲家妇女至今还是梳凤凰头、穿凤凰装、绑着象征凤凰尾的飘带。连家具上也都喜欢用凤凰做花纹图案。[1]

故事的起因是盘阿龙上山打猎，发现了凤凰窝，设法抓住了凤凰，并想将它杀掉。可见，此处的凤凰仍是一只"鸟"，在畲民心中也只是将之视为可以处死的猎物，这绝非对信仰之物的所作所为。只不过后面发现这只鸟具有神奇的属性，它的羽毛能实现人的愿望。阿龙先后两次点燃羽毛，解决了家里的吃饭、穿衣困难后，再点燃第三根羽毛，凤凰为自己的未婚妻送来了凤凰装，而且还得到凤凰的头髻和尾巴。由此，畲民也将凤凰视为吉祥象征，"谁家有了凤凰，谁家就有了衣食，有了媳妇"。故事中的凤凰是为报畲民的"不杀之恩"，而给畲民送吃、送穿、送媳妇的，因此，我们很难看出它是具有"三公主"的皇权属性，而更多的是"百

---

① 福建省宁德地区文化局选编：《畲族传说故事》，福建人民出版社 1984 年版，第 128—130 页。

鸟之王"的神鸟属性。

概而言之，畲族民间故事中的凤凰形象，并非像之前的研究者认为的那样，仅仅是高辛帝三公主的化身，代表着畲民对皇权的向往。实际上，"神鸟崇拜"也是畲族民间故事中凤凰形象的底色，构成了畲族崇凤文化的显著特征。但这并不意味着否认了畲汉民族在崇凤上具有同一的文化渊源，二者均源于"玄鸟"的图腾原型。只是它们在各自的民族传承中不断地演变，汉文化中的凤凰逐渐固化为以皇权象征为主，而畲文化中的凤凰则形成以民俗之中的祥瑞符号为主。至于后来畲族文化中的凤凰形象也浸染上皇权象征的意义，可以将之理解为畲汉民族在历史长河中，文化之间交流互动、相互渗透的结果。畲汉民族在凤凰文化上的同一性与差异性演变，正好印证了中华文化"多元"与"一体"特征的形成历程。

第三节　巫道交融：畲族法师故事的文化意涵解析

神话与宗教交织杂糅。越是生产力水平低下，人类就越需要用宗教来武装自身，来增强"族"的凝聚力。因此，许多神话的产生与巫术或宗教仪式有关。畲族"传师学师"仪式是融合了祖先崇拜、道教信仰、民间巫术等多元要素的民间宗教活动，是集成年、入教、入社和祭祖等于一身的综合性仪式活动。畲民通过"传师学师"仪式获得法师的身份，并衍生出众多的畲族法师故事。这些法师故事反映了畲族与周边汉族在信仰上交流互动以及由此形成的共同"信仰圈"。

一　"传师学师"仪式：畲族法师身份的获得

"传师学师"，又称"醮名祭祖"或"奏名传法"，是畲族特有的一种民间信仰，在清代以前，广泛存在于畲民社会。明末邝露的《赤雅》记载："瑶民畲客，古八蛮之各种……皆高辛盘王之后……种落繁衍，时节祀之……其乐五合、其旗五方，其衣五彩，是谓五参。祭毕，合乐，男女跳跃，击云阳为节，以定婚媾。侧具大木槽，先献人头一枚，名吴将军首级。……设首，群乐毕作，然后用熊黑、虎豹、呦鹿、飞鸟、溪毛各为九坛，分为七献……七献即陈，焚燎节乐……十月祭多，具大王，男女联袂而舞，谓之蹋……"① 从文本性质而言，《赤雅》属民间文学作品，其记载内容既有作者亲身经历，亦有取自古人笔乘。因此，其所记载内容具有一定可信性，但可能部分略有夸张之嫌。从该书的记载内容来看，畲族"祭祖"仪式与盘瓠信仰关系密切且隆重热闹，但又表现出较强的群众性和娱乐性，与清代文献中记载的"醮名祭祖"仪式差异明显。清同治《景宁县志》记载："畲民时而祭祖，则号为醮名，其属相贺。能举者得戴巾以为荣。一举，衫则蓝，三举，衣且红，贵贱于是乎别矣。"② 这里的"醮名祭祖"即"传师学师"。

国内学界关于"传师学师"性质的判定具有多种见解。孙秋云对传师学师仪式的内容、特点及缘由进行分析，认为仪式活动基本上"是畲族祖先在原始社会父系氏族公社时期所行的男子成年礼在进入封建社会后的残留"③。雷阵鸣在肯定孙秋云等人研究成果的基础上，对仪式的细节描写和性质分析提出了不同的看法，认为传师学师仪式"是畲族先民在氏族发展为民族的历史过程中，由原始的图腾崇拜发展为英雄崇拜到崇拜部落首领亦即祖先崇拜时的产物"④。郭志超对闽东和浙南的传师学师进行分析得出：浙南以及闽东霞浦畲民的醮名仪式是祭祖与醮仪的结合，其根本目的是"学师"者取得进入民间道教某一法门的初级资格，并且加入想象的盘瓠世系群体，其标志就是将写着"法名"的红布系在祖杖上。⑤ 周慧慧则认为，"传师学师是畲族特殊的宗教仪式，是畲民获得'巫师'身份的过渡仪式"⑥。

随着大量民间历史文献资料被发掘以及田野调查成果的发现，学界对

① 蒋炳钊编：《畲族古代历史资料汇编》，厦门大学人类博物馆民族研究室 1979 年版，第78 页。

② （清）吴庆云、（清）章昱纂：《中国地方志集成·浙江府县志辑64：民国景宁县续志 同治景宁县志　乾隆瑞安县志》，陈永清修，上海书店、江苏古籍出版社、巴蜀书社 1993 年版，第 534 页。

③ 孙秋云：《浙江畲族传统的"学师"活动研究》，《中南民族学院学报》（哲学社会科学版）1988 年第 1 期。

④ 雷阵鸣：《关于畲族"学师"问题的补正》，《中南民族学院学报》（哲学社会科学版）1989 年第 5 期。

⑤ 郭志超：《畲族文化述论》，中国社会科学出版社 2009 年版，第 451 页。

⑥ 周慧慧：《畲族的宗教仪式与村落生活——以"做福"与"传师学师"仪式的考察为例》，《宁德师范学院学报》（哲学社会科学版）2013 年第 1 期。

畲族传师学师仪式的研究更加全面深入，更多的研究者认为畲族传师学师是融合了祖先崇拜、道教信仰、民间巫术等多元要素的民间宗教活动，是集成年、入教、入社和祭祖等于一身的综合性仪式活动。但无论学界对畲族"传师学师"仪式的性质如何界定，历史上的畲民都是通过"传师学师"仪式获得法师的身份，成为一名真正的"法师"。在"传师学师"仪式中，随着祖图、祖杖等神圣事物的进入，学师者在十二位法师一系列神圣行为的引导串联下，超越了现实与历史的时空隔阂，与盘瓠共置相同的超时空场景之中。在这个超时空的场地上确定共同的亲缘脉络，互相交流，荣辱与共，完成个体的社会角色转换。①

畲族传师学师仪式具有"巫道交融"的典型特征。就浙南畲族乡村尚存的传师学师仪式来看，仪式一般定在冬季举行，持续三天三夜。在仪式开始前，学师者需挑"祖担"（亦称"竹箱"或"游祖"）回家，此过程也称"采祖"。祖担内置祖图、祖杖、香炉等仪式必备的器物。仪式一般在学师者的家中举行，大门贴左右门神，大厅内设"太上传度奏名道场"：大厅上部由彩色剪纸悬于房梁，其内部上首位挂三清（玉清元始天尊、上清灵宝天尊和太清道德天尊）神图，下置香案供桌，祖杖竖于香案之上，左右板壁由里向外依次张挂太公图、左右营兵马图、金鸡玉兔图等，大厅外廊下挂以祖图长连，从而营造出一个范围固定的神圣仪式空间。仪式一般由十二位师公（又称十二六曹）操办，分别为东道主、证坛师公、度法师公、保举师公、引坛师公、监坛师公、净坛师公、传职师公、阜老司（师）、东皇公、西王母和本师公。十二师公作为仪式的引导者，扮演着与神灵沟通的重要角色。传师学师仪式主要依祖传经文《卷头本》规定的程序内容进行，共有 72 道程序，可分为"引朝""度水"和"三朝"三个主要部分。②"引朝"是传师学师的第一阶段，持续一天一夜，分 22 节。在此阶段，学师者通过将写有法名的红纸吞到肚中等程

---

① 赵海英：《论盘瓠神话与畲族族群认同的中间环节》，载福建省炎黄文化研究会、福建省民族与宗教事务厅、中国人民政治协商会议宁德市委员会编《畲族文化研究》，民族出版社 2007年版，第 301 页。

② 参见刘英钟的硕士学位论文《畲族传师学师仪式中十二师公角色扮演研究——基于浙江景宁半岭畲族村的田野调查》。为了更准确地描述仪式程序，2021 年 6 月，笔者将整理的内容通过微信与当时仪式的学师者钟某波（现为畲族"法师"）联系，征询其意见并作相应修改。

序，象征加入闾山教，获得初级法师身份，从世俗的身份转变为神圣的身份。"度水"是传师学师的第二阶段，在第二天完成，分 31 节。其中以"造长江水子弟接水"与"豆兵、米兵"情节最为重要。"造长江水子弟接水"是由师公通过对事先安排在大堂中间的一桶水进行施法，而后用龙角将法水引至瓶内，最后交给学师者使用，从而获得法力。[①] "豆兵、米兵"是让学师者在龙坛前吃下一碗炒熟的黄豆和大米，意味着新罜弟子已有神兵跟随，拥有真正法力。这个阶段通过仪式性的模拟盘瓠上闾山学法克服重重困难的故事情节，意味着学师者在始祖经历的体验中，传承了始祖的意志品质。"三朝"是传师学师的第三阶段，在第三天完成，分 19 节。这个阶段的仪式与前两天有较多重合之处，其重点环节是"开桃源洞"，即在老君殿前，六师衔头分香火，相当于让学师者另起门户。"拜老君殿"和"帖香炉"则主要是将学师者与道教"三清"联系起来，表明他们取得老君衙下弟子身份，从此"位列科班"。仪式的最后是送神回府。紧接着便撤去道场，收起三清祖图、金鸡玉兔、左右营兵等器物，将道场剪纸、对联等拿到门口焚化，并将祖担送回祠堂。至此，仪式程序才算全部结束。

　　仪式不是神话认同体验的重拟，而是形式结构的展示，具有明显的重复性。[②] 仪式程序是固定的，程序构成也是固定的。在同一个社区内，举行仪式的时间又是固定的，因此形式的同质性促成参与者体验的同质性。在畲族传师学师过程中，师公们通过虚拟性的行为方式、表演手法、场景布置，于师公们、学法弟子和其他参与者的心理时空中共同构拟出一个虚拟世界，并由此让学法弟子在"超常态行为"中"感受真实"。[③] 涂尔干用"亢奋"概念来形容这种由崇拜产生的集体情绪强度的高涨。特纳更新了涂尔干的观念，并使用"集体中介性"这个词，表示一种紧密的社区精神，一种具有强大社会凝聚力、平等与同舟共济

---

　　① 据陈思超在上寮村的调查，这个过程也称"度神水"，具体操作是由法师用竹竿将神水含在口中，然后吐到学师者口中。参见陈思超《浙南畲族"奏名学法"仪式的象征研究》，硕士学位论文，中南民族大学，2019 年，第 39 页。

　　② ［美］保罗·康纳顿：《社会如何记忆》，纳日碧力戈译，上海人民出版社 2000 年版，第 73 页。

　　③ 薛艺兵：《对仪式现象的人类学解释》（上），《广西民族研究》2003 年第 2 期。

的感觉。因此，每次畲族传师学师仪式的操演既是对学师者的身心洗礼，也是对其他参与者和旁观者的社会教育，从而增强了畲族社会的内部凝聚力。

也正是在此过程中，畲民通过传师学师仪式不断强化本民族始祖与道教之间的关系，内化了与道教相关的信仰元素，并将之与本民族原始的巫术信仰结合，贯穿到社会组织结构与具体实践之中。

二 畲族法师故事的类型与文化意涵分析

正是因为作为通过仪式的畲族传师学师仪式本身具有巫道交融的特点，由此产生的畲族法师故事也体现了这一特点。畲族法师故事一般与鬼怪故事相结合，讲述不同的故事内容，表达不同的故事主题，体现出不同的文化意涵。根据故事内容，可以将畲族法师故事分为动植物产生故事、学法除妖故事和滑稽故事。

（一）动植物产生故事中的俗神信仰

此类故事主要解释畲族社会中较为常见的动植物的产生，但实际上表达的是畲民的俗神信仰。如《蚊虫的来历》《火烧蜘蛛精》《兰苍找稻种》《"神马"吃禾》《渔夫请大王》等。

《蚊虫的来历》流传于福建罗源畲区，讲述的是蚊虫来历的传说。相传山上住着一户畲民，由于勤劳俭朴日子过得倒也平静。不知从何处来了个蛇精，每天总要吃他家养的家禽牲畜，还放言要吃他的独子。幸得仙人陈大奶相助，把蛇头斩下，将蛇头磨成粉。儿子好奇，打开箱子，蛇粉都变成了蚊虫。① 蚊虫是山区最为常见的昆虫之一，在湿热地带，蚊虫容易引发疟疾等疾病，对长期生活在深山中的畲民的生产生活造成极大困扰。于是在故事中，畲民就将蚊子想象成是由蛇——这一在山区对人类生产生活具有更大威胁的灾害弱化成的。使蛇弱化的正是浙闽地区畲汉民族共同信奉的道教俗神——陈大奶（即陈靖姑），体现了畲族的陈靖姑信仰文化。表达同样主题的还有《火烧蜘蛛精》。该故事流传于浙西南一带，讲述了云和至处州的要道有座"姑娘桥"，人来人往川流不息，但桥上有蜘

---

① 罗源县民间文学集成编委会编：《中国民间故事集成·福建卷·罗源县分卷》，罗源县民间文学集成编委会 1990 年版，第 311 页。

蛛精作祟害人，人们不敢在桥上歇息。陈十四（靖姑）与法清姐弟去龙泉经此，发觉有妖气，陈十四上桥探望，见一老婆子在捻麻线，妖怪先下手为强，把一纪箜麻线扣到陈十四身上，将其全身缠住，动弹不得。法清见状，就变了一个牧童来找，请她让陈十四伸出一只手认一认，使其上当。陈十四伸出一只手，用指甲划出一滴血，施展闾山"金烧法"烧掉蛛丝，灭了妖精，烧了姑娘桥。姐弟俩出资叫村民再造一座桥，畲民就称为"火烧桥"。[①]

《兰苍找稻种》是流传于福建龙岩漳平的畲族民间传说，讲述了畲民寻找稻种的故事。畲家人最早住在百家畲洞，一次遭遇魑魅袭击，逃离百家畲洞在茫茫林海中如野人般生活。一个叫兰苍的后生在仙翁的指点和帮助下，历经千难万险，渡过了九龙江，找到了百家畲洞，寻到了稻种，并把稻种挂在仙翁赠送的小狗的脖子上，让小狗从仅有的一个小洞钻出去，送到了畲家人的手中。[②]"洞"是早期人类的居住形态。随着人类技术的进步以及对获取自然资源的需求，人类从"山洞"走向"旷野"，形成聚落，创造出越来越丰富的人类文明。随着地区文化发展的不平衡，提前进入"文明社会"、居住在城邦村落的族群在看待仍在"洞穴"居住的族群时，产生心理优越感。而正是这种优越感带来的人们观念的变化，使得洞的意义开始延伸，也就是说"洞"在"文化先进"地区的人群看来，开始成为一种文化落后、野蛮未开化的象征。这种象征逐渐被"标签化"或"模式化"，形成了某一人群对另外一个人群的固有印象，如唐代刘禹锡称"闽有负海之饶，其民悍而俗鬼，居洞砦、家桴筏者，与华言不通"[③]。"居洞砦"是野蛮、未开化族群的重要特征之一。唐代以后，这些"居洞砦"的非汉人群一般被称为"峒民"或"峒獠"，广泛分布于南方地区，如顾炎武在《天下郡国利病书》中写道："峒獠者，岭表溪峒之民，古称山越，唐宋以来，开拓寝繁，自邕州以东，广州以西，皆推其雄

---

① 中国民间文学集成全国编辑委员会、《中国民间文学集成·浙江卷》编辑委员会编：《中国民间故事集成·浙江卷》，中国 ISBN 中心 1997 年版，第 258—259 页。

② 陈炜萍：《畲家风情——畲族的故事》，福建少年儿童出版社 1988 年版，第 115 页。

③ （唐）刘禹锡撰：《刘宾客文集》卷 2，《唐故福建等州都团练观察处置使福州刺史兼御史中丞赠左散骑常侍薛公神道碑》，文渊阁四库全书本。

长者为首领，籍其民为壮丁。"① 所以，居住在百家畲洞也意味着此时畲民正处在族群发展的早期，尚未与汉族发生广泛接触，其生计方式应属于传统的游耕模式。而故事中讲述的住在百家畲洞的畲民遭遇魑魅袭击，逃离百家畲洞，在茫茫林海中如野人般生活着，也是畲民关于族群历史上遭遇战争而被迫迁徙的集体记忆的隐喻。而后生兰苍在神翁（故事对神翁的形象进行具体描述）的指引下，寻得稻种，意味着畲族社会也发展出了稻作文化，特别是作为农村看家护院最常见的动物——狗的出现，就意味着畲民开始了定耕的生活。这则故事要表达的主题是畲族历史文化和社会生活的历史变迁，但将变迁的缘由归因于鬼神的驱动和帮助，也是民间故事区别于正史叙事的特点之一。

《渔夫请大王》故事则直接反映了畲族民间信仰随环境的变化而变迁的过程。渔夫梦见有人叫他去捡鱼，到那后没看到人，想想害怕，就用渔网把自己包了起来。一会儿来了两个水鬼，说渔夫家里的灶神和祖宗都说可以把渔夫带到阎王那里去，偏偏大王不肯。水鬼不想得罪大王，就放过渔夫了。渔夫回家后，就把灶神和祖宗香炉都扔了，请了大王到家里来供着。② 这则故事虽然讲述的是畲族民间信仰的变化，但其反映出畲民生活环境从山地到滨海的地理变迁，正是这种变迁引起畲民意识的转变，把灶神和祖宗香炉都丢了，请了大王到家里来供着。

不难发现，这些所谓的鬼怪故事，实际上就是畲族生活环境的变化以及由此引起的生计模式和文化心态变迁的民间话语表达。从这个角度观察畲族法师神话母题的作用与意义时，会发现它们不是因为哲学的趣意而产生的对于事物起源的冥想，而是为了证明某种巫术的真理，并试图通过几种事件对这个"真理"加些注脚，有时还可能是一个巫术启示的实际记录。正如人类学家詹·乔·弗雷泽（James George Frazer）从神话产生的角度认为，神话中含有巫术，认为"巫术"是原始人用来直接控制自然的方法，但往往未能达到预期的目的，也就在原始人心中产生了戒惧和希

---

① （清）顾炎武撰：《天下郡国利病书》，黄珅等校点，上海古籍出版社 2022 年版，第 359 页。

② 钟伏龙、林华锋、颜素开等编：《闽东畲族文化全书·民间故事卷》，民族出版社 2009 年版，第 64 页。

望，乞灵于更高的超自然的能力，如神、鬼、灵等，于是就产生了神话和宗教，古代的神话与仪式显然是关联到植物的生长，四季的更替和原始人祈雨望丰的心理需求。①

（二）学法除妖故事中的信仰变迁

在畲族的学法除妖故事中，一般包括这样的故事情节。（1）学法。畲民上闾山习得降妖伏魔之术，成为法师；（2）斩妖或打鬼。学法归来的法师，通过激战打败了妖魔鬼怪。（3）结果。法师为此献出生命或列入仙班。这些故事的主题主要是弘扬畲族法师法术高强、刻苦学法以及为民除害、济世救民的高尚品行，反映了法师在畲民社会中较高的社会地位和声望，以及折射出畲民道教信仰的民俗心理。例如，《猎神》讲述了早时畲村有个蓝大伯开田种地，并发明许多土办法捕野兽，很是勤劳，但山上野兽多，经常糟蹋庄稼、伤害人畜，使他很气恼。他又动脑筋制成弓弩和毒箭，专门对付豺狼虎豹等凶禽大兽。这些野兽对他进行报复，把他的家人都咬死了。蓝大伯悲痛欲绝，灵魂离开躯壳，去"闾山"学了三年法，回来专门对付猛兽，拯救黎民。因为他法力无边，可以降龙伏虎，就成了猎神，许多畲村都建有猎神庙。在"学师"仪式中祭祀猎神，称为"射猎师公"或"射猎师爷"。②《真武帝》讲述了真武帝年轻时没耐心，法术学到七八成便下凡溜达，闾山圣母作法试探真武帝，没想他不贪女色却贪了钱财，圣母命他回去再修十八年。真武帝修炼了九年后觉得法海无边，便不辞而别溜下了山，在山洞看到一个老婆婆在洞石上磨铁棒，感悟到"只要功夫深，铁棒磨成针"继续回闾山修炼，最终得道，位列仙班。③《坑口仙》讲述的是一个"半仙"，一个"懒汉"在坑口这个地方得道成仙的传说。相传道教真人来到霞浦后垱，托梦给坑口的"半仙"，"半仙"依梦寻得法器、道书，回家后苦读修行，终于得道成仙；又相传，有一位懒汉在闾山教主赐梦之下，也在坑口得道成仙。两人成仙之

---

① ［英］詹姆斯·乔治·弗雷泽：《金枝——巫术与宗教之研究》，徐育新、汪培基、张泽石译，大众文艺出版社1998年版，第163页。

② 丽水市民间文学集成办公室编：《中国民间文学集成·浙江省·丽水地区·丽水市·故事、歌谣、谚语卷》，浙江省民间文学集成办公室1989年版，第253页。

③ 福建省宁德地区民间文学集成编委会编：《中国民间故事集成·福建卷·闽东畲族故事》，宁德市印刷厂1990年版，第145页。

后，替人看病，消灾驱魔，由于他们都在坑口成仙，故后人都叫他们"坑口仙"。①

值得注意的是，在畲族的学法除妖故事中，也折射出畲族社会信仰的变迁。畲民社会中除了佛教与道教之争，还存在巫术与道教之争。前文我们已经提到畲族的法师实际上是畲族传统巫术信仰的代表，只是在历史演进过程中，向道教学习，融入了道教的元素，但不完全等同于汉族法师。因此，这种现实的差异就在畲族的法师故事中体现出来。

《法丁斩妖》讲述了畲族青年雷法丁家庭贫苦，靠卖盐为生。一次在路上碰见一老一小母女俩，小姑娘名叫莲花，哭着要吃长在悬崖上的桃子，法丁小心地攀上桃树，摘了两个给她吃了，她又要树上的第三颗桃子，雷法丁又冒着生命危险为她去摘，结果掉入崖下深潭。原来那老妈妈是灵山洞府的仙人，经查访、试探后招雷法丁到灵山学法。经三年，法丁学成回村收妖，母子得以相会，母亲告诉他，其父已被妖孽所害。法丁于是立志为民除害。此时有人来报告说，青龙湾野猪精正在作祸，危害百姓。法丁随即出发，可是野猪精先下手为强，射了一支从普陀山观世音处偷来的茅草箭，正中法丁左臂。他忍住疼痛，用右手拔了一根菖蒲叶抛向天空，立即化为青龙剑，杀死了野猪精。正当村民欢呼胜利时，法丁先生倒在坛前，再也没起来。为了纪念雷法丁舍身为民除害的壮举，村民就在他仙逝之地雅阳乡青竹洋村水尾的小山脚下建起一座"雷法丁师公"石庙，长年祭祀。② 这个故事有三个情节值得关注：一是灵山洞府的仙人招雷法丁到灵山学法。说明畲民雷法丁学的是道法，入的是道教；二是野猪精作祸，危害百姓。野猪活动于山区地带，常常对人畜安全造成威胁，对农作物造成破坏，是畲民在现实环境遭受威胁的投射；三是法丁的左臂被野猪精从普陀山观世音处偷来的茅草箭射中。故事特别强调了"这箭是一支从普陀山观世音处偷来的茅草箭"。茅草箭元素是基于畲民现实生产劳作经验的一种想象——畲民在山地农田干活，经常被茅草割伤或划伤。从普陀山观世音处偷来的，则意味着畲民社会中存在的道

---

① 霞浦县民间文学集成编委会编：《中国民间故事集成·福建卷·霞浦县分卷》，霞浦县民间文学集成编委会1992年版，第325页。

② 载泰顺县雅阳畲民研组1983年油印资料，浙江丽水学院畲族文化研究所藏。

教与佛教之争。

《法师降妖斗五帝》讲述了畲族法师降妖保一方平安的故事。传说有个畲民，一日在田间看到闾山开门，便跳入闾山，三年后学成回乡，为保护乡邻收服了狐狸精，斗败了五帝并烧了五帝庙。法师交代在他死后往口中放红炭，五帝报复时仍能喷出一股火来。从此五帝庙一盖就着火，人们盖五帝庙时都要染上红色以示已烧过，而人死后要在嘴里放冰糖。① 故事介绍了畲民在学法之前的身份是农民，正在田里用耙锄干活，这说明此时畲民的生产方式应为农耕。而畲民从闾山学法归来之后为民除害降伏了狐狸精（汉族民间故事中最常见的精灵之一，但在畲族民间故事中并不多见）得到民众的爱戴，而由此引起了五帝的不满，"五帝听到人人称赞法师，心里十分不满，要与法师比个高低"，说明可能在畲族的法师出现之前，当地的人民信奉的是道教俗神五帝，也建了五帝庙加以祭拜。畲族法师的出现引起了畲民信仰上的冲突，导致巫道两种信仰体系的争斗，争斗的结果两败俱伤。

《雷法师斗五显灵官》也表达了同样的主题。故事讲述了五灵显官在当地霍水河收纳元宝冥银，过客对他稍有不敬便作法使人腹痛。雷法师见义勇为，与五灵显官斗法，最终遭五灵显官报复受了内伤过世，不过五灵显官庙也因此失火。从此，五灵显官庙一动工就失火。② "五显灵官"又称五显大帝、五路财神、华光大帝等，是我国南方地区以及东南亚华人集居地比较流行的神仙信仰。故事介绍了雷法师法术高强，且特别描述了"他因家乡山哈兄弟被山鬼欺凌，赶去闾山学法，学成斗胜山鬼，又曾为邻乡汉族兄弟驱邪治病，做过几多好事。他的人缘甚好，名声极响"。表明了畲汉民族在民间社会的友好互动，而法师则扮演着协调者和中间人的角色，发挥社会调剂的作用。而法师与五显灵官相斗的结果是，法师气绝身亡，但其死后也报复了五显灵官，烧毁了五显灵庙，而且使"五显灵庙一动工重建就要失火，后来只好让灵官永远在这样的雨淋日晒中过日

---

① 钟伏龙、林华锋、颜素开等编：《闽东畲族文化全书·民间故事卷》，民族出版社2009年版，第56页。

② 钟伏龙、林华锋、颜素开等编：《闽东畲族文化全书·民间故事卷》，民族出版社2009年版，第54页。

子，灵官庙的香火，也一落千丈"。这也就意味着该地区五显灵官的信仰从此滑落。

以上故事，一方面，可以说明畲族法师故事内容的丰富性；另一方面，也体现了畲族社会信仰的复杂性。透过这些故事内容，我们可以看到，传统的巫术信仰、道教乃至佛教，均不同程度地影响着畲民的生活。

（三）滑稽故事中的法师形象与文化心理

民间笑话是民间故事的重要类型，通过民间笑话表达嘲讽、诙谐或调侃等主题，是民间故事叙事的重要功能和特点之一。在畲族的法师故事中也存在这种故事类型，我们将之统称为"滑稽"故事。这些滑稽故事在取笑于人的背后，也隐喻了畲族社会环境和文化思想的变化。法师在畲族民间社会拥有较高的地位，但他也是凡人，就生活在畲族社会之中。因此，在畲族民间也存在很多调侃法师的故事。

《畲民捉"妖"》讲述了山区政和县有一个村，那天村里作福，村民见到土地公头上有一怪物，就捐钱请巫师超度。有一个海边畲民来到村里做客，他一眼看到土地公头上有一只章鱼，他把土地公头上的章鱼捉来，与笋干一起烹炒配酒吃了。原来这只章鱼是在海边被乌鸦叼到这里来的，山区的人从来没见到过章鱼，所以把它说成妖怪了。[1] 这则故事虽然讲的是畲民缺乏海洋常识，不认识章鱼而闹了笑话，但反映了部分畲民已从山区迁徙到了滨海地区，其生计方式也由原先的游耕转变为渔耕等方式。

《巫师怕鬼》讲述了村附近有座鸟石山，飞禽走兽出入无常，村民不敢去割草。巫师说山上妖魔鬼怪多，他准备去替大家除害。结果只因自己心虚，疑神疑鬼，闹了一场大笑话。[2]《"犵狗头"和"歌喋"》讲述了蓝七妹与一个男客相互争强、取笑的故事。蓝七妹以"养女莫去嫁师公，成夜鼓子响咚咚，做得无头公案事，十夜眠床九夜空"讥笑男客做巫师，男客也以"养子切莫做神童，踢跳蹦窜似癫人，口出白沫话乱讲，女人嫁你会吓昏"讥笑蓝七妹丈夫做神汉。[3] 可见，法师（师公）因其职业特

---

① 霞浦县民间文学集成编委会编：《中国民间故事集成·福建卷·霞浦县分卷》，霞浦县民间文学集成编委会 1992 年版，第 312 页。

② 钟伏龙、林华锋、颜素开等编：《闽东畲族文化全书·民间故事卷》，民族出版社 2009 年版，第 71 页。

③ 吕立汉主编：《丽水畲族古籍总目提要》，民族出版社 2011 年版，第 234 页。

性也常被作为乡民的调侃对象，但这种调侃并没有恶意，而是为了营造轻松氛围。

当然，还有一些故事不只是调侃，而是借故事达到破除封建迷信的目的。例如，《"蛮牛"打鬼》讲述了性格很犟的"蛮牛"雷世曼有一次患病，巫师说是被土地公"打"了，他的妻子听信巫师之言，买了猪头、公鸡等要奉请"土地公"，"蛮牛"却将猪头、公鸡等烧起来吃掉，使巫师讨了个没趣。随后他穿起蓑衣背着锄头，来到土地庙前，坐在蓑衣上吃完了酒饭，就叫土地公来"打"，说你不打我就要打你了，就把土地庙扒掉。他累得全身是汗，回家后病却渐渐好了，所以说鬼是服硬不服软的。① 《小后生巧戏老巫婆》讲述了放牛小后生发觉老巫婆事先以青蛙当"鬼"埋在村边桥头石块下，就巧妙地将它换成牛粪，然后又充作"阳兵"跟随老巫婆"捉鬼"，使老巫婆诡计败露，丑态百出。② 在这些故事中，土地公、巫师、巫婆这些神仙以及神职人员，都成为畲民嘲讽的对象，畲民借嘲讽他们，表达不信鬼神的心理。

小 结

畲族传统社会"信鬼好祀"的特征，造就了畲族民间数量众多的信仰故事。

畲族信仰故事中存在大量的龙凤图腾崇拜内容。在中华民族和中华文明的发展进程中，龙与凤凰逐渐演变成为中国传统文化的象征。龙代表权力、高贵、尊荣，被称为"众兽之君"，凤凰则代表吉祥、和谐、太平盛世，被称为"百鸟之王"。龙凤也被后人作为美好的互助合作关系的象征。畲族民间故事中的"龙""凤"形象特征与精神内涵主要源于汉文典籍中的"龙""凤"原型，体现了不同民族的此类故事内核的同一性与精神实质的一致性。具体而言，在畲族民间关于"龙"的故事中，龙王的特征具有两面性，慷慨的施赠者和强悍的施暴者。畲民与龙王的关系也具有双面性，和谐的与对抗的。这些与龙的传统形象以及在汉族民间流传的

---

① 吕立汉主编：《丽水畲族古籍总目提要》，民族出版社 2011 年版，第 236 页。
② 吕立汉主编：《丽水畲族古籍总目提要》，民族出版社 2011 年版，第 275 页。

龙的形象大体一致。当然，畲民讲述这些故事的同时，也结合了本民族的地理环境与社会条件，融入了本民族的文化，如畲民认为自己是龙麒（盘瓠）的子孙，是龙王的亲戚，也属于龙族，理应要受到与周边汉人同样的待遇。这一文化心理在畲族的"凤凰"传说故事中，表现得更加明显。畲汉民族在崇凤上具有同一的文化渊源，二者均源于"玄鸟"的图腾原型。只是它们在各自的民族传承中不断地演变，汉文化中的凤凰逐渐固化为以皇权象征为主，而畲文化中的凤凰则形成以民俗之中的祥瑞符号为主。畲汉民族在凤凰文化上的同一性与差异性演变，正好印证了中华文化"多元"与"一体"特征的形成历程。可见，畲族民间关于龙与凤的神话故事，是畲族民间故事中华民族共同性的典型表征之一。

与道教关系紧密的法师故事是畲族宗教信仰故事的重要类型。畲族把道教与本民族的原始宗教以及盘瓠神话相结合，衍生出大量的法师故事。畲族法师的法力源于"闾山"学法，或者师从陈靖姑等道教俗神，他们再用学来的法术为畲汉民众斩妖除魔、求福禳灾，造福一方百姓。这些法师故事既是畲族信仰世界的呈现载体，也是畲族生活环境的变化以及由此引起的生计模式和文化心态的变迁的民间话语表达。畲民在法师故事中表达了对道教的信仰认同，形成了共同的"信仰圈"。这个共同的"信仰圈"，可以让族群之间超越"血缘"隔阂，从而引向"地缘"上的结合，形成"共同体"。这个地缘共同体的产生就是费孝通先生强调的中华民族多元一体格局形成的重要环节。同时，畲族通过法师这一角色讲述和反映了畲汉民族群众在民间社会生活中的友好互助情景，记录了可供现实镜鉴的畲汉民族友好团结和谐关系的产生。

第 三 章

共通的生态智慧：畲族动物故事中的
中华民族共同性

在民间文学领域中，动物故事是关于动物的故事，也是关于人的故事。畲族是一个善于讲述动物故事的民族，浙闽地区更是流传着大量的动物故事。畲族的动物故事来源多样，类型丰富，既有世界性的故事类型，也出现了一些畲族独特而稳定的故事类型。这些故事是畲、汉等多民族文化交流的结晶，对其进行叙事研究具有中国民间动物故事的普遍性意义。本章的动物故事研究主要借鉴万建中的观点，考察以动物为故事主人公的散文叙事文本，分析其中被赋予的社会属性。本章将运用文本分析法对已搜集的畲族动物故事文本内容进行解析，概括其总体叙事特征，再就故事中涉及的主要动物形象进行类型学分析，以此探讨畲族动物故事中的中华民族共同性。

第一节　畲族动物故事概况

钟敬文在为中华书局的"外国民俗文化研究名著译丛"作序时曾指出："应该把故事当作一种人民的精神产物来对待，而不能只像故事类型学派那样，把它当作一种结构形式来拆解。特别是在研究中国故事上，还要研究它所联系的社会生活、文化传承、讲述活动和表演情境等，而不能只分析它的情节单元，这样才能得出比较适当的结论。"① 在阐述这些动物故事从

---

① 钟敬文主编：《民间文学概论》（第二版），高等教育出版社 2010 年版，第 8 页。

何而来之前，需要先回答它们"是什么"，而回答它们"是什么"这个问题，必须首先回到它们"讲什么"这个原点，因此"叙事"是绕不开的关键环节。本节通过对畲族动物故事在"叙事"方面共性特征的分析，来寻找其叙事特点，作为与汉族等其他民族动物故事比较研究的基础。

一　何谓"动物故事"

动物故事，顾名思义，是有关动物的故事。但在具体的学术研究与讨论中，对于动物故事的内涵界定，不同的学科视角和研究领域，有不同见解。

在民间文学研究领域，钟敬文虽未对动物故事进行直接归类和定义，但他认为："民间故事在原始社会就产生了（最早，先民由于和动物关系密切，而创作了关于动物来源，解释动物习性、特征和反映动物与人的关系的动物故事），在阶级社会又得到不断的发展。"① 对此，钟敬文赋予了动物故事极高的地位，认为它是民间故事的"源头"，是探讨动物来源、习性、特征以及与人关系的故事。正是因为动物故事是民间故事的初始状态，因此钟敬文在对民间故事进行分类时，并未将其视为单一类型。他根据"能否反映不同民间故事的内容特点为依据"，将我国的民间故事分为四大类：幻想故事、生活故事（或称为"写实故事""世俗故事"）、民间寓言和民间笑话。②

万建中则将动物故事归入民间"童话"，将其界定为"以动物为主体，演绎难世百态。那些本是严重威胁人类生存的自然界的异己力量在童话中逐渐被赋予社会属性，成为压迫者和邪恶势力的象征"③。万建中认为："以动物的形象拟人，符合儿童的审美和接受习惯。在动物与人物之间建构某一方面的对应关系，利用动物的自然属性特点（外表、本性）来表现人物性格的某一方面，形成了童话思维的特有模式。动物一出现，儿童便能识别它们，并且理解它们被赋予的象征性意义。"④

---

① 钟敬文主编：《民间文学概论》（第二版），高等教育出版社2010年版，第149页。
② 钟敬文主编：《民间文学概论》（第二版），高等教育出版社2010年版，第150页。
③ 万建中：《民间文学引论》，北京大学出版社2006年版，第205页。
④ 万建中：《民间文学引论》，北京大学出版社2006年版，第225页。

可以发现，万建中关于动物故事的理解与定义是在钟敬文研究基础上的强调与深化。万建中特别强调了动物与人的关系，并将故事中描述动物自然属性特点（外表、本性）视为"与人的关系"的折射与反映。简而言之，万建中认为民间故事中的动物故事一定要与人发生关系。万建中的观点对民间故事中的动物故事的后续研究产生了重要影响。例如，汪立珍在研究满—通古斯诸动物故事的研究时指出："从它的内涵来讲，满—通古斯诸动物故事是以各类动物为主角或者基本上以动物为主要叙述对象的散文类叙事作品。在具体的故事发展过程中，故事的整体不是单纯地叙述动物的生活习性和特征，而是赋予动物人的语言、人的性格、人的心理和情感，甚至享有同人一样的生活和社会经历。"①

这也促使中国民间故事中的动物故事与儿童文学的动物故事的分野，儿童文学中的动物故事是"指取材于动物世界，以动物为主人公，描写它们的生态、习性，或借动物形象来象征人类社会生活和社会关系的故事"②。这一定义实际上更接近于民间文学研究领域关于动物故事的早期理解。但这并不是绝对的或不可改变的划分，在国际上关于动物故事的理解与定义依然存在多种情况。关敬吾在谈到日本的动物故事时曾指出："动物故事，在日本没有特定的名称，包括动物由来的故事、动物寓言、动物叙事诗等。动物由来故事讲述动物的外观、特征、命运等。故事的种类多少有些差别，不都是讲述动物的社会，有些是以表现戴着动物面具的人类社会为主题的，特别是还有以社会纠葛作为中心的，因而也就有以人为主人公的同一形式的故事。只有一个事件并按照对立原理组成的这一类故事还真不少。"③

基于以上分析，本书在讨论畲族动物故事时，将其界定为："动物故事是关于动物的故事，也是关于人的故事。但归根结底，还是关于人的故事，只不过采取的形式不同而已。"④

---

① 汪立珍：《满—通古斯诸民族民间文学研究》，中央民族大学出版社2006年版，第171页。

② 方卫平、王昆建主编：《儿童文学教程》，高等教育出版社2004年版，第6页。

③ 张士闪、清水静子：《关敬吾论日本传统故事的类型与结构》，《西北民族研究》2003年第3期。

④ 林一白：《略论动物故事》，《民间文学》1965年第3期。

畲族动物故事的一个重要特征就是多个故事情节连缀成一个单篇故事，从而形成了故事类型的复合。畲族动物故事结合的种类主要有两种：一是动物故事与幻想故事的复合，如《牛大王》《老鼠和谷种》《金蚕姑娘与牛金星》；二是动物故事与生活故事的复合，如《猴子没了下巴》《虎媒》《老虎抢亲》《熊外婆》《青蛙中状元》《猴》《猎人不狩猴》《猴子好报复人》《羊死为何目不闭》《蛇郎娶亲》《扑蛇大毒是皇帝封的》《讲宝会》《田螺娘出走》《公鸡为何叫"角角角"》等。其中，动物故事与生活故事的复合，往往是借动物来讲人，通过动物故事来讲人类社会的情感与道德。

二　畲族动物故事的叙事角色与行动图谱

在表达同一主题的民间故事中，同一类角色往往发挥着同样的功能。功能是俄国民俗学家普罗普创立的民间故事形态分析的理论术语，普罗普对功能的定义为："功能指的是从其对于行动过程意义角度定义的角色行为。"[①] 角色、行为、功能之间常常相互对应。动物故事绝大多数都以表现人类社会纷繁复杂的现象为主，按照对立原理构架故事，不仅具有动物故事的叙事逻辑特点，还具有多数篇幅短小的动物故事展现其魅力的最突出的叙事结构特点。畲族动物故事大多符合情节紧凑、短小精悍、一事一篇的动物故事叙事特点，但也有不少动物故事在叙事结构上呈现出一定的独特性。

（一）叙事角色

从叙事角色的承担者而言，畲族动物故事的角色承担者可以分为两种：野生动物和家禽。野生动物多以虎、猴、熊、青蛙（蛤蟆和蟾蜍）、蛇等与畲族生活环境密切联系和较为常见的动物为主角，其中又以虎、猴最多。家禽故事总体数量较少，以牛、鸡、羊等为主角。但羊在畲族动物故事中，往往以负面形象出现居多。这与畲族民间广泛流传的盘瓠传说有关。在盘瓠传说中，畲族的先祖盘瓠上山打猎被山羊顶下悬崖殒命。畲民与山羊之间的恩怨也在畲民社会中被不断讲述与演绎。如在福建龙岩漳平

---

① [俄] 弗拉基米尔·雅可夫列维奇·普罗普：《故事形态学》，贾放译，中华书局2006年版，第18页。

的畲族民间传说《山羊胶》中就讲述这段恩怨。故事概要是，古时龙门畲村来了个山羊贼，骗过了畲村的老妇、老伯和青年小伙，不仅偷吃了大家的饭，还把锅都偷走了。后来聪明的畲族小孩兰波罗设计杀掉了山羊贼，并把山羊剥皮、剖肚，把骨头熬成山羊胶。①

畲族动物故事的角色构成较为简单，一般由两至三个主人公来完成整个故事。由两个动物角色完成全部故事情节的故事，有《猴子没了下巴》《牛鼠对话》《水牛和白鸽》等，这些故事中的两个角色之间主要是对立关系，但也有合作关系，如《水牛和白鸽》中的水牛和白鸽，水牛为白鸽提供食物，白鸽在牛背上为水牛唱歌。对立关系又常常表现为吃与被吃和竞赛者之间的关系。前者如老虎和猴子、老虎和山羊，蛇、老鹰和蛤蟆等，后者如牛和老鼠等。由三个以上的动物角色完成全部故事情节的动物故事也有不少。如《五虫争王》《公鸡为何叫"角角角"》《猫头鹰结婚》《讲宝会》《畲乡华南虎哪去了》《斗特会》等。角色的多少、角色出现的先后与角色的功能有直接的关系，并影响了故事寓意的表达。

（二）行动图谱

故事角色的行动图谱往往以故事情节来呈现。多角色故事，往往情节也较为复杂。畲族多角色动物故事一般由主人公、对手、帮助者三类角色构成。主人公一般为弱者，对手一般为强者，帮助者一般也为弱者。故事常为三至四个情节段组成，并按照"三段式"表达，推进情节的发展。以《畲乡华南虎哪去了》为例。主人公一：华南虎；主人公二：岩羊；主人公三（帮助者）：黄斑，一种形似黄鼠狼，但身子又比黄鼠狼大的小兽。

在这个故事中，老虎和羊是自然界中强势的食肉动物与弱势的食草动物之间的"吃与被吃"的关系，而黄斑，虽为食肉动物，但其体型较小，相对老虎来说也是"弱势者"，不过成群的黄斑还是有机会对大型肉食者产生威胁，如黄斑的绰号也叫"杀犬狮"。在故事情节的设定中，老虎与羊为直接对手关系，在第一次情节发展中，老虎追羊，羊跳到崖上，双方都利用了自身的天性优势；在第二情节中，老虎借助崖壁缝隙的"芦苇"跃上岩壁，但芦苇根浅被连根拔起，老虎跌落崖脚，受伤。此时，老虎虽

---

① 陈炜萍：《畲家风情——畲族的故事》，福建少年儿童出版社 1988 年版，第 158 页。

然受伤，但羊的威胁并未解除。然后，进入第三个情节：一群黄斑趁着老虎受伤，向老虎发起群攻，老虎不敌，被吃掉。故事的结局："悬崖上的岩羊，趁黄斑和华南虎决斗之时溜之大吉。老虎虽为百兽之王，但被小小的黄斑制服了。从此以后，这里的华南虎不见了，山民才能安居乐业，繁衍后代"。

畲族多角色动物故事中，这种"三段式"叙事结构特征较为典型，弱者与强者有三次较量，最后一次定输赢。在三次循环往复中强调自然法则中的强者最后往往被弱肉强食的文化共识中的弱者运用社会法则打败，比如黄斑杀死了老虎。这种三角色并行的叙事，是畲族动物故事中特别有意味的一种故事叙述结构。

较之于两个动物之间较为纯粹的吃与被吃的对立关系，三个动物之间的关系较为复杂，而这种看似取自自然的关系，往往又是实际社会关系的影射，如结拜兄弟、结盟者、朋友等。例如，在《猴子没了下巴》中，这种影射就特别明显。

在《猴子没了下巴》中，"猴哥虎弟是一对好朋友"。在第一个情节中，老虎在雨夜到悬崖下的单座寮掏猪吃。妻子听到猪仔叫，提醒丈夫是不是有老虎。丈夫迷糊中把老虎听成了"漏雨"①，便应："漏雨倒不惊，脱②就惊"。老虎听后心想："人都讲老虎最厉害，难道还有个'脱'比我更厉害？"故事进入第二个情节，此时正好有头戴斗笠，身披棕衣的贼仔拿着麻袋也想偷猪。老虎误以为是"脱"，不敢吱声，而贼仔摸黑中也看不清老虎和猪，便把麻袋网在猪栏门口，打开栏门。老虎一看栏门打开，就急匆匆地闯到麻袋里。那贼以为猪进麻袋了，于是就扎紧袋口，扛上肩驮走。在第三个情节中，贼发现异样，扔下麻袋爬到树上，老虎虽从麻袋中出来，但因为怕"脱"就一直坐在树蔸不敢动。此时，猴哥路过询问老虎为何坐此。老虎说遇到"脱"，此时正在树上。老虎与猴子合谋，用根藤一头缚到猴子的脖子上，一头缚在老虎的脚上，猴子上树一探究竟，"真的是'脱'，你转过来把眼睛一眨，我就拖着你跑；若只是一个人，你我就把他拿来当点心吃掉"。猴子同意。故事进入第四个情节，

---

① 漏雨：闽东地区的方言，下雨的意思，发音上与老虎有些相似。

② 脱：闽东地区的方言，与山土连用，指滑坡。

此时树上的"脱"被惊得尿水直流，恰巧滴到往上爬的猴子的眼里，猴子转过头来眨眼，老虎看见猴哥眨眼，误以为真的是"脱"，拖着藤条就跑。一口气跑了三座岗头才歇下来，回头一看猴哥的下颚被拖裂了，昏迷过去。故事结尾：从那以后，猴子就没了下巴，只要碰见老虎就讨下巴，老虎只好远远躲开，从此相克，不来往了。

这则故事实际上是与"177 贼和老虎""78B 猴子把自己用绳子捆在老虎身上"的结合。这一类型的故事在中国流行很广，各民族中都有此类型的异文。如丁乃通先生的类型索引记载的 33 则异文，表明该故事在汉族、蒙古族、苗族等民族流传，金荣华先生在此类型下列举了 40 则中国异文，涉及汉族、土家族等 16 个民族。但畲族流传的此类故事加入一些畲族的社会生活元素，例如，本故事中夫妻居住的"悬崖下的单座寮"，体现了明清以降，畲族迁入浙闽地区时主要是以"家庭式"分散迁徙的形式以及迁徙地主要为条件较为恶劣的深山或山脚地带。而这样的居住环境，也成为畲族动物故事最为常见的发生背景。

通过对以上动物故事中的角色关系、情节与寓意的比较分析，可以发现三者之间的逻辑关系：角色与情节一般成正比，角色越多，情节往往越丰富，但寓意不一定就多重，多重角色与多情节推进，有时也只表达一种主题。但较少角色和情节，一般只表达单一的寓意。如在《斗奇特》中，猴哥、虎弟、熊姐在畲山顶上斗奇特。虎弟说有一面大鼓，初一打一声，声音能延到十五。熊姐说有头水牛大如山。猴哥说有一棵毛竹，竹尾伸到天。虎弟听了不相信，熊姐说："要是没那么大的水牛，那面大鼓用什么皮张呢？"猴哥说："没那么高的毛竹，那面大鼓用什么竹篾去箍呢？"[1]猴哥和熊姐以聪明的反问指出了虎弟讲述内容的荒谬性，在斗奇特中成为获胜的一方。

三 畲族动物故事的叙事模式与故事主题

（一）叙事模式

动物故事中一般具有较为确定的功能性事件，可以将之归纳为计谋、

---

[1] 福建省宁德地区民间文学集成编委会编：《中国民间故事集成·福建卷·闽东畲族故事》，宁德市印刷厂1990年版，第219页。

抓捕、逃离、杀害、比赛五个功能性事件，这些功能性事件又形成动物故事的组合模式。一般的动物故事的叙事模式有"诡计故事模式""奖赏或惩罚模式""问题或解决问题模式"三种。如果故事的叙事结构也呈现出一种"进化论"式的前进模式，较原始的是较简单的，经过发展的是较复杂的，那么"诡计故事模式"与"奖赏或惩罚模式"显然较之第三种模式要原始。正如普罗普所言："没有形态研究，便不会有正确的历史研究。"①

诡计故事是动物故事中最主要的结构模式。在这一模式中，有两个主要角色，一个竭力欺骗另一个，有时对方能发现受骗，会采取措施反过来竭力欺骗对方，有时故事就此结束，因此这类模式可以一次，也可以多次使用同一功能性事件。这类故事既可以是讲述弱势动物从强势动物处逃离，诡计得胜的一方安全或者得到财富，也可以是两个力量不对等的动物之间的比赛。诡计故事模式中，功能性情节呈现出如下两种对应关系：抓捕—计谋—逃离—杀害；比赛—计谋。动物故事的两个主人公，一个行为符合其生物性关系，从而产生吃与被吃的固定关系，另一个则打破这种生物性关系。生物性关系在其"寓意"功能中，显然隐喻的是社会性关系中的强弱对比。从这种功能性结构的模式构成而言，动物角色的设定一定是有社会性意义的，故事建立在人们的共性知识之上，这种共性知识是一种已知的、普遍性的知识，但动物故事的结构却是为了超越这种共性认知，从而达到一种心理预期，但这种心理预期可能与现实生活中的真实遭遇正好相反。如"抓捕"功能的展开必然发生在强者对弱者的控制中，而"计谋"必然是弱者对强者所用，"逃离"与"杀害"则是弱者的行动功能。"计谋"在这一模式中居于主导地位，因此凸显的是设计或者实施计谋者的聪明智慧。在畲族的动物故事中，"计谋"主要表现为弱者编造出更强对手威胁恐吓强者、借强者之势、拖延并最终致命一击、假装死亡、利用对手在某些方面的无知、利用对手的贪婪与自大、骗对手张嘴而逃脱。例如，在《熊外婆》故事中，弟弟"阿当"谎称要出去撒尿，为了取得熊外婆的信任，建议用"水巾"（长布）一头绑

---

① ［俄］弗拉基米尔·雅可夫列维奇·普罗普：《故事形态学》，贾放译，中华书局2006年版，第15页。

在自己的手上，一头由熊外婆牵着，然后偷偷把水巾结在尿桶的耳朵上，逃出去。当被熊外婆发现躲在树上时，他又设计让熊外婆在树底下烧火取暖，然后用绳子把熊外婆拉上树一起取暖，熊外婆为了吃到阿当就同意了。当爬到一半时，阿当松开了绳子，熊外婆就摔到火坑里烧死了，阿当最终脱险。

这类模式中的功能性事件包括：比赛—计谋。有时也会出现单纯的某一个功能性事件，直接导致的后果是死亡或者输掉某种利益。但这一模式的功能所呈现出的主题主要在于讽刺，而非如前是对于智慧的肯定。讽刺的对象往往具有某种道德品质的缺陷，如《牛鼠对话》中自以为是的老鼠。

正如上文提到的，畲族动物故事是以动物故事与幻想故事、动物故事与生活故事结合的复合型故事为主，因此"问题或解决问题模式"是畲族动物故事较为常见的叙事模式。相较于"诡计故事模式""奖赏或惩罚模式"这两种较为原始的故事结构，"问题或解决问题模式"是次生的，较为晚近。但三者之间并不是完全割裂的，"计谋""杀害"等动物故事中的功能性母题依旧在第三个故事模式中发挥作用。

畲族"问题或解决问题模式"动物故事有以下特点：一是故事角色一般由动物与人共同承担。如《蛇郎娶亲》中的姐姐与妹妹、《讲宝会》中的兄弟与嫂子、《金鸡母》中的秀才与农夫、《青蛙中状元》中的畲族夫妇与不学无术的秀才等。二是故事的结构更为复杂。故事中要解决的"问题"并不一定是生存性的、竞赛性的内容，而是具有文化性的、社会性的问题。例如，《虎媒》中要解决儿子娶妻以及应对官府审问的问题、《讲宝会》中要解决的是传统社会兄弟分家的问题、《竹鸡鸟》中要解决的是青年婚恋的问题，等等。三是故事表达的主题教育性大于娱乐性。例如，《"山哈"不杀抱窝的母鸡》表达的是"仁爱"、《八哥鸟》表达的是"孝顺"、《金鸡母》表达的是对真才实学的肯定，等等。这些主题在其他的生活故事、幻想故事中也有类似的表达。事实上，大多关于故事的分类都是建立在叙事目的或者故事语境的基础上的。因此，可以认为，一个动物故事的主题可以与一个幻想故事的主题相同，在一则幻想故事中，动物也可以取代其中的叙事角色。因此，我们也就不难理解，为什么很多研究者将动物故事视为寓言故事，而将寓言类的动物故事与生活故事、魔法故事结合起来，进行跨类型叙事。

（二）故事主题

通过以上对畲族动物故事叙事模式的分析，可以发现，畲族动物故事的社会意义强于其生物性知识传达的意义。动物故事主要是借动物的形象特点，表达对现实生活的思想感情。畲族动物故事是源于畲族族群特殊的迁徙历程以及"以山为基"的生态环境所形成的故事内容，它的主题不仅表现了人与自然的关系，而且表现了人际关系和情感的复杂现象。

一是对智慧的肯定与愚蠢的嘲讽。这类动物故事的基本规律是，在生物链中处于较为弱势地位的小动物往往是聪明者，例如，鸟，猴子等；而强势的大动物，如老虎、狼等，则成为愚蠢的、被讥笑的对象。这些故事与机智人物故事的叙事结构具有一致性，即机智人物往往在社会力量方面处于不利地位，但在事件进程中，往往因机智而逆转自身的命运。它传达的是一种积极向上的情感，这类故事对弱势者而言既是一种宣泄，也是一种鼓舞，通过讽刺强势者的愚笨来宣泄对强势者的不满，通过弱势者的胜利来鼓舞现实生活中受到压制的无地位者尽可能地运用智慧来面对强权等。在此意义上，动物故事也可以被称为"弱者的武器"。

二是劝诫遵守理想的道德品质。畲族动物故事还往往通过对动物本性的哲理性认知，传达训诫意义。故事主题多歌颂忠厚诚实的美德，抨击虚伪狡黠、损人利己和背信弃义的行为；歌颂纯朴、善良、友爱、助人为乐、勤奋好学的美德和品质，谴责和讽刺懒汉行为；歌颂机智勇敢、团结合作的精神，嘲笑以强欺弱的丑恶行为等。例如，《蛇师雷七》讲述了雷姑婆六个孩子先后都被毒蛇咬死，后来捡了一个孩子就叫雷七。雷七知道家庭情况和身世后，立志要把毒蛇杀光，深得乡邻的称道，盘爷爷还送来一只里面装有见毒蛇就又跳又叫的蟾蜍的小竹盘子。雷七带了些干粮、蟾蜍和一包药杀毒蛇的茶籽出发，在蟾蜍的帮助下，他走遍东南西北，各种毒蛇也快被杀光。一天，他碰见一个俊俏的姑娘时，蟾蜍朝她又跳又叫，但雷七却把她带回家，又听了她的花言巧语，把蟾蜍放了。结婚时雷姑婆和雷七吃下她吐了唾液的酒，昏睡过去了。原来她是眼镜蛇变的，雷姑婆醒来时见她正咬食雷七，她吃了雷七身上的茶籽，也死了。人们安葬雷七时都感叹雷七放走小蟾蜍，错认美女蛇，实在太麻痹，[①] 劝诫人们不要被美艳的外表所迷惑，要注重内涵品质。

三是传达民俗生活经验。借动物故事传达生活智慧与民俗生活经验是畲族动物故事的常见主题之一。但就畲族动物故事而言，这是其要表达的最重要的主题之一。畲族长期生活在山区，"以山为基"是其生态环境的最典型特征。在这样的生态环境中，畲族依赖山地、敬畏山地，同时也不断地挑战和征服山地。这种人与自然的复杂关系，在畲族的动物故事中得到了全面的表现。例如，《猎人不狩猴》中传达了猴子有助于保护畲民狩猎的经验、《畲乡华南虎哪去了》解释了畲乡华南虎消失的原因、《布谷鸟》提醒人们要按节气耕作，即要尊重自然规律、《画眉能叫九样声》提醒人们不要听信巧言，等等。我们在接下来的两节中，分别从野生动物故事类型和家禽动物故事类型对此进行专题讨论。

总之，畲族动物故事数量较多且以复合型故事为主。这些动物故事塑造了一系列动物形象，既是畲族游耕生活智慧的结晶，也代表了在历史的长河中既保持刀耕火种的游耕传统，又融合农耕文明的畲族人民的生活智慧，代表着畲族文化的象征性记忆。畲族动物故事以其丰富多样甚至相互矛盾的动物形象，耐人寻味的多重主题，复杂的故事情节与独特的叙事模式，深刻体现畲族在物质生产、文化生活中的社会生活知识和文化价值观，反映畲族辩证的哲学思维方式，其中也蕴藏着丰富的中华民族共同性，是研究畲族中华民族共同体意识形成的重要参考资料。

第二节　天人合一：畲族虎与猴故事的文化象征

畲族野生动物故事是畲族动物故事的重要类型。浙闽地区畲族野生动物故事主要体现了畲族社会从游耕向定耕的生计方式转变。在这一转变过程之中，畲民主要在山区等自然条件较为恶劣，但尚未被开发或完全开发的具有较大生产潜力的地区进行开垦和劳作。这种"垦荒"也就意味着在人与自然之间形成生存的张力，原有生活在山林之中的动物其生存空间必然受到人类生活和生产活动的挤压，人与动物之间的关系就时常变得紧

---

① 蒋风、陈炜萍、陈华文编：《畲族民间故事选》，上海文艺出版社1993年版，第159页。

张，于是虎和猴等原本在农耕生活中并不是重要的野生动物成为畲族动物故事的主角，具有较重的分量，成为畲族动物故事显著的特点。

一　畲族民间故事中"虎"的形象分析

在畲族民间故事中，老虎对人类的威胁除伤害人畜之外，还有"老虎吐出瘴气"，这是畲族中老虎形象的特殊之处。在《火神与烟神》的故事中，飞虎是守在魔宫的第二道门口的"怪兽"，当故事的主角雷豹和云仙子到达这里的时候，"飞虎见人就蹿出来，雷豹举起钢叉刺过去，飞虎退缩了。飞虎一退缩，马上张开嘴巴，吐出瘴气喷人，云仙子忙把那只布袋子打开，立刻把瘴气收尽。雷豹一跃过去，刺死了飞虎"[①]。而瘴气，除是南方山林地带不利于人类生存发展的自然现象之外，在文化上还具有"边缘化"属性，是文明与未开化的边界。[②] 老虎与瘴气的联系很好地反映了畲民的生活环境。在南宋至清时期，福建森林开发程度不断加深，畲人与汉人往往成为"共谋者"，共同造成福建森林"象的退却"与虎患的频发。[③] 这些都在畲族有关"虎与猴"的动物故事中得到不同程度的体现。

（一）老虎地名故事：虎退人进

畲族地方传说中有很多与虎直接相关。虎在这些故事中往往扮演被击败的对象。如在浙江丽水地区的《落山虎的故事》中，天师岗的洪法师养了一只老虎，依仗虎势欺压百姓。蓝法师要为民除害，设计将老虎引到高溪坑边将它杀害。后来这个畲村就叫"落山虎"。[④]《老虎山与五箭丘》则讲述了浙江金华武义宣平山区畲村老虎山与五箭丘地名的来历。相传畲山有个勇敢的猎手佛桑仔（畲语，小伙子），名叫雷阿火。阿火自小学会放吊弓、布狼箭，捕猎飞禽走兽，样样在行。一年畲山发生了虎患，阿火

---

① 蒋风、陈炜萍、陈华文编：《畲族民间故事选》，上海文艺出版社1993年版，第37页。

② 温春香：《文化表述与族群认同——新文化史视野下的赣闽粤毗邻区族群研究》，中国社会科学出版社2015年版，第19—21页。

③ 刘婷玉：《象、虎、水利与福建山区畲族生计方式的变迁》，《中国经济史研究》2019年第3期。

④ 丽水市民间文艺研究会编：《金童玉女造莲城》（上卷），浙江省丽水市文联1986年版，第65页。

向钟公帕（畲语，对年长的曾祖辈老人的称呼）讨教打虎的办法。阿火用最坚硬的铁里木做成七支狼箭，并涂上毒药，做好机关。月夜，风高天黑，山上传来老虎中箭受伤的吼叫，阿飞冲出寨门与虎搏斗，钻进虎口用砍刀顶住其上下颚。老虎死了，阿火因被虎牙划伤也中毒身亡。次日早，畲民发现寨门口多了一座像老虎一样的山，那五条未发的箭也变成了长长的山丘，这就是今天的老虎山与五箭丘的来历。[①] 这些故事反映了畲族古老的狩猎生活。狩猎是畲民传统的生计方式，在游耕时期，它在畲民的社会生活中占据很大的比例，随着畲民社会向定耕的转变，这一生计方式的所占比重有所下降，但仍为畲民经济生活的重要补充。也正是因为畲民善于"狩猎"，因此在畲族的动物故事中，畲民与老虎等大型凶猛肉食动物的对抗中才能屡屡获胜。虽然有时借助集体的智慧，有时依靠英雄（蓝法师、猎手阿火）的超强能力，也可能付出较为沉重的代价，但总归是畲民击退了老虎，取得了该区域的生存权。

《老实人与他的朋友》借老虎之口说出了与人类之间的竞争关系。老虎说："我知道的事才稀奇。北方山里有个大村子，村周围的山地比你那块地更肥沃，种五谷不要水肥都有收成，就是地面上没水，村里人吃用的水要到五里外的山沟里去挑，大财主还有专门的挑水长工呢。其实只要劈开村西北五百步远的一棵大空心树，树里边就有个大泉眼。我因为过段日子要到那一带去住，就不肯让人知道这秘密。如果那地方有了水，会有很多外乡人搬去居住，要是搬几户猎人来，我就遭殃了。"[②] 可见，老虎与人之间在生产空间和资源上存在着直接的竞争关系。

流传于浙江景宁的故事《畲家猎神》，就生动地反映了畲民与老虎之间的这种关系。

从前全部野兽都关在天上百兽园内，由百兽官来分管。百兽官手中有玉皇大帝封的敕令，可以先斩后奏，野兽十分怕他。

有一日，狐狸和老虎碰在一起，狐狸讲："虎大哥、虎大哥，我们整日在这个园内东来西去，也没啥意思。据说凡间有花草，有活

---

① 张世元主编：《金华畲族》，线装书局 2009 年版，第 255 页。
② 蒋风、陈炜萍、陈华文编：《畲族民间故事选》，上海文艺出版社 1993 年版，第 218 页。

人，有意思煞，为啥不去游嬉游嬉，开开眼界呢？"老虎听了讲：
"有道理、有道理，可是大门紧锁，锁匙又在百兽官手里，怕逃勿出
去？"狐狸真刁，轻轻地讲如此如此。

第二日，狐狸走到门边对百兽官讲："主人、主人，今日是你生
日，你也辛苦。我和老虎请你喝一杯。"百兽官想："啊！今日果然
是我生日。既然他俩有心，我也不妨喝一杯。"便讲："你两个真有
心，我也勿客气了。"于是百兽官和狐狸、老虎就在百兽园门边喝起
酒来。酒过三巡，百兽官便醉得如烂泥了。老虎和狐狸从百兽官口袋
里摸出锁匙，狐狸在大门口对百兽讲："你们听着，今日是我和虎大
哥把百兽官灌醉了酒，摸来了锁匙，放你们到凡间去自由自由。不
过，你们到凡间要推虎大哥为王。""一定！"于是老虎用锁匙打开铁
锁，把百兽放了出去，全部野兽都逃到凡间了。

等百兽官酒一醒，看看同桌的老虎狐狸不见了，摸摸口袋锁匙也
不见了，赶到园内一看，野兽一个也没有了，这下子可慌了手脚，赶
忙奏报玉皇大帝。玉皇大帝发火了，讲"百兽官啊百兽官！你触犯
了天条。百兽到凡间一定会伤人。我没啥情面讲，罚你到凡间投胎出
世，治治百兽。"

百兽官慌里慌张赶到凡间，钻进一个山哈蒲娘的肚内出了世，长
到十五六岁的时候，野兽越来越凶，到处咬人伤人，不晓得一年之内
咬伤咬死多少山哈。特别是老虎凶得煞，钻到山哈家边的猪栏里偷猪
拖羊；狐狸呢？青天白日偷鸡吃，弄得平民百姓鸡犬不安。

这个山哈结了婚，生了崽。有一日晚间，他的崽在家里拼命地
哭。老虎走到家边猪栏准备拖猪吃，在猪栏里它听着家里传来：
"崽，狼来啦！"崽还是哭；"狐狸来了"崽还是哭，"老虎来了"崽
还在哭。老虎听了想，这个山哈连我来都勿怕，究竟怕谁，总要弄个
明白。过了不久，女的讲："崽，阿爹来了"。崽怕阿爹会打他，便
不哭了。这下老虎呆住了，原来"阿爹"比我还厉害，便拼命地逃，
一头撞在岩壁上，摔到岩下快断气了。野兽们晓得大王出了事，赶快
来看，听着虎大王都怕"阿爹"，个个呆住了，不晓得怎样才好。狐
狸问："大王、大王，这下怎么好呢？""你们到那人家里去求'阿
爹'饶命。"话一讲完，老虎就死了。

第二日天光，狐狸带着野兽来到这个山哈的家门直喊"阿爹大王饶命"。这个山哈走出家门一看，野兽都在这儿低头求饶，便讲："只要你们不伤害百姓牲畜，当然饶你们的命，要不我不答应了。"野兽抬头一看，吓得屁滚尿流。而后，每当"阿爹"带着山哈到山上碰着野兽。野兽都低着头不敢作声，然而日长月久，野兽又偷偷地伤人害畜。

有一日晚间，土地公托梦给"阿爹"讲："某人、某人你也要打死一些野兽教训教训它们。""土地公、土地公，用啥办法哩？"土地公将做竹枪、土铳、陷阱的方法一五一十地告诉他。第二日，"阿爹"按梦中的意思，做了竹枪、土铳，分发给山哈，又教山哈挖陷阱，领着山哈去打猎。奇怪，"阿爹"去打猎，野兽都勿乱逃，等着被打死，又安全又有收获。

以后，玉皇大帝晓得"阿爹"已教会山哈制服野兽，就将功赎了罪，让他上天成了仙，封为"猎神"。从此，山哈就拜"阿爹"为"猎神"。每当打猎出发前，就去拜"猎神"，祷求"猎神"保护他们平安、发财。①

以狐狸和老虎为主角的民间故事较为普遍，较为流行的是"101 狐假虎威"②。畲族的《畲家猎神》也是由狐狸和老虎碰在一起而展开，狐狸怂恿老虎一起灌醉天上的百兽官，然后用锁匙打开铁锁，把百兽放了出去，全部野兽都逃到凡间了。百兽官被玉皇大帝罚到人间，要他治理百兽。百兽官慌里慌张赶到凡间，钻进一个山哈蒲娘的肚内出了世。说明，新出生的这个畲民"山哈"，也就是后面的猎神，其前身为百兽官，专治百兽的。而此时，以老虎和狐狸为首的百兽，继续危害人间，"野兽越来越凶，到处咬人伤人，不晓得一年之内咬伤咬死多少山哈。特别是老虎凶得煞；狐狸呢？青天白日偷鸡吃，弄得平民百姓鸡犬不安"。

---

① 中国民间文学集成全国编辑委员会、《中国民间文学集成·浙江卷》编辑委员会编：《中国民间故事集成·浙江卷》，中国 ISBN 中心 1997 年版，第 25—27 页。

② ［美］丁乃通编著：《中国民间故事类型索引》，郑建威、李倞、商孟可等译，华中师范大学出版社 2008 年版，第 11 页。

　　故事的第二个情节，也是人们较为常见的民间故事叙述模式之一，即强者（如老虎）听到了弱者（人类）的对话而产生误会，类似于"177贼和老虎"的情节——山哈的幼崽不怕老虎而怕"阿爹"，导致老虎受到惊吓，拼命逃跑，一头撞在岩壁上，摔到岩下快断气了。老虎临死前，叫野兽们到那人家里去求"阿爹"饶命。

　　故事的第三个情节，则讲述了在道教影响下畲民猎神信仰的形成。"阿爹"要求百兽们不得伤害百姓牲畜。野兽每当遇到"阿爹"带着山哈到山上，都低着头不敢作声，然而日长月久，野兽又偷偷地伤人害畜。此时土地公托梦将做竹枪、土铳、陷阱等狩猎的技巧讲授给"阿爹"。"阿爹"照着梦的指引，做了竹枪、土铳分发给山哈，又教山哈挖陷阱，领着山哈去打猎。"阿爹"去打猎，野兽都勿乱逃，等着被打死，又安全又有收获。玉皇大帝晓得"阿爹"已教会山哈制服野兽，就将功赎了罪，让他上天成了仙，封为"猎神"。从此，山哈就拜"阿爹"为"猎神"。每当打猎出发前，就去拜"猎神"，祷求"猎神"保护他们平安、发财。可见，此时的畲民已接受了道教信仰。

　　畲民长期面临虎患的威胁，正是在与老虎长期的"争斗"的过程中，畲民锻炼出了高超的狩猎技巧。在汉文典籍中也有相关的记载。但在畲族民间，畲民并不认为这种狩猎技巧的获得仅仅是在劳动实践中获得的，相反，他们将之视为神仙的恩赐。这反映了在恶劣的生存竞争中，畲民对大自然的敬畏，而时常又感到无能为力，企图借助神魔的力量去战胜对方的一种手段，是较为天真和幼稚的愿望。如福建宁德九都畲族村流传的《九仙畲村的由来》，讲述一对畲族夫妻蓝玉花和雷阿发以打猎为生，住在石洞里。一天，猛虎闯入石洞，叼走了小男孩，正当雷阿发赶上时，八个神仙站在云头，老仙翁告诉雷阿发，蓝仙姑要回西天，三年后让他们父子团圆。畲民为了纪念蓝玉花，便把村子取名为"九仙"。① 流传于福建宁德蕉城的《三月十六日林公节》，讲述三月十六日"林公节"的来历。从前山里虎豹山猪多，经常为害畲民，有一年三月十六日，一个汉族长工林公，上山砍柴偶遇一只老虎，用扁担打死老虎，自己也因过度劳累去

---

　　① 钟伏龙、林华锋、颜素开等编：《闽东畲族文化全书·民间故事卷》，民族出版社2009年版，第108页。

世。畲民为纪念和感谢他为民除害，把三月十六日定为"林公节"，敲锣打鼓，鸣放神铳，威吓山兽。① 可见，在生存环境恶劣，生产力较为落后的时候，人与动物之间的竞争关系普遍存在。畲族关于地名的动物故事就是对这种竞争关系的直接体现。

当然，也不是所有的故事都是由人类战胜动物，也有可能是动物之间的相克。例如，在《畲乡华南虎哪去了》这则故事中，华南虎就是被一种叫黄斑(形似黄鼠狼，比黄鼠狼稍大）的动物整死的，从此山民们才得以安居乐业。

（二）老虎报恩故事：人与虎的和谐相处

人与动物之间的关系并不是总是对立和竞争的，在畲族的动物故事中，存在大量人与动物和谐相处的案例，与老虎也不例外。其中，又以《老虎抢亲》故事最为典型。

《老虎抢亲》在闽东畲族广泛流传，讲述老虎抢亲报恩的故事。雷二母子搭救了一只受伤的老虎。这老虎伤好后就住在雷二家，每天给他们捕兽肉。山后村有户姓钟的畲民，无钱医病，被迫把女儿嫁给财主，老虎把她抢到雷二家，与雷二结了夫妻，独家寮终于变成了人丁兴旺的畲村。② 在故事中，老虎受伤后主动到畲村求助。雷二娘见了老虎只是觉其可怜，并没有表现出惊慌，赶紧叫雷二扶它进楼，为它疗伤。老虎获救后，就住在雷二家，每天给雷二母子带来自己捕食的猎物，"使他俩的生活慢慢好起来"。"雷二娘心里十分欢喜，也格外疼它，日日帮它梳毛抓虱子。"故事呈现的画面非常温馨，俨然是一家人其乐融融的样子。然而雷二娘因自家居住偏僻，时常为雷二年近三十未能找到媳妇而担心垂泪。这一点老虎也记在心里，"听了也直皱眉头"。

在这则故事的第二部分，山后村有一户姓钟的畲民，因无钱治病，就托媒要将女儿嫁给前村的一财主为妻。这女子知晓那财主已有妻室，自己只是做妾，哭了三天三夜，对她阿母说道："女儿给人家做细娘，倒不如

---

① 钟伏龙、林华锋、颜素开等编：《闽东畲族文化全书·民间故事卷》，民族出版社2009年版，第148页。

② 中国民间文学集成全国编辑委员会、《中国民间文学集成·福建卷》编辑委员会编：《中国民间故事集成·福建卷》，中国ISBN中心1998年版，第542—543页。

把我抛到青山脚下给老虎掏去的好！"这里也反映出该畲族女子已有一定的改变自己低下社会地位，追求人格自主、男女平权和解除"四权"束缚的强烈愿望。女子的话被老虎听了去。于是老虎寻食到青山脚下，见一群人马抬着花轿迎面而来。老虎看准了时机从高崖上一跃而下，吓退众人，将女子掠去。轿夫跑到财主那报信。财主带人到事发地一看，轿门被老虎踏碎，不见新妇人影，财主就只当新妇被老虎叼去吃了也就罢了。在这里，故事将老虎"劫持"新妇的行为处理成满足新妇的"意愿"——"女儿给人家做细娘，倒不如把我抛到青山脚下给老虎掏去的好！"以这种较为"荒谬"的形式赋予故事发展的合理性，也体现了故事讲述者对老虎"亲近关爱"情感——老虎并非无情无义之物。

在故事的第三部分，老虎将钟少娘背到雷二家。在这里故事讲述者对老虎的行为做了极为细致的描写："懂事的老虎依在女子身上，嘴对嘴，把自己肚子的热气哈到女子的五脏里，一连哈了好几回，女子就慢慢地醒过来了。"此时的老虎已完全脱去"野性"，化身为温柔体贴而且具有救助本领的人类。

在故事的结尾，钟少娘醒来，见雷二母子守在她身边悉心照料，"好比自己的亲哥亲娘"。心想："出了财主的虎口，又丢进真虎的虎口，要是没有他们母子的搭救，我早就是下世人……"想到这里，钟少娘就跪到雷二娘面前。雷二娘并没有选择欺骗或隐瞒而是一五一十地给她讲了老虎报恩的故事。女子心想，"一个两只脚的人，难道还不如四只脚的畜生吗？"因此她就把终身许给了雷二。他们生儿育女，男耕女织，于是独家楼变成了一个人丁兴旺的畲村。

概而言之，在这则《老虎抢亲》的故事中，老虎的形象是可亲可爱的，它知恩图报，重情重义，与善良诚实的雷二母子相得益彰，正是因为雷二母子救虎的善举引发老虎报恩的行为，体现了人与动物之间的和谐关系。它也反映了畲民在向山区"进军"的过程中，并不是一味地"侵入"与索取，而是在人与自然的相处中，畲民已将自己视为万物之一，即使像老虎这种凶猛的，威胁人身和生产安全的食肉动物也有善心的一面，也可以与人为善，和平相处。这也是长期活动在山区的畲民形成的朴素的生态价值观。这种价值观一直影响着畲族发展，并在畲族的很多民间故事中得到体现。例如，流传于浙江青田县的《老虎还亲》。故事说有个砍柴人不慎跌落在悬崖间的一个虎洞，不能上不能下，老虎见后就背他回家，他就认老虎为"虎娘"。不久，虎娘被猎人笼住放在大街上卖，砍柴人要救虎娘，无奈卖了妻子，得五十块钱将虎娘买下放生，并叫它以后不要到平地来觅食。后来，宰相有一女出嫁，虎娘就带着虎子冲了下来，吓退众人，将新娘背到砍柴人家。宰相之女见砍柴人善良，就同意嫁给他，并编织漂亮护身带和钱袋叫丈夫拿去卖钱来维持生活。这些东西传到有钱人家，一直传到宰相府，其手艺被宰相夫人认出，追问起来，砍柴人如实告诉了情况，宰相夫人就把他们接回去住，从此过上了幸福的日子。[1]

二　畲族动物故事中"猴"的形象分析

在畲族动物故事中，猴与虎往往联系较为紧密，常称它们为"猴哥""虎弟"。前文已简述了猴与虎反目成仇的《猴子没了下巴》（又称《猴虎相克》）的故事。在这里，我们将重点分析猴与人之间的关系。

（一）人不食猴肉的禁忌

在福建福安地区流传着一则《猎人不狩猴》的故事。故事讲述了畲族猎人对猴子十分爱护以及不食猴肉的缘由。

> 从前，有一个畲族猎人，常年肩扛一杆木壳铁膛火铳，腰扎一只有硫黄炮硝火药的牛角罐，行猎在畲山上。
>
> 有一天，他看见一只像小孩一样的动物从眼前闪过，立刻随后追去。只见这只动物站在大树下，看着又高又粗的树干，试了几次都爬不上去，回头眼睁睁地向猎人求援，猎人慈祥地走近它，伸出手去一扶，它一弹跳，便飞也似的站到树杈上面了。猎人擦眼一看，原来是一只天真活泼的猴子。
>
> 猎人看猴子很可爱，就待在树下同它戏耍。一会儿，不知从哪里钻出一条蟒蛇，从脚下一直往他身上缠。蟒蛇张开血盆大口，正要扑向猎人的脖子时，站在树上的猴子，立刻用手指着他腰间的那一只牛角罐，示意叫他立马提起罐子，往蟒蛇的嘴巴里送。这一下果然奏效。蟒蛇闻到火药味，即刻就瘫倒在地上。

---

[1]　吕立汉主编：《浙江畲族民间文献资料总目提要》，民族出版社2012年版，第369页。

猎人得救了。他回到村里把这事对大家说了，父亲即告诉他，畲家谚语讲："扶猴上树，扶猪压人"。从此以后，大家对猴子都十分爱护，从来不打猴子，也不食猴肉。①

在故事中，畲族猎人不吃猴子，主要是因为猴子像"小孩"一样天真可爱，而且还非常聪明，在猎人面临更凶猛的动物蟒蛇而陷入险境时救了猎人一命。这也暗示了在畲民狩猎过程中，猴子往往可以成为猎人的助手，发挥重要作用。这一点也在畲族的谚语"扶猴上树，扶猪压人"中得到体现：猴可以助人，猪只会压人。

（二）猴对人的报复

在畲族动物故事中，猴的形象是聪明的，但有时也是顽皮好动的，爱报复人的。在福建古田流传的一则《猴子爱报复人》的故事，讲述猴子与人结仇的故事。

从前，有个小山村，山上猴仔很多，但不会残害人，人也待它们好好的。

猴不怕人，人不怕猴。猴很精灵，会学人样：人砍树，猴子蹲在树头边，前腿举起，一晃一晃做举斧头砍树的样子。人在山上锯木板，两个人面对面，将板锯一送一拉、一拉一送。两只猴子也面对面站着，拿一条木棍当板锯，也来一送一拉、一拉一送，"锯"起来还十分认真，惹得人们哈哈大笑。人笑，猴也会笑，嘴巴一咧一咧，眉头一皱一皱，还"吱吱"叫。

有一回，天下大雨，溪水上涨。一群人在溪边田里耘草，看见一头母猴，背着小猴子站到溪边发呆。这头母猴背小猴下山过溪来游玩，不想暴雨来得急，过不了溪，回不了山。这母猴像人一样皱着眉头，望着滚滚的溪水，站了许久。忽然，它眉头一展，将猴仔放在溪边沙滩上，抱起一块石头掂了掂重量，放下；又抱起猴仔掂了掂，放下。换了一块石头，掂着，接着又换一块。前后换了五块，掂到第六

---

① 钟伏龙、林华锋、颜素开等编：《闽东畲族文化全书·民间故事卷》，民族出版社 2009年版，第 326 页。

块时，咧开嘴巴"吱吱"叫两声，好像很满意。大概这块石头跟猴仔差不多重。

它抱起这块石子，用力一扔，"通"一声，正好落在溪那边软软的草丛里。它歇一口气，抱起猴仔也要扔过溪去。耕田的人看了，"哄"一下大笑了。母猴听得人笑声，惊一下，扔出的猴仔落在溪中，让滚滚的溪水给冲走了。母猴又跳又叫，声音十分凄凉。

没几天，这片山田的禾苗被成群的猴子拔个精光，一兜也不留。农民又播了秧，又给拔光。后来农民将水田排了水，种番薯，猴子也给拔光。这一年，这片山田颗粒不收。①

在故事的开端先交代了人与猴和谐相处的情景，"山上猴仔很多，但不会残害人，人也待它们好好的"，并详细描述了猴学习人样，"人笑，猴也会笑"的其乐融融场景。在第二部分，故事情节开始发生转折，下大雨的时候，溪水上涨，母猴背着小猴子来到溪边。母猴抱起猴仔正要扔过溪去，听到岸边种田人的笑声受了惊吓，猴仔落在溪中，被水冲走了。在这里，故事讲述者并没有说明人的笑是故意的还是无意的，仅仅只是见"猴子扔娃"的场景而感觉好笑，但结果却导致了母猴失手将猴仔扔到溪中被水冲走的悲惨结果。在故事结尾部分，猴子开始报复人类，将这片山田的禾苗拔个精光，后来农民将水田排了水，种番薯，猴子也给拔光，导致颗粒无收。

综观整个故事，可以发现，人对猴并没有敌意。在故事的开始，将猴描述为人类生产生活的"伙伴"，即使是在猴对人一再报复的时候，故事也没有表达出愤怒和谴责的情感，而更多的是一种理解：毕竟是人的行为导致猴丧失至亲骨肉。这也从侧面体现了畲民崇尚和谐的、万物平等的生态价值观。畲民的这种生态价值观念不仅体现在畲族的动物故事之中，也体现在畲族小说歌、畲族民间信仰等文化载体之中。例如，流传于福建霞浦县及其周边畲族村落的畲族小说歌《白猴告状》，就讲述白猴为主告状申冤的传奇故事。明正德年间，福州府程友春家养一只白猴，颇有灵性。

---

① 钟伏龙、林华锋、颜素开等编：《闽东畲族文化全书·民间故事卷》，民族出版社2009年版，第325页。

程友春夫妇出外经商，与白猴作伴，露宿浙江金华黑店被害，妻子被掳，流落烟花楼。白猴为主申冤，受封白猴大圣。①

（三）借猴讽刺

动物故事本身就具有寓言属性，它借助动物形象和动物之口讲述人间故事，反映人们的经济生活、社会关系和观念。猴子属于人科动物，形似人类，因此往往成为寓言故事的主角。流传于浙江温州的《猴子为什么又叫猢狲》就是畲族此类故事的例子。

　　　从前山坳里住着一个姓胡的大财主。一天，有个讨饭人来到胡家门口要饭，胡财主一看，大骂他"邋遢鬼"，还招来大黄狗，把讨饭人赶跑。

　　　讨饭人转了几道弯，看到境下有座茅寮，知道是畲人住的，就走了过去，只见一个瞎眼老公公和一个驼背老婆婆正在吃晚饭。老婆婆见讨饭人怪可怜的，连忙盛了一碗番薯汤给他吃。讨饭人吃了就要走，瞎眼公公就说："天快晚了，留这里过夜吧！"讨饭人也不多说，便住下啦。

　　　第二天，讨饭人去之前对两位老人说："你们在东西南边屋角，备下三口缸，盛上三担水，过了三三得九天，用万树绕熏烟。"老婆婆问这做什么，讨饭人笑笑说："到时自会明白。"两老便照着讨饭人的话去办。

　　　九天过后，老婆婆熏起万树绕，一会儿那讨饭人来了。老婆婆又要去舀番薯汤给他吃，讨饭人摇摇手说："今天我是送宝来的，你们要啥，请讲吧！"

　　　老公公想了想，回答说："不要金不要银，我只要眼睛明亮，靠自己的双手吃饭。"老婆婆也说："我只要伸直腰板，更好料理家事，这就是福气了。"讨饭人便叫两老人分别到摆在东、南边屋角的水缸里去洗澡，他自己也跳进西边的水缸里去了。

　　　过了一会儿，老公公洗了澡，笑哈哈，双目重见光明啦！老婆婆

① 福建省少数民族古籍丛书编委会主编：《福建省少数民族古籍丛书·畲族卷——霞浦畲族小说歌》，海风出版社 2010 年版，第 237 页。

洗了澡，笑眯眯，田螺背治好啦！他们左等右等不见讨饭人出来，过去一看，连个人影也没有，只见水缸里堆满了亮晶晶黄灿灿的铜钿。

财主听到有这样的事，口水滴到地上，立刻叫来老公公问了个清楚，老公公一五一十告诉了他。财主笑嘻嘻地说，"下次那个讨饭人再来，请带他上我家来。"

隔日，讨饭人被老公公带到胡家。财主开口"仙师"，闭口"仙师"，敬香茶，摆酒饭，还留讨饭人过夜。第二天，讨饭人要走了，财主支支吾吾地说："仙师还有什么吩咐？"讨饭人笑笑说："你们在东西南边屋角，备下三口缸，盛上三担水，过了三三得九天，用万树绕熏烟，我自会来。"财主马上照办了。

到了第十天，财主亲自焚着万树绕，讨饭人真的来了。财主一连磕了三个响头，巴不得他大显神通。讨饭人问："你要什么？"财主忙说："别的不要，我只要一缸金元宝。"财主婆孙氏从屏风后面三脚两步走到堂前，抢着说："别的不要，我只要一缸银元宝。"赶紧脱掉衣衫跳到水缸里，不一会，只见水缸里钻出两只浑身毛茸茸的猴子，活蹦乱跳地向梁上蹿去。这对猴子就是财主公婆变成的。

讨饭人见猴子到处乱窜，就举起讨饭棒，把它们赶了出去。然后，他对老公公和一班佣人说："财主家的财产，你们统统拿去分吧！"说完，就不见啦！

谁知这对猴子常常溜到人家里来偷吃，弄得人们不得安宁。老公公又烧起万树绕请来讨饭人，讨饭人教大家治猴子的办法。人们用干辣椒掺糠，放在灶膛前熏田鱼干，又将两块砖头放在灶膛里煨红，当作"金凳"摆在灶前，还烧了一大桶滚汤摆在灶旁。那对猴子一窜进灶房，眼睛被熏得红辣辣的，转身想走，却闻到熏田鱼的香味。猴子嘴馋，舍不得离开，便一屁股坐在"金凳"上，想偷点吃吃，只听"嗤"的一声，屁股顿时烫起了红块，毛也着了火，痛得嗷嗷叫。一见桶里有水，就扑通跳了进去，立即皮肉烫烂了，猴爪子也烫糊了，拼命挣扎，才侥幸逃生，躲到山里去，再也不敢到村里来了。

因为财主姓胡，财主婆姓孙，人们也就把猴子叫"猢狲"。直到现在，猢狲的屁股、眼睛都是红的，爪子间还留着被烫煳了的皮呢！①

《猴子为什么又叫猢狲》这则故事的母题属于"神奇的帮助者"中的"卖香屁"。其故事大致为一个男人（通常为弟弟）发现什么时候他放屁，便可发出一种香气，因为他吃了一粒或多粒神奇的豆子、死蛇、桂树皮和树叶、韭菜、鸡蛋、水果，等等。他到街上卖香屁。一个富人或一个有权势的人给了他很多钱，因为他放的屁能够治病（忧郁症等），使衣帘家具有香味，使他的顾客们满意。他的缺德伙伴（哥哥）也如法炮制，但放出奇臭无比的屁。结果他受到惩罚挨了一顿打，别人把一个楔子钉进他的肛门，把桩子钉进他的屁股里。② 在《猴子为什么又叫猢狲》故事中，善良的老夫妻与虚伪贪婪的财主夫妻构成了对立的故事角色，而讨饭人则扮演神奇的帮助者角色。老夫妻真心实意地帮助讨饭人，获得了健康和财富；而虚伪贪婪的财主夫妇则变成了猴子。猴子又常常溜到人家里来偷吃，弄得人们不得安宁，于是受到了进一步的惩罚，屁股烫起了红块，猴爪子也烫煳了。最后猴子躲到山里去，再也不敢到村里来了。故事表达了双重含义：一方面，畲民讨厌财主，渴望摆脱财主的剥削和压迫；另一方面，也表达了"猴退人进"的含义，猴子躲到山里去，再也不敢到村里来了，畲民再也不受猴子的骚扰。

总之，畲族故事中猴子的形象与汉族故事中猴子的形象总体是较为一致的，正面形象有聪明、具有灵性或通"人性"；反面形象就是顽劣、爱报复、搞破坏。但在畲族故事中，更加注意对其正面形象的刻画，甚至会为其反面特征进行"合理化"的辩护，体现了畲民对猴子的喜爱。这实际上也是源于畲族主要活动于山地，猴子对于畲民的狩猎有帮助等原因。可以看到，无论是老虎还是猴子，畲族民间都流传着它们与人类和谐相处、互帮互助的故事。这些故事体现的人与自然和谐相处的价值追求，与汉族等其他民族基本一致，构成了中华民族共同遵循的"天人合一"的生态伦理。

---

① 蒋风、陈炜萍、陈华文编：《畲族民间故事选》，上海文艺出版社1993年版，第387页。
② ［美］丁乃通编著：《中国民间故事类型索引》，郑建威、李倞、商孟可等译，华中师范大学出版社2008年版，第110—111页。

第三节　生态适应：畲族牛与鸡故事的文化象征

在传统的农耕社会中，牛因为力量大、耐力强，成为重要的生产工具和运输工具，具有重要的地位。而鸡作为常见的家禽，是农户家庭发展的重要原始资本之一。因此，牛和鸡成为民间故事较为常见的叙述对象，在民间文化中也拥有"一席之地"。畲族民间也流传着大量关于牛和鸡的故事。这些故事有直接讲述牛和鸡生理特征的较为"原始"的故事类型，也有反映对牛和鸡"动物崇拜"的复合型故事类型。这些故事的产生及流传，离不开畲、汉民族在共同的区域生态中进行生产生活的交流与互动实践，体现了畲汉民众共通的对生态环境变迁的适应智慧；故事表现了畲民勤于耕织、循礼守法、读书应考等"与汉人同"的内容，隐喻着畲族群体逐渐走向殷实富足、安居乐业的文明进程。

一　牛的形象变迁与原因探析

在古代社会，牛常被视为一种物质财富或财富的象征，对于普通农户家庭想拥有一头耕牛，往往需要几代人省吃俭用地积攒。正因为耕牛对于生产生活的重要性以及来之不易，因此耕牛获得官方保护，吃牛肉对于农耕社会而言是一种严重的违法行为。如果屠宰壮牛，最严重的可以判死刑。同时，耕牛也受民间爱护。牛在家中的地位基本等同于其他家庭成员。民间流传这样的谚语："家有牛，是个宝；家有牛，不用愁""务农不养牛，耕种要发愁"，有些农民甚至把"三十亩地一头牛，老婆孩子热炕头"看作人生的最高理想。在此背景下，畲族民间也流传着大量关于牛的故事，这些故事可以反映畲民对牛生物特征的理解及特殊的情感心理，也可以折射出畲民生存环境的变迁及由此带来的文化特征。下面以流传于闽东畲族地区的《金蚕姑娘和牛金星》《牛与草》《牛大王》三则故事为例，进行详细分析。

（一）牛的形象变迁

从内容上看，《金蚕姑娘和牛金星》《牛与草》《牛大王》应是同一主题衍生的异文，但在异文中也透露出不同的信息。

先来看第一则故事《金蚕姑娘和牛金星》。该故事内容如下：

　　弥勒佛管天下的时候，世间男女老少都是赤身裸体，土地肥沃，漫山遍野长粮食，世人也不愁吃，这样过了很多很多年。后来，土质慢慢变瘦瘠了，不长庄稼了，世上人没有东西吃很可怜。灶君娘娘禀奏玉皇大帝，玉皇大帝就派金蚕姑娘下凡，教天下女子养蚕、织布、做衣衫；派牛金星下凡带几千箩几万种草籽，教天下男子撒草籽，三步一撮、两步一把地种好肥田草。可是牛金星偷懒，没有教会人们怎么种，人们不晓得怎么种，拿来草籽遍地乱撒，因此来年漫山遍野长满野草，却没有长出一粒粮食，饿死很多百姓。

　　灶君娘娘看不过去，又上天奏一本。玉皇大帝听了很生气，一鞭打到牛金星，牛金星立即现出两个角、四脚蹄的本相。玉皇大帝要把他贬落凡间替人犁田，牛金星耍无赖，倒到地上不起来。玉皇大帝就叫人把他捆起来，由金蚕姑娘背着一起去人间。牛金星不甘愿，一路上用四蹄拼命踢金蚕姑娘的背，金蚕姑娘痛得受不了，背到半空，便把他丢落人间。这一丢呀，牛金星跌在地上，上唇的牙全跌落了，肠胃也摔伤了，所以一直到现在，牛还在替人间犁田，上唇没有牙齿，一吃草就反胃，背上也四处是伤痕。①

　　从整体上看，《金蚕姑娘和牛金星》中牛的形象并不像传统农业文化中牛的一般形象那么惹人喜爱，相反这里的牛虽贵为天神——牛金星，但他偷懒，导致人间饿死很多人，而且不认错，不敢承担责任，被玉皇大帝责罚，要他到人间赎罪，也不配合，躺在地上"耍无赖"。最后被捆起来，由金蚕姑娘背着一起去人间。他也不甘愿，一路上用四蹄拼命踢金蚕姑娘的背，直至被丢落人间。可以说，在整个故事中牛的形象一直是负面的，与传统农业文化中牛的老实、勤奋、吃苦的形象格格不入。在故事的结尾，牛虽然被留在人间犁田吃草，但可以看出，他是被迫的，是为其犯下的错误的被动赎罪。这样的牛的形象，在中国民间故事中也较为少见。至于其中缘由，我们结合另外两个异文再进行综合讨论。

　　现在看第二个故事《牛与草》。内容如下：

---

　　① 钟伏龙、林华锋、颜素开等编：《闽东畲族文化全书·民间故事卷》，民族出版社2009年版，第45页。

古时，世上没有牛，也没有草，满山满壑长着珍奇果树，一年四季硕果累累，人们只要伸伸手便可以填饱肚子。人温饱了就想入非非，个个精明如神，专门算人，损人。一时间争争吵吵，乌烟瘴气，更不堪的是对神明、天地都大不敬了，讲："人不求人平平大①"。

一天，玉皇大帝由于受不了人们的藐视，就想给闲得无事的人弄点事干干，便传来牛神，命令他："这里有上界仙草种子，你下凡去，一里撒一粒草籽，撒遍人间就回天庭复命。"

偏偏牛神慌忙里将每里撒一粒草籽听成每隔一粒米撒一粒草籽。他飘落云头，每隔一粒米撒一粒草籽，撒了无数个日夜，最后不耐烦，索性将剩下的半袋草籽通通埋到地头土里。

这一来天底下可是野草的世界了，凡间男女夜作昼地锄草也来不及了。果树枯了，连大田里的禾苗也被野草挤得像火燎了似的不出穗了。人劳累死了大半，一股怨气直冲九霄云外。

玉皇大帝发怵了，查来查去，竟是牛神传错旨，作了大孽。玉皇大帝是死爱面子的老家伙，他明知自己是罪魁，但他不认账，就要将牛神去当替罪羊。他佯装大怒，狠狠地踢了匍匐在地的牛神，踹得它一跤跌下南天门。"砰"，头作下跌个嘴啃泥，把牛神的两颗大门牙给摔掉了。

贬到凡间的牛神抹眼一看，确实凄惨：满眼是密匝匝不透风疯长的野草。他良心发现，忙大口大口地吃起野草，拼命地往肚子里塞，塞得肚皮绷得像鼓。等天黑下来，然后躲在角落里慢慢地反刍。想省点时光，吃更多的草。

但吃了地皮上的草，地皮下的草根却生结成团，不是凡间人的犁耙能翻得动了，牛神便在自己脖上架上轭，下死力去拖犁，把纠结的草根兜底翻起来。

人见牛神真心出力，就原谅了它，还和它订了生死之交，当心腹看待。玉皇大帝见人间怨气平息，又想起天庭得有做粗使气力的奴仆，便降旨召牛神回天官。牛神这回是真心抗旨了，它不愿为神，情

_____

①　平平大：一样大的意思。

愿世世代代和人相依为命。①

　　之所以把《牛与草》视为与《金蚕姑娘和牛金星》为同一主题的不同异文，而且出现的时间可能在《金蚕姑娘和牛金星》之后，其原因可以从文本中得到答案。在故事发生的时间上，这两则故事都具有中国民间故事（幻想故事）在时间和地点上的一般特点，即故事发生的时间、地点比较含混。如在《金蚕姑娘和牛金星》中描述为"弥勒佛管天下的时候"。"弥勒佛管天下的时候"到底是什么时候？无从知晓，但从"世间男女老少都是赤身裸体"可以大致推测应该是原始社会，人类世界发生之初。《牛与草》将时间限定为"古时"，至少有了时间的概念。"那时候的世界，世界没有牛也没有草，但满山满壑长着奇珍异果，世上的人衣食无忧，只要伸伸手便可以填饱肚子。"于是，"人温饱了就想入非非，个个精明如神，专门算人，损人。一时间争争吵吵，乌烟瘴气，更不堪的是对神明、天地都大不敬了，讲：'人不求人平平大'"。说明人类社会开始有了文明的意识和精神信仰的需求，只不过正处在转型中。

　　在《牛与草》中，玉皇大帝受不了人们对他的藐视，便想让牛神小小地"惩罚"一下世人，让他们有点事做，从而对神明和天地有所敬畏。而牛神在慌乱之中听错了旨意，将"每里撒一粒草籽听成每隔一粒米撒一粒草籽"，其后还不耐烦，索性将剩下的半袋草籽通通埋到地头土里，酿成大错，导致天底下成了"野草的世界"，果树枯死，禾苗不出穗，人被累死的惨剧。于是玉皇大帝将牛神踹下南天门，跌到地上摔掉两颗门牙（对牛身体特征的解释）。可见，此时牛的形象也并不讨人喜欢，是一个粗心且懒散的形象。这一特点延续了《金蚕姑娘和牛金星》中牛的负面形象特征。

　　但《牛与草》的故事并未到此结束，而是继续描述被贬到凡间的牛看到人间的凄惨景象，良心发现，"忙大口大口地吃起野草，拼命地往肚子里塞，塞得肚皮绷得像鼓。等天黑下来，然后躲在角落里慢慢地反刍。想省点时光，吃更多的草。但吃了地皮上的草，地皮下的草根却生结成

---

① 钟伏龙、林华锋、颜素开等编：《闽东畲族文化全书·民间故事卷》，民族出版社2009年版，第48页。

团，不是凡间人的犁耙能翻得动了，牛神便在自己脖上架上轭，下死力去拖犁，把纠结的草根兜底翻起来"。此时，牛为自己的错误行为反省并不断救赎，人与牛的关系也终于发生改变，人原谅了牛，还和它签下生死之交，当心腹看待，牛也不愿回天宫为神，情愿世世代代与人相依为命。此时，牛的形象发生了重要转变，成为勤劳、吃苦，愿意为人奉献的人类伙伴的代表。

我们再对第三个故事《牛大王》进行分析。故事原文如下：

> 很久很久以前，牛在天庭做司草官。每年春天，遵照玉帝的旨意，向人间施撒一次草种，长成肥草，让牲畜做食料。
>
> 有一年春天，遇上大旱，牛官撒到人间的草种都枯死了，不少牲畜因为缺草，都活活饿死。土地爷看到这情景，就上天向玉帝禀奏，恳请再给人间赐草。玉帝说："一年向人间撒种一次，这是天规，不得有违。"土地爷见玉帝不肯开恩，只好失望地回到人间。牛官也不自在，心想：不给下界撒草，牲畜都要活活饿死；给下界撒草吧，没得玉帝旨意，要违反天条！它感到上下为难。这时，从下界传来一阵阵凄惨的叫声，它往下一望，只见人间一片枯黄，许多飞禽走兽饿死在山野，有的饿得半死半活，倒在地上哀鸣悲叫。牛官见此情景，心里十分难过。到了晚上，牛官翻来覆去地睡不着觉。想呀想呀，最后他什么也不顾了，爬起来，偷偷向人间撒下了新的草种。
>
> 没多久，漫山遍野都长出了青草，牲畜又在林间山野欢快地吃起草来，牛官心里十分快活。但是它万万没有想到，自己在夜里偷撒草种时，没看清哪是山野，哪是田园，结果把大量草种撒到田园里，连庄稼地里也都密密麻麻地长起了青草，害得农夫们怨声冲天。
>
> 玉皇大帝知道了此事，大发雷霆，责备牛官冒犯天条，违抗旨意，下诏把它贬谪人间，永远为人犁田翻土，除去杂草。牛官本是好心，不想闯出大祸，心里十分委屈，跪在金阶前面，苦苦哀求玉皇大帝开恩恕罪。同朝的天神，知道牛官一向勤恳，忠于职守，这次只是偶然犯错，很是同情，也都出殿为它保奏，请求留在天上立功赎罪。玉帝喝道："此乃朕之天旨，谁敢违抗，皆与牛官同罪！"这时，灵霄殿上鸦雀无声，谁也不敢再开口了。玉帝随即命二郎神，把牛官押

走。来到南天门时，牛官请求二郎神让它回家探望一下老母再走。二郎神不依，把脸一沉，叫过哮天犬，直扑牛官。牛官急着躲闪，还没站稳脚跟，就被二郎神趁势推下了南天门。

当牛官在人间醒过来时，发现自己大门牙全被磕掉了。据说，牛的上嘴唇没有牙齿，就是因为从天上被推下时跌掉的，至今一直生不出来。因为牛官在人间为种田人辛勤劳作，畲家人深受感动，特地为它盖起了"牛大王庙"，把它当成神来供奉。[1]

在《牛大王》故事中，故事发生的时间是"很久很久以前"，而且人间已有肥草和牲畜。所以，按照故事交代的时间顺序来看，《牛大王》应在《金蚕姑娘和牛金星》和《牛与草》之后。在故事中，牛的前身更加明确，是天庭的司草官。因为见不得人间的惨象，违背玉帝的旨意偷偷向人间撒下了新的草种，但也因此犯错被下诏贬谪人间，永远为人犁田翻土，除去杂草。在这则故事中，牛的形象从一开始就是正面的，它尽忠职守，又富有同情心，它因看到人间的悲剧而"翻来覆去地睡不着觉"，乃至在最后不惜违抗天命，私自为人间排忧解难，这也让他付出了沉重的代价，完全可以视为"舍己为人"道德楷模。

综合以上三则故事及异文，可以看到，在畲族民间故事中牛的形象不是固定的、一成不变的，有它特有的形成与变迁历程。在第一个故事《金蚕姑娘和牛金星》，牛与金蚕组成对立关系，牛的形象是负面的，自私、无赖、不知悔改，只给人间带来苦难和伤害。到了第二则故事《牛与草》，牛的形象从一开始的粗心且懒散转变为勤劳、吃苦，具有奉献和牺牲精神的人类伙伴，呈现出一种变化的过程。而到了第三个故事《牛大王》，牛的形象始终是正面的，最贴合人们心中关于牛的形象。牛的形象变化反映了畲民对牛的态度，从抗拒到接纳再到崇拜。其中的原因值得探讨，我们也正好借助这个分析过程，讨论畲族的文化心理变化及对中华民族共同性的影响。

---

[1] 钟伏龙、林华锋、颜素开等编：《闽东畲族文化全书·民间故事卷》，民族出版社2009年版，第46页。

（二）牛形象的变迁原因

从故事的性质归属来看，以上三个故事不完全是动物故事，而是动物故事与幻想故事的结合。在这三个故事中牛的前身都是天上的神仙。《金蚕姑娘和牛金星》中的星宿"牛金星"，《牛与草》中的"牛神"以及《牛大王》中的"天庭的司草官"。而在中国民间故事中神的形象也是多元和发展的。换言之，神的形象并不总是正面的，他也有很多缺点和毛病，判断的标准更多时候是其是否对世人"有恩"。有恩有利的即为善神，无恩有害的即为恶神，但由于害怕神力，所以很多时候，无论善恶，世人总会通过一定形式进行祭拜。

这一现象在畲族的大多数民间故事中也是存在的。在以上三则关于牛的故事中，牛金星虽为星宿但其危害人间，人们在故事中对他只有嘲讽，没有敬意。牛神因有错在先，在故事的前半部分，其形象是偏负面的，粗心懒散；但到了故事的后半部分，牛真心为人间除草，造福世人，于是人与他签订了生死之交。故事还特别交代了此时的牛不愿为神，情愿世世代代和人相依为命。可见，此时牛和人的地位是平等的。人并没有仰望牛，也没有贬低牛，似乎也体现一种社会心理的逻辑：一个有"缺点"的神，似乎也不应受到过分崇拜。而在故事三《牛大王》中，牛是"天庭的司草官"，这一职位论官衔应不高，有点类似于"弼马温"，但与人间关系密切。在古代农耕社会，杂草是最直接影响农业耕种的自然物种之一，"杂草丛生"不仅无法耕种，影响耕地的获得，而且在已有耕地上出现也会严重影响收成，对于主要"靠天吃饭"的农业社会，没有收成就意味着挨饿，面临生存危机，于是过多的杂草就成为人类最主要的"敌人"或有害物之一。但适量的草又是农耕社会必不可少的肥料，体现了畲族先民对自然规律的朴质辩证认识。而如何把握这个量，其直接的控制权是在牛——这位天庭管理草的官员手上。因此，牛这个官衔不高的天神，却掌握着世人的命运。牛在故事中有"过失"，但其原因是牛有着悲天悯人的善心，他的本意是为世人做好事，因此在故事中，用了大量的篇幅讲述众神为牛求情，以及牛的孝心——临行前想回家探望老母。但依然没有逃过玉帝的责罚及被作为"执法者"的二郎神毫不留情地或者可以说是故意诘难性地执法，牛跌落人间磕掉了门牙。这也是在三则故事中，对牛上唇没有牙齿这一生理特征进行解释时，带着同情色彩。在故事的结尾，牛官因为在人间为种田人辛勤劳作，畲民深受感动，为它盖起了"牛大王庙"，把它当作神来供奉。牛的形象得到前所未有的跃升。

畲族民间故事中牛的形象变迁有着更深层次的原因，即畲民生存环境变迁以及由此引起的文化心理变迁。畲族传统生计方式的改变是牛的动物形象在畲族民间故事中大量出现的直接原因。刀耕火种是畲族最为传统、普遍，也是流传时间较长的生计方式，而狩猎是对这一生计模式的重要补充。在此背景下，虎和猴等野生动物形象大量进入畲族的民间故事中就完全可以理解。而作为农业经济不可或缺的牛和蚕等动物进入畲族民间故事在时间上就较为晚近，而且在一些畲族民间故事中也出现"牛进虎退"的情节，反映了畲民生计方式从游耕到定耕的转变历程。如，流传于福建福安的《牛角是大禹封的》，讲述大禹治水的一段轶事。老牛因老虎要来吃它，大禹送了两把尖刀给它，教它插在耳朵上边。第二天老虎纵身向老牛扑过来的时候，老牛将头一顶，老虎便被尖刀刺死了。① 老牛感激大禹，跟随在他身边帮他治水。人们也把老牛当成宝。相关情节节选如下：

> 还是大禹治水的年月，有一头老牛天天站在山头上"哞哞"地叫，声音震天动地，凄凄惨惨，吓得老百姓都不敢出来治水。后来大禹发现了它，想探个究竟，就独自来到那个山头上。只见一只老黄牛正唉声叹气，便问道："老牛啊老牛，为什么发愁？"
>
> 老牛爱理不理地说："讲也没用，你也救不了我！"
>
> 大禹说："你说说看，也许能呢！"
>
> 老黄牛眨了眨厚眼皮，慢悠悠地说："咳！一只斑斓猛虎原来是我的朋友，这几天找不着食，就要来吃我。我好说歹说拖延三天，就剩明日一天了！"说完它又大口大口地叹着粗气。
>
> 大禹一听，哎呀，不能见死不救呵！就说："老牛啊老牛，你莫愁，我想个办法！"
>
> 他想了想，一抬头见老牛身上什么武器都没有，心里可就划出了个道道，说："老牛呵，我看你老实厚道真招人可怜，送你两把尖

---

① 钟伏龙、林华锋、颜素开等编：《闽东畲族文化全书·民间故事卷》，民族出版社 2009年版，第 49 页。

刀吧!"

　　老牛还不太明白，问道："那有什么用啊!"

　　大禹说："你头上除了两个耳朵，什么也没有，将两把尖刀插在耳朵上边，等老虎一来，你就……"

　　老牛一听"哞，哞"地笑了，连连称道："好办法! 好办法!"

　　第二天一早，斑斓猛虎气势汹汹地奔老牛来了，老牛还在慢悠悠地吃草，没有理它。老虎大声吼道："老牛老牛，今天到时候了吧? 还不乖乖地趴下，让我饱餐一顿!"话音刚落，一纵身向老牛扑过来。老牛一低头又猛一抬头，只听老虎"嗷"的一声，摔倒在草地上，鲜血"吱吱"地冒了出来。原来老牛头上的两把尖刀真起了作用，趁老虎一扑的功夫，它一抬头两把尖刀便直撞老虎的脖颈，"唰"的一下子，从脖颈到肚皮下全割开了。

　　老虎躺在地上"嗷嗷"直叫。老牛"哞哞"地叫个不停，说："善有善报，恶有恶报……"

　　不一会儿，老虎咽了最后一口气。这时候，大禹已经赶到。老牛点头哈腰，施礼下拜，连连说道："谢谢您，要不我的性命就没啦!"

　　故事发生的背景是大禹治水的神话时期，作为民间神话故事，具体时间倒不必太过于追究是否准确，但这个时间背后透露出的信息却十分重要，就是当时畲族地区"水患"严重，人与水的关系并不和谐。这一现象也长期存在于包括浙江和福建两省在内的东南山地。宋代是福建山地开发最为活跃的时期。刘克庄记载的"畲"人与"省民"在漳州的冲突，可以看作是东南山地开发程度加深的一项重要指标。福建人口至南宋绍兴三十二年（1162）已达到2808851人，与南渡前相比，增加765819人，仅次于成都府路，居于全国第二位。[①] 人口增长对于山多田少的福建地区来说，最直接的影响就是山地农业在宋代的大发展。梁克家在《三山志》中写道："闽山多于田，人率危耕侧种，塍级满山，宛若缪篆，而水泉自

---

　　① 徐晓望：《明清东南山区社会经济转型——以闽浙赣边为中心》，中国文史出版社2014年版，第173页。

来，迁绝崖谷，轮吸筒游，忽至其所。"① 可见，要开发山地，发展梯田，最主要的是要"治水"，解决灌溉问题。

因此，宋代以后，山区的水利灌溉设施发展极为迅速，而这也促成了元明时期成为畲族生计方式转变的关键时期。以福建漳州府的长泰县为例，明清时期长泰县是漳州府发生虎患最多的地区，占全府虎患的1/3。曹志红在《老虎与人》的研究中指出，福建地区虎患的加剧和该地区森林破坏的程度有直接的联系。对于同时拥有最多水利设施和虎患记录的山地县长泰，可能正是水利设施影响下的山地灌溉农业的发展，造成了森林的萎缩和老虎伤人事件的频繁发生。而明代长泰山区灌溉农业发展的另外一面，是原有的山地旱作农业的萎缩，以旱作农业为生的畲族的记载也不再出现。在元代的长泰，还有至元二十六年（1289）"畲民丘大老集众千人"的记录，② 进入明代以后的长泰却不再有畲民出没的痕迹。明代漳州水利设施的建设虽然导致了部分地区山地旱作农业的萎缩，但就福建全省来看，以旱地农业和游耕为业的畲人群体的影响力却在不断壮大。③ 明清时期有关畲族的记载，由漳州扩散至福建的大部分府县，尤其具有标志性意义的，是从未出现过畲族记载的福建东南沿海地区方志中开始频繁记载"畲"的存在。

《牛角是大禹封的》故事的发生就隐含着这样的历史背景。在故事的开始，牛和虎是朋友，但因老虎找不到吃的就要吃牛。可见在人类开垦山地，发展山地经济之前，老虎与牛之间并未形成直接的冲突，而随着山地经济的迅速发展，大量的牛随着人类的"治水"脚步也进入了原本只有老虎活动的森林腹地，"虎患"剧增，老虎和牛也从朋友变成了敌人——吃与被吃的关系。这种冲突关系的发生正好体现了畲民生计方式转变进程。牛为了感恩帮助大禹治水，"大水被治服了，庄稼获得了好收成。人们都感谢大禹和老牛，有的抚摸它，有的给它草料吃，把它当成了宝贝。不久，牛神和大禹一起升天了。但它不忘人间的恩德，要它的后代主动在

---

① （宋）梁克家纂：《三山志》，陈叔侗校注，方志出版社2003年版，第352页。

② （明）黄仲昭纂：《八闽通志》，福建人民出版社2017年版。

③ 《畲族简史》编写组、《畲族简史》修订本编写组：《畲族简史》，民族出版社2008年版，第1—2页。

庄户人家帮助拉犁耕地，为人造福，还要后代把头上的两把尖刀保护好，这就是现在的牛角"。牛和大禹都上升为畲民信奉的对象，成为畲族民间信仰体系的一部分。而且大禹作为中华文明的符号之一，对于中华民族的凝聚具有重要的意义。畲民将牛的故事与大禹传说结合，表达了对中华文明的认同。同时，也可以推测，此时畲族社会已逐渐进入农耕文明。

　　这种推测也可从汉族与畲族关于"牛与蚕"主题的不同异文比较中得到印证。牛与蚕在同一故事中出现，在中国民间故事中并不罕见，在浙闽两省的汉族地区就流传着《水牛与蚕姑娘》的故事。故事讲述了水牛和蚕姑娘原来都是天上的神仙，住在王母娘娘的御花园里。因私下凡间偷吃青草和桑叶，被天庭发现，后被王母娘娘贬到人间，从此牛就在人间耕地，人间也有了养蚕的习俗。畲族的《金蚕姑娘和牛金星》与汉族《水牛与蚕姑娘》在内容上并无本质区别，都是解释牛、蚕的生理结构以及与二者相关的社会习俗。但二者之间又有明显的不同：在汉族民间故事《水牛与蚕姑娘》中，人对牛和蚕的情感较为一致，并没有对牛和蚕区别对待，而在畲族的《金蚕姑娘和牛金星》中，畲民对牛与蚕的态度是厚此薄彼的。这可能因为在汉族社会中男耕女织是农业社会经济结构的典型特点，二者的重要性大致相当。而畲族传统的生计方式是以刀耕火种的游耕为主，即使在明代以后逐渐在闽浙赣交界区定耕，畲族妇女养蚕织布的习俗也并没有形成，其更多的是苎麻靛青。这主要源于畲民大多生活在高山险地，不宜种植和推广棉花，但非常适合生长苎麻。在畲族民间普遍流传着故事角色相似且情节类似的关于苎麻（黄麻）的故事，即苎麻是恶毒的继母（后妈）生前虐（打）死善良的女儿，死后化成的。畲民为了纪念善良的女儿，报复恶毒的继母就将苎麻每年剥三次皮，刮掉外壳晒干，就是青麻丝，用来织布、绞绳。割下麻骨，浸在烂沙沟里，把黑心冲洗干净晒干，便成为一种夜里照明的好料作。而剥皮的时间分为是"年年要剥它三遍皮：一遍剥皮田见秧，二遍剥皮米见糠，三遍剥皮地见霜"①。

　　因此，畲民对蚕较为陌生，而耕牛则在定耕生计方式的逐渐稳定中重要性不断凸显。牛对于定耕时期畲民的重要性也在《寻牛节》《神牛》中

---

① 蒋风、陈炜萍、陈华文编：《畲族民间故事选》，上海文艺出版社1993年版，第218页。

得到充分体现。《寻牛节》讲述了福安县牛池坪上一对勤劳的夫妻在这儿
垦荒，因无耕牛，只好用人做牛来拉犁耕田，但一天累到晚，一年忙到
头，一亩田收不了担把粮。两人常常唱这样的苦歌："山客无牛好耕地，
一年四季脚踩泥，眼泪是歌歌是泪，人做牛来木作犁。"后来，他们从小
做起，先养一只母鸡，把母鸡下的蛋捡起来孵鸡仔，孵了鸡仔养大鸡，卖
了大鸡买猪仔，猪仔养成大猪，换牛仔，最后牛仔养成大牛牯。有了牛，
垦荒就快啦。山前山后都被开垦成良田，不用几年工夫，夫妻俩就富裕起
来了。故事中的牛还通人性，面对财主的强夺，选择了跳"天池"，表现
了牛与主人间的深厚情谊。从此这个地方就改名为"牛池坪"，演化成
"寻牛节"的习俗。[①]《神牛》流传于福建罗源霍口福湖村，讲述霍口福
湖村地名的来历。相传一个畲族放牛娃骑牛从广东凤凰山而来，见到这片
绿油油的草地，于是就地定居，成了这里的第一代畲族人。猫精不甘草地
被占，它念咒语使法术，眼看畲家人就要遭难，愤怒的水牛把猫精撞死，
还把山撞开了缺口，让江水顺着缺口灌溉了草地和田园。畲民为了纪念老
牛，便把这个地方叫"福牛"，山叫"猫山"，缺口的村庄叫"霍口"。[②]
这两则故事都强调了牛对于畲民定耕生活的重要性，不仅是必不可少的生
产工具，而且是畲民生活的"保护神"。

总之，畲民对牛从一开始的"不认同"——故事一中牛的形象基本
为负面，且认为牛虽为天神但危害人间，也隐喻了一开始畲民的生活并不
需要牛。而蚕在后面的异文中直接消失，则说明养蚕在畲民社会经济生活
中并不普遍。只是随着越来越多的畲民进入闽浙赣交界地，逐渐实现定
耕，牛的重要性越发凸显，直至最后基本与汉人无异，牛也成为畲民信奉
的"牛大王"。"牛大王"也成为浙闽地区很多畲汉群众共同崇奉的民间
信仰对象。

二 鸡的故事形象及象征意义

鸡作为一种常见的家禽，它的形象在民间故事中经常出现。畲族民间
文化中的鸡除了祭祀、装饰等实用功能，还包含着深刻的文化象征意义，

---

① 蒋风、陈炜萍、陈华文编：《畲族民间故事选》，上海文艺出版社1993年版，第367页。
② 本书编委会编：《乡土罗源》，福建教育出版社2008年版，第166—167页。

如经济文化资本与太阳鸟崇拜，前者一般是母鸡，后者一般为公鸡。二者共同体现了畲民对人与自然以及人与社会关系的深刻理解与把握。

（一）经济文化资本：母鸡形象的象征意义

不难想象，游耕时期的畲族社会是不需要或者不适合养鸡的，鸡作为家禽出现在畲族家庭应该是在畲族定耕社会形成以后。此时，鸡就成为畲族农户发展的最初原始资本，特别是能使原始资金不断增值（会生鸡蛋和孵小鸡）的母鸡，就特别受农户家庭的青睐。因此，它也成为畲族动物故事讲述的主要对象之一。流传于福建霞浦的《分牛》是这一故事形象的典型代表。原文如下：

很久很久以前，在一个畲族村寨里，有兄弟两人，哥哥已经娶了媳妇，弟弟还是个单身汉。

弟弟年少，为人老实、忠厚、爱劳动。哥哥和嫂嫂都好吃懒做，花钱如水。父母死后，他们变得更懒更馋了。田里种谷、山上砍柴的活全推给弟弟一个人去做。兄嫂俩天天躲在家里吃喝玩乐，什么事也不愿干；弟弟拼死拼活地干活，回来只得到一点粗茶淡饭。眼见弟弟渐渐长大了，兄嫂俩慢慢地生出一块心病来；弟弟长大了要成亲，成了亲少不要分房、分地、分财产，倒不如趁现在弟弟还是单身汉时把他分出去。

这一天，弟弟干完田里的活儿，一踏进厝门，就见到家里桌上摆祖牌、家谱，还点燃着香烛，心想：是不是兄嫂要分家？可是找遍房前屋后，没见到主持公道的舅舅。果然，吃饭时候，兄嫂俩对弟弟说："弟弟哟，我们命苦，父母死得早，好不容易把你拉扯大。现在，我们这个家就分了吧！"

弟弟明白他是存心要霸占家产，是不会请舅舅来的，就咬咬牙说："听凭哥哥嫂嫂的主意就是了。"

这话正合他俩的心意。嫂嫂笑笑说："这房子和地都应该归长子——你阿哥的。从明天起，你就收拾收拾东西，离开这个家吧！"

弟弟明知兄嫂对他刻薄，有意要占他的那份家产，但他不敢说什么，就点点头，说："好吧，别的我一样也不要，就把那条老水牛分给我吧。我好去替人家种地过日子。"

谁知就这么一点小小的要求，贪心的兄嫂也不肯答应。

哥哥眼珠子滴溜溜一转，虚情假意地说："阿台呀，按说你要老水牛，这也是合情合理……"嫂嫂把脸一横，忙截住话头，说："什么合情合理！这牛是我们喂养大的，不能给。"

哥哥嘿嘿地笑了笑，说："阿台，这牛还是我们兄弟俩平分吧！"

弟弟怕哥哥要把牛杀掉各分一半，忙说："牛可不能杀，要怎么分都行。"

哥哥说："这样吧！牛只一条，又不能杀，那就你牵一头，我牵一头，看牛愿意跟谁走，就属于谁，好吗？"

嫂嫂乐呵呵地说："这个主意好。"说完，就忙去把老水牛拉来了。

哥哥说："我是长子，理当拉牛头，你是次子，理当拉牛尾巴。来吧，我们分牛！"

兄弟俩点燃香火，朝祖牌拜了拜。哥哥拉着牛头的鼻子，弟弟拉着牛尾巴，两人使劲地往不同的方向拉。老水牛哞哞叫着，眼泪扑簌簌地掉下来。就这样，老水牛被哥哥拉走了。弟弟拉着牛尾巴，当然拉不住老水牛，只从牛尾巴上捋下一只牛虱子。弟弟伤心地瞧瞧手心上的牛虱子，舍不得把它放走——这是他分到的唯一财产啊！

弟弟对着牛虱子暗暗流泪。这时，邻家蓝婆婆有一只母鸡走过来，看见弟弟掌上的牛虱子便伸嘴一啄，吞到肚子里去了。弟弟眼看他在分家中分到的唯一的一只牛虱子被母鸡吃掉了，伤心得痛哭起来。蓝婆婆见他十分可怜，就对他说："你也不必悲伤，既然我的母鸡吃掉了牛虱子，就把我这只母鸡赔给你吧！"

弟弟只好带着母鸡，到别的畲家村寨替人种田干活去了。

弟弟有了一只母鸡，母鸡天天给他下蛋。他舍不得吃蛋就把蛋收藏起来，又让母鸡孵小鸡。小鸡喂大了，卖掉买母猪，母猪生小猪。小猪喂大了，卖掉买水牛。有了牛，他早出晚归，辛勤劳动，干得更欢了。

一转眼几年过去了，弟弟靠自己勤劳的双手，创立家业，盖了瓦房，还娶了媳妇，日子过得欢欢乐乐的。

一天，村里来了一个女乞丐，穿得破破烂烂，伸手向人求乞，弟弟见她怪可怜的，忙给她端来吃食，又把她让进屋子里，请她洗脸歇息。女乞丐千恩万谢地满口夸奖东家人好心眼好，祝愿他长寿百岁，福如东海，五谷丰登，千好百好……讲着讲着，突然发现施主就是被她赶走的弟弟，不禁"啊"的一声，大声嚷道："你不就是我弟弟吗？"

弟弟细细辨认一会，才认出这乞丐原来正是他的嫂嫂！忙问："嫂嫂，你怎么落到今天这步田地？哥哥呢？"

嫂嫂伤心地痛哭起来，抽泣着说："唉，你哥哥去年死，现在只我一人，穷得只好当乞丐了。"

原来，哥嫂俩仗着有一点家产，不爱劳动，成天坐吃山空，最终落得乞讨过日子。①

这则故事是与两兄弟型故事（AT503E）的结合。两兄弟型故事是我国流传范围最广、数量最多的民间故事类型之一。在畲族中也广泛存在着此类故事。畲族的两兄弟型故事主要包括兄弟和睦亚型、兄害弟亚型、弟害兄亚型、兄弟相争亚型等类型，其中兄害弟亚型较为常见，且此类故事中一般会出现一个反面角色"兄嫂"。这种类型的故事反映了传统社会家庭兄弟之间为家产而引起的矛盾。故事的核心母题是惩恶扬善，兄弟的友爱和睦是故事传达出来的要求和愿景。畲族民间故事《分牛》就是在这样的情境下产生的。兄嫂二人为了霸占弟弟的那份家产，便在弟弟还是单身汉时要把他分出去，并想出来分牛的办法，哥哥牵牛头，弟弟牵牛尾，最后弟弟只得到一只牛虱。牛虱却不小心被邻家蓝婆婆的母鸡吃掉了。蓝婆婆见状就把母鸡赔给了弟弟，从此弟弟吃苦耐劳，省吃俭用，通过鸡生蛋，蛋孵小鸡，小鸡喂大了换母猪，母猪生小猪，小猪喂大换水牛这样的积累方式，创立家业，日子过得欢欢乐乐的。反观哥嫂俩仗着有一点家产，不爱劳动，成天坐吃山空，最终落得乞讨过日子。

这个故事的主题还是惩恶扬善，表扬弟弟的善良、勤劳、俭朴等传统农业社会的美德，批判了哥嫂的自私自利和好吃懒做。而牛和鸡等家畜就成为故事情节发展和主题表现的"道具"。不过，由于二者在农耕

---

① 蒋风、陈炜萍、陈华文编：《畲族民间故事选》，上海文艺出版社1993年版，第213页。

社会中对农民家庭的重要性不同，因此在故事中扮演的角色也不同。对于一般的农民家庭而言，鸡作为小型家禽总是比较容易获得，往往也成为农民家庭发展的"原始资本"。故事中鸡换猪再换牛的情节设置是这一社会现象的直观反映。对于刚刚转入定耕社会的畲民来说，能生产的母鸡就显得非常重要。畲民甚至借助孔子的"圣人"之言来告诫人们遵循这一道理。流传于福建福安的《"山哈"不杀抱窝的母鸡》讲述孔子不吃母鸡的故事。孔子周游列国时，在陈蔡被困粮绝，子路的一位朋友准备把家中的老母鸡杀了给孔子吃。懂禽鸟之音的公冶长听到老母鸡正在教孩子们以后如何平安地生存。孔子听了不让子路的朋友为了自己而杀老母鸡。从此以后，民间就形成了不吃抱过窝的老母鸡的风俗，畲族人也不例外。[①]

母鸡也在畲族社会的耕读发展中扮演着鼓励和支持的重要角色。进入稳定的农耕生活之后，通过耕读发展家族成为畲民提升家族竞争力，融入主流政治社会的最重要选择之一。母鸡在此过程中起到资本积累的作用。流传于福建古田的《金鸡》是反映此种作用的经典文本：

> 古田畲山上有一个山崖，崖壁直如刀削，一不小心，脚下一滑，跌下去便要粉身碎骨。崖顶上的一块大石錾着八行字，是两首诗，一字一体，用字生僻，字体古怪，十分难辨认。相传，有谁能攀到崖顶，一口气读完所有的字，石缝里就会飞出一只金鸡，由他捉了走。
>
> 山下村里有个秀才，一天，他早早吃了饭，要去攀崖认字，故意拉开大嗓门，嚷得四邻都听见："阿妈，你坐定等我，不出两个时辰，我就把金鸡捉回来。"说着就出门去了。他妈追到门口，拦住他说："我的命根子啊，千万要小心。"这时村里一个柴夫路过秀才门口，听说秀才要上崖认字捉金鸡，就放下柴担劝秀才："是呀，你阿妈讲得没错，千万要小心呀。"
>
> 秀才淡淡一笑，没理睬他。
>
> 柴夫又说："听说崖边有谶语：一个人可上崖两回，头一回认

---

① 钟伏龙、林华锋、颜素开等编：《闽东畲族文化全书·民间故事卷》，民族出版社 2009年版，第 353 页。

字，第二回读字，一读就要一口气读到底。秀才先生，我看你今天先去认字，你将它抄下来后带回来认也好。"

秀才听得不耐烦了，盯柴夫一眼："分两回做什么？我看你存心不良，故意拖延我时间，好让你自己去抱金鸡。"

柴夫说："我没想，我是好心劝你。"

秀才冷笑一声，说："好心？哼？我看你是贪心！"

秀才大声叫嚷，引来一群人观看，人越多秀才越是作践柴夫："你也不衡量衡量自己有几两几钱分量，你只念一年私塾，斗大的字不识几个，也想去捉金鸡？"

山哈不知底细，不好讲什么。那柴夫倒是个老实的年轻人，舌头笨，受气又不会争辩，只挑柴担走了。

秀才到山上，抓着葛藤上到崖顶，站在巨石前面，抬头看一看上面的字，觉得能看得懂，就摇头晃脑地读起来。读完第七行，忽然听见"扑啦啦"的一声响，从石缝处飞出一只金鸡来。

秀才喜得口水流到脖子上，也顾不得擦一把。他想将剩下的一行字读完再去抢鸡。哪晓得，侧转头一看，这一行字他感到生僻，字体又古怪，他怕再认再读时，金鸡飞走，又怕给柴夫捉走。他心急慌忙，忘了还有一行没读完，就跳过去捉金鸡，但捉了几次都没能抓住金鸡，自己嘴巴反磕在石头上，牙齿撞断了两只。

秀才满嘴流血，攀住葛藤爬下山崖回到家里。

再讲柴夫，他本来没想去抢金鸡，只因被秀才作践一回，生了气，反倒有心要上山崖去读字。

他没去砍柴，就攀藤上山崖，将大石上的字抄了下来，拿回家仔细辨认，自己只认出了其中的二十字，便四处向人求教。

柴夫走了十八个村子，踏破九双草鞋，请教了三十六个教书先生和七十二个白发老翁，最后将字认全了，还能全文背得滚瓜烂熟。第二回爬上山崖认真细读，当他读完第七行时，石缝里金光一闪，金鸡蹦了出来向他扑打翅膀。柴夫高兴，但心神不乱，读到最后一个字，那金鸡就温顺地伏在石头上，让他捉走了。以后呢，听说秀才气得吐了一摊血。①

　　在《金鸡》故事中，秀才和柴夫分别代表着畲族社会两种不同生活方式与身份，即读与耕、读书人与农夫。在中国传统社会中，耕读常被放在一起谈论，但二者的地位却有很大的不同，作为传统农业社会，耕始终是根本，所谓"民以食为天"，而耕作是食（物）的最直接来源。而读书的重要性视朝代的变更与统治者的重视程度出现明显的"波动"，从中国历史的整体来看，读书人的地位整体是高的，大多数的朝代还是重视文化教化的，典型如汉代、宋代，读书具有"万般皆下品，唯有读书高"的地位。当然也有不够重视文化教化的朝代，如元代，读书人就被称为"臭老九"。谢枋得在著作《叠山集》中，将元朝统治下各个行业的人重新划分了一下等级，分别是：一官，二吏，三僧，四道，五医，六工，七匠，八娼，九儒，十丐。"臭老九"的名头也就由此而来。这是从整体上而论的，从各区域发展的过程来看，一些地区的群体对"读"的态度也有发展的过程。从教育人类学的视角分析，当读书（教育）能直接推动经济活动、社会发展或个人地位提升时，教育往往能得到重视和认同，此时教育的地位相对较高。当教育无法对一个地区的族群产生直接的正向推动时，教育往往会受到轻视。例如，在中华人民共和国成立初期以及改革开放前期，较为偏远落后的云南、贵州等民族乡村，国家虽然在极力地推广现代教育，鼓励少数民族适龄儿童入学，但少数民族群众响应程度与官方期待的结果大相径庭，远远未能达到预期的效果。而随着改革开放的深入，市场经济开始渗入这些民族地区，人们发现送孩子去上学可能可以获得更好的就业机会或获得更高的劳动报酬，因此，现代教育就得到较好的较快的发展。

　　在古代社会，人们对科举应试的态度也是大抵如此。而这样的社会文化心理，往往投射在民间故事的流传之中。在畲族的民间故事中，也大量存在这样的故事情节，我们在探讨其他故事类型中也将会进行分析。《金鸡》这个故事就讽刺了学而不专，急功近利的读书人，而肯定和赞扬了踏实认真的柴夫。体现了此时的畲民对读书的认识，一方面它反映了在定

---

①　蒋风、陈炜萍、陈华文编：《畲族民间故事选》，上海文艺出版社1993年版，第254页。

耕初期，以耕种为主的畲民对读书慢慢接受的过程；但另一方面，也体现了畲民对读书的一种辩证态度，他们尊重的不是"读书人"，而是有真才实学的读书人。此类主题在畲族民间故事中得到大量体现，这也是畲族此类故事的一大特点。而"金鸡"作为奖励的"道具"，也就有了文化含义，母鸡是农业社会的一种"原始财富"，有了母鸡就有了再生的资源，奖励母鸡也就意味着畲民并不是想要纯粹得到飞来横财，一夜暴富，而是想通过劳动实现致富，即勤劳致富的价值追求。

（二）太阳鸟崇拜：畲族民间故事中的公鸡形象与象征

在古时候，鸡是一种野生飞禽，后来变化成家家户户饲养的家禽——鸡。其中，公鸡的外貌是头戴红冠，身披彩羽，后有金色的雄尾，与神鸟凤凰相似，因此据传和凤凰是一个家族。鸡与凤凰的联系，赋予了鸡一定的神性，且鸡与"吉"谐音，在民俗生活中，鸡的形象也成为吉祥如意的象征。鸡的这些象征意义，是先民从鸡的生活特点幻化而成的，在长期的发展演变中，逐渐渗透到人们的日常生活中，反映了人们求吉的愿望和向往美好生活的理想。

至于鸡为什么会出现在畲民家中，畲民在《公鸡为何叫"角角角"》的故事中进行了解释。

原先，老公鸡住在畲山上，头上有两只角，其他动物见了，都怕它三分。

一天，老豹子追赶黄狗仔，追啊追啊，追过九弯十八岗，吓得黄狗仔的心肝掉到深山里去啦！黄狗仔夹着尾巴跑到老公鸡面前呜呜咽咽地叫："好兄弟，求，求求你，帮，帮帮我，寻回那颗心吧。"

"好喔喔，好喔喔。"老公鸡亲亲热热地打打翅膀，点点头。

老公鸡找呀找，终于在深山的石缝里看到了那颗变黑了的狗心。石缝太窄了，掏不出来，怎么办呢？"帮人应该帮到底"，它忍着痛，在石头上磨尖了嘴；磨细了爪，又啄又抓，又抓又啄，终于把狗心捡回来了。

黄狗仔安了心，整天就同老公鸡玩。谁知那黑了心肝的狗仔，却想谋走公鸡头上的利角。有一夜它对公鸡说："好兄弟，不好了，老豹又要食我了，你的利角借给我用用吧。"公鸡不知是计，就慷慨地掰下头上的两个利角交给它。

黄狗仔拿着公鸡的角，就一直往深山里跑，跑啊跑啊遇上了黄鹿。黄鹿说："你这黑了心肝的黄狗，兽王麒麟晓得了，要罚你去人间食屎。你还不快把宝角交出来。"黄狗仔做贼心虚，一时心慌起来，黄鹿手疾眼快，一把抢过鸡角，戴在头上，跑了。

后来，老公鸡十分后悔，发誓不跟兽类来往，恼恨林中生活，自己孤独地来到人间，为人们报晓。因它天天想念着自己的角，总是叫着："角角角！角角角！"凤凰鸟看了同情它，就送它一套彩色的凤凰装，鸡才慢慢地消了心中的怨气。①

这个故事反映了鸡被驯化的过程。原本公鸡头上有角，生活在森林之中，且具有一定的地位，这或许因其外观与神鸟凤凰相似有关。鸡救了狗，但狗将鸡的角骗去，却又被鹿抢去。从此鸡就发誓"不跟兽类来往，恼恨林中生活，自己孤独地来到人间"。后来，凤凰鸟看了同情它，就送它一套彩色的凤凰装，鸡才慢慢地消了心中的怨气。此时，畲民就将鸡与凤凰建立起了直接联系，也解释了鸡为什么在形态上与神鸟凤凰相似。畲民也称大公鸡为"凤鸟"。在畲族民间，鸡也是畲民最重要的生活、祭祀和喜庆用品。如畲家十大碗美食系列中的"黄精凤鸟"，畲民俗称"南来或北往，愿为凤鸟来"。

象征是用有形的事物表达某些抽象意念的一种手法，是民俗事象中常见的一种表现形式。一般意义的象征，都是思维方式的体现。由于它是通过意象或意象过程，并以约定俗成的民间惯例，来达到人们的心理效应，因此，象征不仅是一种表现形式或方法，而且是民间信仰的传承。这种信仰民俗，不是直接表达的，而是通过具体物象派生出来的一种意象；然后成为一种特殊的语言，即所谓"象征功能"，最后转化成为民间信仰，即俗信。

鸡啼日出，鸡的生物习性与太阳运转（实为地球自转）的天然偶合，组成了太阳鸟原型。江浙地区出土了距今五千年的良渚文化时期的玉璧、

---

① 钟伏龙、林华锋、颜素开等编：《闽东畲族文化全书·民间故事卷》，民族出版社2009年版，第353页。

玉琮等玉器，上面有古人精心刻画的鸟神神符图像，神符刻画着三层台阶的祭坛，祭坛的柱上站立一只昂首远眺的鸟神，祭坛中有一个双线大圆圈，圈中是表示烈焰的七个螺纹小圆圈，祭坛下面刻画着两头翘起形似弯月的图，托着烈焰般的双线大圆圈。这一批玉器是良渚文化时期古人祭天的礼器。奉祭鸟神的文物典型地说明了太阳神在古人心目中的崇高地位。中国古籍文献亦有此类记载。后羿射日的故事几乎家喻户晓：当他射下太阳（仲）时，天空中落下这大神的羽毛，屈原在《楚辞·天问》中发出"羿焉毕日？乌焉解羽？"的感叹。《山海经·大荒东经》中"皆载于乌"中有太阳鸟。《淮南子·精神》："日中有踆乌而月中有蜍。"金乌（或三足乌）变成了太阳的别称。《尚书·尧典》载"日中星鸟"，王充《论衡》里有"日中有三足乌"，这些均是太阳鸟的典型记载。太阳神的象征是一种叫"三趾乌"的鸟，汉代砖画与帛画中均有此物。江苏昆山周庄沈厅（为明清建筑），在一阶堂屋门檐牌楼壁上，也可清晰见到鸡体内含火球式太阳的形象。

鸡作为太阳神的动物象征具有普遍性。在中国传统文化中，常视公鸡为太阳鸟，所谓"雄鸡一唱天下白""丹凤朝阳"，古来已有。河姆渡遗址中就出土了"丹凤朝阳图"。此外，我国还有所谓"金乌西坠，玉兔东升"的记载，意指太阳西下，月亮东升。可见，金乌象征太阳。类似的文物印证包括：临洮马家窑—瓦家坪下层出土的陶片、庙底沟类型出土的"日中踆乌"（形似燕子、有的为三足）、马王堆汉墓中帛画的金乌，等等。我们又可将这里的"太阳鸟"视为一种抽象概念。乌与太阳的叠合是动物图腾与自然崇拜相结合，它反映了太阳崇拜早期阶段的自然特征。在中国民间，认为鸡就是凤，凤就是鸡。《山海经·南次三经》："丹穴之山……有鸟焉。其状如鸡，五采而文，名曰凤皇。……是鸟也，饮食自然，自歌自舞，见则天下安宁。"凤凰作为远古南方部落的图腾之物，现实中并不存在。在一些汉代画像砖和石雕中，凤凰直接就是鸡的形象。至今川西把体形肥大的鸡称为"凤凰鸡"。

在畲族民间流传的《金鸡》《公鸡请太阳》等故事就将公鸡视为太阳鸟和太阳神的象征。

流传于浙南、浙西南一带的《金鸡》故事，其情节和寓意与之较为相似。《金鸡》讲述了"十日并出"时，后羿一连射下九日，射落的太阳分别变成虎、狗、猪、兔、鹅等，有一个则变成了公鸡。天上留着的那个太阳很怕后羿的弓弩，就躲起来。人间无太阳不行，金鸡说明缘由，与之约定：观察清楚无人加害时，用暗语叫三遍，太阳即可放心地出来。这暗语就是"日头哥——出来"之意。每日凌晨，啼叫三轮后，太阳即从东方升起，所以人们以金鸡为神鸡或"报晓吉祥鸡"，而且把它画成图像，"祭祖"时列于神系。金鸡图即代表太阳神，东夷亦有"日鸟合一"崇拜之俗。①

在福建连江流传的《公鸡请太阳》在《金鸡》基础上有了较大的变动，赋予了较为鲜明的畲族特色，体现了更强烈的民族文化心理。

在连江畲家人居住的山区，流传着公鸡请太阳的传说。

相传在很久很久以前，天上有九个太阳，它们都是天帝的九个火神。天帝令它们轮流东升，给大地光明。

但是，九个火神瞒着天帝，每日同时从东海升起，遨游之后又同时从西山落下。这样，每当九个太阳当空，人间就像火炉烤着一般，树枯死了，万物烤焦了，人和飞禽走兽都躲进东坪下的一个蝙蝠洞内避难。火神作孽，畲家人没法生活下去了。

这时，来了一位巨人。他用斧头砍下了七七四十九棵大树，劈下七七四十九条大藤，又花了七七四十九天工夫，做成七七四十九尺长的弓箭，一口气射下天上的八个太阳。天上剩下的最后一个太阳吓得赶快躲进东海里去了。

太阳消失了，大地昏暗；天气也渐渐凉爽了，人和飞禽走兽都拥出蝙蝠洞。

但是，太阳没有了，大地就这样黑暗下去，天，一天比一天冷起来。有的地方下了雪，有的地方结了冰，万物不能生长了。

日子一久，人和飞禽走兽被寒冷折磨得没有办法，又都躲进蝙蝠洞里避寒。这时巨人见大家又遭难了，心里很难过。他想起：射日那天，天上还有最后一个太阳，没等把箭发出，就转眼不见了，一定是

---

① 姚宝瑄主编：《中国各民族神话：高山族、黎族、畲族》，书海出版社 2014 年版，第108—109 页。

它被吓得躲起来了。于是巨人便和畲家人商量，决定去把这个太阳再请出来。可是，这太阳躲在很远很远的地方，人们没有翅膀，怎么去寻找呢？这时，一只山鸡自告奋勇说："我有翅膀，我去将太阳找回来。"大家很高兴，叫山鸡快去快回，并且限定它在四十九天以内将太阳请回来。山鸡点点头，一展翅膀，"飕"地飞去了。

山鸡飞呀飞呀，飞了七七四十九天，还没有找到太阳，它见超过了期限，不敢再飞回来，便自己也躲了起来。所以至今山鸡不敢见人，也不敢见飞禽走兽，老是过着孤独的生活。大家等呀盼呀，整整等了四十九天，还不见山鸡回来。巨人问飞禽们："现在谁肯再去请太阳回来？"

一只孔雀飞出来，说："我在百鸟中最美丽，太阳见到我一定很高兴，它会跟我一起来的。我去吧！"

孔雀见大伙点点头，便飞出洞外，飞呀找呀，找了七七四十九天也没有找到，又怕误了限期，只好飞回洞里来，惭愧地把美丽的雀屏合闭起来了。

巨人见山鸡、孔雀都请不来太阳，非常着急。这时，公鸡出来对巨人说："让我试试吧，不管路有多远，事有多难，我一定把太阳请回来。"巨人点了点头，公鸡便坚强地展开翅膀，"扑"的一声，向东海飞去。

飞呀飞呀，公鸡一直向前飞，决心飞到东海，请回太阳，让大地重见光明。

这件事感动了正在巡天的太白金星，他将此事禀告了天帝。天帝责令太阳赶快出来。

躲在东海里的太阳接到天帝旨意时，勇敢的公鸡已经飞到了海边，正对着大海"喔喔喔"地叫了三遍，它在请太阳哩！

太阳听到鸡啼，不敢违旨，徐徐地升出了海面。太阳出来了，大地一片光辉，万物又一派生机盎然。

为了感谢公鸡的功劳，人们就将公鸡饲养在自己家中，给它吃精粮。直到今天，每当天未亮，公鸡就朝东方"喔喔喔"地啼叫三遍，它在请太阳出来哩！①

　　在这则故事中，故事的原型是后羿射日，只不过后羿在故事中是以"巨人"的形象出现。故事采用较为常见的对比的方式，为了突出公鸡的不同寻常之处，便增加了孔雀、山鸡等外形较为相似的动物作为铺垫。通过前两者的失败衬托"请太阳"之事的不易，也更彰显了公鸡对畲民乃至世间万物的重要贡献。最后公鸡借助太白金星和玉帝的协助终于请出了太阳。因此，与一般的"公鸡请太阳"母题的故事相比，这个故事的动物角色更多，情节也更丰富和饱满。而在《阳兆鸟》这个畲语故事中，更加突出了畲族的日、神鸟崇拜，进一步强调了鸡对于畲族社会的重要性。故事讲述了太阳听到阳鸟的歌声后就不睡觉，世上就没有了黑夜，喜欢黑夜的魔鬼很嫉恨，逮住阳鸟却弄不死它，一捏就冒出电火，只好用铁铸的十二层囚笼把它关起来。太阳听不到阳鸟歌唱而合眼睡去，天地变得一片漆黑。阳鸟不怕流血疼痛，不停地用喙啄着铁笼，用十二个时辰啄破十二层铁笼，又飞翔歌唱了。太阳闻声醒来，大地又是一片光明。阳鸟与黑魔反复斗争，唤醒太阳，驱除黑夜，畲民对它甚是敬重，说它灵胜凤凰。② 同时，这个故事融入盘古"开目为昼，闭目为夜"和烛龙"视为昼、眠为夜"的基本情节，更加体现了各民族之间文化的深入交流。

小　结

　　畲族的动物故事来源多样化，类型丰富，既有世界性的故事类型，也出现了一些畲族独特而稳定的故事类型。这些故事是畲、汉等多民族文化交流的结晶，对其进行叙事研究具有中国民间动物故事的普遍性意义。

　　老虎与猴子是畲族野生动物故事最常见的主角。这一现象并不是畲族独有的，实际上它与地理环境相关，是生活在山地环境中的人类群体所共

---

　　① 姚宝瑄主编：《中国各民族神话：高山族、黎族、畲族》，书海出版社2014年版，第214页。

　　② 福建省宁德地区文化局选编：《畲族传说故事》，福建人民出版社1984年版，第99—102页。

有的。生活于中国南方山地的汉族群体也广泛流传着关于老虎与猴子的民间故事。换言之，老虎与猴子的故事是"地缘"的群体产物，而不是"血缘"的族群产物。只不过，相较于同一区域的汉族，畲族更深入山地，山地环境对畲族的影响也更为深远，体现在畲族文化的山地底色。畲族与周边的汉族共同讲述老虎与猴子的故事，使得同一区域的两个民族在民间文化的交流上就有了共同性：共同的话题与相似的主题。老虎对于生活于山地的族群而言都是一种直接的威胁，人与虎争地（生存空间）是不同族群面临的共同问题。因此人与虎的关系在绝大多数时间里是紧张的。而在以人为主体的视角下，人战胜虎，人进虎退才是"正义"的。因此，"打虎英雄"就成为不同人群共同的信仰。再来看猴子，畲族故事中猴子的形象与汉族故事中猴子的形象总体是较为一致的，正面形象有聪明、具有灵性或通"人性"；反面形象就是顽劣、爱报复、搞破坏。但在畲族故事中，更加注意对其正面形象的刻画，甚至会为其反面特征进行"合理化"的辩护，体现了畲民对猴子的喜爱。这实际上也是源于畲族主要活动于山地，猴子对于畲民的狩猎有帮助等原因。最后，我们也可以看到，无论是老虎还是猴子，畲族民间都流传着它们与人类和谐相处、互帮互助的故事。这些故事体现的人与自然和谐相处的价值追求，与汉族等其他民族基本一致，构成了中华民族共同遵循的生态伦理。

如果说，虎与猴的故事是讲述了畲民与自然环境之间的竞争与合作关系，那么牛与鸡的故事就是讲述畲族如何通过自身族群发展以及与其他族群互动，从而实现对生态环境变迁的适应智慧。牛和鸡作为传统农耕社会的常见的家畜与家禽，在生产生活中发挥着重要作用。但对于畲族这样一个从游耕生计方式转型为定耕生计方式，社会形态从迁徙转为定居的山地民族而言，牛与鸡的重要性是逐渐显现出来的。这样的过程就反映在畲族民间故事中关于它们的形象变迁上。具体而言，畲民对牛的情感从《金蚕姑娘和牛金星》的基本"不认同"，到《牛大王》中将其尊奉为"牛大王"，为它建庙烧香，与汉人基本无异，反映了畲民进入闽浙赣交界地后逐渐实现了定耕，牛在畲族社会的重要性越发凸显。相对于牛的形象有较明显的变迁迹象而言，鸡在畲族民间故事中的形象较为稳定，母鸡象征着农耕社会的一个农户家庭的经济文化资本，公鸡往往与太阳鸟崇拜相联系。但无论是牛的形象还是鸡的形象，都离不开畲汉民族在现实世界中的交往互动，是二者共同实践成果在民间故事这一文化载体中的体现。因此，畲族民间关于牛与鸡等动物的故事，其实质是畲民在社会形态转型中产生的文化心理的折射，通过牛与鸡的故事，畲民讲述对社会变迁的适应与思考。他们在与汉人的交往中，接受了牛和鸡等农耕社会的生产工具和物质资源，也接受了牛与鸡等动物形象中蕴藏的儒家文化与道教、佛教等信仰，并通过民间故事的讲述，使之内化到本民族的传统文化之中，指引畲民的社会与经济实践。

第 四 章

共创的生活经验：畲族生活故事中的中华民族共同性

生活故事是民间故事最常见的故事类型，是对民间意识和社会底层生活的一种形象化的叙述。它取材于日常生活，能够较为真实地反映民众劳动生产模式、日常行为习惯、社会风俗习俗、社会文化内涵、民间道德伦理等内容，蕴含着民众长期以来的共同记忆和文化传统，具有传播知识、传承文化和进行道德教诲的社会功能。因此，生活故事是开展当地精神文化研究的有效切入口。畲族生活故事的叙事结构与叙事逻辑既烙下了畲族思想意识和文化历程的烙印，也呈现出中华民族的共同文化印记。在本章中，我们对畲族生活故事进行整体概述，以求对畲族生活故事类型有个较为全面的认识，在此基础上，选取较为典型的畲汉通婚故事与畲汉团结互助故事进行专题解析，探讨其中蕴含的中华民族共同性。

第一节　畲族生活故事概况

畲族民间生活故事选材广泛，内容繁杂，表现的领域也比较宽泛。根据这些母题情节的相似与不同，众多故事被更清晰地归纳分类，从而形成不同类型、不同主题的民间生活故事类别，呈现出类型化的特征。在本节中，我们将分别从一般故事分类视角和畲汉互动的视角对畲族生活故事进行归类，以求更加全面系统准确地概括畲族生活故事的整体情况。

一　畲族生活故事的一般类型

生活故事因其幻想性较少或缺乏幻想性，且故事具有尖锐、鲜明的现实倾向，有时也被称为"写实故事"或"世俗故事"。① 钟敬文根据在人民群众之中流传比较广的故事内容将生活故事概括为：（1）长工和地主的故事；（2）巧女和呆子的故事；（3）爱情婚姻故事和家庭内部矛盾的故事；（4）机智人物故事。并认为："笑话是和生活故事接近而篇幅特别短小的一种故事体裁。笑话的情节主要用来描述讽刺对象的言行，在结尾处突然揭示此种言行的内在矛盾，造成出人意料、引人发笑的效果。"② 参照钟敬文的分类标准，畲族的生活故事类型也大抵有反抗斗争故事、婚恋家庭故事及生活道理故事三种。

（一）反抗斗争故事

生活故事大都是在阶级社会出现以后产生的民间故事。它反映的是阶级社会的社会关系、社会现象、人们日常生活的事实和经历。因此，以反抗斗争为内容的故事成为中国民间生活故事的主要类别。其中，"智斗地主"故事是其典型代表，钟敬文将之称为"长工和地主的故事"，并认为这类故事是我国长期封建社会地主阶级和农民阶级这一主要矛盾在观念形态上的特殊反映，并通过艺术虚构的形式表现出来。③ 当然，这不是意味着生活故事就是历史事实或经历事件的原样记录，而是带有很多虚构成分的典型创造。因此，它是我国阶级社会人民的生活和愿望的反映。

畲族智斗地主故事的主题非常突出，具有强烈的人民性，而且在强者与弱者的斗争中，总是以弱者转败为胜。在畲族的此类故事中，地主并不仅仅是"地主"，而是指代与下层劳动人民、贫贱者相对立的有钱有势的上层统治阶级，包括地主（财主）、县太爷、宰相甚至皇帝，等等。在这些故事中，通过强者与弱者的较量，总是弱者以光明的结局告终，充分体现了劳动人民的聪明才智。故事中的主人公大多聪明机智、勇敢乐观而且富有幽默感，他们疾恶如仇、不惧强权、敢于反抗、巧妙斗争，最终也往往以获得胜利告终，如《放牛娃戏杨镇台》《雷超治财主》《长年智斗财主》《长年称财主头》，等等。这一类故事反映了畲族人民反抗民族歧视和阶级压迫，追求平等自由的理想。

---

① 钟敬文主编：《民间文学概论》（第二版），高等教育出版社 2010 年版，第 156 页。
② 钟敬文主编：《民间文学概论》（第二版），高等教育出版社 2010 年版，第 193 页。
③ 钟敬文主编：《民间文学概论》（第二版），高等教育出版社 2010 年版，第 157 页。

（二）婚恋家庭故事

婚恋是人生的头等大事，家庭是人赖以生存的基本社会单元。因此，关于婚恋家庭内容的讲述，也构成民间生活故事最重要的内容之一。

畲族的婚恋家庭故事主要有两种类型：一是以讲述情感生活为主线，反映男女青年对爱情的执着追求。这一类故事内容结构完整，叙述铺陈条理清晰，呼应得当，情节曲折生动，具有很强的可读性。如《蓝七妹对歌定姻缘》《蓝天来找媳妇》等，这一类故事中的主人公大多为人勤劳、诚实，且用情专一，经过一番曲折，最终都是"有情人终成眷属"，反映了畲族人民对爱情和美好生活的向往和追求，以及畲族青年妇女追求恋爱自由、婚姻自由的强烈愿望和坚强决心。二是巧媳妇与"呆"女婿的故事。这类故事大都取材于家庭生活事件，但在表达的主题上除对家庭中封建伦理的控诉之外，还集中反映了畲族人民的世界观、道德观和审美观。畲族巧媳妇故事塑造了敢于追求人格自主、男女平权、才智过人的畲族妇女形象。它高度赞扬了畲族妇女在生活斗争实践中积累的聪明才智，以及她们敢于向封建家长、封建文人和封建官僚的威势挑战的胆略。"呆"女婿故事是中国封建社会人民的民主要求与严重的家族观念、礼教观念相斗争的艺术反映。在统治者看来，谁讲"礼教"，谁能维护封建家族制度的威严，谁就是智者，反之则是愚者。但在民间故事中，人民对于"智"与"愚"标准的判断，恰好与之相反。例如，在封建"礼教"表现得最集中、要求得最严格的祝寿、婚娶、生子、拜年等场合，"呆"女婿通过戏谑、嘲讽将之搅得一塌糊涂。这种对封建礼仪的叛逆，表现了劳动人民的聪明才智。

（三）生活道理故事

这类生活故事主要以说明生活道理为目的：讲述一则故事，往往是为了说明某一个道理。这一类故事表达畲族人民对传统美德的讴歌，特别是存在于民间的善恶观、苦乐观、幸福观及受儒家思想影响的忠孝仁义观念，占据了整个生活故事内容的大半以上，充分体现了中华民族的优秀品格的源远流长，根深叶茂这一事实。例如，强调读书识字重要性的故事有《状元命》《烧炭夫学话》《一副对联》《半个字不知道》；强调夫妻恩爱的故事有《前夫与后夫》《蟛蜞与蛏脚》《赵子梁偷裙还裙》《"十八败"娶"十八兴"》；强调孝道的故事有《亲生仔不如河边石头仔》《猪肚煨莲子、莫烧白茄枝》《守孝的故事》；强调勤劳、忠厚、奉献等传统美德的故事有《"没甲煞"问卦》《懒弟被雷打》《笔、钟、耙》《心平过得海》《详梦》。这些故事所揭示的道理无不发人警醒、令人深思。畲族独特的民族心理、文化传承，也可以从这些故事中得到一定的反映。

正如钟敬文指出的那样，各种故事体裁有自身的特点，可以根据这些特点将它们区分开来。但是这种区分只是相对的，各种体裁作品的特征常常在流传过程中发生变化。而且不同体裁故事的主题和内容也存在一些联系。因此，这也启发我们，对各种体裁故事的观察，既要看到它们各自独具的特点，又要注意各种体裁之间的联系，才能更好地认识全部面貌。

二　畲汉互动视角下的畲族生活故事分类

以上故事类型是参照民间故事的一般性分类标准，这种分类标准有助于将畲族生活故事与中国民间故事乃至世界性民间故事建立联系，使之可以纳入更大范畴内的故事类型进行讨论。但这不意味着这种分类是唯一的标准。实际上，由于生活故事涉及的内容宽泛，很难采用一种恒定不变或一劳永逸的标准将他们框定。通过对畲族生活故事文本内容的分析，不难发现，按照民间故事一般性的分类标准，会导致畲族生活故事非常关键的一个特征被遮蔽，那就是畲汉共生性。换言之，一般性的分类标准，有助于类型化故事的专题分析，挖掘阐释本类型故事的特殊性。但也因此造成不同类型故事之间的断裂，难以发掘故事之间的内在联系与隐喻，而这恰恰是畲族民间故事最重要的特征之一。畲族的居住特点是长期与汉族混杂居住，呈现出"大分散、小聚居"的散杂居式民族地理分布。① 即使是在畲族居住相对集中的地区，汉族人口占比仍旧较高。随着畲汉两族文化磨合、渗透与交融，畲族在经济生产、社会习俗、道德伦理、家庭关系、精神文化等各个领域也日益受到汉族文化的影响。这也是畲族民间故事中频繁出现汉族人物、涉及大量畲汉互动情节的原因。

因此，基于畲汉互动视角分析，畲族生活故事中存在大量的畲汉通婚故事和畲汉团结互助故事，而且这些故事中蕴含着丰富的中华民族共

---

① 陈支平、刘慧钦：《从契约文书看清代以来东南地区的畲汉民族交融》，《民族研究》2021 年第 6 期，第 94 页。

同性。

（一）畲汉通婚故事

在畲族婚恋家庭故事中，按照婚恋双方的族群身份来划分，主要存在族内婚和族际婚两种。族内婚主要是指畲族内部的通婚，如《蓝天来找媳妇》中的畲族男子"蓝天"与畲族女子"雷姑娘"；《情意都在不言中》的畲族青年"聊八"与畲家女郎"聊七"。在这些故事中，往往会强调畲族"盘蓝雷钟是一家"的家族观，这样的价值观也促成了男女双方的婚恋关系。而在笔者搜集到的畲族婚恋家庭故事中，族际婚占了相当大的数量，婚恋的双方既有畲男汉女，也有畲女汉男，而且后者的数量比前者较多一些。这与畲族生活故事的另外一个特点有密切关系，即女性在大量畲族民间故事中担当主角。

这主要源于畲族的女性崇拜。在畲族传说中，畲族的始祖母是"三公主"。在浙江和福建的畲族民间传说中，认为是三公主带领着畲族先民跋山涉水来到福建和浙江一带的山区，因而更受尊敬，三公主也成为民族凝聚力的象征。畲族还尊崇其他女性图腾，如求子佑童的"奶娘"，亦称"陈十四夫人"，部分畲民也把妈祖当成自己的保护神。这些对于女性信仰图腾的尊崇折射了畲族中对女性贡献的认可。在畲族传统文化中，畲族妇女不缠足，并且承担着大量的劳动任务，耕织樵采皆有参与，是畲族山区农业生产上的重要力量。因此，畲族女性社会地位较高，在家庭地位中具有发言权。畲族还实行"打生利亲"，亦称为做娘家头，即"妇女出嫁后，因受夫家虐待，而回娘家控诉，娘家便组织亲房叔伯及母舅等数十人到男家去讲理，直到男方认错并保证今后不再重犯才回来；这些人就叫做'娘家头'人，去做'娘家头'人所花的路费，由女婿家承担，有的甚至还可以随意把女婿家的鸡鸭鹅抓来宰杀吃掉，任何人不得干涉"①。由于女性在族中的角色受到普遍认可，畲族民间生活故事有不少以畲族女性为主角展开。

以女性角色为主角的传统民间故事通常有以下四个固定角色：一是"孝女"。"孝"需要从两个维度来看，一方面是女方的原生父亲，另一方面是女性通过婚姻的形式成为一个男人的妻子，同时也成为另一个家族中

①　施联朱：《畲族》，民族出版社 1987 年版，第 47、62 页。

的媳妇，从此在她的身上就有了奉养公婆的义务①。二是"贞洁烈女"。是指在丈夫或是定亲对象遭遇意外后，主动维护夫家或是定亲后的亲家血统的纯粹性。三是"巧女"。主要指通过发挥女性聪明才智化险为夷或是惩恶扬善的一类女性。四是"伟大母亲"。可以为自己的后代做出牺牲，通常为舍身忘我地养育子女，甚至为子女献身的母亲。从这四个传统女性形象可以看出，民间故事中的女性形象往往是通过家庭或者家族的共同行为来完成的，受到社会周边人群的监督和审视。②但是在畲族婚恋故事中，女性的形象刻画并不能完全归入这四种常见的女性类型中。在畲族婚恋故事中，女性往往扮演家庭决策者角色，帮助处理家族中的内外矛盾。而且畲族婚恋类故事刻画的敢于直接表达情感的"烈女"形象，也与传统的"贞洁烈女"差异较大。

一般认为，传统畲族社会是以"族内婚"为主要婚姻形式，但大量通婚故事以及女性故事在畲族民间社会的出现，必有其社会背景和深刻的文化心理，它们与我们要探讨的中华民族共同性之间是怎样的联系？我们将在第二节中进行专题探讨。

(二) 畲汉团结互助故事

在上文的分类中，我们将以反抗斗争为主要内容的故事归为一类，其中智斗地主是这类故事的典型代表。这实际上延续的是早期民间故事研究，特别是生活故事研究的分析思维与范式，认为这些故事"在诞生之始，就带有与封建统治阶级的伦理道德观念相违逆的反抗精神"③。我们称为"阶级二分"范式，这种分析范式是一定历史时期的产物，它有助于分析故事文本内容反映出来的思想意识形态，使之进入一种符合时局需要的"政治正确"的安全状态。但任何一种分析范式都有自身的局限性，或者说难以顾及的地方。在"阶级二分"的分析范式下，研究者在搜集、整理与研究民间故事文本时，可能就会尽可能地选取那些有明显阶级对立或冲突的故事文本，在研究文本过程中也更多地着墨于阶级对立或冲突的

---

① 郭丹阳：《朝鲜古代民间故事女性形象蕴含的社会文化属性及意义》，《文艺争鸣》2020年第5期，第166页。

② 康丽：《角色置换与利益代言——从社会性别角色解读中国巧女故事》，《民族艺术》2003年第1期。

③ 尚毅：《民间巧女故事形成的思想基础及艺术特征》，《中州学刊》2004年第3期。

观点，这样就会导致其他类型故事文本的失落以及文本内容完整意涵的遮蔽。

回到畲族生活故事的讨论之中，这种失落与遮蔽同样存在。实际上，在畲族生活故事中，存在着较多反映畲汉团结互助的故事。这些故事涉及畲族人物与汉族人物，并且故事主要围绕二者之间的互动交流展开，讲述了畲族与汉族两族人民在生产与生活中互帮互助的内容。但这些故事在早期并没有得到很好的收集、整理和研究。例如，我们发现，在畲族的反抗斗争故事类别中，地主（财主）一般为汉族，但也不全是汉族。在《前世烧好香》中，畲民雷无冬在"老翁"（神仙）的帮助下，得到了一个铅铁碗（宝物），这个碗有一个特异功能"碗里放一粒米，明天就有一斗米；放一文钱，明天就有一斗钱"。于是，不到一年，"雷无冬就成了财主，建起厝，三进透里，内金银财宝无数"①。这个例子至少说明了地主与农民之间的阶级对立并不一定是族群之间的对立。畲族中也有地主，汉族中也有贫农，只不过是数量上的差异，而不是本质的不同。以往的民族研究，包括民间故事研究，一些研究者往往有意或无意地忽略了这一点，或过分地强调了族群之间的差异，导致少数民族就天然的一定是被汉族地主奴役和剥削的"印象"。这实际上，也是一种变相的"大汉族主义"或是"大汉族主义"思维的固化与延续。这种"印象"不利于民族之间团结和谐关系的建立，也不利于中华民族共同体的建设。

三　畲族生活故事的重要价值

生活故事不强调解释，不追问事物的原委，主要描写人物品格特征及其变化，建立人与人之间的对立关系，尤其是表现家庭生活及家庭之间的关系。但这并不意味着生活故事就不需要解读或没有意义。实际上，生活故事更贴近现实，是对该民族社会关系一种具象化、形象化叙述。与一般性的民间生活故事一样，畲族生活故事也是以日常劳动生产、社会活动和家庭生活为元素，选材于丰富的日常生活之中。因此，故事的生成与流传具有生活性和真实性，能够直观地展现畲族的生活场景和风土习俗。在此

---

① 钟伏龙、林华锋、颜素开等编：《闽东畲族文化全书·民间故事卷》，民族出版社2009年版，第280页。

意义上，生活故事更能反映本民族或当地人的"心性"。王明珂曾提出
"历史心性"的概念，"我以历史心性指流行于群体中的，一种个人或群
体记忆，建构'过去'的心理构图模式。它产生于特定的人类生态与社
会文化环境之中。透过历史心性，一群人以其特有的方式集体想象什么是
重要的过去（历史建构）；透过历史心性及历史建构，一群人集体实践或
缔造对其而言有历史意义的行动（创造历史事实）；历史心性下的历史建
构与历史事实，强化或改变各种人群认同与区分（同时或也造成历史心
性的改变），借此一群人得以适应当地生态与社会环境及其变迁"①。换句
话说，虽然生活故事绝非信史，但它仍旧是一种有意义的历史叙事，人们
在讲述这些传说的时候，也是在构建一种属于自己的集体记忆与族群
认同。

　　总之，正是由于生活故事内容贴近生活的特点，故事的背景、情节、
人物设置都贴合实际生活，故事中涉及的具体细节也符合生活实际情况，
才会普遍地在畲族民间社会中流传开来。生活故事来源于真实生活，承载
着他们的生活理想，展示出民众对现实所持的态度，也是展现道德评判、
进行品德教育的有效途径，因此带有一定教育性。生活故事贴近生活，在
口耳相传的故事讲述中也就成为道德教化的简便途径。我国的传统社会道
德思想和精神文化，普遍存在于生活故事之中，通过生活故事的世代讲述
而传承下来。生活故事不强调解释，不追问事物的原委，主要描写人物品
格特征及其变化，建立人与人之间的对立关系，尤其是表现家庭生活及家
庭之间的冲突，较之民间文学其他的体裁形式此种故事更为一目了然，听
或读懂了故事，也就理解了作品的全部意思，因此也就理解了故事蕴含的
"心性"。

第二节　畲汉一家亲：畲汉通婚故事的叙事与特征

　　在传统社会，亲属联结是社会的基础。族际亲属关系的产生依赖于族
际通婚。族际通婚是指两个不同群体的男女个体遵循特定时期、特定地区

---

① 王明珂：《羌在汉藏之间——川西羌族的历史人类学研究》，中华书局 2008 年版，第
201 页。

的社会制度、文化和伦理道德规范，缔结婚姻，组成家庭。在范登伯格看来，族群是一个原生实体，族群认同是"一种根植于人类基因中的生物学理性的外化或表现"①。在此意义上，族群可以认为是亲属关系的延伸，通过人们的通婚联姻，构成人类共同体。族际通婚是中国境内各民族交往交流交融的重要形式之一。传统畲族社会是以"族内婚"为主要婚姻形式，但大量通婚故事以及女性故事在畲族民间社会的出现，必有其社会背景和深刻的文化心理。

一 姓氏来源：畲汉通婚的历史叙事

关于本民族的姓氏来源，是一个自称为"民族共同体"的群体最为关注，且最常叙述的内容。特别是像畲族这样长期迁徙且"插花式"分布于汉族地区的族群而言，不断追溯本民族的历史，不断强化群体内的血缘关系以及彰显本民族的独特文化，是他们保持民族单一性的主要策略。因此，带有血缘符号的姓氏是影响畲族地区婚姻缔结的首要因素，它们也成为畲族口头文学叙述的重点。

（一）神话传说中的畲族起源

族源记忆是族群的历史呈现，也是族群各姓氏集体认同的精神根源。畲族的传统姓氏主要有盘、蓝、雷和钟四姓。这四姓被认为与盘瓠神话有着密切的联系。温春香认为，畲族四姓与盘瓠神话之间的联系可能主要形成于明代的动乱时期。随着明代王权在闽粤赣交界区大量设县统治，居于这一地区的畲瑶人群表现出对自我身份的自主选择，一部分畲瑶人群继续保持其盘瓠信仰，而另一部分人群则接受儒家的礼仪，积极地从事建构家族的活动，发展成为后来的客家人。② 此时的盘瓠信仰成为汉人精英用以区分人群的重要手段。

《畲族姓氏及世居山脚的传说》是关于畲汉同源的上古神话故事。故事内容节选如下：

---

① ［美］克利福德·格尔茨：《文化的解释》，韩莉译，译林出版社2008年版，第348页。

② 温春香：《文化表述与族群认同：新文化史视野下的赣闽粤毗邻区族群研究》，中国社会科学出版社2015年版，第142页。

畲族始祖盘瓠王，有三男一女，分盘、蓝、雷、钟四姓人，世世代代多是依山建房居住的。传说高辛帝的时候，朝廷遭到番邦的侵略，朝中文武百官都无能抵敌。高辛帝出皇榜告急，始祖盘瓠一举平定了番邦，立了大功。高辛帝封他为"忠勇王"，并将三公主许配成亲。盘瓠王与三公主相亲相爱，生了三男一女。一天上朝奏请高辛帝赐姓。因长子是用珍贵的宝盘托上朝的，高辛帝见外孙后非常欢喜，就赐姓盘，名自能，后来封他为南阳郡"武骑侯"；次子是用珍贵的宝篮送奉上殿的，那日是万里晴空一片蓝天，高辛帝见二外孙后非常欢喜，就赐姓蓝，名光辉，后来封为汝南郡"护国侯"；三子是用巨幅的彩绸包裹着抱上朝的，高辛帝见三外孙非常欢喜，这时，天空上在响雷，就赐姓雷，名巨佑，后来封冯翊郡"立国侯"；女儿赐名淑玉，后来招赘女婿姓钟，名志清，封颍川郡"国勇侯"。畲族盘、蓝、雷、钟四姓氏，传说是这样来的。

……

以后，盘瓠王的子孙大发展，在一次大迁移中，大部分到了福建，在福州、连江、罗源上岸、迁移到现今宁德地区各县定居下来。随后，又有部分向浙江、江西、安徽山区迁移定居。因长子盘姓一房人在坐船航行中，遇风漂泊海外去了，所以今天畲族，主要是蓝、雷、钟三姓人。在几经迁徙和繁衍后代中，盘、蓝、雷、钟四姓人，有招女婿吴、李等姓的，世代同居，生活语言风俗习惯一样，就是不改姓，所以至今畲族中有少数吴、李等姓氏。他们世世代代总是依山搭棚建房，在山脚或山腰居住，有利于开荒耕种或狩猎，直到现在，还是住在这些地方。①

这个故事是盘瓠神话在畲族民间流传的异文之一，它讲述了畲族盘蓝雷钟吴李等主要姓氏的来源。在故事中，畲族四大姓氏来源于传说人物盘瓠和三公主。而三公主是华夏族"三皇五帝"之一的高辛帝的女儿，因此畲族与华夏族之间是姻亲关系，畲族子孙与华夏族（汉族）子孙之间

① 钟伏龙、林华锋、颜素开等编：《闽东畲族文化全书·民间故事卷》，民族出版社2009年版，第99—100页。

就有一定的"血缘"关系。因为受到封爵，他们家族一开始在帝都王府居住。在这个故事中，是三公主提出搬迁至山地开山种田和狩猎后，他们才迁徙至凤凰山。这与盘瓠神话的故事原型有较大差异，可以认为故事的讲述者特意强化了三公主对族群发展的影响，提高了三公主在族群历史中的地位和形象。畲族迁至山地后随着子孙的繁衍，汉族的吴、李两姓通过畲汉通婚融入畲族，与畲族人共同居住，沿袭了畲族的语言和风俗习惯，但是将姓氏保留了下来，因此畲族中存在吴、李两姓。畲族四大姓氏的来源以及其吴、李等姓氏的融入都体现了畲汉两族文化的交流交融。

在《畲家风情》中也收录了另一个关于畲族起源的故事，故事梗概如下：

> 楚平王行猎时抢走了美丽的山村姑娘佘兰，次年生下龙凤胎，男孩名嵩松，女孩名琼瑶。王后庄蜜露密谋杀死佘兰，又毒死楚平王。随后发生宫廷政变，楚平王家族被追杀。嵩松、琼瑶两人历经辛苦来到漳平边界地永福村百家畲洞，以开山种田为生，为了纪念母亲"佘"姓，将"佘"与"田"结合为"畲"字，作为部落名称。①

通过两则故事的对比分析，可以发现它们之间的异同之处。在故事的性质与内容上，前者直接源于盘瓠神话，带有明显的神话特质，认为是民族尊崇的神话人物创造了畲族，帝王授予了畲族姓氏。而后者更像传说故事，认为是帝王与山村姑娘是畲族的起源。但不同的故事性质和内容却表达了相近的观点，即畲族在起源时就包含了汉族血统。只不过在第一个故事中母系血统（三公主）是汉族，而在第二个故事中，父系血统（楚平王）是汉族。两则故事都反映了畲族人民对畲汉同源的美好想象。

（二）家族叙事中的畲族姓氏来源

相较于神话传说中关于族群起源或姓氏来源较为模糊或带有神幻色彩的叙述，本民族的族谱中关于姓氏来源的叙述往往更为具体，呈现谱系化的典型特征。虽然族谱的记载并非一定是真实的，但作为一个家族或宗族对于自己血缘脉络的追溯，往往是较为严肃的。即使存在"虚假"或杜

---

① 陈炜萍：《畲家风情——畲族的故事》，福建少年儿童出版社 1988 年版，第 152 页。

撰之嫌，也可通过对其的辨析，发现潜藏其中的历史心性。因此，可以从家族叙事视角探析畲族李、吴、杨三姓的出现。

1. 畲族李姓来源的故事

《盘蓝雷钟又添李》是关于畲族李姓来源的故事。故事内容节选如下：

> 说山要说山乾坤，说水要说水根源。说起畲家，盘蓝雷钟四姓都是龙麒的子孙，传说当时高辛王只赐盘蓝雷钟四姓，畲族中的李姓又是从哪里来的呢？说来话可长啦！
>
> ……
>
> 畲家子孙迁移到福建，人口众多生活困难，就按宗房分散到各地烧荒耕种。蓝佑福是汝南蓝氏宗房的一个好猎手，妻子早亡，和年仅十四岁的女儿春姑一起，跟着同宗的亲族翻山涉水，迁到了福建罗源的一个山岙岩洞里，靠射飞禽，猎山兽，摘野果过生活。
>
> 这天，蓝佑福和春姑在山上打到一只大山麂。当晚，在树林子里搭起木架，烧起篝火，把大山麂烤得香喷喷。老族长叫蓝佑福把麂肉割成块，分给大家尝鲜。人们烤着篝火，啃着麂肉，忘了整日为生活奔波的疲劳，唱起《高皇歌》，跳起了"祭祖舞"。
>
> 春姑从阿爸那里接过一大块香喷喷的麂肉，坐下来正要吃，身旁草丛里突然钻出一个黑影子来。春姑吓了一大跳，仔细一看，原来是个面色蜡黄，身子精瘦，穿着破衣服的男孩，这男孩一双饿眼死死盯着她手中的麂肉。春姑就问道："阿弟呀，你是谁？"春姑连问了三次，男孩还是饿眼死死盯住她手中的麂肉。春姑知道他是饿着了，就把麂肉递给他。男孩接过麂肉，一声不吭就狼吞虎咽地吃了起来。
>
> 蓝佑福闻声走了过来，见不是自家宗房的孩子，就问道："孩子，你是哪宗房哪姓人？"
>
> 男孩瞪大眼睛没说话，春姑说道："阿弟呵，这是我阿爹呀，你为什么不说话？"男孩还是瞪大眼睛没说话。蓝佑福就改用汉语问道："孩子，你是汉人？"
>
> 男孩点点头。蓝佑福明白了，官府为争地盘天天打仗，财主欺压百姓，这孩子十有八九是个苦命人。

　　原来这孩子姓李，爹给官府打仗打死了，娘在财主家干活累死了，他给财主家放羊时丢了一只小羊羔，被财主打不过，逃出来的。

　　男孩边哭边说，春姑听了伤心，老爹听了伤心，围拢过来的人听了也伤心！善良的春姑见男孩可怜，就求阿爹收留他。

　　蓝佑福想了想，走到老族长面前说："汝南蓝氏是畲族高贵的一宗房，老族长是维护宗房的活祖公。老族长呀，我要收下这个可怜的汉家孩子，你是否点头赞同？"

　　老族长说："如果良心要使你收下他，我能强要你违背良心吗？你要留下就留下吧，但愿他长大后不是只鸡窝中的花狐狸，而是只能捎幸福的画眉鸟。"老族长的话一说完，大家情不自禁地唱起欢乐的山歌，男孩则给蓝佑福磕了三个响头，亲热地叫了一声"阿爹"。

　　蓝佑福收下男孩后，就给他改姓蓝，取名李义，人们亲热地叫他"义郎"。

　　不知不觉过了两年，在蓝佑福父女和大家照料下，义郎从小猴变成了壮壮实实的牛犊！他干活砍刀满垄飞，狩猎履山如平地，跟阿爹学射箭，箭能射中山雀眼，跟阿姐学山歌，山歌唱得画眉鸟也不敢放声叫。

　　……

　　矾山是个好地方，地多人少好垦荒，勤劳的畲家在这里垦山园，筑梯田，长年累月，起早摸黑，把原来荒无人烟的穷乡僻壤改变为茶林深处山歌闹，白云层中稻谷香，像畲家祖处凤凰山那样的人间仙境。

　　蓝佑福一家过着和睦、安定的日子。可是，春姑却仿佛有了什么心事，一次又一次跟义郎怄气哩！

　　……

　　是什么事惹恼了春姑呀？义郎不明白！

　　一天夜晚，义郎和春姑在寮里打草鞋，松明灯下，义郎摇草，春姑编打，干得好欢。义郎边捶边唱起了山歌：

　　金丝稻秆硬朗朗，轻轻捶罗松软，昔日松松不同心，今夜锤下结成双！

　　春姑听了，就接唱道：

打出草鞋永不烂，生时穿它度百年，百年挽手见阎王。

义郎停了手中的活儿，问道："春姐，你要和我共度百年，同挽手见阎王？"

春姑停了添草说道："锣鼓在音，山歌听意，春姑的心已在歌意里，怎么，不愿吗？"

义郎连声说道："愿，愿！可是……"春姑问道："可是什么呀？"义郎摇摇头唱道：

牡丹栽在自家园，花红叶绿催郎恋；有心恋花怕闲言，姐弟怎能结百年？

春姑唱道：

百年就百年，管它闲言不闲言！郎本姓李我姓蓝，蓝天送暖李花鲜！

义郎一听，急忙说道："春姐，畲家有古规，畲女不嫁汉家子，这怎么行呢！"

春姑站了起来，从腰间解下彩带，大声唱道：

说郎汉家我不嫌，说郎姓李我要恋，爱苗已成参天树，刀砍斧劈我上前！

春姑边唱边把彩带束在义郎身腰上，义郎赶紧从颈上取下银项圈，给春姐戴上，并唱道：你上前，我上前，初一眉月也变圆，初一不圆十五圆，十五不圆自团圆。

声声山歌，把睡着的蓝佑福唱醒了，听歌知情，是呀，春姑和义郎是天生的一对。谁说和汉家不通婚？义郎是道道地地的畲郎，作为阿爹，该成全他们才是呐！

第二天一早，蓝佑福到了老族长寮里，说了真情。老族长一听，连连点头，说道："勇敢的义郎是我们盛宗房的山鹰，勤劳的春姑是我们畲山岗上的石榴花。我一生没当过媒人，这回让我来做一次媒人吧！"

老族长做现成媒人，这媒当然一说就成啦！婚事定在八月十五，为了使婚礼更热闹，老族长把义郎收为螟蛉子，给他备了锄头、镰刀、笠帽、蓑衣和木犁五件农具，凑齐了十二枚五铢钱。结婚那天，山歌唱了三天三夜。

义郎和春姑结成夫妻后，一同上山狩猎、下畲种田，日子过得和睦美满。他们生了三个儿子，为了延续李姓香火，义郎和春姑商量后，就向阿爹蓝佑福和老族长提出请求，经得他们的同意，就让义郎的次子改为李姓，并承认这个李姓仍是畲族人。后来，二儿子长大娶了亲，生下的子孙就都姓李。这李姓子孙很旺，在平阳一带畲族中成了一房大姓，这畲族中的李姓，同样是盘蓝雷钟的亲兄弟。

当人们问起李姓的来历时，知情的畲家老辈人就会讲起这个故事，讲完故事，就高声唱道：

畲家四姓出高辛，本是龙麒一脉相承，迁徙路上收义子，盘蓝雷钟又添李。

盘蓝雷钟又添李，畲家四姓成五姓，义子成了畲家婿，畲汉结成一家人。①

这个故事也是源于盘瓠神话。故事的背景设定在三公主提出搬迁至福建时期，以畲族的普通民众蓝家作为切入口讲述了汉族李姓融入畲族的过程。故事讲述了贫苦的李姓汉族青年被畲民蓝佑福收留，按照畲族的习俗劳作与生活，勤劳肯干，逐渐被畲民接受，被称为义郎。即便是跋山涉水举家搬迁，义郎也跟随蓝家一起，完全融入了蓝家。蓝佑福的女儿春姑与义郎日久生情，春姑勇于挑战畲女不嫁汉家的畲族古规，主动向义郎告白。义郎与春姑互相表达心声的山歌打动了父亲蓝佑福，他认为义郎虽为汉姓，但是与畲族人无异，便去请老族长说媒。老族长作为族中的权威，他对这桩婚事的认可代表畲族的宗族接纳了这门婚事。义郎与春姑顺利结为夫妇，幸福美满地生活在一起。随着这支李姓畲族的兴旺，李姓也逐渐成为区域性的一大畲族姓氏。

在中国的传统社会之中，特别是汉族社会，婚姻从不是两个人的事，而是关系两个家庭甚至两个宗族的大事。因此，在故事之中，"畲汉不能通婚"的古训成为两个相恋的异族青年必须逾越或打破的社会障碍。两个青年是勇敢的，他们用山歌互表爱意。但面对长期存在的、强大的社会

---

① 唐宗龙：《三公主的凤冠——畲族民间故事选》，湖北人民出版社 1982 年版，第 40—43 页。

规范力量，光有两情相悦的勇气还远远不够。因此，故事做了这样的处理，首先，畲族父亲把李姓青年收为"义子"，改姓蓝，名李义，这位汉族青年就成了畲族青年，完成了族群身份的转变。其次，这门婚事是阿爹提出来的，说明这门婚事得到了一家之主的支持，符合家庭的伦理秩序。最后，这门婚事得到了宗族权威"老族长"的支持，并主动提出要做媒人，也就意味着这门婚事得到了宗族的肯定，于是两人顺利结为夫妻。

不难发现，故事虽然始终是以畲族人的立场和话语来讲述：这门婚事的发起是畲族姑娘，婚事是畲族阿爹主动提出，老族长自己主动做媒，但故事背后的逻辑却是汉族的家庭伦理规范——父母之命、媒妁之言，样样不能少。所以，这个故事的发生以及流传，不仅直接体现了畲汉通婚这样的"事实"，也反映出汉族与畲族已在家庭伦理上发生了交流，并对畲族家庭伦理产生影响。

另一个故事《李廷玉为何做"山哈"》收录于《闽东畲族文化全书》。故事从一个汉族李姓青年的视角切入，讲述李姓如何成为畲族姓氏。故事内容如下：

> 明代天顺年间（1457—1464 年），倭寇作乱，福建许多地方都受到侵害。凡是倭寇路过的乡村，掠抢烧杀后，扬长而去。平民百姓闻风而逃。
>
> 安溪县湖头村有一农民姓李名廷玉，看见倭寇来了，便悄悄地脱逃。他日夜兼程，来到福州汤岭村畲民蓝艳家讨茶水喝。蓝公看他行动拘谨、尊敬老人、面貌端庄、力气过人，便收留他暂住下来。李廷玉心里感激不尽，就不惜力气，帮他做这做那，很能吃苦。日子长了，蓝公便把女儿配他为妻，李廷玉学习盘瓠文化，讲畲族语，遵畲宗俗。后来，分家到福宁府雁落洋村（今霞浦水门半岭）定居，生子传世。至万历十三年（1585 年），又移徙福鼎白岩村，生六子，分别称为礼、乐、射、御、书、数共六房。发族到霞浦水门茶岗、牙城茶坑和福宁赤溪、半山、长庭下以及浙南泰顺等地。①

---

① 钟伏龙、林华锋、颜素开等编：《闽东畲族文化全书·民间故事卷》，民族出版社 2009 年版，第 102 页。

这个故事背景设定在明朝天顺年间，汉人李廷玉逃难至福州汤岭村畲民蓝艳家。蓝公看他勤劳肯干、品行较好，便将女儿许配给他。这个情节设置也能看出畲族人民对婚姻嫁娶的价值观念，不过多考虑家庭背景，而是看重人的品行。除通婚之外，李廷玉及其后代后也学畲族话、遵畲风俗，也是李氏一族能被接纳为畲族姓氏之一的重要原因。随着世代迁徙，李姓畲族人逐渐在福建、浙江等地扩散开来。虽然故事特意强调了"李廷玉学习盘瓠文化，讲畲族语，遵畲宗俗"，但当他迁徙到福鼎白岩村时，他又将六子称为礼、乐、射、御、书、数，可见畲汉两族的文化在这个家族中已融为一体。

2. 畲族吴姓的来源故事

《吴法度为何娶畲女》这则故事也是收录于《闽东畲族文化全书》。原文如下：

> 吴法度，字其神，名知几，行千六十四郎，生于明正德十二年（1517 年），系泰顺县兰溪东门外人。原娶林氏，早逝，未育。后娶彭氏，生七子。明嘉靖年间，倭寇造乱，群众生活不宁。明嘉靖二十九年（1550 年），举家迁徙到福安康厝九都村。不久，又辗转到寿宁后坑承天村。嘉靖三十三年（1554 年），在福安穆阳留洋村，继娶畲族蓝氏，又生二子，一切风俗习惯、语言皆从畲民。其子分为吉、亲、显、清、生、东、传、德共八房。吴法度病逝后，墓葬于福安晓阳岭头亭地方。墓碑上刻"延陵松轩吴公，晋安太儒林氏"字样，左右对联为"大明洪武"与"岁合庚申"。坟墓至今完好无损。

> 吴法度的儿子，德房无传，吉、正二房不知去向，余下五房的后裔均与畲族联姻。根据福安社口桐弯畲族村吴氏家谱的记载，该村吴姓畲族原是吴法度第七子东房的后裔（东公于明隆庆年间，1567—1572 年娶妻雷氏），发族到社口南山村、柘荣楮坪弯里村、福鼎点头翁溪等地。清顺治三年（1646 年）以后，还有吴法度的第三、第四、第五、第六房的子孙迁徙到福鼎城关坑底、管洋松树洋、白琳金竹坪、蟠溪炉屯、秦屿虎头岗、店下合峰岭、前屿南下、叠石竹阳和霞

浦等地定居。①

故事叙述的视角与《盘蓝雷钟又添李》相同，讲述了杨氏是如何成为畲族姓氏的。故事发生的时间也是在明代，汉族人吴法度为逃难迁至福安，继娶畲族蓝氏。这里出现了一种新的婚配形式"继娶"，即娶为二房，说明畲汉之间的通婚形式更为丰富，也间接表明此时畲汉之间的接触也十分频繁，且交流互动较为深入，以至于在社会生活与文化价值上相互影响。吴法度与畲族所育后代都按照畲族风俗习惯生活，随着后代的繁衍和迁徙，吴姓逐渐成为畲族中的一支。

3. 畲族杨姓的来源故事

在李姓与吴姓之外，还有关于畲族杨姓的传说。下面，以《杨文公改姓》《杨三公》两则故事为例进行解析。

《杨文公改姓》收入于《闽东畲族文化全书》，是一个流传于福建福安的畲族地方传说。原文如下：

> 杨姓畲族始祖杨文公，又名国养，为躲避明末的兵乱，迁到福安市十五都五斗里洋，并改姓为钟。杨文公长子李生公于清乾隆五年（1740年）迁潘洋（今福安社口）。潘洋村光绪三十二年（1906年）修《关西杨氏宗谱》内有杨文公六世孙士进、士林等撰于清道光九年（1829年）的《自志序》载道："……至杨文公迁居五斗生子李生娶雷氏，滥叨钟姓，深隐衡门，沁水自乐，无怀葛天。'又载'每逢岁时，伏腊之祀，且以钟姓为始祖，竟置杨氏而弗顾，异之浮宗，反从奉祖，血脉之滴祖，弃之他山，获罪于天，所祝祷也，是以合族商议，寻绎旧咸归杨氏，续绍源流……。"②

不同于其他故事的汉族男性娶畲族女性，这则故事是关于杨姓改为钟

---

① 钟伏龙、林华锋、颜素开等编：《闽东畲族文化全书·民间故事卷》，民族出版社2009年版，第102页。

② 钟伏龙、林华锋、颜素开等编：《闽东畲族文化全书·民间故事卷》，民族出版社2009年版，第103页。

姓的故事。杨姓一族原为汉人，改姓为钟历时180多年整整6代人，后重归杨姓。在改姓的百年中，也多与畲族联姻，所以虽复归杨姓，后代子女皆使用畲语、遵照畲族习俗，为畲族同化。在这个故事中杨文公其子一代娶畲族雷氏开始通婚，随着子孙后代的繁衍和迁徙而逐渐成为畲族中一支大姓。杨文公一代为汉族人且未和畲族通婚，但是仍被尊崇为杨姓畲族始祖。这表明畲族在追溯先祖时未以畲汉血统进行划分，而是根据血缘的亲疏为依据认祖，进一步肯定了畲汉同流的可能性。

《杨三公》也收录于《闽东畲族文化全书》，流传于福建福安。原文如下：

　　畲族人主要是盘、蓝、雷、钟四姓人。在福安县有的山村姓杨的也是畲民。这是什么原因呢？

　　相传早年间，福安县迭石山上有一户杨姓汉族生了三个仔。家里穷，大仔去做和尚，二仔承父业种田，三仔看见在山上做不来吃，就跑到洋头街一家打铁铺学打铁。

　　三仔为人好学，拜师三年就学到了一手打吃的本领。这年，天下闹饥荒，到处都有难民出现。皇帝怕难民作乱，下旨要调天下铁匠打刀铸剑，供给官兵使用。圣旨说，新打的宝剑要"离鞘一粒米，人头掉千里。"若不能铸出这样的剑，铸剑人就要斩掉。杨三仔心想，这个年头，官家只管自己发财享福，不管百姓死活了。我要是去替皇帝打刀铸剑，这不是自己杀自己吗？再说，要打那样的宝剑，除非是神仙！不去，又要犯抗旨之罪，怎么办呢？晚上他躺在床上像烤白力鱼一样翻来覆去睡不着，一直到了四更头还想不出办法来。

　　五更天的时候，他不让任何人晓得，摸出门去，跑到大林畲族村，寻钟大叔商量。钟大叔曾托三仔打过农具，他们很熟悉。三仔说："现在官府要捉我去交公差，我不想去帮他们打兵器、害百姓。我想来你处躲躲，只要你肯收留，不论帮你做什么都好。"

　　钟大叔说："你心好，不去打刀铸剑害百姓，感谢你啰。我已经生了九个仔，看你这般器重我，你就住我家，我收你做第十个仔，今后兄弟分家，也给你一份家产。"

　　三仔说："谢谢大叔，从今天起，我就喊大叔做爹了。"山高皇帝远，官府捕不到三仔。三仔就在畲村安下了家。

三仔到了钟家后，起居饮食一切就和畲家人平起平坐。不久，钟大叔就为他娶了一位畲族少娘为妻，他生下的男女便讲畲族话，唱畲族歌。后来，钟氏兄弟分家，也真的给他一份家财田产。他父传子，子传孙，一代传一代都按畲族风俗习惯办事，后代都呼杨三仔做杨三公。许多年后，杨氏子孙在大林村住不下了，就分散搬迁到福安的潘洋、蛤蟆头、后宅、后垄、后坑等地居住。因此，这一支杨姓村民就成为畲族了。①

故事中，杨姓的汉族人三仔逃难到畲族村落，畲族钟大叔被他的善念感动遂收其为义子。杨三仔虽为汉族人，但是到钟家后就按照畲族钟家的习惯生活，还娶了畲家女为妻，被钟大叔视作亲生孩子，同样分家产给他。其子孙后代也讲畲族话、唱畲族山歌，杨姓也就逐渐成为畲族的一支姓氏。在这个故事中，杨三仔与畲族通婚，后代也遵照畲族习惯生活，他本人及后代也被认为是畲族人。

综观以上畲族的汉姓故事，可以发现，这些故事在情节上具有高度的一致性。

首先，故事发生的时间一般为明代及以后。这与畲族的迁徙历程相符。一般认为，畲族在明代及以后陆续迁往闽浙赣交界地定居，在地理空间上与汉族等"土著"交织在一起。其次，汉姓青年皆因逃难或贫苦的原因来到畲族村落。这也较为符合当时闽浙赣交界区域内的族群生活情况及族群关系。作为区域的"后来者"，畲族一般定居在较为偏僻的山区，相较于生活于河谷平原的"土著"汉人，其社会经济发展较为滞后，但山区较为稳定且生活成本较低，不易受外界或时局影响，因此往往成为"逃难者"的选择之地，畲汉民众在此相遇。再次，畲汉之间的族群隔阂通过日常沟通交流消弭。汉人与畲民通婚、后代入乡随俗遵照畲族习俗被认可为畲族人，文化上便将汉姓父亲认为是畲族汉姓的始祖。这说明，在族群认同中，血缘关系固然重要，但更为重要的是文化认同。最后，故事

① 钟伏龙、林华锋、颜素开等编：《闽东畲族文化全书·民间故事卷》，民族出版社2009年版，第104页。

往往是畲族人主动打破了不能通婚习俗，开始接纳与汉族的通婚。这既是对畲族传统社会遵循的"畲汉不能通婚"古训的呼应，也说明了在同一个区域内与强势群体的通婚，是弱势群体改变自身处境的重要策略。畲族的姓氏也从原先钟、蓝、雷和盘四大姓，逐渐增加吴、李、杨等汉族姓氏。畲汉通婚大大推进了两个族群的交融。

整体而言，畲族最具特色的盘、蓝、雷、钟四大姓氏，除了相对较为小姓的盘姓在畲姓中几乎消失之外，蓝、雷、钟三姓在不同地区得以不同程度的维系。随着畲汉通婚现象的发生，畲族的姓氏也在增多。1933 年，何子星在《畲民问题》中首次指出，畲姓除了盘、蓝、雷、钟四大姓，还有苟、娄、胡、侯、刘、林、李 7 姓。① 1944 年，管长墉在《福建之畲民》中指出畲民除了四姓，还有章、邱、鼓、患、陈、罗、李、何、许、篓 10 姓。② 同年，傅衣凌在《福建畲姓考》中提出，畲民还有其他 17 个姓氏，分别是陈、黄、李、吴、谢、刘、邱、罗、晏、许、张、余、袁、聂、辜、章、何。③ 到了 1998 年，郭志超与董建辉经过广泛查阅资料并统计发现，除盘、蓝、雷、钟四大姓之外，福建省还有畲姓 33 个，广东有 14 姓，江西有 5 姓，浙江有 7 姓。此外，不能确定省籍的畲姓还有 10 个。④ 可见，随着对畲姓研究的不断深入，畲姓的数量不断增多。

畲族姓氏变化如此之大，究其原因，有畲人变汉人，也有汉人变畲人以及畲汉通婚。而畲姓变化的历史进程可以从微观层次反映出畲汉两族人民密切友好的交往和双向融合，生动地体现了畲汉民族之间"你中有我、我中有你"的亲密关系。

二　畲女选婿：畲汉通婚中的女性叙事

前文，我们从历史叙事的视角探析了神话传说与家族故事中的畲汉通婚故事。接下来，我们将从性别视角对畲汉通婚故事进行具体分析。

先看畲汉通婚故事中的女性叙事。《蓝七妹选婿》，亦称《蓝七妹招

---

① 何子星：《畲民问题》，《东方杂志》1932 年第 13 号。
② 管长墉：《福建之畲民社会学的研究与史料的整理》，《福建文化》1941 年第 4 期。
③ 傅衣凌：《福建畲姓考》，《福建文化》1944 年第 1 期。
④ 郭志超、董建辉：《畲姓变化考析》，《民族研究》1998 年第 2 期。

亲》，流传于浙江丽水一带。原文如下：

> 　畲家姑娘蓝七妹聪明能干又善歌，可是二十来岁还不提亲，父母
> 再三催促，七妹提出要出题选婿，不论畲族汉族，以合题定亲。远近
> 许多小伙子闻讯都学山歌准备应招。选婿这天，蓝七妹坐在罗帐内，
> 提出以"烦烦难"等三个词编一首歌，说一件事。一青年对"我耕
> 田来糊涂涂，我插秧啰清楚楚，会插秧的容容易，不会插的烦烦
> 难"，七妹回说"不会插秧不要烦难，好好练"；又一个唱"我磨墨
> 来糊涂涂，我写字来清楚楚，会写字的容容易，不会写呐烦烦难"，
> 七妹又说"不会写也莫烦难，好好练"。最后，放牛娃出身的陈友良
> 唱"我看姑娘糊涂涂，姑娘看我清楚楚，姑娘爱我容容易，我恋姑
> 娘烦烦难"，七妹听后即回唱"我劝阿哥莫烦难，牡丹蓄芳等凤凰，
> 今朝凤凰一飞到，牡丹吐苞十里香"，随后出来把一条美丽的彩带系
> 到陈友良腰上，表示选定了他。原来蓝七妹从小和陈友良一起放牛砍
> 柴，心中喜欢这个忠实勤劳的汉族小伙子，为了怕人说"畲汉不通
> 婚"才用此法选婿。①

在这则故事中，畲家姑娘蓝七妹最终选择了汉族放牛娃陈友良。蓝七
妹也是畲族社会较为常见的女性名字，一般就是指畲族核心家庭中的第七
个子女。蓝七妹为了规避"畲汉不通婚"的传统规训，特意设置对山歌
选婿这样的具有畲族婚嫁特色的形式。在这个故事中，女性蓝七妹能够自
己做主，决定用对山歌的方式选婿，也能在对山歌中根据歌词内容自主决
定丈夫的人选，体现出畲族女性在婚姻上的较大自主权。通过对山歌这一
典型畲族婚嫁习俗就能避开"畲汉不通婚"的规训，也说明畲汉两族的
隔阂并不大。蓝七妹选择放牛娃陈友良的原因是二人曾经共同劳作，在劳
动中生情，体现了畲族女性爱情至上的婚恋观念。这也在陈友良的山歌中
有迹可循，他的歌词中直观表达了对蓝七妹的爱意。可见，此时畲汉之间
的民族隔阂并不是不可打破的，畲汉不能通婚的规训也不是不可逾越的，
只要两情相悦，并辅以合适的方式（如畲族传统的"对山歌"）就可以

---

① 蒋风、陈炜萍、陈华文编：《畲族民间故事选》，上海文艺出版社1993年版，第173页。

实现。

故事二《一女许三婿》流传于福建福安。故事原文如下：

从前，有一户人家，雇来一个教书先生。东家对教书先生说：
"你能教好我儿子的书，到了年尾，我就招你做女婿。"

过了几天，雇了一个长年（长工）。他又对长年说："你能耕好
我的田，到了年尾，我就招你做女婿。"

再过几天，雇了一个放牛郎，他又对放牛郎说："你能放好我的
牛，到了年尾，我就招你做女婿。"

年尾到了，教书先生教的书，长年种的田，放牛郎放的牛，都符
合了东家的要求。三人一同向东家要闺女。东家只有一个闺女，三人
同时要他照约招亲，谁也不肯相让，不由得东家愁出病来。无奈去问
闺女怎么办？闺女安慰他说："阿爹莫急，明天你办一桌招亲酒，三
人全都请来，我自有主意。"

招亲酒办了，闺女亲自出来拜谢说："诸位替我家辛苦一年，多
谢了，我只一个人，既然你们都要娶，这也好办，现在就来盘诗，我
出题，你们各做一首，谁答得对，我就同谁结为百年。"三人都赞成
了。闺女唱道："什么弯弯像把弓？什么开花点点红？什么高在半天
上？什么遮去暗朦胧？"教书先生抢在前头，答道："月牙弯弯像把
弓，月照窗花点点红，月亮高在半天上，乌云遮去暗朦胧。"长年也
已想好了，答道："桃枝弯弯像把弓，桃树开花点点红，桃子高在半
天上，桃叶遮去暗朦胧。"闺女忙拿手帕擦脸，暗示放牛郎。放牛郎
会意，答道："阿姐眉毛像把弓，髻上鲜花点点红，乳仔高在半天
上，衣裳遮去暗朦胧。"闺女站起来结尾，唱道："先生爱月请上天，
长工爱桃去园间，牛郎爱我来交拜，我爱牛郎结百年。"唱罢，手挽
放牛郎，当堂交拜成亲。①

在这个故事中，女性仍然作为主角，充分发挥她的聪明才智最后解决

---

① 钟伏龙、林华锋、颜素开等编：《闽东畲族文化全书·民间故事卷》，民族出版社 2009
年版，第 309 页。

了其父亲造成的婚恋困局。故事一的女主角选择对山歌，而故事二中女主角选择对诗，但是最终对的诗歌在形式和内容上却与山歌极为相像。两个故事在择婿方式上具有一定相似性。在三个可供选择的女婿当中，故事二的女儿选择了在诗歌中直接表达"露骨"爱意的放牛郎，体现出畲族儿女的感情观念，喜欢直接奔放的情感。并且在对完诗歌后，女儿直抒胸臆道："牛郎爱我来交拜，我爱牛郎结百年"，并当堂交拜成亲，将这一特点展现得淋漓尽致。两个故事的女主角最终都选择了放牛娃，也体现出畲族人民对劳动的重视，认为劳动能够给家庭带来财富和幸福。

三 畲郎娶妻：畲汉通婚的男性叙事

与"畲女选婿"相对应的另一种畲汉通婚故事类型是"畲汉娶妻"，即畲族的男子娶汉族的女子。故事以畲族的男子为主角讲述通婚故事。我们也以三个故事进行详细解析，并将其与"畲女选婿"故事进行对比分析，探讨畲族通婚故事的特点及隐喻。

第一则故事《夏莲为何喜欢山里人》流传于福建福安。原文如下：

传说很久以前，畲家有一位非常勇敢的农民，名叫蓝三武。阿爸早年过世，阿娘两眼失明，寮里的事只靠他一个人。他每天上午上山砍柴，下午下山卖柴，把午饭带到山里吃。

不晓得怎么的，三武带的饭包，常被什么吃了。有一天，三武把饭包放在原处，假装进山捡柴，隐在离饭包不远的一个岩石下面偷看。到了午时，只见一只老猴带着一帮小猴跑来津津有味地嚼起他带的饭。他蹑手蹑脚地走近，揪住了一只猴仔，拿起柴担就喊打。这时，老猴跪下了，说："三武哥啊三武哥，你莫打我仔，我有三件宝可以送给你呢。"三武松开手问道："猴哥，你有什么宝呢？"老猴一手指着山下说道："在你楼前的橄榄树下有眼水，这水能洗去你娘眼的黑暗。第二件，在这岩洞里有三粒谷子，你把它播在楼台前，以后就不用天天砍柴了。第三件宝，在那三重洞上有三蔸仙草，你日后要是得了病，用它泡汤洗一洗立即就好。"三武听罢，说声："谢谢！"老猴便带着猴子回山去了。

三武回家抢起锄头，起早摸黑地掘呀掘，橄榄树下的地皮被挖去三尺，果然在石缝间沁出一线清泉。三武盛了一桶清水回家让他阿娘洗眼，阿娘的眼睛重见了光明。此后，三武又用竹一根接一根地把这个清泉引进楼里，剩下的就让它浇地。不久，楼前就出现了一丘水田。三武把那三粒谷种撒到田里，到了秋天，只见田面上一层层沉甸甸的金谷子。三武母子从此就吃上了香喷喷的米饭了。

冬去春来夏又到，不觉已是八月天。三武忽然得了皮肤病，全身长起密密麻麻的疖子来。他记起了老猴的话，就涉过三重洞去讨来仙草熬成汤，坐到草汤里一泡，果然整个人就像春笋退壳一样，变得又嫩又白起来。三武好像从梦中醒来，说道："宝贝原来都在畲山上，可我们走在宝山不识宝啊！"

花开并枝，话分两头。山下李家庄有一个大户人家，单生一女，名唤夏莲，年方二八，聪明美丽。一日，外游赏花，回到绣楼，不晓得怎么的，脸上发起痒来，第二天，全身密密麻麻的，有的结起疱，有的成了痂。她爹娘疼爱夏莲像掌上明珠，当即请了医生调治。可是，连治数日，痛痒加重，夏莲日夜不得安宁。李公无奈，便挂出榜文说："谁人能医我女儿病，愿将女儿许配给谁。"这时，正逢三武上街卖柴，听到议论，心想救人命要紧，便讨来仙草，给她治病。果然，药到病除，第二天，夏莲的娘上楼看时，只见夏莲的容貌比病前还美了三分，就下楼对李公说："她爹啊，你看女儿好像出水莲花。能舍得让她去做山客婆吗？"李公心想：男人口，将军令，令已发出去了，怎么能收得回来呢？于是，就想了个办法子来拒绝这门亲事。他对三武道："先生啊，你先回家备上一千两黄金来定亲，然后再择个黄道吉日，用八角牙轿抬来让我女儿过门。"三武心想，我是一个"拣柴哥"，哪有这么多钱啊，只"嗯"的一声回家去了。

夏莲病好，思念三武，一夜睡不着。她一更想郎恩情重，深山讨草救我，使我免受痒和痛，这种好人哪里有？二更忖郎感情深，天下人都是爹娘生，哪分什么山客（畲族）、客老（汉族）人？要是没有山客一剂草，夏莲我今天也许活不成。三更忖郎人眠静，我恨阿爹太无情，既然当初已答应，怎能今日另讲亲，要我去配财主仔，我不跟钱结朱陈。四更忖郎公鸡叫，山人勤劳宝贝多，那里山清水又秀，人好地好胜花楼。五更忖郎天将明，夏莲我口问自己手摸心，什么才是意中人，要在生死关头见分明。阿娘平时都讲乌贼是乌骨是白，跳鱼是乌味是清，三武精明能干忠厚老实人，我更爱他那一双铁脚铁手铁肩膀，救命之恩那不报，做人真真无良心。真苦恼呀，她从一更想到五更尽，恨不得长起翅膀飞去畲山会恩人。

一天夜里，夏莲等到家里人睡尽，便借着月光，开了后门，上畲山。她照三武说的路线走，上了岭，走着走着，不多久，就到了一座金黄色的草楼前。楼前一丘新开的稻田，随风飘来了一股股从来闻都未闻过的稻香。

阿姆笑得合不拢嘴，又端凳子，又刷锅，烧火，搭汤给夏莲洗脸、泡茶、煮点心，一边又喊三武起床。当下，夏莲就被阿姆这种特有的山客人的热情所感动，就在灶前的一只小竹背方椅上坐下来了，接着就把三武帮她治病的事一五一十地讲给阿姆听。夏莲讲到兴头上，三武哼着山歌从楼上下来了：阿妹临夜到我家，木墩做凳水当茶，郎田甜瓜过了汛，树梢橄榄未黄纱。

夏莲听不懂，从来未听过这样美的歌声，三武便用汉语翻译了一遍。夏莲马上答道：

只要俩人会和意，柴凳会变金交椅，清水泡茶甜如蜜，食了郎茶记得你。

三武歌声又起：忖妹忖上心，乃因家穷难搭亲，一来无楼好住箔，二来无钱交礼金。

夏莲接声又和：忖郎忖上心，人缘那好家会兴，无楼住箔事情小，不使铜钱交礼金。

阿姆听到这话，心里如食蜜糖一样的甜。她安顿了一下夏莲，回房歇息。三武接着就给夏莲做最好吃的点心——糯米香麻丸。两人边吃边唱，不知不觉天已经大亮了。

第二天，三武照旧下山卖柴。夏莲从身边掏出一物吩咐阿姆道："请叫三武哥把这块金条带上街兑换银两，买些针线用具。"阿姆相了相金条说："这物能值钱，那么，我这楼边灶兜多的是。"夏莲惊呆地应道："是吗？""不信请你来看。"阿姆说着用菜刀刮去灶角上的一层尘土，夏莲一看，下面全是光艳的金砖。三武听到她俩的对话，立刻从柴垛里爬将起来，插嘴道："这物要是金砖的话，那么，那么，我天天去捡柴的那一座猴山里，凭你拣都拣不完哪！"他们三人就拿起扁担，挑着箩筐进山去把这所有的金砖都捡回来了。

后来，三武盖了厝择了吉日与夏莲成亲。这就成为今天人们传讲的宝山故事。①

这个故事杂糅了动物故事和宝物故事等类型，是个复合型的故事，带有传说色彩。按照故事出现的时间，应该是较为晚近的。故事男主角为畲族青年蓝三武，女主角为汉族大户人家女儿李夏莲。故事先讲述了畲族青年蓝三武的"奇遇"，并在猴子的提示下，获得了三件"宝"，与其他故事中的宝物不同的是，这三件"宝"就是畲族生活的山区中就有的：一是泉水；二是稻谷种子；三是仙草。这也分别代表着在山区要实现"稻作"生计方式，必须具有的水资源和种子，至于仙草也是山区所具有的丰富草药资源，三件宝物让畲民蓝三武的生活得到了改善。接着，故事进入了第二个情节，畲郎救汉女，但女子的父亲"李公"不愿兑现嫁女的诺言，于是设下几乎不可能完成的任务来考验"未来女婿"，这也是民间故事较为常见的情节母题。故事用大量的篇幅描写了夏莲要嫁蓝三武的决心，便在深夜独自进山来到蓝家。说明了女性在这种"不平等"的族际通婚中是处于主动的一方。在进入蓝家后，主动要求变卖金条，购买针线用具，意图通过针线劳动为家庭赚取一定金银。夏莲在这个故事中作为正面人物形象，她放弃汉族大户家庭，选择进山用劳动为家庭赚钱，这展现出畲族对劳动的尊崇和以劳动为上的价值观念。最后，故事迎来了"圆满"的结尾，蓝家灶台里的金砖隐喻着勤劳善良的畲族人民能够获得财富，是人们对良好品质的歌颂。

第二则故事《竹鸡鸟》流传于福建福鼎。原文如下：

从前，刘家村西山珑，住着十多户人家。有个小伙子名叫雷得生，他从小父母双亡，孤苦伶仃，十二岁就为财主刘本善看牛割草，后来又当了他家的长工。他能犁会耙，编箩筐，造牛轭，做犁架，样

_____

① 钟伏龙、林华锋、颜素开等编：《闽东畲族文化全书·民间故事卷》，民族出版社 2009 年版，第 228 页。

样在行。

刘本善有个独生女名叫凤莲，从小死了母亲。刘本善十分疼爱她，总是把她关在家里，不让她出去和别的孩子玩。雷得生比凤莲大两岁，凤莲叫他"小生哥"。每天傍晚，凤莲就在门口等着小生哥回来，帮他喂牛草，雷得生也总忘不了给她带回一束山花或一支竹做的响哨。遇到雨天，雷得生割的牛草少了，每当刘本善打他骂他，小凤莲总是哭着不依。

雷得生长成一表人才后，健壮英俊，手脚又勤快，刘凤莲更是从心眼里喜欢他了。尽管父亲一再给她说："凤莲，你现在长大了，再不能像小时候那样和那个穷汉子混在一起了"。凤莲摇摇头，依旧在晚上偷偷地跑到牛栏边来看雷得生喂牛，和他谈心。每次都塞给雷得生一些好吃的东西，有时还偷偷地给雷得生做件小褂子，做一两双布鞋。雷得生过意不去，对她说："凤莲，你对我好，我知道。但是你是东家，我是长工；你是财主的千金，我是穷人。你对我好有什么用呢？"凤莲说："我不管这些，我喜欢你就是喜欢你，别人怎样，我不管！"雷得生苦笑着说："你愿嫁我，我也娶不起，你爸也不答应。"凤莲说："你别担心，我爸只我这一个女儿，我要他招你做女婿，他不肯，我就死给他看，看他老了谁送终？"雷得生想想也是，两人就更加相好起来了。

想不到有一天，刘本善笑嘻嘻地走上楼来给凤莲说："凤莲，你也二十岁了。你妈死得早，我只有你这么一个女儿。这几年我千挑万挑没给你挑上个满意的女婿，难得今天周家大财主托人来说亲，我就把你许给他家的小儿子了。你有个富足的婆家，我也放心了。"

凤莲一听，好像晴天打雷，心里吃了一惊，赶紧说："我不要，我不要！我就要从小和我相好的小生哥！他又勤快又能干，我只要你招他做女婿！"

"什么？"刘本善这一气非同小可，他指着女儿骂道，"你这个小妖精！我以为你长大了，心里会明白。他是穷长工，门不当、户不对，不想你却想嫁给他！告诉你，死了这条心！我和周家已经讲妥：这月十六下聘，八月初十过门。你愿意也要去，不愿意也要去。"说着就气冷冷地走下楼去，听凭女儿在楼上大哭大闹。

刘本善下得楼来，想想这祸根还是从长工身上引起，就把雷得生辞退了。

雷得生气忿不过，离开刘家回到西山龙，一五一十地把这件事告诉了乡亲。大家说："既然刘凤莲有这片诚心，我们就不能辜负她的心意。"蓝大伯说："现在只有一个办法，在周刘两家正式下聘之前，让得生偷偷地把刘凤莲接出来抢先拜堂成亲，那时木已成舟，米已成饭，周刘两家无可奈何，刘本善也只好认女婿了。"大家都说此话有理。

就在这月十五的夜里，雷得生悄悄地从刘家财主后门把刘凤莲接出来了。谁知两人没走出多远，就给刘家巡更的家丁发现了。他大喊："小姐跟雷得生跑了！小姐跟雷得生跑了！"刘本善一听，马上纠集家丁，举起灯笼火把便追，一下子就把刘凤莲抢了回去，还将雷得生打得遍体鳞伤，第二天就因伤重死了。乡亲们很气愤，但也无办法，只好凑钱买口棺材把雷得生埋在西山城上。从此，每到晚上，乡亲们就听到西山城竹林传出一种奇怪的鸟叫声："你伏尼——你伏尼——。"

再说，可怜的刘凤莲被抢回家后关在楼上，她大哭大吵，不吃不喝。三天以后，她忽然听到楼前有一种奇怪的鸟叫声："你伏尼——你伏尼。"仿佛雷得生在喊她："你在哪里？你在哪里？"她禁不住用畲话答应小生哥道："外伏拐——外伏拐！"意思是：我在这！我在这！奇怪，她一应声，鸟叫声就停了。停了一会又叫，凤莲又应声，就这样，一叫一应，一连叫了三个晚上。后来凤莲知道雷得生已经被打死了，一头撞死在楼上。

就在刘凤莲死后的当晚，西山珑的畲家乡亲，又听到竹林里传出两种奇怪的鸟叫声"你伏尼——你伏尼"；后面一种鸟叫："外伏拐——外伏拐"，一叫一应，直叫到天亮。乡亲们感到奇怪，赶到竹林里一看：只见雷得生的坟头上，有两只头部像画眉鸟，身子又像小鸡的鸟儿，一雄一雌，在竹林里飞来飞去地叫着。雄鸟叫："你伏尼——你伏尼。"雌鸟应："外伏拐——外伏拐。"那声音很像雷得生和刘凤莲。乡亲们都说："这两只鸟是雷得生和刘凤莲变的，它们相亲相爱，倾吐心声！"

一年又一年过去了，这一对鸟儿仍在竹林里飞来飞去地叫着应着，并且繁殖了它们的子孙后代。后人因为这种鸟儿身子像小鸡，又生活在竹林里，就叫它竹鸡鸟，西山垅又被改名为"竹鸡垅"。①

　　与前面的几个婚恋故事相比，这是一个具有悲剧色彩的爱情故事。在这则故事中，汉族地主家姑娘刘凤莲爱上了畬族小伙雷得生。刘凤莲在与雷得生的相处中萌生爱情，因为雷得生"健壮英俊""又勤快又能干"，所以决心要嫁给他。这个朴素的择婚标准与前一个故事相似，都认为是畬族小伙自身的品质更重要。但是财主父亲不愿女儿嫁给穷小伙，便和周财主家定了亲。雷得生知道后回到老家，向乡亲们寻求帮助。这一点体现出畬族族群的重要特点——"族群即家族"，在畬族聚居的村中，一些重要的事宜可通过家族协商，共同解决。雷得生企图带着刘凤莲逃婚，但是被刘家家丁发现并被打死。刘凤莲得知随即殉情。二者死后，人们用竹鸡鸟象征他们的爱情故事。这一情节与经典小说故事"梁祝化蝶"情节相似，用美好的事物象征忠贞但是未结果的爱情。这也是这个故事特别之处，它说明了跨越族群的婚恋并不一定都能获得美好的结局，实际上也是对现实中这种族际婚姻艰辛与不易的生动反映。同时，选取竹鸡鸟作为象征是结合了畬族生活地区的实际情况，且雌鸟和雄鸟的对应鸣叫也与畬族婚嫁中的对唱山歌形式相似。这个故事也从侧面反映出畬族婚嫁故事的影响。

　　第三则故事《"没甲煞"问卦》流传于福建寿宁县。原文如下：

　　　　从前有户畬家兄弟三人，老大老二都成家了，老三未上丁，心事不知，人号"没甲煞"，但他一心想做木工手艺。一天，他挑柴进城，见人家盖新厝，就拄着拐杖看入迷了。一个大师傅被他的诚心打动，收下他做徒弟。三年满师，"没甲煞"和师傅已亲如父子。师傅见他一表人才，也就时时留心，要给他说一门好亲。

　　　　有一回，"没甲煞"随师傅给当朝国舅盖官厅。这国舅是笑面狼，偏生了个女儿真有相，莫提多绰了，嫩得像白菜心，就是癖性倔强，说一不二。

　　　　一家有女百家求。上门求亲的尽是皇亲国戚、豪门望族的，小姐

_____

① 蒋风、陈炜萍、陈华文编：《畬族民间故事选》，上海文艺出版社 1993 年版，第 239 页。

一概谢绝谁料到掏斧头盖官厅的小木匠"没甲煞"，却被相中了。小姐向来三步不离闺房，自盖官厅，她带了丫鬟三天两回到工地上走动，还没话找话问"没甲煞"七七八八的。

工地上所有人都看出意思来啦。师傅就问："没甲煞，东家女儿你中意吗？"他只咧嘴笑。师傅亲自做媒，向国舅提亲。国舅故出难题："聘礼不算多，只要一块金砖，一根金发，一把仙家蒲扇。"

师傅对"没甲煞"说："你如有心找这三样宝贝，快背上几斗米，带几双草鞋去闾山得道白猿公处问个卦，讨个明白。""没甲煞"背起一串草鞋，寻路走去了。

一日走到一株秃尾树下，树突然说起人话："人客，你去哪呀？""去找闾山白猿公问卦哩。""搭你问问，我这些年怎么一日日枝叶凋败，好吗？""没甲煞"答应了。

半月后走到一个草庵前，那儿坐个半老的尼姑，她问："人客你去哪呀？""去闾山白猿公处问卦哩。""那我搭你问问仙公，为什么我苦修千年，反而头越来越重。莫说升天，连走路也艰难了？""没甲煞"也答应了。

不一日，"没甲煞"遇到一个摆渡的老汉，他问道："人客，你去哪呀？""我寻闾山白猿公讨教哩。""那我搭你问个卦，为什么我渡船越来越摇不动了？""没甲煞"一样爽快地答应了。

历尽千辛万苦，"没甲煞"骨瘦如柴，好不容易找到白猿公。"没甲煞"说："仙公仙公，我自己问个卦，另外别人搭了三个卦，一并问个明白。"白猿仙公讲："我的规矩是凡事不可三，不管谁托，我只卜三卦。"

"没甲煞"犯难了。他千里迢迢只为问个卦，可人家偏偏又搭三卦，把别人卦不问吧，又觉得于心不忍。忖来想去，决意自己的卦下次问，还是将别人的卦卜一卜。别人的三卦，都问分明了。"没甲煞"掉头往回走。

走到大渡口，摆渡的老汉问自己搭的卦，"没甲煞"说："白猿公卦说你渡船摇不动，是因为船底坠了块砖头。"老汉说："人客你替老汉潜下去看看吧。""没甲煞"就捋去衣服，"卜冬"跳下水。船底果然吊了一块粘满水草的砖块"没甲煞"掏砖上岸了，他对摆渡老汉说:"这砖头你就送我彻鼎灶吧。""拿去快拿去!"走到草庵前,那半老的尼姑,正眼巴巴在等着呢。"没甲煞"说:"仙公说,你苦修千年,头重是因为你头顶有根金丝长发,拔了这根发,就可以得道升天了。""哎,后生仔眼真,烦你帮助扯了吧。""没甲煞"真的在她头毛中扯下一根金发,就说:"这黄头毛送我做钓丝吧?""拿去,尽管拿去!"

走到秃尾树下,"没甲煞"说:"白猿仙公的卦讲,从前你青绿俊茂,近年就叶落干枯,是因吕洞宾醉酒,把插在脖后的芭蕉扇掉了下来,正好挂在你这树梢,芭蕉扇的阴风吹得枝叶凋败。"老树说:"你后生仔手脚活,相帮上树摘了它吧。""没甲煞"利索地上了树,果然拿下一把芭蕉扇。"这破扇就送我煽泥炉吧。"树答应了。

"没甲煞"背着人家给的三件旧货,回到师傅那里。师傅问:"徒儿,你的事如何了?""没甲煞"说:"白猿公也特怪,许我只能问三卦,我只好把自己的事搁下,去帮人搭问三卦,全都有好结果。那就是这三件旧货作怪。"他扯开背篓子,倒出来的,竟是一块金砖、一条金丝、一把光灿灿的仙扇。这三样东西豪光刺眼。师傅大叫:"徒儿,你金子样的心,换来三件金宝贝嘤!"

果然是三件世间罕见的珍宝,师傅叫"没甲煞"捧了三宝,再次去国舅家求亲。国舅想要赖,小姐手执利剪,对老子说:"你总不能留女儿压厝瓦吧。我非'没甲煞'不嫁,你若说个'不',我一剪子捅了自己。"

国舅虽阴狠,虎毒不食儿,只好长吁短叹答应了这门亲事。拜过天地,小夫妻自有说不尽的恩爱。①

这则故事有个非常经典的情节母题,即"西天问佛:问三不问四"。丁乃通在《中国民间故事类型索引》中将此类型故事概括为:穷汉寻神找答案,他到了神境得知神肯回答的问题有限(通常是三个,或是和别人托他问的问题数目相等)或者他只能问自己的问题或只能问别人的问

---

① 钟伏龙、林华锋、颜素开等编:《闽东畲族文化全书·民间故事卷》,民族出版社 2009年版,第 311 页。

题，二者不可兼得，他认为别人的利益比自己的更重要，故此只询问了别人的问题。他没有问自己的问题，因为时间不够了，来不及得到答案。①故事中，畲族青年"没甲煞"想娶国舅家的女儿，但被国舅故意刁难。国舅要求"没甲煞"拿出三个不可能拿到的物件：一块金砖、一根金发、一把仙家蒲扇为聘礼。"没甲煞"在师傅的指点下，向白猿公（神）寻求指点，在途中遇到了三个人（物）托他向白猿公询问问题。但白猿公只回答三个问题，"没甲煞"问完别人的三个问题后就返回。在返回的途中获得了三件宝物，最后成功娶得国舅女儿。在这个故事中，畲族青年能够取得三件宝物的关键在于有颗"金子样的心"，愿意帮助他人，最终获得善报。这则故事也体现了畲民对于善良的赞美和善人有善报的美好祝愿。

现在，我们对畲汉通婚故事的整体特征进行概括。

从故事主角来看，无论是在"畲女选婿"故事还是在"畲郎娶妻"故事之中，男性的身世或社会地位都较为低下，在"畲女选婿"故事中，一般为逃难或贫穷的汉族男子；而在"畲郎娶妻"中，男性则一般为家境贫寒的畲族男子，但二者都凭借着勤劳、善良、智慧等美德赢得了女主的欢心，使得婚恋成为可能。而两种类型故事中的女性则出现了明显的不同。在"畲女选婿"故事中，畲族女性往往是较为主动的一方，她们在婚恋上具有比汉族女性较大的自主权，畲族女性可以自主决定如何择婿。这一点是故事中的汉族女性较为少见的，这也体现了女性在畲族与汉族传统社会中的不同境遇。当然，这种差异随着畲汉社会之间的进一步交流互动，逐渐消弭。而地位较高一方（强势）的父亲往往就成为故事的反派，如地主、宰相或国舅，他们为了阻拦女儿"下嫁"提出各种难以实现的要求或做出一些破坏性的行为，因而带有恶性的品质。而这一点在弱势一方的家长中没有出现，他们往往成为婚恋达成的促成者。但也正是在这样的阻力之下，使得故事情节变得曲折生动。

再看畲汉通婚故事的情节，对于畲族女性来说，她们要嫁给汉族男子主要是突破传统社会"畲汉不通婚"的规训，是一种社会观念的约束，因此只要能得到族群（家族）长者的肯定，婚恋关系就能实现。而对于

---

①　［美］丁乃通编著：《中国民间故事类型索引》，郑建威、李倞、商孟可等译，华中师范大学出版社 2008 年版，第 94 页。

畲族男子要娶汉族女子，显然就不仅仅是社会观念上的束缚，而是社会关系、社会地位以及社会资源的全面权衡和考量，于是困难重重，反映在故事中，就是各种必须借助神异力量才能实现的"不可能"条件或任务。从社会人类学的角度来分析，这一情节也较符合社会现实与常理：社会地位从低往高的跃升总是比从高往低的下降来得艰难。强势一方总是会想尽办法阻止弱势一方上升至与自己同一层面，以谋取在资源竞争中始终占据有利地位。但人的情感是复杂的，人也是能动的，人可以在情感的催动下，克服重重困难，以促进社会的流动。因此，鼓励因为爱情而进行族际通婚或跨阶层通婚，就成为普通老百姓（一般属于弱势群体）喜闻乐见的。这或许也是古今中外那些爱情悲剧故事广为流传的社会原因之一。当然，我们绝不能否认故事中展示出的追求善良与勇敢的人性美好品质以及对此价值取向和道德观念的肯定。

最后，畲族人民通过讲述畲汉通婚这种非常密切的交往互动故事，以点带面地改变不同民族之间的印象，甚至是民族偏见，进而形成客观、良好的民族态度，促进民族互动和民族团结，有利于为民族团结创造良好的社会心理条件，进而成为铸牢中华民族共同体意识的有利条件。

第三节 和谐共处：畲族团结互助 故事的类型与意涵

在畲族民间生活故事中，畲汉民族之间的团结互助是重要的故事题材之一。故事主题主要有共同克服自然困难和智斗地主两类。这两类故事以畲民的社会生活为背景，讲述发生在日常生活中较为常见的事件，以讲述族际友谊，称颂勤劳、智慧及嘲笑迂腐为基本内容，体现了畲汉两族人民在日常生活中的深入交往、团结互助等社会联动。这种深度参与的社会联动是超越族群共同体，构建地域共同体的关键。族际友谊在个体层面上是双方形成理性的民族认知和民族印象，进而带动民族之间形成对彼此的良好印象。[①] 畲汉团结互助故事是畲汉族际友谊的最直接反映，它是对畲汉

---

① 梁静、杨伊生：《跨民族友谊促进中华民族共同体意识的心理路径及培育机制研究》，《西南民族大学学报》（人文社科版）2020 年第 7 期。

民族之间友谊的最写实的描述和记录，促进了畲汉民族成员之间的互动交往，[1] 有利于建立良好的民族关系，促进民族团结。

一　畲汉共同克服自然困难的故事

畲汉共同克服自然困难的故事通常以日常生活、劳动生产为背景，描述畲汉两族人民通过团结合作，共同克服自然苦难的内容，部分故事以婚姻嫁娶为背景展开。我们以《舍女泉》《二月二庙会》两则故事为例进行解析。

《舍女泉》流传于浙江龙泉一带。原文如下：

竹烊乡油坞观背草坪里，有一股泉水，水清甘冽，十分可口，人们都叫它为"舍女泉"。提起它的由来，却有一个动人的故事：

很久以前，油坞这地方住着一户畲民，一家三口，夫妻俩和一个聪明伶俐的小女儿。丈夫名叫兰百中，年纪三十，长得魁梧结实，浓眉大眼，力气非凡。他为人憨厚，勤劳勇敢，不但是一位好猎手，而且还是种庄稼的能人。他的箭法卓绝，无虚发，百发百中，他曾经打过不少恶狼、野猪，逮过山羊、獐鹿，还射死过几只虎豹。

一年的夏天，雨后放晴，兰百中上山插番茄去了。妻子常年生病在床上，不能料理家务。穷人的孩子早当家，他的十几岁的女儿招恚已是里里外外一把手了。一天早晨，她拎起篮子上山摘野罩做菜，凑巧，住在半山腰汉民林根家的孩子也提着篮子来找野罩，这样他俩有了伴，一块儿走进青山林里，见几株横倒在地上的烂树上，长满了肥厚、黄褐油亮的菇种。两个孩子见了就动手摘起这肥厚鲜嫩的菇。一会儿工夫两个都摘了满满的一篮子。

他俩高高兴兴地离开了青山林，走到荒草坪时，林根的儿子口渴极了，要找泉水喝，当他走到岩壁石窟时，见有个不大的泉眼，泉水从底下往上冒，他就蹲下去，伸出双手搂水来喝，突然，旁边丛林里发出"斯沙"声。霎时跳出一只张着血盆大口的老虎，伸出利爪

---

① 郝世亮、范琳俐：《区隔再生还是交融渐进？——藏族大学生的族际交往与族际友谊获得》，《民族教育研究》2020 年第 3 期。

"牟"的一声向林根的孩子扑过来。机灵的招崽姑娘见了，随即拾起一颗鹅卵大的石子："嗖"地掷了过去。正中那老虎的鼻梁，打得它鼻子又酸又麻木，眼冒金星，痛得"牟！牟！"地直叫，一时不敢逞强。但只傻愣了一下又向孩子扑去。招崽见了忙连声大叫道："救命！救命！"

这时，兰百中听到呼救声，就丢下锄头，提起弓箭，飞快地跑到招崽面前，问道：

"招崽，发生了什么事？"

"阿爹，老虎食腮伶。"

她边说边用手往那边指，只见恶虎正衔住那孩子的衣服，转身想走。兰百中马上拈弓搭箭，"嗖，嗖"两声，恶虎腹部中箭，应声而倒，他放下弓箭，迅速跑去抱起昏厥的孩子就往回走。这时，招崽认为平安无事了，就跑到水窟边去拾回孩子丢下的那篮野罩。万没料到，旁边又跃出另一只老虎来，一双碧绿的眼睛射出凶光，张牙舞爪地向她扑去，可招崽十分机灵往边一闪，老虎扑了个空，她趁机拔腿就逃，一边大声呼救。一不小心，摔了一跤，老虎转身追将过来，用两只铁柱般的前脚，压在她的脊背上，使她喘不过气来。这时，兰百中抱着昏厥了的孩子正往前走，听到呼救声，转身不见了女儿，知情不好，放下孩子，提起弓箭赶回头，见老虎衔着招崽，他怒火中烧，拈弓搭箭，对准虎头"嗖"的一箭正中脑门，"牟"一声，那虎扑倒在地，痛得拼命翻滚，但还死死衔住招崽不放。兰百中见了心痛极了，就运足全身力气，纵身一跃，以泰山压顶之势，扑到伤虎身上，抓住虎素，怒目圆睁，铁拳紧攥，对准恶虎头上"砰"一拳打下去。恶虎挣扎了几下，两眼翻白，甩打了几下尾巴就断了气。可是女儿已被咬得不中用了。兰百中悲痛欲绝！为了泄恨，他大吼一声双手举起这只足有两百斤重的恶虎，"呼"地朝岩石上猛力一摔，虎脑成浆，还不解恨，又用石块把恶虎一直捶成肉泥。最后，他蹲到女儿身边，眼泪挂纱似的往下淌，哭不成声。

这时，林根从远处听到哭叫声也赶来了，在半路上见到儿子。这时儿子已清醒，把事情原委告诉了父亲。林根听后忙向兰百中跑去。近前一瞧，被打死的恶虎，被咬死的女孩，不觉一怔，再仔细一看，啊！他不就是去年被我强蛮拔了玉米青苗的兰百中吗？是他救下我的孩子舍去了自己的女儿。我怎么对得起他呀？

林根俯身抱起招崽，"扑通"一声跪在兰百中面前，请罪道：

"百中兄弟，以前怪我不好，强拔了你的青苗，你不记恨，为了救我的儿子反而失去了你自己的女儿，叫我永生难忘，让我儿拜你为义父吧！"

此刻，站在一旁的孩子也非常懂事，忙跪到百中面前，哭着唤道：

"阿爹，你就收下我吧，我一定听从你的教养，长大了像你一样做一个好人。"

兰百中被他父子俩的言行所感动，拭着眼泪，扶起他父子俩，一同埋了招崽。从此后他两家和睦相处，亲密无间。

那个泉眼至今还在，仍被人们享用，人们为了纪念兰百中舍女救人的行为，就把它取名为"舍女泉"。①

在第四章的"动物故事"中，我们已经提到，老虎是畲族动物故事的重要角色之一，而打虎故事往往反映了畲族古老的狩猎生活。狩猎是畲民传统的生计方式，在游耕时期，它在畲族社会生活中占据很大的比例，随着畲族社会向定耕的转变，这一生计方式的所占比重有所下降，但仍为畲民经济生活的重要补充。也正是因为畲民善于"狩猎"，因此在畲族的动物故事中，畲民与老虎等大型凶猛食肉动物的对抗中才能屡屡获胜。虽然有时借助集体的智慧，有时依靠英雄的超强能力，也可能付出较为沉重的代价，但总归是畲民击退了老虎，取得了该区域的生存权。

《舍女泉》这个故事也是建立在这样的生存条件和社会生活背景之中的，只不过将故事讲述的主题从描述人与动物之间的争斗，转为描述畲族人与汉族人之间的友谊——畲族人兰百中为了救汉族人的孩子，牺牲了自己的女儿，因此故事名为"舍女泉"。从故事中，可以推测，这两家人是住在相隔不远的同一片山地。故事指明了汉族人林根家是在半山腰，虽然

---

① 龙泉县民间文学集成办公室编：《中国民间文学集成·浙江省·丽水地区·龙泉县故事、歌谣、谚语卷》，龙泉县民间文学集成办公室1989年版，第234—237页。

没有直接点出畲家的具体位置，但我们可以根据故事中兰百中经常上山打猎以及林根去年强拔了兰百中家的玉米青苗，可以推断，兰百中的家应该在地势更高的深山之中，两家人之间存在一定的联系，且为资源的竞争关系。但畲族人兰百中在汉族人林根之子身处险境时，毅然选择出手相救，而因此牺牲了自己的女儿，这种舍己为人的大义，让两家人的命运联系在了一起，林根之子成为兰百中的义子，建立了虚拟的"血缘关系"，从此以后他两家和睦相处，亲密无间。本地的畲汉两族群众将泉眼命名为"舍女泉"，而水是生命之源，对于山地的人们来说，更是如此。因此，这个故事只要泉水不枯，就可以得到世代传颂，不断述说着畲家人舍女救人的大义精神，而这种感人至深的大义也像泉水一样滋润着两族群众的心田，滋养着两族群众的深厚情感，使两族人民的情感和命运紧紧地联系在一起，维系着本地友好、和谐、互助的社会关系。

第二则故事《二月二庙会》流传于福建福安、周宁、柘荣等地。原文如下：

福安畲乡人，每年农历二月初二都要到鼓楼山上举行庙会。这是怎么一回事呢？

传说几百年前，福安县畲族雷姓祖公刚从牛石坂逃荒来到鼓楼山时候，鼓楼山只住着一对姓魏的汉族兄弟，哥哥名叫崇广，弟弟名叫福应。兄弟两人聪明善良，体力过人，是最先来到这座山开荒的。畲族雷姓祖公迁到这里后，汉族两兄弟热情接待，他们互相帮助，共同合作，把这座荒山开成一片片良田。可是，这座山里的鸟害和兽害很厉害：谷子发了芽，鸟雀飞来啄；禾苗分了蘖，山羊出来啃；稻谷出了穗，山猴、野猪齐来抄。弄得一年到头颗粒无收。以后他们只好把田水烤干插番薯。可是，薯苗一发芽，山猴就来拔；薯蔓一分枝，麂子就来吃；薯仔一长大，野猪就来拱。大家弄得没有办法，畲家祖公就和汉家两兄弟一起商量怎样除害。崇广兄弟会打铁，便制造了神铳和铃刀，见鸟雀来啄谷芽时，便放响神铳，鸟雀就吓飞了；稻谷出穗时，摇响铃刀，山兽听到铃声就不敢来吃了。可是时间一长，鸟兽听惯了铳声和铃声，又不怕了。这时，畲族祖公就用野树的皮制出螺号。野兽来了，祖公吹响螺号，畲、汉两族在四面山头干活的小孩、姑娘及小伙子、老阿公们，便都纷纷赶来，将野兽围在中间，用铳打，用刀砍，一齐动手，渐渐地把鸟害、兽害消除了，年年获得了丰收。

从此以后，鼓楼山的耕地越来越大，田中收成越来越好，畲族子孙也越来越兴旺。畲民为了纪念这两个汉族兄弟的帮助，就在鼓楼山上为他们兴建一座庙宇，尊称他们为"魏公侯"。并且定于每年农历二月初二在这里举行盛大的庙会。这天，大家都用糯米和蔗糖做成馒斋、米酒，到庙上进行公祭。同时放起神铳，舞起铃刀，吹响龙角，驱逐飞禽走兽，并祈祷田园丰收，人畜平安。然后在庙前燃起两棵两丈来高的"火树"，银花四射，照耀歌场，进行盘歌，通宵达旦。庙会活动完毕以后，大家就互相馈赠馒斋，预祝丰收。①

这则故事讲述了福安畲乡人每年农历二月初二都要到鼓楼山上举行庙会的习俗。在故事中，畲族雷姓祖公迁徙到鼓楼山，与汉族人混杂居住。汉人兄弟并没有排挤后来者的畲民，而是热情接待，开怀接纳。面对生产过程中的鸟害和兽害，两族人民齐心协作终于消除了。故事着重描写了汉族兄弟用打铁技术制造了驱赶鸟兽的工具，但是并没有取得成效。畲族人用野树皮制出螺号，提示畲、汉两族人们听到螺号便出来共同驱赶鸟兽，最终年年获得丰收。强调了先进的工具并不能带来一劳永逸的效用，真正驱逐鸟兽的是畲、汉两族人民长期的共同努力和互帮互助，寄托了畲族人民对畲汉互助的美好愿景。为了纪念汉族人的帮助，畲族人在鼓楼山为汉族人兴建庙宇，并约定年年举行庙会庆祝，体现了畲族对汉族的感恩之情。纪念汉族人成为地方畲族居民的节庆风俗，直观地反映了畲汉互动的紧密性，以及畲族人民对汉族抱有的美好情感寄托。

节庆活动的共建共享本质上是一种群体互动仪式，在这样的仪式过程中，参与活动的不同个体都产生一种情感共鸣和情感共享，进而产生共同的归属感。② 风俗与习俗都有传承文化，教化世人的作用。以上两则关于

---

① 陈炜萍：《畲家风情——畲族的故事》，福建少年儿童出版社 1988 年版，第 30—37 页。

② ［美］兰德尔·柯林斯：《互动仪式链》，林聚任、王鹏、宋丽君译，商务印书馆 2012 年版，第 80—81 页。

风俗和习俗的故事都是以畲汉混杂居住为背景，故事中面临的困难都是居住环境中大自然带来的障碍和灾害。矛盾也是依靠畲汉两族人民互帮互助下共同努力解决的，并且故事中也都提到畲汉两族人民长期和谐共处。这从侧面体现了在畲汉两族混杂居住的同时，双方拥有相似的生活习惯和劳动方式，甚至拥有共同的节日习俗。这展示出在畲族、汉族杂居的村落里，相邻关系以及乡里事务，是由畲族、汉族协商处理的。两则故事都展示出畲汉互动的紧密性和长期性，面对共同的自然灾害和困难让两个民族合作和互动更加紧密，进一步推动了两族人民的和谐共处，而且只有这种畲族、汉族的和谐协作，才能维持地区的稳定平安和有序发展。

二　畲汉联合智斗地主的故事

智斗地主型故事是民间生活故事的典型类型之一。它以地主和农民两种不同阶级的人物为主人公，通过他们之间的博弈过程展现民众的心理倾向。这类故事往往是贪婪、狡猾、狠毒的地主占据强势地位，企图压榨、欺凌农民，处于弱势的农民通过智计进行反抗并且成功让地主受到惩罚。这类故事具有情节紧凑生动、幽默风趣的特点。智斗地主型故事在畲族民间故事中也大量存在，且一般与机智人物故事糅杂在一起，并存在蓝聪妹、钟阿哥等角色形象鲜明的箭垛式机智人物。从故事内容来看，还存在一部分反映畲汉联合智斗地主的故事。下面，选取两个典型的故事进行解析。

第一则故事《神奇的石臼和箬叶》流传于浙江金华兰溪。原文如下：

很早很早以前，在一座深山有一个畲、汉混居的五六十户人家的小村庄。

在这个村子里，有两个老财主，一个叫蓝要吉，另一个叫张阿贵。是两个无恶不作的恶霸。他们利用地租、高利贷盘剥村民。逢年过节，或遇上红白事儿，还要硬到穷人家里吃喝上一顿。穷人吃够了他们的苦头。就把蓝要吉骂作"蓝要吃"，把张阿贵骂作"张恶鬼"。

在这个村子里，还住着两位很要好的小朋友，一个是畲族的雷敏智，另一个是汉族的李才根。他俩从小就一个给蓝要吃家放牛，一个给张恶鬼家放羊，他们一同上山，一起回家，天长日久，就成了一对贴心的朋友。

一天，雷敏智和李才根在山上放牧，敏智指着对面的山说："才根，听说那座山顶有一个很深的山洞，谁都没进过洞，你敢进去吗？"

才根看看对面那座半山腰被云遮住的高山，不在乎地说："敢！喔，我们把牛羊赶到山岙里再去吧。"

两个小朋友把牛羊赶到山岙后，就来到对面的山脚下。扒开齐腰深的柴草，向山上爬去。他们来到一块岩石后，找到了山洞。

听听里面有水声，他们想，高山顶哪来的水呢？

"我们进去吧！"敏智说。

两人用手扶着洞壁，一步一步地摸进去。摸呀，走呀，摸呀，走呀，也不知摸了多久，走了多远，一个急拐弯。忽然，眼前一亮，出现了一个小操场那么阔的平地，平地周围是笔竖笔竖的石壁，足有四五丈高。光滑的石壁，发出蓝光；平坦的石头地面发出青光。平地的另一头石壁上有一扇小门大小的洞。他们顺着那个洞再往里走。

走进小洞，"咚咚"的响声忽然大起来。这个洞，约三丈深。深底石壁上挂着一张箬叶，从箬叶上一会儿滚下来一颗米粒般大小又发亮的小珠子，珠子滚入一只小石臼里，发出很大的"咚咚"声响。

他们走到箬叶下，发现箬叶是从石壁里长出来的，还有半张在石壁里呢。石壁连一丝缝也没有，那一粒粒米样的珠子是从这半张箬叶上渗出来的小露珠结起来的。奇怪的是箬叶下面的小石臼只有小茶杯那么大，可总是装不满。

敏智蹲下来，捏了一把臼子里的米样的小珠子，嘿，那些珠子一下子变成了糯米粉，还发出奇异的芳香。敏智抓起粉又捏了一下，这些糯米粉立即变成了麻糍，软软的，韧韧的。

才根走过去，摸了一下箬叶，奇怪，箬叶整张从岩石上掉到了他的手上，才根怕珠子滚到地上，慌忙用双手把箬叶一卷。等他松开手，箬叶弹直了，从里面蹦出了一只用箬叶裹着的粽子。粽子发出阵阵扑鼻的清香。

敏智把麻糍掰一半给才根，才根把粽子分一半给敏智，奇怪，石臼和箬叶上又出来一个麻糍和粽子。原来，这是取不尽的宝贝。

他们俩高兴极了，一蹦老高，"快，拿回家去，让大家吃！"可是一想，拿回去还不得被蓝要吃和张恶鬼抢走。两人小眼珠一转，想出了一个主意。刚才，他们吃了半个麻糍和粽子就很饱了，要是让蓝要吃和张恶鬼吃饱了，岂不要撑死？他们商量好，各自拿着石臼和箬叶回家去了。

他们叫来了全村的穷人们，把麻糍和粽子分给穷乡亲；告诉他们麻糍和粽子吃进肚子里要发胀的，不能多吃。

麻糍和粽子的奇香从敏智和才根家飘了出来，蓝要吃和张恶鬼都闻到了，直流口水。他们找到敏智和才根家。看见石臼和箬叶。蓝要吃说石臼是从他家偷走的；张恶鬼说，箬叶是从他家偷走的。他们都要将它们拿回家。可是他们用尽吃奶的力气也搬不动石臼和箬叶。于是两人松开裤腰带，拼命吃粽子和麻糍，两个人肚子都胀得像癞蛤蟆。

蓝要吃和张恶鬼回到家里，觉得肚子胀得紧，头昏得慌。只能躺着，胀得实在受不了，就对下人说："快去问那两个小子，叫他们赶快把我的肚胀消掉，要不然，我就杀他的头！"

敏智和才根说："好办，好办，只要喝热开水就能消胀，开水喝得越多越好。"

下人跑回去，向他们灌了一碗热开水。谁知糯米遇到热开水胀得更快，不一会儿，蓝要吃和张恶鬼腿一直，手一伸，都丧了命。

两个恶霸撑死的消息传开了，穷乡亲们蹦呀，跳呀，都夸奖敏智和才根为乡亲们除去了两个祸害。

从此，每逢节日，畲族人总是打麻糍，送给邻居的汉族兄弟家，麻糍又黏又韧，象征着畲汉两族团结紧密无间；当地的汉族人则把双双相连的粽子送给畲家兄弟，他们象征汉畲两族心心相连。①

在这个故事中，糍粑代表畲族的风俗，并在节日时会将糍粑赠予汉族邻居。粽子则代表汉族的风俗，在节日时赠与畲族邻居。糍粑和粽子都被

---

① 蒋风、陈炜萍、陈华文编：《畲族民间故事选》，上海文艺出版社1993年版，第353—356页。

赋予了团结的象征意义，展示出畲汉互动的团结性和紧密性。除了糍粑和粽子的对照，这个故事中还存在另外一组对照，畲族少年雷敏智和汉族少年李才根，他们分别又与畲族地主"蓝要吃"和汉族地主"张恶鬼"形成对照。畲汉两位少年为护住得来的糍粑和粽子，共同智斗地主，最终取得了胜利除掉了当地的两个恶霸。这个故事语言轻松诙谐，不仅寄托了畲汉两族人民对团结的美好愿景，也展现出两族人民的良好互动。这则故事也透露了一个重要的信息，就是在畲族民间故事中，地主一般为汉族人，但并不是一定是汉族人，他也可以是畲族人。正如故事中的两个老财主，蓝要吉和张阿贵。联系前文的畲族姓氏故事以及这则故事中畲族少年雷敏智从小给蓝要吉家放牛，汉族少年李才根给张阿贵家放羊，可以推断，蓝要吉是畲族人，张阿贵是汉族人。故事这样的设置，反映了在畲民心中，畲汉普通劳动者与地主阶级之间的矛盾是阶级之间的矛盾，而非民族之间的矛盾。阶级压迫是畲汉群众联合斗争，团结合作的原因和动力。因此，我们再看畲族的智斗地主故事时，绝不能想当然地就认为畲民斗的一定是汉族地主，也有可能就是畲族的地主，虽然在数量上是较为少数。这也构成了畲族民间故事的一个明显特点。

这一特点在第二则故事《钟阿进的故事》中也得到了体现。《钟阿进的故事》流传于闽东地区，故事分为三个部分，节选其中两个部分如下：

> 相传过去，畲家村寨有个钟阿进，会医术，常常给人治病。这个人，又好抱不平，也够乖巧的。
> ⋯⋯
> （二）为看牛弟申冤
> 有一个财主，家里有一头水牛牯，雇的看牛弟，有吃没丁钱。那水牛牯租人犁田，一工要收三工的钱。耕田"春争时，夏争日"没牛犁田，也得去租。一天，看牛弟见财主这么狠心敲人竹杠，顺口说了句："若凡牛死去，看他凭什么盘剥人。"不知怎的，这话会传到财主耳朵里。讲起也真巧，那天牛不知吃了什么，腹肚胀死了。财主就硬赖看牛弟毒死，扭送县衙门去关押起来了。
> 这事传到邻村钟阿进那里，许多人都可怜看牛弟冤枉，孤苦一人坐监牢。钟阿进也知道看牛弟姓钟，是本族人。当下拿着包袱雨伞，

跑到财主家，责问财主："赖看牛弟毒死牛，有何凭据？"财主应不出话，反诬钟阿进是同谋，两个争吵，闹到县衙门。财主买通县太爷，说钟阿进同谋也要关起来。钟阿进当堂辩驳："我是敢岭村，相距山后村数十里，各人历来素不相识，何以同谋？"县太爷知道理亏，不敢关他。钟阿进又再问："无凭无据关人，说看牛弟毒牛，是何道理？"县太爷不能回话，说了声："这事与你无关。"退堂了。钟阿进决意替看牛弟申冤，写了状书送福州雷丙新衙门。雷丙新见本族人遭此冤屈，立即叫儿子下来了结。雷丙新儿子坐轿到财主家，说："如不放出看牛弟，就不放过你。"财主怕了，跑去求县太爷放人，县太爷气地说："送钱来叫我关人的是你，如今要放人的又是你。要放人，再拿八十元银元来。"财主没法又送去八十块银元。县太爷知道雷丙新来势大，拿四十块银元给看牛弟披红出牢门。那财主死了牛，又赔了钱，真是叫苦不迭。

（三）为民女出气

某村有个财主仔，寻花问柳，无恶不作。一天他看到一个过路女子生得好就随后跟去。行到三岔转弯处，上去调戏，被那女子掴了一巴掌，跌倒了，一只脚的脊头骨伤了。家奴追来，把这女子抓到财主家，要她赔偿医伤钱。这女子不服，大吵大闹，弄得财主一家人不安在。医伤要紧呀！听说钟阿进医骨伤顶本事，就讨了轿去请钟阿进来医。

钟阿进早就听讲这财主仔不成人，民愤大。他到财主家，又明白了这回脚伤的前前后后。钟阿进看了看脚伤，说可以医好。财主问要几多钱，尽管说，由那女子出。钟阿进说："我给你医好，不要钱，你们把这女子放回去好了。"女子感动，谢了钟阿进走了。第二天，钟阿进说："照我的医法，会痛一阵的，要忍耐着呀！"财主哪里知道钟阿进是抱不平的人呢？只见他两手抓住那伤脚，用力一拉一扭，那财主仔痛得死命哭叫，面色惨白，豆大的汗都挤出来。钟阿进胡乱掘些青草给他去包，也就走了。以后这财主仔的脚，永远一拐一拐地成了残疾。①

　　前面我们已经提到，钟阿进是畲族民间故事中较为典型的箭垛式机智人物。以上两个节选都是讲述钟阿进智斗地主的故事。为什么选取这两个故事？因为它很好地说明了畲族智斗地主故事的特点。先看第二部分，故事强调了钟阿进为看牛弟打抱不平，是因为他们同为"畲族"的本家人身份，说明是在族群认同的驱动下，钟阿进作出了这样的行为选择。同时，故事还强调钟阿进在自己行动没有成功后向同是畲族的官员求助，最后是在本族官员的"协助"下，让财主多花了银子放了看牛弟，取得了胜利。这种胜利不是因为钟阿进的智慧特质，更多是肯定他的正义感和勇气，而且这种勇气和正义感也主要源于族群认同。说明，此时的畲族已具有较强的民族凝聚力，看到同族人受到欺负，钟阿进和雷姓官员都立即挺身而出。而且在这个故事中，出现了畲族人入仕途的角色，反映出畲族的家族已取得较大的发展，存在入仕为官的现象。

　　我们再来看第三部分"为民女出气"。这一部分，明显淡化了畲族的族群意识。故事并没有交代这个民女是畲族还是汉族，钟阿进为她打抱不平，运用自己的聪明才智惩治了地主，也是因为心中的正义感，是纯粹的正义之举，而不是夹带家族或族群的"义气"之举。当这两个看似有些相悖的内容同时出现在同一个故事之中，而且是发生在同一个人身上时，它的社会隐喻就变得更加丰富。至少说明了，此时的畲族虽然具有较为强烈的族群意识，但这种强烈的族群意识和认同感，并没有阻碍族群之间的交流合作。因为有更高层级的意识存在，那就是善良、正义和勇敢等共同价值伦理。在这些共同价值伦理的指引下，不同族群之间可以展开合作。这也是畲汉联合智斗地主故事所传递的最高价值的信息。

　　总之，畲汉联合智斗地主故事产生的原因是畲汉民族群众生活在同一个区域，二者毗邻而居，这是故事发生的重要的社会空间条件。畲族多定居于山区地带，与汉族产生互动的起因一般是汉人逃难至畲族的山村。故事中出现财主时通常是畲民下山到镇子中为财主做工，或是发生在畲汉混

---

　　①　钟伏龙、林华锋、颜素开等编：《闽东畲族文化全书·民间故事卷》，民族出版社2009年版，第222—223页。

杂居住的城镇。因此，财主、地主等人物在畲族民间故事中出现较为频繁。畲汉民族混杂居住影响了两族日常生活、劳作生产、婚丧嫁娶、家庭观念等生活的方方面面，导致民间故事中出现了大量畲汉平民互动的故事。汉族文化对畲族文化影响之深远，甚至在畲族姓氏起源故事中也能找到汉族文化元素。这也反映出在混杂居住之中，畲汉两族人民互帮互助、和谐共处，在长期的经济交往、文化习俗交流与通婚联姻的影响下，畲族与汉族之间的民族共同性持续增加。这为畲汉两族之间存在共同的社会和文化精神追求打下坚实的基础，为中华民族共同意识筑牢社会根基。

小　结

畲族生活故事的叙事结构与叙事逻辑既烙下了畲族思想意识和文化历程的烙印，也呈现出中华民族的文化印记。作为一种有意义的历史叙事，人们在讲述生活故事时，也是在构建一种属于自己的集体记忆与族群认同。换言之，畲汉团结互助故事有利于族际友谊的代际传承，老一辈的朋友关系，在后辈身上也得以继承，延续了族际友谊关系，使之成为共同的互动记忆。

畲汉通婚故事从故事主角来看，无论是在"畲女选婿"还是在"畲郎娶妻"故事中，男性的身世或社会地位都较为低下，在"畲女选婿"故事中，一般为逃难或贫穷的汉族男子；而在"畲郎娶妻"中，男性则一般为家境贫寒的畲族男子，但二者都凭借着勤劳、善良、智慧等美德赢得了女主的欢心，使得婚恋成为可能。从故事情节来看，对于畲族女性来说，她们要嫁给汉族男子主要是突破传统社会"畲汉不通婚"的规训——一种社会观念的约束，因此只要能得到族群（家族）长者的肯定，婚恋关系就能实现。而对于畲族男子要娶汉族女子，显然就不仅仅是社会观念上的束缚，而是社会关系、社会地位以及社会资源的全面权衡和考量，于是困难重重，反映在故事中，就是各种必须借助神异力量才能实现的"不可能"条件或任务。

畲族人民通过讲述畲汉通婚这种非常密切的交往互动故事，以点带面地改变不同民族之间的印象，形成客观、良好的民族态度，促进民族互动和民族团结，有利于为民族团结创造良好的社会心理条件，进而成为铸牢中华民族共同体意识的有利条件。

畲汉团结互助故事的主题，主要有共同克服自然困难和智斗地主两类。这两类故事以畲民的社会生活为背景，讲述发生在日常生活中较为常见的事件，故事总是以讲述族际友谊，称颂勤劳、智慧及嘲笑迂腐为基本内容，体现了畲汉两族人民在日常生活中的深入交往、团结互助等社会联动。这种深度参与的社会联动是超越族群共同体，构建地域共同体的关键。畲汉混杂居住影响了两族日常生活、劳作生产、婚俗嫁娶、家庭观念等生活的方方面面，导致民间故事中出现了大量畲汉平民互动的故事。汉族文化对畲族文化影响之深远，甚至在畲族姓氏起源故事中也能找到汉族文化元素。这也反映出在混杂居住之中，畲汉两族互帮互助、和谐共处，在长期的经济交往、文化习俗交流与通婚联姻的影响下，畲民与汉族之间的民族共同性持续增加。这为畲汉两族之间存在共同的社会和文化精神追求打下坚实的基础，为中华民族共同意识筑牢社会根基。

第 五 章

共融的文化传承：畲族小说故事中的
中华民族共同性

　　畲族民间故事中存在着大量小说故事。这些小说故事具有鲜明的汉族文化色彩，使之区别于传统畲族民间故事，它们是畲、汉民族文化交流互动最直接的体现。这些故事包含了丰富的文学与文化交流信息，对于研究小说的民间回流、民间故事的生成机制、多民族文学交流的途径与文化影响等有着重要意义。故此，本章对畲族民间流传的"小说故事"进行研究，系统概述畲族小说故事的主题、特征与传播路径，在此基础上，以经典爱情小说、志人志怪小说为研究对象进行分类型分析，了解民族文化交流互动中畲、汉民间故事的交流情况，由此窥探畲族小说故事中的中华民族共同性。

第一节　畲族小说故事概况

　　小说故事，是指故事内容明显来自汉族文化与生活，或者直接出自汉族文人小说。作为民间故事，它们并不是市井村野的无稽之谈，而是植根于中国古代各部典籍之中。近年来，随着畲族民间故事不断被搜集、整理与出版，发现其中存在较多的以汉族文化为背景，以汉族小说情节为主体，与明清小说关系密切且特色鲜明的民间故事。在本节中，我们将集中对这些故事进行研究，分析畲族民间故事的整体概况，揭示其与中国传统文学的血脉联系，从更深层次探讨畲汉民族文化之间的交融汇合。

一 畲族小说故事的主题

通过对已经搜集到的畲族小说故事进行爬梳整理，发现故事的主题主要集中在经典爱情小说故事、志人志怪小说故事。

（一）经典爱情小说故事

孟姜女哭长城、牛郎织女、梁山伯与祝英台和白蛇传被称为中国四大民间爱情故事。其中，孟姜女哭长城、梁山伯与祝英台这两类故事在畲族社区流传较广，存在较多异文。

1. "孟姜女哭长城"的故事

孟姜女传说一直以口头传承的方式在中国民间流传。在流传过程中，各地逐渐形成多种传说版本，被当地民众所熟知。该故事可纳入丁乃通《中国民间故事类型索引》中的"888C 贞妻为丈夫复仇"类型。该类型故事的主要情节为：

Ⅰ.〔失去丈夫〕那位美丽的妻子的丈夫要么（a）由于暴君妄图霸占她而遭杀害，要么被（b）放逐到荒凉地区替暴君做苦役（筑长城等）。

Ⅱ.〔寻找丈夫的尸骨〕她（a）寻找他或（b）听到关于他的死。（c）她的痛哭引起长城一部分倒塌，一些服役者向她提供有关她丈夫尸体的情况。当她到达据说是她丈夫死去的场地时，她无法辨认他的尸骨。但她终于认出来了，通过（d）发现她的血滴在他的骷髅上时，就停留在上面不再流走了。（e）发现了半个硬币，等等，另一半保留在她身边。她终于认出丈夫的尸体。

Ⅲ.〔复仇〕（a）她告诉暴君说要是他答应埋葬她丈夫的遗体，她就嫁给他。（b）当暴君正在挖坟地时，她将他杀了。（c）她要那暴君为她丈夫举行一个大规模的葬礼，跪拜他的尸体。（d）然后她自尽了。①

一般而言，孟姜女哭长城故事的情节母题主要包括以下几个：

（1）孟姜女出世。孟姜女为秦朝一个葫芦瓜化生，由孟、姜两老汉共同养育，取名"孟姜女"。

（2）秦始皇筑长城。秦始皇统一中国后，修筑万里长城。

---

① ［美］丁乃通编著：《中国民间故事类型索引》，郑建威、李倞、商孟可等译，华中师范大学出版社 2008 年，第 189、190 页。

（3）万喜良躲徭役，偶遇孟姜女。书生万喜良因逃避衙役的追拿，翻墙逃进孟家院子，躲在丝瓜架下，正好被游园的孟姜女发现。孟姜女一看是个俊俏书生，便回报给孟老汉，孟老汉见万喜良一表人才，又知书达理，于是提出把孟姜女许配给他。

（4）万喜良与孟姜女结为夫妻。

（5）万喜良被抓去筑长城，劳累而亡。

（6）孟姜女寻夫。孟姜女一路打探着万里跋涉寻到长城脚底，却听到修长城的民夫说丈夫早已累死，尸体不知埋于何处。

（7）孟姜女哭倒长城。孟姜女痛哭，长城一段段倒塌，露出一堆堆森森白骨。

（8）滴血认骨。孟姜女咬破中指，把血滴在白骨上，直到寻得丈夫白骨。

（9）秦始皇巡长城偶遇孟姜女。秦始皇见孟姜女眉清目秀、如花似玉，遂起心霸占。

（10）孟姜女提三条件。一要秦始皇搭起三十里长的孝棚；二要秦始皇披麻戴孝，领文武百官到祭台上吊祀万喜良；三要在成亲之前，与秦始皇游海为万喜良举行葬礼。秦始皇一一答应。

（11）孟姜女投海殉情。孟姜女哭完丈夫，纵海殉情。

（12）秦始皇报复。大发雷霆的秦始皇命令士兵赶忙打捞，但大海咆哮，狂风四起，秦始皇不得而归。

（13）孟姜女回龙宫。海龙王和公主可怜孟姜女，便把孟姜女接进龙宫。

在以上情节中，万喜良（杞良）筑长城而死、孟姜女沐浴结姻、哭崩长城、滴血认亲的情节是最基础的母题，决定了一个故事是否属于孟姜女哭长城的故事。这也是本书界定畲族"孟姜女哭长城"故事的主要依据。

"孟姜女哭长城"的故事是将历史事件与民间故事混同的文化成果。从最早《左传》中对范杞梁妻事迹最忠实的记录，经过一系列文献有意或无意的增饰与改易，使这一人物向着传说的方向发展，最终形成了秦朝多情贞妇孟姜女感天动地的艺术形象。

"孟姜女哭长城"的故事也在畲族民间广泛流传。而且流传的形式丰富多样，有生活歌《十讲古时风流人》，小说歌《孟姜女寻夫》《孟姜女》，其故事情节基本是移植于汉族同名评话演义，只是在形式上改编为畲民偏爱的歌言。本节暂时不对歌言类文本进行探讨。除歌言形式以外，还有民间故事的叙事形式。笔者搜集到的畲族民间流行的与孟姜女哭长城相关的故事有孟姜女传说系列三部曲《孟姜女出世》《孟姜女变花报夫仇》《西瓜精点倒长城》，以及《秦始皇筑长城与放百万》《秦始皇巡游遇"山哈"》等。与畲族歌言类文本基本照搬汉族同名评话演义的内容不同，畲族民间故事对"孟姜女哭长城"原型进行了改编，赋予它不同的情节和主题。

2. "梁山伯与祝英台"的故事

"梁山伯与祝英台"的故事可纳入《中国民间故事类型索引》的"885 忠贞的恋人自杀"类型。该类型的主要情节为男女钟情相爱，当他们看到（通常是由于父母的反对）他们不可能在一起结婚时就双双自杀了。有时这姑娘已许给了或者嫁给了有权势的人家。他们设法私奔，但受到人们的追赶。由于绝望，他们（a）投河了（b）跳下悬崖。或者（c）其中之一跳进另一人的坟中（火葬的火堆中）。或者（d）以其他方式自杀了。①

"梁山伯与祝英台"故事流传历史悠久且范围广泛。现流行的一般故事版本虽未交代故事发生的具体年代地点，但故事的主要情节较为稳定，没有呈现出渐变、积累的过程，似乎在诞生初期就是一个和今日版本相差无几的完整形态。但相对完整可靠的书面记载应始于北宋李茂诚撰《义忠王庙记》。该文为庙记，详述了主人公的时代与籍贯：梁山伯名处仁，为会稽人，生于东晋穆帝永和八年（352 年），逝于宁康元年（373 年）；英台为祝氏九娘，女扮男装学名为祝贞，字信斋，于钱塘遇梁山伯。但后续记载却极具小说色彩，对梁祝相识、相恋故事的叙述极为详赡：英台被父母逼嫁马氏，婚途祭奠山伯、入墓合葬及山伯显灵助战事，基本具备了后世同题民间故事的普遍形态。只是少了魂魄化蝶双飞，而多了"巨蛇护冢"情节。梁祝故事中"化蝶双飞"的情节应出现于南宋薛季宣作

—————————

① ［美］丁乃通编著：《中国民间故事类型索引》，郑建威、李倞、商孟可等译，华中师范大学出版社 2008 年版，第 188、189 页。

《游祝陵善权洞诗》曰："万古英台面，云泉响佩环……蝶舞凝山魂，花开想玉颜"，是蝴蝶与祝英台形象并列出现的较早记录。其后史能之《咸淳毗陵志》亦称俗传"英台……幼与梁山伯共学，后化为蝶"。至此，梁祝故事原型的普遍形态已确定。后世流传的众多版本，也是基于此原型的异文。

梁祝故事原型的情节母题包括以下八个：

（1）祝英台女扮男装出门求学。祝家庄员外独女祝英台，16岁携丫鬟秋香女扮男装出门求学。

（2）祝英台与梁山伯结拜兄弟。祝英台途中遇书生梁山伯，结为弟兄，一同入山拜师。夜间同宿一炕，以此度过三年，二人亲密友爱却不知英台为女。

（3）两人心生情愫但错过。学成下山，梁山伯不舍祝英台，英台以歌诗暗示本为女身、愿结连理之意，山伯未解。英台于是谎称将双胞胎妹妹九红许与山伯，山伯欣然应允，约定十日内登门求亲。

（4）祝英台被逼婚。山伯上门提亲，但英台已被祝家父母许配马员外之子。

（5）山伯气绝身亡。

（6）英台婚途祭奠山伯。英台三日后与马公子成亲，花轿过山伯之墓，英台以头撞其坟堆。

（7）入墓合葬。坟堆开裂，英台身入墓中。

（8）化蝶双飞。墓中飞出红白两只蝴蝶，世人皆云其为梁、祝灵魂所化。

综观畲族民间流传的梁祝故事，存在大量歌言类故事，这些小说歌基本移植了汉族的梁祝故事，只是以畲民较为习惯或喜欢的歌言形式进行表达。与此同时，畲族民间故事中也存在不少与梁祝故事相关的异文，如《梁祝杉竹缘》《马俊做阎王》《马俊做判官》《马俊如何成"公猪"》等。这就让我们不免生疑，为何畲族民间故事更多的是关注马俊，而不是梁祝二人？其中原因可能有二：一是梁祝故事的原型在畲族歌言类文本中广泛存在，已被畲民所熟知。因此，后人在搜集和辑录民间故事时，将畲民讲述的与原型故事差别不大的相关故事就略去，并不将之视为畲族故事；二是马俊作为原型故事的反面人物，着墨不多。因此，在后世的改编或演绎中有更大的发挥空间。而对马俊的形象改编，也蕴藏着改编者的行为逻辑与价值指向。这一点，我们在后文对畲族的梁祝故事进行专题分析时，再详尽论述。

（二）志人志怪小说故事

中国文言小说大致可分为志人、志怪、传奇等类型。志人小说主要讲述帝王重臣名流等人的言谈轶事、故国朝野遗闻。志怪小说则以超现实的神鬼怪谈、因果报应为主要内容。"传奇"与"志怪"意思相近但涵盖范围更广，包括现实社会的奇人奇事。传奇由志怪发展而来，在写作手法上，志怪粗陈梗概而传奇曲折细腻，但二者往往没有判然分明的界限，只能相对区分。鉴于此，笔者将文言小说分为志人与志怪两大阵营，借此对畲族民间故事进行对比分析。通过对畲族民间志人志怪故事源流演变历程进行梳理，不难发现，它们与文言小说之间存在密切关系，让人有种"似曾相识"的印象。它们虽由通俗朴拙的现代白话写成，却与文言小说记录了同一事件、描绘出同类人物，不仅印证了畲族社会丰富、独特的文化底蕴，也昭示出中国传统典籍与文化在畲族民间传播中的渗透力和广泛性。

1. 志人小说

畲族民间故事中的志人小说数量极为丰富，涉及的人物也较为多元，包括帝王、重臣、名流等。其中又以帝王为主要对象，包括秦始皇、刘秀、朱元璋、乾隆等。在众多帝王之中，来自民间的朱元璋最受关注，关于他的故事也是最多的，如《朱元璋与刘伯温》《明太祖朱重八》《千里访天子》《夜攻梅花门》《三妖投凡胎　姥姥生皇帝》《石鼓验正身　古井脱身》《险放牛恨畲民　入寺当和尚》《伯温得天书　鸭童显天子》等。这些故事有的是描述具体的某个事件，有的是系列故事，前后之间存在明显的时间先后顺序与发展逻辑。但总体来看，这些故事与汉族民间流传的故事在内容上较为相近，属于同源。次之是统一中国的秦始皇，秦始皇的故事又大多与筑长城和孟姜女传说有关系。如《秦始皇筑长城与放百万》《秦始皇巡游遇"山哈"》，我们在解析孟姜女传说的时候将一并分析。

除以上两位传奇帝王之外，还有一位名流（名人）备受畲民关注，他就是能工巧匠的代表——鲁班。畲族民间广泛流传着鲁班传说故事，如

《鲁班捡墨斗》《伏依造礤》《吃鱼架梁》《雨伞和房屋》《凉亭和雨伞》《柱基石和屋架》《船舵》《田螺的来历》等。故事内容涉及生活生产的方方面面，透过故事讲述，鲁班这位来自中原的汉人已成为畲民心中无所不能的"半人半神"形象存在。我们在后面也将对此进行具体分析。

除了以上几位出场率较高的人物，畲族民间故事中还存在一些志人。如《蓝姑子巧答乾隆皇帝》中的乾隆皇帝，《"山哈"不杀抱窝的母鸡》中的圣人孔子。在此不一一列举。总之，志人小说是畲族小说故事的重要内容，从中体现出的畲汉民族之间的文化和精神互动，值得深入探讨。

2. 志怪小说

志怪小说因其充满幻想神异，刺激惊悚的特质容易吸引听众兴趣，而成为民间故事讲述的重要内容。那些描写妖魔鬼怪神人轶事的小说故事在民间从不缺场。在畲族民间也流传着众多志怪小说故事，包括八仙、钟馗、谢伯文、彭祖、杨文广等。这些人物有的是历史上真实存在的，有的是虚构的，但无一例外的是在汉文资料中存在着关于他们广为人知的小说故事，这些小说故事通过戏曲、说书等通俗易懂的艺术形式在民间广泛流传。因为这些故事往往具有鲜明的神幻色彩，因此我们在神幻故事中也有所提及。

二　畲族小说故事的传播路径与叙事特点

美国人类学家罗伯特·雷德菲尔德在概括不同社会文化层次时提出"大小传统"的概念。大小传统的区分在于文化自身是否具有内省性。一般认为，"大传统"指知识分子、上流阶层的文化；"小传统"指未受教育者、农村农民的文化。中国文化同样存在"大小传统"的分野，但通常是以"雅""俗"两个概念进行划分。因此，大传统对应雅文化，小传统对应俗文化，这两对文化之间既存在对立又相互交流。[①] 中国古代典籍与流行于乡野口头的民间故事文本之间存在着各种相互参证的关系。正如汉学家梅维恒所言："在乡村说书人的口头故事和文人士大夫的精妙复杂叙事之间，存在着审美和语言方面的鸿沟。不过，当我们进行更细致地考

---

① 余英时：《士与中国文化》，上海人民出版社1987年版，第129—132页。

察，会发现中国的口头传统和书面传统是在相互联系中定义自身的。"①

（一）传播路径

畲族有本民族的语言，但没有本民族的文字。小说故事主要是通过戏剧媒介流入畲族社会，在流入过程中演变出小说歌和民间故事等表现形式。宋、元、明三朝的话本中的很多故事被改编为地方剧。这些汉族戏曲的传播，对畲族的说唱、故事等产生过重要影响。对于绝大多数识字不多的畲民而言，山歌、小说歌等歌言类文本是他们主要接触的民间叙事载体。因此，在畲族的小说歌中存在着大量的汉族小说故事。畲民子弟通过习歌、练歌、会歌、盘歌等口耳相授的形式，识字习文，代代相传。这些不识字或者识少量字的民间故事家通过观看"三言"戏，了解其情节，并将之运用到故事讲述中来。随着畲汉民族之间的文化互动越来越频繁和深入，越来越多的畲民受汉文化影响而学习甚至精通汉字。

汉族小说故事在畲族民间文学中的活力见证了畲汉文化交流的一段历史。英国人类学家与历史学家杰克·古迪充分肯定了书写系统对无文字社会产生的巨大影响，他宣称："书写的引入乃是使系统发生变化的重要动因。"② 这提醒我们，对于无文字社会来说，文字的传入对其造成的影响与改变是值得重视的。书写往往意味着权威，尤其是对无文字的族类的历史而言。畲族子弟通过社会教育、私塾教育、科举应试以及现代学堂教育等形式，大大提高了汉语知识水平。在此影响下，对这些"小说故事"感兴趣的畲族故事家就以高超的讲述技艺和编创故事的能力进行了再创作，从而将不同的汉族小说常见情节重新组合成新的故事。

（二）叙事特点

畲族小说故事来源于汉族小说故事，但又加入了本民族的元素进行再创作，因此畲族小说故事在叙事上呈现出一些显著特点。主要表现在故事内容与故事人物两个方面。

故事内容的传承性与创新性。正如前文所述，畲族故事家在对一则汉族小说故事感兴趣时往往会对其进行再创作。在创作过程中，这些口头故

---

① ［美］梅维恒主编：《哥伦比亚中国文学史》，马小悟、张治、刘文楠译，新星出版社2016年版，第1095页。

② ［英］杰克·古迪：《西方中的东方》，沈毅译，浙江大学出版社2012年版，第152页。

事，有的比较完整地保留了汉族小说故事的基本框架，如关于朱元璋的系列故事畲族民间关于朱元璋的故事；有的属于"旧瓶装新酒"，用传统畲族民间故事的情节母题重新编织一个新的故事世界，如《秦始皇筑长城与放百万》《秦始皇巡游遇"山哈"》；而有的故事则改编比较大，对故事原型进行改头换面，只保留部分情节，如孟姜女传说系列三部曲《孟姜女出世》《孟姜女变花报夫仇》《西瓜精点倒长城》。尽管如此，无论故事在传播过程中对其源头文本作了如何的取舍与改变，仍然能够有效地传承其故事情节、人物关系等关键元素。

故事人物的扁平化和类型化。英国学者爱·摩·福斯特提出过"扁平人物"和"圆形人物"的概念。扁平人物"按照一个简单的意念或特征而被创造出来"①，而圆形人物则表现出复杂的性格特征，或性格富于变化。民间故事讲述者和听众往往注重情节，以满足好奇心理，收获听讲故事的快感，人物只是连缀情节、推动故事发展的行动要素，以至于很多故事在置换人物姓名、身份后并不影响讲述。因此，民间故事的人物更多具有"行动元"的特征，而缺乏无可替代的鲜明"角色"意义。畲族民间故事中的人物基本上属于扁平化形象，呈现出单一、稳定的性格特征，如孔子的仁义厚道、秦始皇的风流忤逆、孟姜女的忠贞不屈、朱元璋的凶险善斗、刘伯温的神机妙算等。民间故事中的历史人物事迹真假混杂，以虚构为主；但性格并非民众凭空自设，而多与相关的经史典籍、文学作品体现出一致性。

总的来说，畲族民间流传的小说故事更趋近于全国的普遍形态。究其原因，是畲、汉民族长期毗邻而居，两族人民在民间展开广泛和深入的文化互动。明代以降，畲族就陆续迁入闽浙赣交界区与汉族杂居，长期频繁的交流互动必然促进汉族文化因素在畲族文化中的汇入与融合，以此影响到畲族民间故事的流传形态，使之与全国流传的经典形态相比，呈现出共性大于个性的特点。

---

① ［英］爱·摩·福斯特：《小说面面观》，苏炳文译，花城出版社1984年版，第59页。

第二节　人伦至上：畲族经典爱情
小说故事的文化心理

　　爱情是人类文学创作的永恒主题之一。在中国，孟姜女哭长城、牛郎织女、梁山伯与祝英台、白蛇传因故事源远流长、情节生动、情感真挚、影响深远被并称为四大民间爱情故事。在畲族民间故事中，孟姜女哭长城、梁山伯与祝英台这两类故事流传较广，存在较多异文。在这些异文中，既表现出汉族小说故事原型的共性，也展现出畲族本民族的特性。本节主要通过对异文的文本分析挖掘这些共性与特性以及二者之间的内在联系，从而透视畲族经典爱情小说故事所蕴含的共同体心理。

　　一　"乱伦"亡朝的秦始皇：畲族"孟姜女哭长城"故事的叙述重点

　　据笔者搜集到的畲族民间流行的与孟姜女哭长城相关的故事，有孟姜女传说系列三部曲《孟姜女出世》《孟姜女变花报夫仇》《西瓜精点倒长城》，以及《秦始皇筑长城与放百万》《秦始皇巡游遇"山哈"》等。下面，我们以孟姜女传说系列三部曲和另外两个相关故事为例进行说明。

　　先看孟姜女的传说之一《孟姜女出世》。原文如下：

　　　　传说，秦始皇当年住在东京。那年秦始皇夜夜上天游月宫，都没与三十六宫相会。时间一长，三十六宫互相询问，都讲皇上近一个月来没有到自己房内，皇上是不是有新欢。他们联络起来问马童，马童讲："皇上夜夜来到马房牵马外出，不知道哪儿去。"第二天晚上，三十六宫与马童商量好，叫人把马童偷偷绑在马鞍下，跟着皇上外出，看看他到底去哪里。傍晚，秦始皇真的来牵马了，他一上马，就腾云驾雾，飞到月宫。到了宫门，马不走了，秦始皇奇怪，以前马都进宫，今日为什么不进去。下马一看，有一条飘带垂下来，一人绑在马下，秦始皇放下看是马童，就问："你偷跟来干什么？"马童："听说天下有十四省，我跟皇上走了十三省，还有一省不知何处，今日跟皇上看看是不是传说中的十四省。"秦始皇没说什么，便把马交给马童，自己进宫。

秦始皇入宫坐下，一位仙女捧茶上来，他看仙女生得好，歹心起，在接茶时摸一下仙女的手。这下出问题了，凡间的人肮脏，仙女的手被秦始皇一摸，全身乌青，不能住在天庭，要受斩。因此玉皇下旨将那仙女斩成两段，丢下南天门，下身投胎孟家孟姜女，上身投胎范家范杞良。玉皇心忖，秦始皇无道，来到天庭还这么不规矩，害了仙女。好吧！他害仙女一身，我就害他一朝。立即下旨叫一个仙人下凡，送给秦始皇两朵红花：一朵花蕾和一朵盛开的花。后来秦始皇乱伦，败了江山。①

从故事的类型来看，这是一个幻想型故事。除秦始皇、孟姜女、范杞良等角色名称与"孟姜女哭长城"小说故事相同以外，可以说，就是一个新的故事。故事讲述秦始皇夜夜上天游月宫，一次偷摸了仙女的手，导致仙女"受污"，全身乌青。玉皇下旨将那仙女斩成两段，上身投胎范杞良，下身投胎孟家孟姜女。玉皇心想秦始皇无道，就下旨让仙人送给秦始皇一朵花蕾和一朵盛开的鲜花，让秦始皇败了江山。

故事虽为幻想型，但透射出强烈的阶层意识。秦始皇作为人皇不仅有三十六宫，还可以上天入得了天宫。虽然这里的三十六宫并不一定是确切的数字，而是意指后宫之众，重点说明秦始皇的荒淫无度。与正史着重描述秦始皇的暴虐形象不同，在畲族民间故事中不仅描述了他的"无道"，更多的是强调他"风流"的形象特征。马童作为凡人没有进天宫的资格，马因为绑着马童到了宫门自动不进去，反映了这种等级（阶层）之间的差异，连牲畜都有意识，被视为自然规律和天道一样理所当然。然而，即使作为人皇，与神仙之间还是有差距。秦始皇虽被奉为上宾，仙女为其捧茶，但因其起了色心冒犯了仙女（摸了仙女的手），导致仙女全身乌青，用原文的话说是"凡间的人肮脏"。可见，即使贵为人皇，也与仙界地位最卑微的"仙女"存在"物种"隔离，这种隔离是无法跨越的，否则仙女就会被"污染"。而且仙女只因为秦始皇摸了手而被玉皇下旨斩成两

---

① 钟伏龙、林华锋、颜素开等编：《闽东畲族文化全书·民间故事卷》，民族出版社2009年版，第79页。

段，下身投胎孟家成了孟姜女，上身投胎范家成了范杞良。由此说明，无论是天界还是地界，森严的等级被视为"天经地义"且不可逾越的。同时，这里把秦始皇、孟姜女与范杞良三者的关系交代清楚了：孟姜女与范杞良前世为同一人（仙女），因此今生有缘结为夫妻，而仙女又是因被秦始皇"玷污"而死，这样三者之间亲近与仇恨关系就此联系在一起。

我们再看孟姜女传说之二《孟姜女变花报夫仇》。这个故事是第一个故事的接续，讲述了秦始皇强迫百姓筑万里长城，把孟姜女丈夫范杞良（范喜良）捉去压死在长城脚下。孟姜女万里寻夫，哭倒了城墙，滴血认到新夫骨。故事至此基本移植了"孟姜女哭长城"的情节。但在此之后，畲民开始展开想象：

> 秦始皇看见孟姜女生得好，就要孟姜女做娘娘。孟姜女要秦始皇答应三条才成亲：一要檀木做棺材收夫骨；二要文武百官给丈夫送葬；三要办孝江边祭亲夫。秦始皇听后，满口答应。谁知孟姜女很忠贞，看秦始皇件件都做到，就在江边哭呀哭，双脚一蹬，跳落江心尽节了。秦始皇得不到美人，白白受骗，相思得病后吃尽百药也治不好，便挂榜京城求名医，谁人治得皇上病，赏爵封侯答谢伊。
>
> 这一天，忽然有个跛脚人，拿着两朵花，来到皇宫门口，对守榜太监说："这两朵花能医皇上的病，你们拿去送给皇后，叫她插在头上，皇上的病自然会好的！"说完便走了。
>
> 太监听了，虽然不敢相信，但看看这两朵花，一朵花蕾红艳艳，另一朵绿蕊枝头青，香喷喷，实在可爱，就送到宫中，皇后和太后正守在皇上病床边，听太监这样说，也半信半疑，太后接过两朵花看看，也实在可爱，就说："既然送来，说能治皇儿病，我们就插在头上试试看吧。"就将花蕾红红的那朵给皇后插头，太后自己把那枝绿蕊插在头上。
>
> 没过几天，皇后头上的那朵开了的花忽然干枯了，皇后也变得和老太婆一样，那太后头上插的花蕊，却开起来，太后变年轻了。秦始皇看看太后，满头青发黑油油，脸上细皮嫩肉红扑扑，眼睛像水晶盘里的一粒会走动的黑葡萄，笑起来像朵花，也变得和孟姜女一模一样。秦始皇看呀看，就要太后做娘娘，太后大骂秦始皇："你这不孝

昏君，要你老娘做你老婆，除非皇宫城墙遮了天日！"

秦始皇听了哈哈大笑说："我皇帝圣旨口，又有赶山鞭，要皇宫城墙遮天日，有什么难呢？"就"啪"的一声，拔出身边赶山鞭，叫一员大将去赶大石头。没几天，就赶来天下山头九万九千九百九十九块大石头，叠起九百九十九丈高的九重城。太后看看天上的日头都快要遮一半，惊得伤心大哭。太后在皇宫里，"哇哇"一声哭泣，只听得天崩地裂一声响，那九百九十九丈高的九重城，立刻"哗啦哗啦"地倒下来。

秦始皇再也没脸坐朝见百官了。挂名巡游天下，没多久，就病死在半路上。这件事传来传去，大家都说，这两朵花是孟姜女变的，替丈夫报仇，惊死了秦始皇。①

联系第一个故事，可以知道这个来送花的"跛脚人"就是玉皇派下凡间来惩戒秦始皇的仙人。皇后带了盛开的花变成了老太婆，而太后带了花蕾变年轻了，变得和孟姜女一模一样，秦始皇看了就要娶太后为妻。这里有个隐喻，即用不同周期的花喻指生命成长与衰败的兴衰关系。太后提了一个看似不可能完成的任务"除非皇宫城墙遮了天日"。没承想秦始皇有神鞭——赶山鞭，赶来无数石头垒起了"遮天蔽日"的城墙，太后受惊吓哭了，于是出现了一个重要的故事情节"哭倒城墙"。

如果说，孟姜女哭倒长城是因为爱情感天动地的力量，那么太后哭倒城墙则是强调伦理道德的力量。哪怕你是至高无上的人皇，也要遵守这人世间的正统伦理。城墙再高，哪怕能够遮住天日，但见不得光的肮脏乱伦，也终究抵挡不住一声正义的啼哭。城墙倒了，秦始皇再也没脸坐朝见百官，说明此时的秦始皇也开始正视人间的伦理道德。后来秦始皇就病死在路上，人们就传说是孟姜女替丈夫报仇，惊死了他。这可以视为畲民（被统治阶级）面对无道统治的精神胜利，一种弱者的武器。

不过，结合前一篇文章，我们可以看到，促使秦朝灭亡的力量不是仙女，更不是孟姜女，而是玉皇——更高阶位的统治力量。玉皇利用了秦始

---

① 钟伏龙、林华锋、颜素开等编：《闽东畲族文化全书·民间故事卷》，民族出版社 2009 年版，第 80 页。

皇人性的弱点——好色，使其乱伦，导致败了江山。此时的玉皇代表的是"天道"——伦理道德。因此，说到底，畲族民间流传的孟姜女哭长城的故事，所要强调的是伦理道德的重要性。在百姓的传统认知中，风流成性的秦始皇可以存在，但逆伦无道的秦始皇必须灭亡。

　　这一点在《秦始皇筑长城与放百万》中表现得更突出。在这个故事中，秦始皇被认为是天上的鸡角精落凡出世的。鸡角精也就是公鸡精，代表着旺盛的生育力。皇宫里有三十六个娘娘、七十二个宫妃，一个晚上游三十六宫，还要和宫妃睡觉。玉帝听闻大怒："枉为人间帝皇，如此大逆不道！"就命神仙下凡，败伊江山。而秦始皇筑长城也是为了遮住日头，跟母后成亲。可见，是秦始皇的乱伦违背了天道，才导致亡朝。这个故事到此为第一段是对前两个故事内容的糅合。在第二段，讲述秦始皇到民间探听百姓对他筑长城的看法，遇到一位白发苍苍的老妪在田里耕作。秦始皇见她可怜就问她，"姥姥，许老还把草，你仔哪里去了？"老人应："我仔去筑长城了。"又问："秦始皇这式做，有无道理？"老人应："莫怪秦皇无道，只怪自己仔养得太少。"这是一个极其智慧的应答，是弱者反击强者的武器之一——不合常理的自责，让强者自省。然后故事又运用了一种民间故事惯用的叙事手法——谐音造成误解：老人的仔叫百万，在东门筑城。秦始皇回宫下旨"叫东门放百万"，于是错放了很多人，"后来官军又到处乱抓人，也就把孟姜女的丈夫范杞良抓去筑长城，才有了后来的孟姜女的故事"①。

　　这个故事还有个异文，《秦始皇巡游遇"山哈"》。故事的主要内容几乎一样，讲述秦始皇巡天下见到七八十岁的老妪辛苦劳累的耕作十分可怜，于是展开一段对话。只不过故事中加入了盘瓠传说的元素，秦始皇知道"山哈"有高辛帝钦赐敕书，"功见前朝，名传后裔，皇子王孙免差徭"，也知道了负责筑长城的人违反前朝传下来的规矩，把免差徭的"山哈"也抽来筑长城，于是令他即刻把抽来的"山哈"，包括老妪的三个儿子旺旺、八旺、三旺放回去。也是因为谐音引起的误会，被吓昏了头的总管分不清"万万"，又是八，又是三的，于是把抽来的八万三山哈全部放

————————

　　① 钟伏龙、林华锋、颜素开等编：《闽东畲族文化全书·民间故事卷》，民族出版社 2009 年版，第 77 页。

了回去，传宗接代到今天。①

　　严格意义上说，这个故事并没有提及孟姜女与范杞良，应不属于"孟姜女哭长城"故事类型。在这个故事中，我们可以发现，秦始皇的形象并不是完全负面的，相反他还是一个讲规矩，守规矩，懂得体谅民间疾苦的君王。可见，不乱伦的秦始皇在畲民心中还是一位统一了天下的了不起君主，侧面反映了畲民对大一统政权的认同。

　　再看孟姜女传说之三《西瓜精点倒长城》。这个故事承接第二个故事。讲述范杞梁（范杞良）为逃避差役躲到了一片西瓜园，偶遇了西瓜精——孟姜女。两人结为夫妻，恩恩爱爱，但不久范杞梁就被抓去筑长城。西瓜精到长城寻丈夫，才知道丈夫被压在了城墙下，于是一气之下，"把城墙的根脉点了一下，城墙就倒了，这才找到了丈夫的骨头。但城墙被西瓜精点过的地方，再也筑不高，遮不住日头了"。故事在这里发生了重要的变异——孟姜女不是哭倒了长城，而是点倒了长城。至于为什么能点倒长城，原因在于"这万里长城每一段就有一个城堡，就像西瓜藤，长一节藤，结一粒西瓜一样。孟姜女是西瓜精，正好破了秦始皇的万里长城"②。这也反映了畲族对汉族小说故事流入畲族社会之后的思考，并给予自己的阐释。

　　综合以上几则畲族民间流传的"孟姜女哭长城"故事，我们对这类故事的情节和特点进行总结。畲族民间流传的"孟姜女哭长城"故事的主要情节母题如下：

　　（1）秦始皇和孟姜女的前世。秦始皇是鸡角精（隐喻生育力旺盛）、孟姜女是西瓜精转世（能破秦始皇的万里长城）或为仙女。

　　（2）秦始皇风流成性。拥有三十六个娘娘七十二个宫妃或三十六宫，夜游三十六宫。

　　（3）秦始皇看上孟姜女。孟姜女的前世为仙女被秦始皇"玷污"导致受刑下凡，今世秦始皇见色起意，要娶孟姜女做娘娘。

_____

① 钟伏龙、林华锋、颜素开等编：《闽东畲族文化全书·民间故事卷》，民族出版社2009年版，第78页。

② 钟伏龙、林华锋、颜素开等编：《闽东畲族文化全书·民间故事卷》，民族出版社2009年版，第81页。

（4）秦始皇乱伦。玉帝因秦始皇无道且逾越规矩（玷污仙女），就派神仙下凡送两朵花，太后戴上花变得年轻，形似孟姜女，使得秦始皇要娶太后为妻。

（5）太后怒斥。提出除非皇宫城墙遮了天日等"不可能"完成的任务。

（6）秦始皇抽丁筑长城或使用"神力"筑皇城。

（7）孟姜女的丈夫范杞良被抓去筑长城，并被埋在城墙下。

（8）孟姜女寻夫，哭倒长城。或为太后哭倒长城，或孟姜女点倒长城。

（9）秦始皇受惩罚。城墙筑不高，病死路上，败了江山。

以上是畲族民间流传的孟姜女哭长城故事的情节母题概况。可以说，畲族"孟姜女哭长城故事"的情节是"杂乱"的，相互串联的。但在杂乱之中，又有一些规律可循，形成畲族孟姜女哭长城故事的一般特征。畲族的孟姜女哭长城故事大体遵循汉族"孟姜女哭长城"的故事情节发展：秦始皇无道筑长城——孟姜女丈夫范杞良被抓去筑长城——孟姜女寻夫，发现夫被埋于城墙下——孟姜女哭倒长城，歌颂了孟姜女感天动地的忠贞情感。但我们可以明显地看出，畲族民间流传的孟姜女哭长城故事具有鲜明的本民族特点。《秦始皇筑长城于放百万》《秦始皇巡游遇"山哈"》这两则故事自不必多言，二者仅仅只是借孟姜女哭长城故事的外壳，来讲述畲族本民族的故事。实际上可以不用归入孟姜女哭长城这一故事母题。就孟姜女传说系列的三则故事而言，我们也能看到明显的变异，即孟姜女不再是故事的主角，而是沦为秦始皇的配角，这完全可以从主要情节母题中看出。故事的展开是秦始皇的风流成性，故事的推进是秦始皇的乱伦，故事最终结局是秦始皇受惩戒。故事所要表达的最重要的主题，不再是歌颂了孟姜女感天动地的忠贞情感，而是反复强调天道人伦的重要性。违背了天道人伦，就会导致灭亡！充分说明了，此时儒家思想强调的基于亲缘、血缘形成的伦理道德规范已深入畲族社会生活与畲民心理之中，哪怕你贵为"人皇"，也必须遵守，甚至更应该遵守，从而为世人树立榜样的作用，否则只会导致亡朝灭代的下场。

二　担纲主角的马俊：畲族"梁山伯与祝英台故事"的另类讲述

梁山伯与祝英台故事应该是中国家喻户晓的民间爱情故事之一。畲族

民间也存在其相关异文。但令人疑惑的是，在搜集到的相关故事中，除了
《梁祝杉竹缘》的主角是原型故事中的梁山伯和祝英台，其他三则故事的
主角不再是这两位，而是原来的"男二号"马俊。畲民为何会对马俊情
有独钟？马俊在畲民讲述的故事中又扮演什么样的角色形象以及这样的形
象背后又隐射着畲民怎样的情感和文化心理？我们继续从文本中进行
窥探。

畲族民间传说《梁祝杉竹缘》流传于福建周宁。原文如下：

　　我们山哈人的竹林，又有种杉树，长得很快。盖房时，都是杉木
做椽，毛竹做椽钉。杉木做家具，也要竹钉钉。杉木做脸盆、水桶，
也用毛竹做篾箍。哪里有杉木，哪里也就有毛竹。杉木和毛竹怎么合
得这么好呢？山哈人是这样讲的。

　　传说，梁山伯在杭州读书，和祝英台结拜为兄弟，日间共桌读
书，夜间共床睡眠，梁山伯就是不知道祝英台是女儿身。

　　三年后，他们相会了。梁山伯到祝英台家中，才知道她是个千金
小姐，又惊奇又欢喜，就向她求婚。可是，祝英台已被父亲许配给马
家了。梁山伯心里像刀割一样，气得血都吐出来，回家不久，就这么
气死了。

　　梁山伯死后没几天，马家就来逼祝英台出嫁。祝英台没办法，只
好上轿。轿子经过梁山伯的墓地，她就下轿，扑到墓前哭得很伤心。
哭声传到天上，感动了神灵，突然"噼啦"一声，墓门开了！祝英
台跳进墓穴。真奇怪啦！墓又合起来了。

　　不知过了多久，梁山伯和祝英台那座墓，左边长出一棵杉树，右
边长出一株毛竹。杉木和毛竹长大了，叶连叶，枝连枝，笋壳尖和杉
树叶一模一样。从这时起，杉木和毛竹栽在一起就长得青青绿绿。我
们山哈人都讲杉木就是梁山伯变的，毛竹就是祝英台变的。

　　山哈人起厝时，杉木要留一根做"梁"，毛竹叫"祝"，用来做
钉子，梁祝不离。杉木做鼓身，竹就做钉来钉，做成了鼓以后，不但
不分离，而且两头敲起来的声音，都是"懂（咚）！懂（咚）"，意

思是"梁祝"懂得永不分离。①

从内容上看，这则故事是借梁祝故事解释畲族地区毛竹杉树套种以及在生活生产中联合使用的原因。因此，从时间秩序上而言，梁祝故事一定是在这个故事之前的，也可以认为这是梁祝故事对畲族民间社会生产生活的直接影响。故事共 6 段落，其中第 2 段至第 4 段基本复述了梁祝故事原型的内容，涵盖了梁祝二人相识相爱、英台被逼婚、山伯气绝身亡、婚途祭奠、入墓合葬主要情节。但在第 5 段，故事就发生了变异，畲民增加了"梁山伯和祝英台那座墓，左边长出一棵杉树，右边长出一株毛竹"的情节，使得这个故事表达的主题发生了变化，成为一个新的异文。这个过程体现了畲民已深受梁祝故事的影响，将对梁祝二人追求忠贞不屈爱情的钦佩之情赋予杉木毛竹"叶连叶，枝连枝，笋壳尖和杉树叶一模一样"自然现象于象征含义。

除《梁祝杉竹缘》这则故事之外，另外三则故事《马俊做阎王》《马俊做判官》《马俊如何成"公猪"》都是前文所提到的，畲族民间以马俊为故事主角的梁祝故事异文。

《马俊做阎王》流传于福建柘荣，讲述马俊当上阎王的原因。故事原文如下：

> 畲家人山歌唱着：
> 山伯不知英台心，不识英台是女身，池中鲤鱼跳落海，因娘真正倾死人。
> 山伯死了，英台下新娘轿灵葛："有灵有圣葛门开，没灵没圣马家人。"真的墓门开了，两人变蝴蝶飞了。
> 畲歌是唱：
> 扛桥人仔没觉防，赶紧双手拔罗裙，手拔罗裙抓不着，变作蝴蝶双双飞。
> 这下马俊没堂拜，在世没面去见人，把头撞到石柱死了。魂魄来

---

① 钟伏龙、林华锋、颜素开等编：《闽东畲族文化全书·民间故事卷》，民族出版社 2009 年版，第 83 页。

到阴间告山伯谋去他新娘英台的状。阎王叫判官拿出姻缘簿来看，奇怪，姻缘簿载着这世祝英台正是马俊的布娘呀！下世才是山伯与英台的姻缘。阎王急了，就叫马俊让他们算了。马俊乱喊乱叫不肯，阎王也想把英台判还给马俊，但一想无法挽回了，他们两人已不在阳间做夫妻，变成蝴蝶餐风饮露。马俊凭姻缘簿赖皮，弄得阎王愁苦没步。"阎王也怕鬼拼命"，只好答应让位给他，马俊这才罢休。

马俊当上阎王后，对阳间青年妇女恨之入骨。因他无法管到阳间，在阴间设下许多刑罚出气，惩罚死了来阴间的布娘，什么血池、磨米山、煮饭山、洗碗山应有尽有。畲家人传说布娘到阴间有十八难，都因马俊当阎王做过德。①

故事以畲民熟悉且擅长的山歌为开头，引出梁山伯不知祝英台女儿身，错过姻缘，投海自尽，英台途祭山伯，入墓合葬，化蝶双飞的经典情节。可以说，故事以极简的方式对梁祝原型故事做了极具畲族特色的艺术化处理，为后面情节的发展做了铺垫。祝英台随梁山伯死去，马俊没了新娘拜堂，羞愤之下撞柱而亡，下了阴间向阎王告梁山伯的状，阎王查了姻缘簿，发现这世祝英台应是马俊的新娘，但二人已化蝶，阎王也束手无策。马俊凭着姻缘簿要赖，阎王只好答应让位于他。马俊当上阎王后，恨尽青年妇女，便在阴间设下许多刑罚。而刑罚的内容"血池、磨米山、煮饭山、洗碗山"，分明就是畲族女性在现实生活中所要承受的分娩之苦以及繁重的劳动之苦。因此，从整体上看，这已经不是梁祝的故事，而是马俊做阎王的故事。梁祝故事只是为马俊为何到了阴间，为何做了阎王，为何设下残酷的刑罚进行铺垫：一切都因梁祝殉情，马俊以死报复而起。

那么，畲民为什么要想象这样的故事情节？

从故事结尾的内容来看，是为了解释人（女人）死后要到阴间受十八难的原因："都因马俊当阎王做过德"。阎王以及与阎王相关的阴间、十八层地狱等元素，是源于中国古代宗教信仰。阎王又名阎罗王，是司掌阴间的神祇。他的出现与佛教密切相关，并在发展过程中融入了大量中间

① 钟伏龙、林华锋、颜素开等编：《闽东畲族文化全书·民间故事卷》，民族出版社 2009 年版，第 84 页。

本土文化元素，甚至包括范仲淹、包拯等历史人物的形象，最后形成了一个在中国民间流传广泛，影响深远的信仰体系。可见，此时的畲民对阎王的信仰体系已有接触，并尝试对其进行解释。故事中的阎王形象并不像汉族民间流传的阎王形象那般威严，让人畏惧。相反，这里的阎王是个十分"讲道理"的，他的评判标准不是个人喜好或道德立场，而是"姻缘簿"，"姻缘簿"记载着"这世祝英台正是马俊的布娘呀！下世才是山伯与英台的姻缘"，这使得他面对马俊的纠缠毫无办法，只好答应让位于他。

可以说，阎王当到这个份上，也是罕见的，这与常见的阎王形象相去甚远。而这样一个"反常"的阎王形象及其故事情节的设计，恰好可以印证出畲民对爱情与婚姻的认知与态度。畲民感动于梁祝之间忠贞不屈的爱情，但还是认为祝英台是马俊的新娘，因为姻缘簿上是这么写的，而且写上后连阎王也无法改变。于是畲民一边同情梁祝，为梁祝二人的悲惨爱情安置了一个相对美好的结果——"他们两人已不在阳间做夫妻，变成蝴蝶餐风饮露"，另一边，又不得不接受马俊与祝英台是夫妻的"事实"，只能接受他的报复与惩戒。而之所以畲民在故事中透露出对马俊与祝英台本为夫妻的认同，原因在于原型故事中，父母之命和媒妁之言这样的世俗婚姻约定，可见此时汉族的婚姻伦理及规范也已深刻影响到畲族社会。

我们再来看《马俊做判官》《马俊如何成"公猪"》。《马俊做判官》流传于福建宁德畲族地区，讲述了马俊死后当上判官的过程。马俊见祝英台哭墓与梁山伯一同死了，自己也撞柱死了。马俊见了阎王便告梁山伯夺妻之罪。阎王听了梁祝两人的故事甚是感动，便判了两人还阳做夫妻。为了安抚马俊，就让他做了判官。马俊当了判官后，不论新来的鬼是否有老婆均找借口用铜锤发泄他满腹的怨气。《马俊如何成"公猪"》主要流传于福建周宁，讲述梁祝故事中马俊的来世。祝英台的父亲不顾她的反对，硬把她许配给马俊为妻，导致梁山伯祝英台双双殉情。马俊觉得丢了面子，一头撞死在石柱上。马俊到了阴间告状，阎王让马俊另挑一个美女去做老婆。马俊贪心不足，阎王一怒之下，把马俊踢到凡间做公猪去了。

从故事的内容来看，两则故事与《马俊做阎王》有相同之处，都是讲述马俊死后到阴间的所遇所为，但不同之处也显而易见。这些不同之处折射出此时此地畲民的不同文化心理。在《马俊做判官》这则故事里，原文写道：

　　三个冤家一齐来到黄泉路上。阎王坐殿，马俊告梁山伯夺妻之罪。梁山伯便将杭城求学，草桥结拜，同窗共读，十八相送，情深谊长原原本本诉说一遍，阎王很是感动，翻开生死簿，用朱笔在梁祝姓上画一大圈，赐他俩还阳做夫妻。马俊却大叫："我是明媒正娶，英台生死都是我马家人，大王你说什么'明镜高悬'，却原来糊涂透顶。"阎王劝说道："强扭的瓜不甜，你何苦来着，我不亏待你。十八层地狱，你就去做头层的判官吧。"①

　　不难发现，故事叙述的内容和风格受到清公案小说《施公案》的影响，融入了大量该小说的元素。阎王对待梁祝二人的态度以及对马俊的处理方式也与《马俊做阎王》中的阎王做法，大相径庭。阎王被梁山伯真诚的述说感动，赐他俩还阳做夫妻，从世俗角度来看，这比化蝶双飞的结局还要美好，有情人终成眷属。对于马俊的处理，阎王虽然认为马俊对祝英台是"明媒正娶"，是合理合法的，但他也没有一味退让，而是进行说理"强扭的瓜不甜"，并给予马俊一定的补偿，让他当十八层地狱头层的判官。这里的阎王形象就与传统意义上的阎王形象比较接近，有一定的威严且通情达理，处理得当，使得故事讲述的内容变得较为合理。故事到这里，基本已经反映出畲民对梁祝爱情的态度，畲民通过阎王实现了"有情人终成眷属"的美好结局，但也没有完全否定明媒正娶的世俗婚姻规定，给了"受害者"马俊一定的补偿，但这个补偿是有限的，也就是法应有情有度。

　　故事的后半部分就是典型的民间笑话故事或诙谐故事，故事中这样讲述道：

　　马俊大权在握，但孤凄难熬，常觉得划不来。心里憋屈，火气就特别大。来一个死鬼，他喝问："你阳间可有老婆?"死鬼应"有呀!"马俊大怒，骂道："我尊为一狱之长，尚且没老婆，你这狗才倒有老婆! 来人哪，给他一铜锤!"打得倒霉鬼皮开肉绽，叫苦连

---

　　① 钟伏龙、林华锋、颜素开等编：《闽东畲族文化全书·民间故事卷》，民族出版社 2009 年版，第 85 页。

天。又来一个死鬼，马俊又喝道："你阳间可有老婆？""小的不曾娶妻。"马俊又大火："我没老婆，你也敢没老婆，驴学马放屁，给他一铜锤！"再上一个死色鬼："阳间你可曾娶妻？"死鬼得意洋洋应："小的有三妻四妾。"马俊气得脸皮青紫，骂道："老子一个老婆都没有，你倒一下子就占了七个，来人哪，给我往死里打！"马俊天天用铜锤发泄他的满腹怨气。

故事中的马俊只是一个象征符号，将其置换成任何一个为情受伤的人都会成立。讲述的内容也是以逗乐为主，没有实质性的文化隐喻，但并非没有社会意义。在古代社会普通民众受教育程度较低，在日复一日的劳动之外，能供其消遣的方式也较为单一，而民间故事就是其中一个较好的方式。通过各类传说故事，普通民众可以排遣苦闷，放松身心。正如恩格斯在《德国民间故事书》写道："民间故事书的使命是使一个农民做完艰苦的日间劳动，在晚上拖着疲乏的身子回来的时候，得到快乐、振奋和慰藉，使他忘却自己的劳累，把他贫瘠的天地变成馥郁的花园。民间故事书的使命是使一个手工业的作坊和一个疲惫不堪的学徒的寒碜的楼顶小屋变成一个诗的世界和黄金的宫殿，而把他的矫健的情人形容成美丽的公主。"① 而幽默诙谐，充满乐趣的故事就具有较强的喜剧效果，能够释放生活中的压力，满足日常娱乐、消遣的需要。

再看第三则故事《马俊如何成"公猪"》。② 故事流传于福建周宁，与前两个故事相比，这个故事有三个特别之处值得格外关注：

一是对梁祝故事的部分情节进行了改编。"梁山伯一直未发现她是个女人。一日，出门踏青打鸟，暴露了女儿身，她借口家中有事，连忙告辞回家。分手前，她吩咐梁山伯，过了二八、三七、四六日，你就要把床板翻出去晒。梁山伯是个死读书的人。他想二八、三七、四六合起来，正是三十天。过了一个月，他在回床时，才发现英台写下的字条，叫他到祝家庄去说亲。原来，英台说的是逢十天。山伯来迟了。英台的父亲不顾英台

① 刘锡诚：《北京传说与京派文化》，《文化学刊》2011 年第 1 期。
② 钟伏龙、林华锋、颜素开等编：《闽东畲族文化全书·民间故事卷》，民族出版社 2009 年版，第 85—86 页。

的反对，硬以'媒妁之言'许配给马俊为妻。山伯到了祝家，英台说了前情、山伯后悔莫及。回到家里，就活活地气死了，把坟墓做在从祝家庄去马家庄的半路上。"这里对梁山伯为何错别"婚约"进行了说明，这个说明也是具有鲜明的民间故事色彩——因数字或言语的谐音而引起的误解，没有太深刻的逻辑内涵，但符合民间故事的叙述风格，通俗易懂。

二是马俊到了阴间发生的故事发生了变化。这也是被称为新故事的主要原因。马俊的魂魄来到阴间，就到阎王面前告梁山伯谋占祝英台的状。阎王叫判官拿出姻缘簿，看了看说："梁山伯与祝英台是前世注定的夫妻，你不能告他。"马俊不甘愿，大喊大叫："我是明媒正娶呀！"阎王被马俊闹得无法，就叫来许多美女，让马俊选一个去做老婆。马俊咪起眼睛，把一个个美女从头到脚相了又相。看看这个，又看看那个。这个腰又细，那个脸又白：这个像仙女，那个像嫦娥。马俊从来没见过这么多的美女，眼睛都看花了。对阎王说："这帮美女个个都作佳，全部给我做老婆吧！"马俊要求阎王处理的说辞还是"明媒正娶"，但生死簿上面写的却是梁祝二人是前世注定的夫妻。这是这个故事与前两个故事最大的变化，畲民似乎认定了梁祝本应该就是夫妻的天命。天命不以人事为转移。因此，马俊的说辞在最根本上是站不住脚的，所以阎王给他的补偿也就最低，让他选一个老婆。而贪心的马俊却"色迷心窍"，想全部要。于是引出了第三个重要的变化。

三是马俊的结局发生了变化。"阎王听了，火气烧到头顶上，说：'你这个人贪心不足。要那么多，就去做公猪吧！'说完甩脚一踢，把马俊踢到凡间做公猪了。后来，山哈人都说公猪是马俊转世的，也把色鬼叫作'猪狮'。"贪心好色的马俊被转世做了公猪，由人变动物（猪），是佛教轮回观念中对人最重的惩戒之一。故事三中的马俊不仅没有得到想要的补偿，反而落得被惩戒的下场，反映了畲民对他的嘲讽态度。

综观以上故事，畲民对梁祝追求忠贞不屈的爱情表达出来的支持以及对他们悲惨遭遇表示同情，与梁祝故事原型表达的主题是一致的。但畲民在改编梁祝故事时，通过塑造马俊这一人物来表达对婚姻伦理规范的不同理解。从《马俊做阎王》中将"父母之命，媒妁之言"的世俗婚约等同于姻缘簿上的天命，到《马俊做判官》中将明媒正娶与姻缘簿相分离（阎王赐婚），再到《马俊如何成"公猪"》中直接把姻缘簿上的内容就改为梁祝二人就是前世注定的夫妻与现实中明媒正娶相对立，基于这种对现实的婚约形式与姻缘簿上注定的天命二者关系的不同表述，再给予马俊不同的阴间遭遇，反映出畲民对马俊的态度发生了翻转：从故事一的同情或亏欠，到故事二的同情，再到故事三的嘲讽。这一过程也体现了畲民对爱情与婚姻伦理规范的认知和思考的过程：父母之命与明媒正娶作为世俗的婚约规范，是需要的，具有一定的合法性。但它并非总是正确的，也并非一定要遵守的。当与姻缘簿记载的（注定的天命）不一致时，这种世俗婚约形式的合法性就下降了，这实际上就给属于个体精神世界的爱情释放空间。换言之，当两个个体相爱时（姻缘簿上记载的天命），那么正如故事二中的阎王劝解马俊所言，"强扭的瓜不甜，你何苦来着"。这从深层次上折射出畲民对追求自由婚恋的鼓励和支持。

最后，正如傅修延先生指出的那样，"四大传说站在民间立场上进行私人叙事"，"将居高临下的伦理取位拨正为平视与细观，使得被正史忽略的民间呻吟获得关注"①。当我们通览梁山伯与祝英台等经典爱情小说故事时，这种转变越发明显，一致地表现出"小传统"之"情"对于"大传统"之"理"的突破；并通过阎王对梁祝的还阳赐婚、对马俊转世为猪的惩戒等结局，更宣告了这种突破的胜利。总之，经典爱情小说故事植根于正统经史文献，但从某种程度来说，其伦理价值恰来自它们与正统观念的背反之处。畲族的爱情小说故事也延续了这一特点。

第三节　儒学教化：畲族志人传说的形象塑造与文化价值

在畲族民间故事中，也有许多"似曾相识"的篇目。这些故事虽由通俗朴拙的现代白话写成，却与传统典籍记录了同一事件或描绘出同类人物，昭示出儒家文化在民间传播中的渗透力和广泛性。本节将择取畲族民间中流传较广、异文较多的具有典型性的朱元璋传说和鲁班传说进行分析，探析畲民通过故事讲述，塑造了一个自带天命的朱元璋和无所不能的鲁班的形象，以及在这样的形象背后蕴含着对儒家文化的认同以及主动吸

---

① 傅修延：《中国叙事学》，北京大学出版社 2015 年版，第 184—185 页。

纳的文化心理。

一　自带天命的朱元璋：畲族民间故事中的朱元璋形象塑造

朱元璋是历代开国帝王中出身最为卑微的。他的父亲、祖父都是佃农，而他本人曾当过"和尚"。由于没有显赫的出身，他一方面通过不断诉说朕本"淮右布衣""江左布衣"及"起自田亩""出身寒微"之类的话语，强调和夸耀自己没有根基完全是靠赤手空拳打出天下来的雄才伟略；① 另一方面又授意文人有意识地编造一些神异传说，以证明自己是真命天子。当然，朱元璋并非这种方法的始作俑者。大凡王朝兴起之时，都伴随着王朝缔造者的神异传说广传于世，而且这些帝王都以"真命天子"自称，于是他们在"回顾"出生时，便效法上古明君，选择以"感生"出世。只不过朱元璋授意编造的这些神异故事，产生了较为深远的影响，使他成为中国历代帝王中拥有民间故事最多的。在畲族民间流传着大量关于朱元璋的故事传说，本书将选取其中较具代表性的内容，来阐述畲族民间故事中朱元璋形象及其意涵。

（一）姥姥生娃：朱元璋的感生故事

朱元璋传说主要通过口头创作，并在民间口耳相传。民众以真实历史中的朱元璋为原型，用艺术化的手段附会、夸张，编造传说，情节内容多具有相沿成习的固定模式，这就使朱元璋传说具有类型化的特点。在朱元璋传说中，涵盖了众多经典的民间故事类型，甚至包括一些世界性的民间故事类型。

正如前文所述，帝王感生故事不是由朱元璋首创的。前有上古时的华胥氏感大迹生伏羲；附宝感电生黄帝；女节梦接意感生帝少昊；简狄吞玄卵而生契；姜嫄履大人（天帝）迹而生弃（后稷）；握登感枢星之精而生舜重华。② 之后又衍生发展出开国帝王"真龙天子"的感生故事。如汉高祖刘邦："高祖之母刘媪，尝息于大泽之陂，梦与神遇。是时雷电晦明，太公往视，则见蛟龙于其上。已而有身，遂产高祖"③。隋文帝杨坚："有

---

① 吴晗：《朱元璋传》，百花文艺出版社 2000 年版，第 290 页。
② 陈泳超：《尧舜传说研究》，南京大学出版社 2000 年版，第 131—132 页。
③ （汉）司马迁撰：《史记》，中华书局 1982 年版，第 71 页。

尼自河东来，谓皇姒曰：'此儿所从来甚异，不可于俗间处之。'尼将高祖舍于别馆，躬自抚养。皇姒尝抱高祖，忽见头上角出，遍体麟起。大骇，坠高祖于地。尼自外入，见曰：'已惊我儿，致令晚得天下'"①。因此，到朱元璋时帝王故事的感生也就不稀奇。《明实录·太祖实录》记载：

> 方在娠时，太后尝梦一皇冠自西北来，至舍南麦场。取白药一丸，置太后掌中，有光起，视之渐长，皇冠曰："此美物，可食"，太后吞之。觉以告仁祖，口尚有香气。明日上生，红光满室，时元天历元年戊辰九月十八日子丑也。自后，夜数有光，邻里遥见，惊以为火，皆奔救，至则无有，人咸异之。②

文中记载朱元璋乃是其母（太后）食了药丸而生，而且出生后出现"红光满室"的异象，让人误以为他们家失火，惊动了街坊邻里来相救，为他以后的建立帝业埋下伏笔。之后，朱元璋又命解缙编著《天潢玉牒》。在书中借一老翁之口言明朱氏"真龙天子"的身份："俄有一老翁造门，曰：'你家有一龙'。"③

在《明实录·太祖实录》中，朱元璋给自己"安排"了众多的见证人，书中记载在一次战斗之后：

> 上复假寐，俄有蛇缘上臂，左右警告。上视之，蛇有足，类龙而无角。上意其神也。祝之曰："若神物，则栖我帽缨中。"上举帽戴之，遂诣敌营。设词论寨帅，寨帅请降，乃还。师未至和阳三里，有卒持矛至，言贼来攻和阳。幕官李善长督兵战，却之，杀获甚众。上归喜，因忘前蛇。坐久方悟，脱帽视之，蛇居缨中自若。乃引觞酌，因以饮蛇。蛇亦饮，遂蜿蜓绕神椟，矫首四顾。复俯神主项若镂刻

---

① （唐）魏征等撰：《隋书》，中华书局1973年版，第1页。

② "中研院"历史语言研究所校印：《明实录·太祖实录》，上海书店1984年版，第1—2页。

③ （明）邓士龙辑：《国朝典故》，许大龄、王天有主点校，北京大学出版社1993年版，第1页。

状，久之，升屋而去，莫之所之。人咸以为神龙之征。①

通过类似记载和故事传说来佐证和宣扬朱元璋是"真龙天子"。在畲族民间也流传着朱元璋的感生故事，但感生的形式与内容发生了较大变化。下面这个故事流传于福建柘荣，讲述了元末天下大乱，朱元璋出生的情节。原文如下：

元朝末，朝廷腐败够熬，偏遇大旱瘟疫，百姓受苦受灾难讲尽，到处结一群一帮的反了！天下大乱。这时，天上玉帝看元朝气数尽了，就叫狮精，虎精、狗精下凡去平定天下。这三个妖精兴吉吉的，都忖到凡间做皇帝。他们一齐要落福州城投胎哩。

福州鼓山寺有个得道和尚叫智清，一天，他屈指一点算：哎！不好了！这三个妖精如在福州出世，日后打起来，这里百姓要受大苦灾，连鼓山寺也难保呀！他立刻传令寺门众和尚，通报福州城内外百姓，连夜筹摆一百只大鼓，一百面大锣，一百支神铳，三百名壮士，在闽江口两边摆开八卦阵，听候智清号令。果然，第二天，三妖精乘坐一堆乌云，向福州城滚来。这时，只见智清黄旗一舞，一声令下，紧锣密鼓顿下大响起来，众多百姓喊声震天，那神铳火炮更是威猛。轰！呼！轰！呼！齐向那堆乌云射去。那三妖精没忖着，这一惊非同小可，当下被锣鼓声、人声、神铳打得晕头转向，逃跑不及。狮精逃到沔阳郡投胎，叫陈友谅；虎精逃到闽东柘荣县出世，叫袁天禄；狗精逃到安徽凤阳府投胎，叫朱元璋。

单讲朱元璋投胎。凤阳府一户朱姓人家，两老七十无子。这一天，老婆婆做梦，土地公送个男孩子给他，醒来觉得奇怪，就告诉老公公，老公公讲也做了同样的梦。过了个把月，果然腹肚一天天大起来，十月临盆，就生下朱元璋了。②

---

① "中研院"历史语言研究所校印：《明实录·太祖实录》，上海书店1984年版，第24页。
② 钟伏龙、林华锋、颜素开等编：《闽东畲族文化全书·民间故事卷》，民族出版社2009年版，第95页。

　　故事开端交代了故事发生的时间和背景，"元朝末年，天灾人祸，天下大乱"。这也是历史人物传说故事叙事的一般模式，具有较为明确的时间和一定的历史事实。但下一句就将这则故事与一般讲述历史人物事迹的故事类型相分离，转向了幻想故事类型。而"落福州城投胎"，则说明了当时福建畲民以福州为福建政治中心的认知，这既是福州作为福建首府的现实反映，也是畲民政治意识的朴素表达。故事的第二段则讲述了故事的主体内容。福州鼓山寺智清和尚担心他们投生在福州，引起祸乱，便召集众和尚和群众用大鼓、大锣和神铳将三妖精吓跑。狮精逃到丐阳郡投胎，叫陈友谅；虎精逃到柘荣县投胎，叫袁天禄；狗精逃到安徽凤阳府投胎，就是朱元璋。狮、虎与狗之间又形成生物上的克制关系，尤其是狮、虎对后者无论在自然属性还是文化象征上都是全面压制的，这也反映了历史上三人同时起事时，陈友谅、袁天禄在前期力量较强，而朱元璋力量最为薄弱的史实。故事的结尾讲述了朱元璋投胎至凤阳府一户朱姓人家。这朱姓二老七十高龄，绝无可能再生育子女，于是就有了化不可能为可能的"梦生"情节来凸显朱元璋的神奇出生。而托梦的使者是畲民熟悉的"土地公"，印证了明王朝"崇道之风"对畲族民间社会的影响。

　　（二）奇异脱险：朱元璋的历险故事

　　《石鼓验王身　古井脱身险》故事讲述了少年朱元璋两次摆脱元军追杀的脱险故事。第一次是朱元璋快出世时，元朝皇帝派人杀尽了凤阳府六十岁以下的怀孕妇女，朱元璋因投胎到七十岁的老妇人，躲过了一劫。

　　　　朱元璋快要出世时，凤阳府上空，接连三天乌云遮日，天昏地暗的。这天，元朝皇帝坐朝，接受百官朝拜后，命国师拿出照妖镜照一照。这一照，满朝文武百官，连皇帝都大惊失色啦！镜中现出一个满身发华光的男孩来。那国师慌忙奏道："凤阳府要出王了。镜中这小孩就是王，这时还未出世，请皇上赶紧派兵去杀掉，以免日后江山被夺。"皇帝当即下旨："包围凤阳府，凡六十岁以下怀孕的妇人，全都杀绝。"可怜凤阳府那三天三夜，不知被杀了几多妇人啦！该不死，朱元璋是投胎到七十岁的老妇人，未被杀害。降生时，全座厝都发华光了。那天上乌云全都散去啦！这一来，元朝廷以为那小孩被杀掉了呢。

这一段描述朱元璋感生的异象，在揭露元朝残暴统治的同时，也烘托了朱元璋降世的非同寻常。第二次是朱元璋九岁那年，在街头行乞，躲过朝廷的石鼓验身，在古井中又逃过了一劫。

> 光阴易过，朱元璋到了九岁的时候，父母双双染病过世啦！朱元璋从此无依无靠，就上街讨吃。一头一身都生疮烂脓了，真够臭气！每时每刻不知几多苍蝇围着他飞转咧！谁人一见他都赶紧躲开。
>
> 可惜，有一天朝廷国师又拿照妖镜来照。一照，又看到凤阳府有个满身发华光的人啦！这下御林军又包围了凤阳城，国师也亲自督查。他们在凤阳城门口，放一面石鼓，用牛皮张在石鼓面上，把城里五十岁以下的男人都赶出城门，经过石鼓时，要拿锤打一下，如是打不响石鼓的就放过。意思是讲，若凡是真命天子，就会打得牛皮张的石鼓响了。朱元璋也被赶出城来，那一头一身臭气，实在难闻呀！守门的以为这个烂臭的乞食仔，怎么会是天子呢，朱元璋还没走到石鼓跟前，官兵就大喝一声："快快滚开去吧！"朱元璋就这式逃脱了。
>
> 所有的人验过了，石鼓都不响。这下国师觉得奇怪啦！就问守门的官兵："有没有放过一人?"官兵说："只放过一个全头全身烂臭的乞食仔啦。""嘿！就是这一个了，赶紧追去抓来！"
>
> 不知出动了几多兵，追呀！追呀！朱元璋看到兵来追他了，就赶紧往山里跑，跑到一个古井边，就跳古井底下去了。说来也奇怪，无数蜘蛛当下就把古井口，布满一层又一层的蜘蛛网。那追兵满山搜尽都不见朱元璋，来到这古井，见蜘蛛网那么多，量想这井下是不会有人的，这帮兵又向前追去。朱元璋爬出古井，赶紧从小路跑，向山头岗面逃走了。①

在这个故事中包含了中国民间故事较为常见的情节母题之一"蛛网救人"。丁乃通在《中国民间故事类型索引》中将之归为"967 蛛网救人"；金荣华在《中国民间故事集成类型索引》中将之归为"543：蜘蛛

---

① 钟伏龙、林华锋、颜素开等编：《闽东畲族文化全书·民间故事卷》，民族出版社2009年版，第95页。

鸟雀掩逃亡（蛛网救人）"。掩护英雄逃亡的不只是蜘蛛，有时是盘旋的鸟儿。在一些皇帝传说的故事中，都曾出现过动物（蜘蛛、鸟等）帮助英雄人物逃脱的传说，如刘邦、刘秀等。《太平广记》卷一三五记载了一则汉高祖刘邦的故事：荥阳南原上有厄井，父老云："汉高祖曾避项羽于此井，为双鸠所救。"故俗语云：汉祖避时难，隐身厄井间，双鸠集其上，谁知下有人。汉朝每正旦，辄放双鸠，起于此。① 汉高祖刘邦躲在荥阳南原的一口井中，两只鸠鸟盘旋井上，追兵误以为井下无人，使汉高祖刘邦逃过一劫。《蜘蛛救刘秀》讲述刘秀被追杀，他逃到一个山洞里，洞口恰好有一个蜘蛛网，追兵赶到后，看到完好的蜘蛛网，认为山洞不可能有人，于是刘秀成功逃脱。这些传说，一是为渲染皇帝开创伟业的坎坷不易，二是表明他们身份特殊，是受命于天的天子，天亦相扶相助。

在浙江一带流传的刘伯温机智传说中，如《走洪都》和《巧用蜘蛛网》都属于这个故事类型。故事讲述了朱元璋被陈友谅追杀，刘伯温让朱元璋躲进一个山洞里，洞口的蜘蛛还在结网，陈友谅的追兵追来，认为蜘蛛结网的洞口不可能有人，于是朱元璋便逃过了一劫。在这类故事中，重点突出的是刘伯温随机应变的能力，他能够根据形势，巧妙地利用蜘蛛结网来帮助朱元璋逃脱。但可以看到，在畲族的民间故事中，把这个故事类型转嫁给了少年的朱元璋，为了进一步突出朱元璋"天亦相扶相助"的特殊身份。

（三）天命尽显：朱元璋的赶鸭子故事

这则故事讲述了刘伯温在审案时得到了三本天书，看后知道三妖下凡，改朝换代的时候已到，便弃官装成算命先生寻找真命天子去了，果然在凤阳府找到了给财主家当鸭童的朱元璋，两人相见恨晚，后来朱元璋也跟着他去学算命。故事原文如下：

> 朱元璋离开和尚寺后，来到一个大村。刚好这村一户财主有一群田鸭没人看，他就去帮他看鸭。财主讲有吃没工钱，他也肯。这时，他已长大成人，身材高大。这个"皇帝命"的人，看鸭也特别，肚子空了，就抓一只鸭来，捏死用黄土浆把鸭全身涂起来包好，放在柴

---

① （宋）李昉等编：《太平广记》，中华书局1984年版，第3页。

草堆里去烧。熟后一掰黄土，连毛都脱光了。鸭肉香喷喷的，一只一顿正好吃。说也奇怪，他吃了一只田鸭，就会飞来一只野鸭充数。一群田鸭都被吃光了，换成一群野鸭，照样不会飞掉。

再讲刘伯温，他是浙江青田县人，是元末进士，当过小官。后来怎么去帮助朱元璋打天下，当明朝头等丞相呢？这要从刘伯温的天书讲起。

在刘伯温做官的地方，有个后生子叫三朴，少时读过几年私塾，为人忠厚老实。父母过世后，单身一人，靠上山砍柴换米度日。有一回，他带一包午饭到一座山里去砍柴，饭包挂在树上，砍了半天柴回来，饭团不知被什么吃掉了。接连几天，都是这样。三朴饿了肚子，不甘愿。这天，照例挂好饭包，他手拿柴刀，装去砍柴，过一会儿，又蹑手蹑脚地回来，躲在挂饭包的近兜偷看。大概等了一个时辰，看见一只老猴跑来，摘下饭包解开就吃。三朴小心从背后过去，一下把猴抓住："原来是你这老猴、害我几天都没饭吃。"边骂边举起柴刀要砍。老猴忙说出人话，"别砍，我不会白吃你的饭，今天教你一件东西，山湾中那块大石头下有三本天书，你拿回去看。"三朴得了天书，回家就看，许多字看不懂呀。他看来看去，看到一条要女人的法术。他就试着念起这条咒语。念着念着，厝门口就有一个又一个女人进来了，一群又一群进来了，女人挤满一房间，一灶前，一厅堂啦！怎的叫这许多女人回去的咒语，不知道念。这下出事了。村下人，邻近村人的老婆、女儿都跑到三朴寮里去了，就告状到刘伯温那里。这下三朴被抓到县堂受审。只好如实交出三本天书，承认前后经过。刘伯温看了天书后，也试念着要女人的咒语，真的衙门里也来了很多女人。刘伯温赶紧念退去女人的咒语，女人又都散走了。刘伯温信了。果然是天书，就赐三朴无罪，还赠给银两回家。刘伯温得了三本天书，知道三妖下凡，要改朝换代啦，就弃官装个算命先生，一路去寻真命天子了。

刘伯温寻到凤阳郡地带，忖找到狗精朱元璋。他找呀、行呀！这一天，朱元璋把鸭赶下河，自己仰面躺在草地上，鸭竹竿横在头顶上，手脚摊开就睡去了。刘伯温走到他身边，一看，这看鸭人头平额宽，两耳垂肩，倒长得一副好相。再细看睡相，哎呀！一条竹竿横在头顶，手脚岔开，正是一个"天"字。看着看着，朱元璋侧转身，拿下竹竿，挟腋窝，那竹竿正好横身而过，两脚随着一弯，正是一个"子"字。哦！"天子"两字。刘伯温大欢喜，叫醒朱元璋，两人互通姓名，谈了起来。刘伯温当下没明讲，只叫朱元璋跟他去学算命。朱元璋忖，鸭都吃光了，也就答应跟刘伯温去学算命。把鸭交给财主后，就和刘伯温一起上路走了。这财主拿着看鸭竹竿，怎的喊，怎的赶，都没法把那群野鸭赶回家呀！他怎的晓得，这是群野鸭，只听皇帝朱元璋的话，不会听他的话呢？财主赶过来赶过去都没用，气起来，一竹竿打下去，那一群野鸭"呼噜"一声，全都飞走了。①

这里引出了朱元璋传说故事中另一个常见的重要人物——刘基（民间故事中常称"刘伯温"）。在此，我们一并介绍刘伯温传说故事。刘伯温作为朱元璋的重臣，为建立明代王朝立下汗马功劳。在历史上，刘基以能谋善断闻名于世；在民间，民众也多传其智慧过人，能预知后事。无论是正史中的刘基还是民间传说中的刘伯温，机智过人、富有谋略是他最鲜明的特点。因此，在民间叙事中的传说故事也多围绕他的机智多谋而展开。

刘伯温作为民间传说中的一个机智人物，许多具有同样特征的情节都集中安插在了他身上，使他成为机智的"箭垛"，智慧的化身。又因为刘伯温是浙江温州人，因此在浙闽一带流传着大量朱元璋和刘伯温的故事。例如，在浙江金华武义等地区的畲族民间流传的《朱元璋与刘伯温》就专门讲述刘伯温"千里访天子"所遇之三件奇事。

相传，刘伯温观天象知元朝气数将尽，决心扶助新天子建新朝，按白猿仙人所指点来濠州寻访朱元璋。朱重八皇觉寺请罗汉，是刘伯温所遇第一件奇事。话说皇觉寺有一个小沙弥，姓朱名重八，没爹没娘，麻面癞头，主持念其可怜就收其在寺内做个杂事小沙弥。但一天，主持却发现朱重八能请动佛殿中百尊罗汉出殿。恐此异人将祸及

---

①　钟伏龙、林华锋、颜素开等编：《闽东畲族文化全书·民间故事卷》，民族出版社 2009年版，第 96 页。

全寺，就将其逐出皇觉寺。第二件奇事，朱重八杀牛请同伴。刘伯温
在重八舅舅家得知重八即朱元璋，并被告知，因其杀牛请同伴，而将
牛尾插进石缝却能"哞！哞！"发声，称其为异人，恐累及自身，就
给了几个铜钱打发给别人家去放鸭了。第三件奇事，重八放鸭露天
机。刘伯温按朱元璋舅父之指点来到重八放鸭处，见淮河滩边，一小
孩仰天躺在沙滩上，两脚分开，头顶横一根竹竿，似一个"天"字，
待走近一看，此人侧身一扭，脚一勾，形如"子"字。刘伯温心里
一喜道："此人就是自己要寻的'天子'朱元璋！"一问，此人果真
就是朱元璋。①

　　这个故事将朱元璋传说中的三件奇事全部与刘伯温"捆绑"在一起。
变成了刘伯温"寻访真主"的传说。但故事的主题依然是重点表现朱元
璋不同寻常的"天子"身份。因此，在这里还是将它纳入朱元璋的传说
故事。不难看出，这个故事虽然大篇幅地讲述了刘伯温得到天书的种种际
遇，但其主要目的还是引出刘伯温"寻访真主"的故事情节。而刘伯温
也成为朱元璋真命天子的直接见证者：朱元璋睡觉时显出"天子"二字。
这个传说的情节母题流传相当广泛，只不过在不同异文中形成天子二字中
的横画之物，发生了变化，有牛鞭、竹枝和雨伞，等等。在畲民讲述的这
个故事中就成为"鸭竹竿"。于是在故事的结尾，又融入了一个朱元璋传
说故事常见的情节母题——赶鸭子。在一些地方的故事中，赶鸭子变成了
赶鹅，如《朱元璋故事·天鹅封王权过一夜》《朱元璋放鹅》。但无论是
赶鸭的传说还是赶鹅的传说，都反映了少年朱元璋的调皮机智以及他作为
"真命天子"的特殊性。故事最后强调只有皇帝朱元璋才能赶这些野鸭，
到了普通人地主手里，野鸭就不受控制，飞走了，进一步强化了朱元璋
"真命天子"的非同寻常之处。

　　可以看到，这个故事中朱元璋的天子形象已越发明显。如果说，前面
的神奇感生、蜘蛛脱险，还只是有神异成分，更多的是隐喻，而未直接言
明也无法验证。但在此处，不仅有天书指示，还直接显现"天子"字样。
就相当于把朱元璋"真命天子"的身份给坐实了，而朱元璋与刘伯温的

---

① 张世元主编：《金华畲族》，线装书局 2009 年版，第 260 页。

故事也正好说明，"英雄型领袖在过渡性或发展中的社会中起着重要作用，在那种社会中，即使最崇拜偶像式的英雄型领袖都能适应领导者和追随者的特殊需要。充当偶像的人一般是受强烈需要爱戴、尊敬和自我实现的欲望推动的。他们需要有一批观众，而观众也需要他们"①。

　　总之，畲族民间故事朱元璋的形象主要脱胎于正史的朱元璋传说故事。在故事内容的讲述上，虽然与正史记载的史实有一定的关系，但几乎只是借用其作为叙述背景。在畲族民间的讲述中，通常杂糅了朱元璋传说故事的各种情节母题加以改编和创作，以呈现符合畲民表达习惯和主旨的故事内容。也正是通过这样的改编和创造而成的故事内容，折射出畲民对王朝统一政权的认同情感。特别是对少年朱元璋的描述，从神奇感生、到蜘蛛脱险、再到赶鸭子、天子显现等经典母题，无不突出朱元璋的"真命天子"形象，说明朱元璋是"真命天子"的潜在记忆已深入畲民心中，也体现了畲民对儒家推崇的大一统思想的接纳与转述。

二　无所不能的鲁班：畲族"鲁班传说"故事的类型与意涵

　　在民间文艺学的专业概念中，鲁班故事被界定为工匠传说。在民俗学领域中，中国工匠对鲁班的民俗信仰被作为一种专门的研究对象。民俗信仰的体裁是传说。鲁班传说是一个世界故事类型，存在于中国、印度以及西方诸国。20 世纪初在芬兰出版的世界故事类型中就有提到它。它的社会辐射面很大，覆盖了思想文化、物质文明和技术文化各部分，伴随人类从古代走到今天。鲁班传说在中国源远流长，至今已有两千多年历史，并在中国各民族广泛流传，颇具影响。

　　历史上的鲁班，确有其人，其名公输般，乃春秋战国时期鲁国的著名工匠。鲁班传说的发展大致分为三个阶段：在先秦和汉初，鲁班事迹的记载多是关于其如何发明、制作物件。汉魏至唐代则是鲁班传说发展的重要时期，鲁班形象及事迹逐渐传说化。这种传说化主要表现在三个方面：第一，扩展鲁班活动的范围；第二，增加虚构、夸张和神异成分；第三，关

---

①　中国民间文学集成全国编辑委员会、《中国民间文学集成·浙江卷》编辑委员会编：《中国民间故事集成·浙江卷》，中国 ISBN 中心 1997 年版，第 136 页。

于鲁班本人的身份出现种种歧异说法。① 宋元到近代是鲁班传说大扩布、大发展的时期。特别是到了近代，鲁班传说遍及全国各地区，产生深远的影响。至此，鲁班传说亦成为儒家思想教化的经典载体，其塑造的鲁班形象充分体现了儒家思想的内涵。鲁班作为中国古代的杰出工匠，其身上所体现的积极进取、巧技制胜、规矩立身等精神，与儒家思想中强调的勤奋、诚信、规矩等价值观念有着共通之处。儒家思想倡导人们通过不断学习和实践来提升自我，这与鲁班不断精进技艺的精神相呼应。鲁班传说不仅体现了其个人的技艺和智慧，更反映了古代工匠对社会的贡献，这与儒家思想强调个人对社会的责任和贡献，通过个人的修身齐家来达到治国平天下的目的相一致。鲁班传说作为民间文化的一部分，与作为中国传统文化的主流思想之一的儒家思想遥相呼应，共同塑造了中国文化的独特性和丰富性。

在近代，鲁班传说也逐渐传入畲族地区。在流传过程中，畲族保留了鲁班传说的一些典型母题，如解决建造难题、墨斗被毁、上梁仪式等内容，也对部分文本进行了改编和再创造，形成了具有畲族特色的鲁班传说。这些故事文本不仅共同塑造了鲁班这个能工巧匠的形象，还记录了鲁班与畲族的友好交往，建构了畲汉之间的根基性情感，增进了畲汉的文化联系和现实交往，从而超越了两族的文化界限，促进了畲族中华民族共同体认同的形成。

（一）畲族"鲁班传说"故事流传的原因分析

在中国传统社会，手工业占据重要的地位，建筑、房屋、农耕、生活用品等都离不开木工行业。钟敬文曾指出：尽管封建社会的唯心论的学者片面重视精神的价值，说"劳心者治人，劳力者治于人"，但是，广大的劳动人民却充分知道"劳力"（体力劳动）的真正价值。他们用不着去做艰深的理论探索。他们的生活和劳作，自然地教给了他们这种伟大的真理。谚语是最简括地直接地反映人民的思想、意见的。在这种断片的口头文艺里，我们可以晓得广大劳动人民是怎样看重劳动和品定劳动的价值的。他们赞扬自己劳苦的行业："三十六行，种田下地第一行。""种田钱，万万年；做工钱，后代延；经商钱，30 年；衙门钱，一蓬烟。"他们

---

① 许钰：《鲁班传说概观》，《民间文学论坛》1985 年第 2 期。

肯定劳力的收获："锄头口里出黄金。""扁担一条龙，一世吃勿穷。""若
要富，鸡啼三声离床铺。"他们看不起那些劳心的大人或坐享别人血汗果
实的人："孔子孟子，当不得我们挑谷子。"……在中国的古神话传说里，
这种劳动人物的"神圣化"或劳动本身的"高雅化"的故事，虽然由于
使用文字的士大夫的有意抹杀或无意忽略，保存得并不多，但是如果详细
地探索，至少是可以找到一些的。鲁班的故事就是劳动和劳动英雄神圣化
的一个例子。①

　　长期以来，浙闽地区的畲族因迁入时间较晚且偏居深山，缺少铁制生
产农器以及镬头、陶器等生活用具，在生产技术方面也较为滞后，需要与
汉族进行广泛的交流与交换。

　　在住房技术方面，畲民原来的草寮或茅寮这种简易的住房技术已无法
满足定居的要求，但畲民又不具备建造房屋的技术。因此，畲民需要延请
汉人工匠修建房子。例如福建福安甘棠乡山头庄畲区在民国末年有四个木
匠，但都不是专业的，都以农业生产为主……这里没有本民族的铁匠，也
没有专业的泥水匠和砖瓦匠。② 在福建宁德，居住于山区的畲族和附近汉
区的房屋无论其建筑结构、建筑方法及房屋样式都是一样的，据南岗人
说，这种建筑的房屋就是直接从汉人那里学来的。③ 在汉人营造技艺的影
响下，畲民所用房屋的结构、样式均与汉人无异。至晚清，民国时期，草
房除以茅草为披盖外，其结构与瓦房已大致相同。④

　　在手工技艺方面，近代时期的畲族社会也没有形成自己的手工业，
手工技艺较为滞后。例如民国时期的景宁敕木山，富裕的畲民雇佣汉人
衣匠制作服装和鞋子，甚至富有图腾含义的头饰也是委托汉人工匠加
工……作为畲民图腾信仰中重要物证的祖图，多是由汉人画匠绘制，画
中的服饰道具、建筑场景自然都是汉人生活场景。⑤ 可见，畲汉民族之

---

　　① 钟敬文：《口头文学：一宗重大的民族文化遗产》，载《钟敬文民间文学论集》（上），
上海文艺出版社1982年版，第6—7页。

　　② 《中国少数民族社会历史调查资料丛刊》福建省编辑组编：《畲族社会历史调查》，福建
人民出版社1986年版，第151页。

　　③ 《中国少数民族社会历史调查资料丛刊》福建省编辑组编：《畲族社会历史调查》，福建
人民出版社1986年版，第109页。

　　④ 陈国强、蓝孝文主编：《崇儒乡畲族》，福建人民出版社1993年版，第74页。

　　⑤ 陈国强、蓝孝文主编：《崇儒乡畲族》，福建人民出版社1993年版，第23页。

间的社会经济互动已深入日常生活之中，成为畲汉民众日常生活实践难以割裂的部分。

正是在这样的社会发展的历史背景下，鲁班传说在畲族地区得到广泛流传，鲁班也被畲民尊称为鲁班爷、鲁班师傅。这些尊称彰显了鲁班在畲族心中的神圣形象和崇高地位。

（二）畲族"鲁班传说"故事的类型分析

凡拥有很强社会流行性的故事都有最简化的叙事套路，鲁班故事正是这样。董晓萍通过对24个省卷本的全面查阅后，提出现代口传鲁班故事都有三段式：第一段，某工程名称；第二段，工匠遇到了技术难题，由鲁班来解决；第三段，举行与鲁班有关的建筑或工具的仪式。① 据笔者搜集和整理到的畲族鲁班传说故事有15篇，其叙事的模式基本与董晓萍归纳的相一致。其中个别文本明显属于同一个故事，可能因不同地方的讲述者不同而表现出细微的差异，如《雨伞和房屋》与《凉亭和雨伞》，笔者就将之视为1篇故事，不再重复计算。

从叙事风格来看，可以归为幻想性较强和基本上不带幻想成分两种类型。就已收集的资料来看，前一种类型的作品5篇，代表性作品有《田螺的来历》《雨伞和房屋》。后一种类型的作品有10篇，具有代表性的作品是《鲁班捡墨斗》《柱基石和屋架》等，这类故事虽没有太多的幻想性，但都具有较强的传奇色彩。两种故事类型数量上的差异，也可以反映对于手工业发展较滞后的畲族地区，畲民更倾向于技术高超的鲁班能给予现实生活实实在在的帮助。按照故事讲述的内容来看，主要讲述鲁班建房子、建殿宇、造船等具体的生产方面。

从故事的主角来看，除鲁班之外，他的第一个徒弟"伏以"（畲族故事中也称为"伏依""伏义"或"福益"）和鲁班的妻子（在故事中没有出现具体名字）是较为常见的故事主角之一。与他徒弟伏以相关的故事，有《建屋上梁叫"福益"》《伏依造礁》《吃鱼架梁》等，与他妻子相关的有《凉亭和雨伞》《柱基石和屋架》《柱基石与屋梁升斗》等。不难发现，这种人物的组合，是与叙述的内容相关的，如创造性较强的发明制造

---

① 董晓萍：《大工匠神鲁班故事新论——从跨文化民间叙事学的角度切入》，《西北民族研究》2019年第3期。

则与伏以结合，因伏以作为民间故事中鲁班的第一个徒弟，技术高超，甚至在一些方面超过了鲁班；而从现实生活物品中得到启发的"取巧"性创造，则往往与其妻子相关。如在《柱基石和屋架》故事中，鲁班受妻子穿的钉了圆钉的木屐的启发打出了圆形柱基石解决了柱脚烂掉的问题。这些故事在汉族的鲁班传说中具有原型。

从故事刻画的人物性格与形象来看，鲁班的形象以正面为主，如表现鲁班的技术高超、乐于助人的德艺双馨形象，但也会描述一些负面的特征，如在《建屋上梁叫"福益"》故事中，鲁班就因心胸狭隘和猜忌导致伏以的不幸遇难，但故事并没有就此结束，而是又讲述了鲁班意识到自己存在的问题和过错，通过一些行为表达对伏以的歉意和补偿，这些行为后来演变为木匠们的一种行业习俗。

关于《建屋上梁叫"福益"》故事的版本有很多，情节大同小异，伏以的死法不一。在汉族地区中最为常见的是《上梁喊"伏以鲁班先师"》，故事中鲁班"害死"伏以的原因有两个：一是嫉妒伏以的聪明，怕他超过自己；二是误以为伏以与妻子私通，于是故意带了一把木骨布伞，在外面用油纸糊起来。伏以以为师傅带的是油纸伞，就也带了一把油纸伞。然后鲁班从七层高的古塔跳下，忠心的伏以也跟着跳下，摔死了。事后鲁班知道实情，知道错怪了伏以。为安抚伏以的冤魂，在上梁的时候鲁班就叫人捧来供品祭拜，又叫每个匠艺师傅腰里捆上麻绳为伏以戴孝，拿来五谷从梁上下来让大家抢，并喊道："我不如伏以，伏以是鲁班的先师"。① 但流传于浙江景宁畲族地区的《建屋上梁叫"福益"》，在内容上与汉族地区流传的大多数故事版本存在较大差异，主要表现在三个方面：一是福益是师母"相好"是实情，而非鲁班的猜疑；二是鲁班"害死"福益的情节变化，从跳伞变成了用椽子戳，但工具的性质并未发生实质性变化，都是属于生产活动中常见的工具类型；三是仪式发生了变化，从比较隆重的披麻戴孝和呼喊"伏以是鲁班的先师"简化为"叫三声名字"而已。②

① 中国民间文学集成全国编辑委员会、《中国民间文学集成·浙江卷》编辑委员会编：《中国民间故事集成·浙江卷》，中国 ISBN 中心 1997 年版，第 175 页。

② 景宁畲族自治县卷民间文学集成编委会编：《中国民间文学集成·浙江省·丽水地区宁畲族自治县卷》，景宁畲族自治县文化局、景宁畲族自治县、民间文学集成办公室 1989 年版，第 57 页。

仪式简化也就意味着畲民并不认为鲁班对伏以的死应受到太多的道德谴责，因为毕竟是伏以与师母"通奸"在先。

可见，畲民通过对故事的改编，将原型故事中鲁班的心胸狭隘和猜忌杀人的负面形象进行"美化"，改编为鲁班原本是爱护伏以的但因为伏以犯了与师母乱伦以及偷学手艺等大逆不道的罪行进行惩戒，使得这种"杀人"在道义上并不用受到太多谴责，体现了畲民对鲁班的偏爱。这一点在《田螺的来历》与《种田吃腌卵（蛋）的由来》中也得到很好的体现。两则故事虽然都先描述了鲁班看不起种田畲族的"自负"形象，但故事都发生转折，鲁班都意识到自己的错误，愿赌服输，改过自新，勤学苦练，终成木匠祖师爷，这种欲扬先抑的叙述手法，使鲁班的形象更加立体、生动、饱满。

（三）畲族"鲁班传说"故事的象征意义

就整体而言，鲁班传说在艺术上相当成熟，并且有着自己的艺术特色。它是由一系列有关鲁班的独立成篇的传说故事组成的。在创作和流传的时候，这些各自成篇的作品，往往又在一定程度上互相呼应和关联，共同塑造了鲁班"能工巧匠"的形象，使之成为中国民间文学宝库里的一个具有中华民族风格、气派的典型。通过以上对畲族"鲁班传说"故事的类型分析，不难发现，畲族的民间故事家在讲述鲁班传说故事时，既共享了汉族鲁班传说故事原型的经典母题，同时又融入本民族的"民族心性"，使之呈现本民族的独有特性，从而赋予了故事丰富的象征意涵与重要的社会意义。

1. 增强本民族文化的认同与自信

畲族的民间故事家们围绕鲁班这个典型形象编织的各种传说故事。有些故事其首要目的是增强本民族文化事象的历史感和文化特色。例如，流传于福建福鼎的《田螺的来历》讲述了青年鲁班与畲族老农田边竞技的故事。故事讲述了鲁班年轻时就很出名，一日，他路过田边，听到老农民称赞自己插秧精准，不用木墨斗量。鲁班不服气，赌气让老农民插给他看，如果确实精准，就挖掉一只眼睛。果然，老农说到做到，鲁班便挖了左眼丢在田里，从此虚心学习，单眼苦练技术。鲁班的左眼后来变成田螺，因此，后代木匠都不吃田螺，并用单眼瞄料。① 这个故事是通过讲述鲁班的所见、所言和所为来衬托畲族种田老农精准的插田耕作技术，而故事中的畲族老农比青年鲁班也明显技高一筹。实际上，农耕对于原本属于山地文化的传统畲族社会来说，是较晚才发展起来的，畲族农耕的工具和技术很多时候是从周边汉人地区引进的。但畲民通过这样的故事虚构，来表达对本民族农耕技术的自信，提升民族自豪感，从而实现对本民族文化的认同。同样的主题也出现在浙江武义宣平地区的《种田吃腌卵（蛋）的由来》故事中。该故事叙述浙江金华武义县宣平山区畲族种田吃腌卵（蛋）的习俗。相传一年种田插秧时节，鲁班师傅经过一丘很长的田塍路，见几个畲族农民在插秧，秧苗插得笔直，像做木老司用墨线弹过一样。鲁班心里佩服但嘴里却要找毛病，就说："直是直，但宽窄不一样。"开头柱②种田老司言，如前后左右秧苗尺寸不一样，今日的种田酒就归你做木老司吃。鲁班也说："如一样，今日做木老司的腌卵就归你种田老司吃。"结果，四四方方，前后左右一样分毫不差，鲁班师傅服输，从此，宣平山区畲族就有种田老司吃腌卵子的习俗了。畲族民间尚有一谚云："吃了种田卵，五谷保丰登；吃了种田饭，稻谷满满担。"③ 这两则幻想性故事都通过鲁班来表达畲族对本民族农耕文化的自信。同时，畲族也借助鲁班传说为本民族"吃腌卵子"的习俗提供了合理化解释，通过节日的仪式展演增强传说的文化真实性，进一步强化本民族文化认同。

2. 升华中华民族文化认同

传说流布的过程就是文化共享的过程，"以不同的语言或方言在不同的场合来演唱或讲述，在这个过程里，传说的一些情节或场景，逐渐地趋向稳定，这从另外一个方面来说也是一个普遍的文化认同过程"④。鲁班传说在畲族地区流布的过程中，共享的母题有助于多民族意识的形成与发展，从而强化了多民族文化认同。畲族流传的鲁班传说，大都讲述鲁班向

① 钟伏龙、林华锋、颜素开等编：《闽东畲族文化全书·民间故事卷》，民族出版社2009年版，第346页。

② 开头柱：畲语，意思为"第一个下田领头的人"。

③ 吕立汉主编：《浙江畲族民间文献资料总目提要》，民族出版社2012年版，第374页。

④ 晋克俭：《论梁祝传说的文化认同作用——兼谈南方少数民族梁祝叙事诗》，《民族文学研究》2012年第5期。

畲民传授技艺、解决生产生活工具制造或小型工程建造问题以及帮助弱者等友好交往的故事。在这些传说中，鲁班以超越汉族与畲族界限的文化使者形象出现。如流传于福建宁德的《雨伞和房屋》故事。故事原文如下：

> 做木师傅去给人起厝，头个晚上都要在东家供桌上放一把伞，请一请鲁班祖师。这是做什么呢？
>
> 传说古早没厝，人都住在崖壁下、山洞里。鲁班祖师看到了，想办法起了厝让人住。可是人们都不去住，怎么劝都没用。鲁班就用木材、茅草和泥巴做了头老虎，想把人惊到厝里去住。人呢，看到虎来了，就避，虎走了，还是回到原处。有的人避不开，就给老虎含到厝里去。日子一长，谁都晓得虎只会叼人，不会伤人，都不惊。鲁班无奈，只好用凿插到老虎口中做牙齿。他惊这式会伤人，就交代老虎讲："凡是有厝宅的人，你都不准咬。"老虎听了鲁班的吩咐，专门捡不去厝宅住的人咬。人们这下怕了，纷纷搬到厝里去。他们还惊老虎来，就去问鲁班："老虎还来怎么办？"鲁班应："它不会进厝的，我已经吩咐过了。""那我们要出门怎么做？""出门去碰着就打呗，虎的背脊梁是门杠做的，腰骨是茅草杆做的，鼻头呢，是土捏的。故此，虎的腰和鼻最不经打，一打就不会挺动了。"人们还是不放心，鲁班讲："那我就做件家什给你们吧。"说好，就做了雨伞分给他们说："这伞就是我的化身，日间可以遮阳遮雨，暝间可以逐虎驱邪。"这下，人人都放心了，只要出门都带伞。做木师傅呢，也把伞看作是祖师的化身来供了，会逐虎驱邪的。[①]

在本书第三章中，我们已经分析虎与畲族之间的关系，在畲族社会从游耕转向定耕的历程中，虎是畲族社会生产生活最大的威胁之一。谁解决了虎患的威胁，谁就是畲族的英雄，甚至被奉为畲族崇拜的信仰对象，如林公信仰。在这个故事中，畲族的民间故事家们就将鲁班放在了这样的一个重要位置。这个故事有鲁班传说原型中经典的"木马"母题，只不过

---

① 钟伏龙、林华锋、颜素开等编：《闽东畲族文化全书·民间故事卷》，民族出版社 2009 年版，第 138 页。

把"马"置换成了旧时畲族社会更为常见或影响更大的"虎"。鲁班同情畲民恶劣、简陋的居住条件，建造了厝宅，并制造木虎把畲民驱赶到厝里住，但部分畲民一时难以适应居住环境的改变，还是选择住在崖洞。故事里用"日子一长，谁都晓得虎只会叼人，不会伤人，都不惊了"来表现这样的过程，隐喻部分畲民依然选择游耕的生计方式。而宅心仁厚，一心为了畲民着想的鲁班，不得不改进木虎，给它装上牙齿，"专门捡不去厝宅住的人咬"，"人们这下怕了，纷纷搬到厝里去"。这实际上可以理解为，畲民开始意识到类似于汉人一样的稳固的住宅条件有利于保障自身的安全。但这也只是保障畲民的居住安全，而畲民的外出生产生活活动的安全不能只靠住房来保障，于是鲁班就成了无所不能地指导畲民打虎的英雄，他指出老虎的软肋。实际上，这是畲民在长期与老虎共存斗争中探索出来的结果，但畲民毫不吝啬地将之赋予鲁班，进而塑造鲁班爱护畲民的形象。最后，鲁班还将雨伞赠予畲民，"这伞就是我的化身，日间可以遮阳遮雨，暝间可以逐虎驱邪"。

至此，鲁班已成为畲族的守护者，全天守护着畲族的安全。

我国匠神叙事与儒释道信仰有联系。在《中国民间故事集成》的《吉林卷》《江西卷》和《云南卷》中，都有师慈徒孝的故事。木作行业用讲故事的方式，建立忠义诚信的人际关系原则。在这个故事中，鲁班既是汉族做木师傅的祖师，也是畲族做木师傅的祖师。在中国文化传统中存在着"一日为师，终身为父"的伦理思想。鲁班作为各民族手工业的祖师爷，各民族工匠和木匠都是他的弟子，大家同出一门，就像祖先作为一种符号以血缘方式整合一定区域的文化认同。[①] 鲁班同样是一种文化符号，以拟血缘的方式，加强畲汉民族之间的文化纽带关系，唤醒各民族心中的"根基性情感"，[②] 为增强中华文化认同提供重要助力。畲民毫不保留地表达了对鲁班祖师的喜爱和尊重。此时的鲁班已成为典型的中华文化符号，成为民族共同体建构的文化资源。

---

① 高萍：《从"根文化"看铸牢中华民族共同体意识》，《西北民族大学学报》（哲学社会科学版）2020 年第 3 期。

② 王明珂：《英雄祖先与弟兄民族：根基历史的文本与情境》，中华书局 2009 年版，第 27—28 页。

小 结

　　畲族小说故事的内容明显来自汉族文化生活，或者直接出自汉族文言小说。它们是畲汉民族文化交流最直接的体现。经典爱情故事"孟姜女哭长城""梁山伯与祝英台"在畲族民间广泛流传，存在较多异文。在这些异文中，既表现出汉族小说故事原型的共性，也体现出畲族本民族的特性。正是在共性与个性之中，反映出畲汉民族文化上的交流互鉴与共同生成中华民族优秀文化。

　　畲族孟姜女哭长城故事大体遵循汉族"孟姜女哭长城"的故事情节，但出现了明显的变异：孟姜女不再是故事的主角，而是沦为秦始皇的配角。故事的展开是秦始皇的风流成性，故事的推进是秦始皇的乱伦，故事最终结局是秦始皇受惩戒。故事所要表达的最重要的主题，不再是歌颂了孟姜女感天动地的忠贞情感，而是反复强调天道人伦的重要性。这充分说明了：此时儒家思想强调的基于亲缘、血缘形成的伦理道德规范已深入畲族社会生活与畲民心理之中。畲族的梁山伯与祝英台故事也发生了类似变异，故事主角不再是梁山伯和祝英台，而是"男二号"马俊。畲民通过讲述阎王看待梁祝二人的感情以及对马俊的处理方式来表达故事主题。从《马俊做阎王》中阎王让位于马俊，到《马俊做判官》中给了马俊头层判官的职位，最后到《马俊如何成"公猪"》只是给马俊再选一个老婆作为补偿。可以说补偿的方式越来越接近"现实"（符合常理），而且补偿的代价也越来越轻。阎王作出这样补偿决定的依据是"姻缘簿"与明媒正娶。"姻缘簿"代表着天意和缘分，而明媒正娶则代表着世俗的伦理规范。宣告了"小传统"之"情"对于"大传统"之"理"突破的胜利。而这也正是畲族爱情小说故事延续了汉文经典爱情小说故事的基本伦理价值，体现了畲族民间故事在伦理价值上的中华民族共同性。

　　畲族民间故事朱元璋的形象主要脱胎于汉族的朱元璋传说故事。只不过畲民在讲述时，杂糅了朱元璋传说故事的各种情节母题并加以改编和创作，以呈现符合畲民表达习惯和主旨的故事内容。在畲族民间故事中，畲民将朱元璋故事的感生、脱险、赶鸭子及天子显现等经典母题叠加在一起进行戏说，无不突出少年朱元璋的"真命天子"形象，说明朱元璋"真命天子"的潜在记忆已深入畲民心中。也正是通过这样的改编和创造而成的故事内容，体现了畲民对儒家推崇的大一统思想的接纳与转述，折射了畲民对王朝统一政权的认同情感。

畲族的鲁班传说故事是畲汉民族长期生活在闽浙赣交界区这一共同区域，彼此产生了密切联系后的产物。畲族的鲁班传说在讲述本民族历史与文化的过程中，生动地再现了畲汉民众之间长期存在的手足情谊，反映了维护民族团结、共同建设美好生活的真诚意愿。他们不仅接受和传承了鲁班形象和事迹，而且还注入了很多畲族文化色彩，进一步丰富了鲁班传说，使之成为连接民族文化、区域文化与中华文化的中介。共同的文化和文化认同感是"民之为族"的核心要素。而同一性或一体性文化在广大民族成员中横向传播和代际传承，则离不开文化"符号化"、符号"扩散化"机制。鲁班作为畲汉民族共享的中华文化符号，伴随着鲁班传说的跨民族传播，逐渐成为凝聚畲汉民族情感的文化标识。这不仅是畲族参与中华文化符号塑造的过程，也是畲族表达中华文化认同的文化实践。借助鲁班传说的文化再生产，畲族的中华文化认同得以增强。

第 六 章

共同的历史命运：畲族英雄故事中的
中华民族共同性

在世界各民族的文化体系中，都存在着与自己文化相适应的英雄形象。在早期英雄史诗中，贵族英雄往往是故事的主角，内容大多掺杂着神话与现实的双重元素。当社会的整体结构发生变异时，英雄故事的叙事方式也悄然发生变化。在这些英雄故事中，英雄们战胜普通人不能战胜的种种困难，创造了文化与历史。因此，他们在各民族民众心目中具有崇高的地位，以至于他们的一生都赋予了传奇的光环。畲族英雄故事也有类似的主题与内容，它们讲述不同类型的英雄事迹，反映了族群不同历史时期的生产与生活，蕴含着丰富的中华民族共同性。

第一节　畲族英雄故事概述

畲族文化中存在着许多英雄故事。以盘瓠神话为核心内容的畲族"史诗"《高皇歌》将畲族接续到三皇五帝的血缘上，并讲述了畲族后裔迁徙与繁衍的历史。随着畲族生产方式从游耕到定耕的转变，畲民们与大一统政权统治下的主流社会的交往日益密切，英雄故事的主题也由对民族起源的解释转向封建制度中的民族斗争。此时，畲族故事的英雄们不仅代表了族群的利益，而且在共同的反抗与斗争中，因其内在的优秀品质获得了汉族等其他人民的认可，促进了二者的交融。从这些故事中可以看到，畲族本民族内不仅具有强大的凝聚力，而且对中华民族共同体有着更为强烈的认同感。

一　畲族反抗故事的三大母题

母题是"motif"一词的汉语音译，原是音乐用语，意为动机，是指一首乐曲中反复出现的一组音符，它是衬托乐曲主题的一个结构因素。[①]后被借用到民间文学研究之中，用以指那些在民间文学作品中经常出现的叙事单元。在畲族英雄故事中，抗捐抗税、畲民告状、争取科举应试权是三个主要母题。

畲族是山地游耕民族，其民族发展史体现在民族的迁徙史中。唐代时期，畲族先民主要生活在闽、粤、赣交界的广大山区。唐初，苗自成、雷万兴、蓝奉高等起义都与畲族先民有关，从侧面反映了当时以中央与边陲为地域表征的社会矛盾。在唐王朝的军事镇压下，大量畲族先民逃亡到更为偏僻的山林之中，另外，对畲族的安抚政策也取得效果，如陈元光任漳州刺史时，开山取道遣人诱抚，部分畲民选择归附。畲民进入汉族生活区域后，封建地租的原始形态开始出现。随着封建势力在畲民生活区域逐渐加强，汉族地主与封建官吏赋税征收对畲民的压力也逐步加大。畲民们或是选择继续迁徙，或是进行小规模的反抗。这些真实的历史投射到畲族深层的文化心态中，并以畲族英雄故事这样的审美形态进行表达。

在漫长的游耕生活中，畲民习惯了刀耕火种的山野生活，免除赋税的观念早已在畲民内心扎根。一些英雄故事讲述了畲族免除赋税的合法性来源。《高皇歌》中，龙麒功成身退，拒绝了金银珠宝的赏赐，自愿去"作山"。畲族民间故事之所以这样讲述，因为"自耕林土无粮纳"对游耕民族存在巨大诱惑力。事实上，在许多故事中，畲民都在强调本民族"免赋税"的合法性。例如，在畲民幻想的理想世界"封金山"上，家家都有新开的、不用赋税的好田地，众人在此安身攒起金银珠宝。

畲族英雄人物雷廷雨的田地精耕细作年年丰收，大户人家想要霸占处处刁难，最后被雷廷雨巧妙化解。当然，日益激化的社会矛盾不可避免地促生了一些畲民的反抗，如蔡来福抢占畲民田地，凤凰姑娘惩治恶霸的故事正是发生在这一背景下。除了上述的英雄代表，《石壁峡》的故事则记载了畲族群体的抗捐行动，表达了畲民"免赋税"的愿望。但正如凤凰

---

① 郎樱：《史诗的母题研究》，《民族文学研究》1999 年第 4 期。

姑娘收集证据求助于官府来主持公道，畲民们在民族交往中也开始寻找趋利避害的途径来保护合法的生产资料，畲民基于"平等与自主""自愿订立的契约文书"就是其中的重要途径之一。① 从畲族民间留存的契约比例来看，畲民既喜"白契"又重"红契"，"民间自行交易订立的白契，可为契约当事人节省些许费用，但与此同时也缺失了来自国家层面的有力保障"，因此为了交易的安全，获得官府认可的"红契"往往能在争端中较好地保证畲民的应得利益。这一从对抗到立契的转变说明了社会矛盾得到适度的调和，传统认知中的"化外之民"正嵌入主流社会体系的结构当中。

与立契相似，告状主题的故事也体现出畲民对主流社会的规则与制度的了解与接受。畲族民间故事《麻角拦轿告状》《蓝世养告状》都刻画了畲民中那些"知法懂法"的知识阶层。随着畲汉民族交融的深入，畲民也表达出在大一统政权竞争体系中出人头地的愿望。畲民的识字率不高，要改变社会身份和地位，科举考试是畲民们无法绕开的上升通道。在清代时期，清政府虽对少数民族科举给予了一定的支持政策，但类似于畲族这样相对弱小的族群参加科举考试并不容易，现实情境中的畲民往往因各种原因被排挤到科举考试之外。因此，畲族民间故事中流传许多科举主题的故事，他们为争取科举考试的权力斗智斗勇，其中钟良弼与蓝孙璇较有代表性。

二　畲族传统英雄故事中的精英群体

精英（elite）一词具有悠久的历史。② 在中国古代汉语中，精英是指"最宝贵的事物"和"事物中最宝贵的部分"。在西方 17 世纪时，法语中最早出现了"élite"一词，指"特别优良的商品"或者"遴选出来的少数东西"。"精英"在 1823 年进入英语环境时已经被用来指称某种社会集团，并逐步被赋予社会学和政治学意义。在词义的变迁中，"精挑细选出来的群体或人"一直是其核心内涵。在现代政治理论对精英层出不穷的

---

① 余厚洪：《基于族群凝聚视域的浙江畲族档案记忆研究》，浙江大学出版社 2020 年版，第 148 页。

② 张凤阳等：《政治哲学关键词》，江苏人民出版社 2022 年版，第 162 页。

界定中从未离开以下两个方面：其一，精英是被"选择"出来的，在现代社会中更多的是被"选举"出来的。其二，精英具有诸如优雅的人格魅力特征和道德素养。畲族的英雄人物也具备精英的两个特点。故事传颂的历史同样是民族文化对英雄形象进行拣选的历史，他们代表族群维护利益，显现出族群的优秀品质，如表现主人公的聪明才智、武艺高强，或讲述他们忠国爱家、主持正义、打抱不平、反抗压迫、反对民族歧视的故事，具有鲜明的民族性。

第一类是族群利益的代表者。近代畲族人中钟大煜"一条手帕罢贪官"，为族人出头，雷一柱不向恶势力低头"乌龙公为民舍命"；他们个性鲜明，在这里不仅代表个人，而是畲族民族个性的集中展示。又如蓝如花献身抗倭奋不顾身，表现了畲族人民勇敢刚毅的一面，在中华民族的共同利益前，畲汉人民智斗倭寇殊死抗争。

第二类是畲族家喻户晓的畲族英雄人物，雷海清、钟景祺（亦作钟景期）、雷万春等，他们名字载于各姓宗祠、各村宫庙，他们的事迹除作为故事讲述外，还被编入歌言传唱，各地广为流传。故事中的雷海青面对叛贼安禄山，义正词严，威武不屈，正气凛然；雷万春神勇无比，忠诚义烈；钟景祺能文能武，忠于大唐，他们身上集中了畲族所有美德，把忠勇侠义、崇文尚武的民族特性演绎得淋漓尽致。更为重要的是，他们驰骋沙场建功立业所求的不只是畲民的利益，而有着中华民族的立场。因此他们不仅受到族人的赞颂，也获得了主流社会的认可。这些英雄人物对于长期受到歧视的畲民有着重要的肯定意义，象征着经过民族交往互动，部分优秀畲民融入了主流社会且进入统治阶层之中。

畲族故事对蓝理有着许多讲述，人物的系列故事串联起整个成长史。民族英雄蓝理收复台湾，征战边陲有功，被载入史册。在征剿台湾郑家军时，蓝理腹部受伤坚持拖肠而战。这个故事流传较广，并以拖肠而战的核心情节演绎出多个版本。传统故事中，拖肠而战的人物另有其人，在《东汉演义》及民间传说中，贾复有"拖肠大战"的经历。昆阳之战中，贾复在昆阳城下大战巨无霸，被巨无霸挑出肠子。贾复拖肠大战，被认为是《东汉演义》第一猛将。《罗通扫北》中，罗通有"拖肠大战"的经历，他在界牌关与西凉98岁老将王伯超大战，王伯超乘罗通不备，一枪刺中其腹部，顿时肠出。罗通把肠子盘在腰间，继续与王伯超大战。王伯超震惊，最后被罗通挑于马下。蓝理拖肠而战自然有民间夸张的成分，也有向演义借鉴的可能，但从这一事例可以反映出蓝理其人的勇武。事实上，蓝理也有文人气质的一面，他勤练书法，为人仗义，知恩图报，深受儒家礼仪的浸染。这些品性在蓝理的故事中都有体现，蓝理表现出深刻的儒化痕迹。

再如讲述钟学吉歌才"钟学吉为何成歌王"，雷一声文才"山哈秀才雷一声"，雷国楚武学造诣"豹子师傅"，钟招能医才"钟招能四诊成名"等，构成了一个畲族精英群体，撑起一个民族的骄傲。《蓝佃玉与番乌蛋》，歌颂畲族历史名将蓝佃玉出征平番荣归，并带回"番乌蛋"（马铃薯），在家乡推广种植造福乡里的功绩，起到增强民族自豪感，凝聚人心，团结族人的作用。

三　畲族革命斗争的英雄故事

近代时期内外交困的现实环境激化了社会矛盾。清咸丰四年（1854）三月（一说"咸丰七年"），太平军部将石镇吉率部从福建浦城经浙江龙泉进驻云和时，得到广大贫苦畲汉人民的热烈响应和支持。这段历史被畲民以歌谣的形式记录下来。相关民歌以历史为蓝本，热情讴歌太平军的革命义举，控诉封建统治阶级残酷压迫剥削劳动人民的罪行，揭露了地方官员和地主恶霸闻风而逃、惶惶不可终日的丑态。太平军撤退后以周水应为首的地方官僚和武装势力反攻倒算、奸淫烧杀、鱼肉百姓的罪行。

辛亥革命后，畲族人民在"三座大山"的压迫下逐步走上革命之路。1915 年，景宁县爆发了一次畲民打酒员的斗争。长期以来，该县地方当局不断向人民征收苛重的酒税及其他杂捐。征税人员欺凌百姓的行径激起民愤，畲民群起痛殴税员，并联合附近汉族农民共三千多人，攻打县城，捣毁了人民所痛恨的烟酒稽征所。时政歌《打酒员》正是对这一事件的讲述。同年，平阳县又发生畲民打税员的事件。1919 年，泰顺县畲民反对汉族地主强占土地，集合三十余人手持木棍和刀枪，进行武装斗争。在历次斗争中，畲民表现出不屈不挠的革命精神，但由于缺乏领导，历次斗争皆以失败告终。

在第一次国内革命战争前后，广东的底层人民已较早地成立农会，进行革命活动。1923 年，海丰农会成立，多次开展反对豪绅地主和减租的斗争。在中国共产党的领导下，各地农民迅速地发动起来，畲族散居的增城、博罗、惠阳、大埔、潮安等县成立农会组织。第二次国内革命战争时期，毛泽东同志创造性地提出在农村建立和发展革命根据地的理论，革命的火种星火燎原，得到迅速发展。毛泽东、朱德、方志敏等同志先后在赣南、闽浙赣、闽西、浙南、浙西南等地建立了红色根据地，带动了广大畲族地区的革命斗争。

如在闽东地区，畲族群众是革命斗争的中坚力量。[①] 1931 年春，福安县的溪柄、穆阳、溪北等地畲、汉两族农民进行了大规模的反捐斗争，其他各地也纷纷响应。1931 年后，詹如柏等同志亲至福安县凤阳、大山下等畲村，建立了贫农团、抗租团，教育和组织群众采取"以拖为抗"的办法抗缴租粮。随着革命形势的发展，党进一步提出了抗捐、抗税、抗租、抗粮、抗债的"五抗"口号。1932 年，在连江县长龙乡一带活动的游击队队员约有一半是当地的畲族农民。1933 年，中国共产党决定领导农民从"五抗"转为"打土豪，分粮食"的斗争，并把一切斗争都引导到武装斗争上来，为建立红色政权、实行土地革命创造条件。于是，以"打土豪，分粮食"为口号的武装斗争就在闽东广泛展开，游击队、赤卫队到处打开豪绅地主的粮仓，把粮食分给贫苦农民。各地农民纷纷在党的领导下推翻了反动政权，建立起红色的苏维埃政权。1934 年春，在畲汉人民的合力下，闽东苏维埃政府宣告成立，着手制定分田大纲，颁布土地政策，全力领导畲汉人民开展土地革命。

在畲族故事中，钟阿尔、钟勤淑等底层人物走向革命的心路极具代表性。在地主、国民党等势力的压迫下，底层人民逐渐觉醒，加入中国共产党的队伍中。这个从自为到自觉的过程正是许多畲民革命斗争的真实写照。在革命活动的考验中，畲族人民中诞生了"小雨田"雷七妹、交通员钟二妹、县苏维埃主席钟日柱等为革命事业作出巨大贡献的精英群体。当然，随着革命思想深入人心，党组织的革命活动得到了普通民众的理解与支持，畲民们无偿为革命者提供物质帮助，为他们提供藏身之所。钟淑兰、蓝金妹、吴三妹等人的具有牺牲精神的事迹表现了畲民与革命者之间

---

① 《畲族简史》编写组、《畲族简史》修订本编写组编：《畲族简史（修订本）》，民族出版社 2008 年版，第 84—85 页。

深厚的情谊。这些可歌可泣的畲族革命者传说，是畲族人物故事的一大亮点。

第二节　家国认同：畲族传统精英
故事的人物与追求

在畲族民间故事中，盘瓠、钟景祺、蓝理等人物谱写了属于畲族的光辉篇章。他们捍卫族群利益，建功立业的故事被畲民们反复传颂，这些人物的优秀品质及高贵形象是畲民们达成族群认同的一种表达。同时他们跻身统治阶级，所获得功绩也得到中央王朝统治阶级和汉族人民的认可。在民族交往的历史上，畲民与统治阶层的诸种矛盾常以民族间武装对抗的形式爆发，在对畲民反复的征讨的过程中，畲汉人民逐步交融，乃至达成文化的认同。畲族精英群体对事功的渴望与对家国的认同正是这一过程的直接体现。

一　争取族群权益的人物故事

畲族的"畲"原意为刀耕火种。宋代范成大《石湖集》卷十六："畲田，峡中刀耕火种之地也。春初斫山，众木尽蹶。至当种时，伺有雨候，则前一夕火之，籍其灰以粪。"范成大所描绘的正是古时刀耕火种的场景：初春时节，用火清理农田无用的草木，草木灰又能促进农田恢复肥力。直至清代，畲民仍保持刀耕火种的耕作习惯，这和他们的生活环境息息相关。《尔雅·释地》说："田一岁曰菑，二岁曰新田，三岁曰畲。"其中菑为休耕的田，新田为休耕后新耕的田，畲为休耕连续耕作的田，总有一部分处于休耕状态，使土地的肥力得以恢复。汉族所以能在相对较短的时期内，抛弃刀耕火种的畲田制，关键是有了休耕轮作制。广阔的大平原使休耕轮作有了必要的条件。但对广东、福建和浙江等地的畲民来说，他们长期生活在山地、丘陵地带，不具备休耕轮作的条件，山地间往来迁徙反而更具可行性。所以这些地区的畲民，迁徙无常，时有往返迁徙的记载。清末至中华人民共和国成立前，部分畲民才放弃刀耕火种的劳作方式，寻找其他活计来谋生。①

费孝通先生认为，游耕"是一个从生产力到生产关系、意识形态的综合性概念，一种社会经济模式"②。在游耕的社会经济模式下，畲族民间故事中的英雄形象往往与赋税脱不开干系，他们代表了畲民的切身利益，敢于为受损害者请命。故事的矛盾常是过重的赋税及不对等的待遇引起的。同时，随着畲汉的交融，部分畲民也进入到以汉族为主流的生活圈子，他们渴望融入其中但屡次遭受不公待遇。因此，在定耕的生活中，为自己及本民族正名也是很多畲族民间故事讲述的内容。

（一）对"免赋税"的强调：从逃避到反抗的抗争

《高皇歌》中，龙麒功成身退，拒绝了金银珠宝的赏赐，自愿去"作山"。畲族民间故事之所以这样讲述，是因为"自耕林土无粮纳"对游耕民族存在巨大诱惑力。事实上，在许多故事中，畲民都在强调本民族"免赋税"的合法性。例如，在畲民幻想的理想世界"封金山"上，家家都有新开的、不用赋税的好田地，众人再次安身攒起金银珠宝。《封金山》这样唱道：

> 思量去看封金山，
> 亦有田地亦有山，
> 新开田地无粮纳，
> 亦无粮担几清闲。
>
> 封金山上好田场，
> 三万七千串心垟，
> 新开田地无税纳，
> 冬来收转谷满仓。

畲民因赋税问题而与统治者产生矛盾是反复被讲述的一个主要主题。在《争地盘》中，故事首先肯定了畲民"免赋税"的合法性。

---

① 潘洪钢：《南方民族游耕文化刍议》，《贵州民族研究》1992 年第 3 期。
② 潘洪钢：《南方民族游耕文化刍议》，《贵州民族研究》1992 年第 3 期。

高辛时，畲族祖先被招为驸马，并得到封赠，可享划地为界的特权。畲族祖先，用木桩作界记，而当地的赫老（畲语：汉人）用石桩作界石。一日，高辛出巡，遇见有人在山坡上打架。畲族头领讲：山哈遵大王旨意，打木桩圈地为界。汉族头领讲：我们几代居住此地，以界石为证。高辛王听后判有木桩为界土地归山哈居住，以界石为界归赫老居住。山哈的木桩经不起日晒雨淋，白蚁蛀，而赫老的界石千年不烂，所以畲族先民就丢失了原来高辛王封的居住地，只好搬到外地去居住了。就这样，畲族先民从广东搬迁到福建，又到浙江、江西等山区。因为没有土地，所以，山哈只好在山林刀耕火种，打猎为生。①

　　故事中，畲族祖先龙麒立功被招为驸马，并得到封赠，畲民能够划地为界，获得了"免赋税"的权利。这一部分与龙麒（盘瓠）神话大致重合。"争地盘"的故事也即畲民失去土地，回到山林的过程。"争地盘"时，畲民因地界日久模糊，而被迫远走他乡。同时，在叙述中，故事将畲民失去权益的原因归咎于与周边族群（主要是汉族）的生存竞争。这也是这类民间故事的主要叙事方式。

　　有压迫自然就有反抗。相比《争地盘》中畲民不断迁徙的被动姿态，《凤凰姑娘》所讲述的反抗故事则要主动很多。

老汉雷石弟一家四口人，原来住在靠近蔡村的山脚边，辛辛苦苦开荒种田。恶霸蔡来福看见这片田地水源好，便硬说这里的山田是他蔡家的祖业，带来许多家丁打手，把他赶出家门，还放火烧了他的厝。儿子被打死，孙女雷梅花被逼死，侄儿雷善刚被绑走，关在他家的大围墙里做工。老汉无法只好搬到这个村里来住。老汉雷石弟越说越悲，凤凰姑娘越听越气。她举起酒杯宣誓说："我不除此霸，决不再见乡亲。"村上长老担心姑娘寡不敌众，要派几名有武艺的青年跟着前去，姑娘执意不从。第二天一早姑娘便一人动身走了，长老送了一程又一程，再三叮咛："那恶霸的家，三幢高楼，三层围墙，防守

① 吕立汉主编：《浙江畲族民间文献资料总目提要》，民族出版社2012年版，第331页。

严密，人称'老虎寨'，请姑娘多加小心！"

　　凤凰姑娘来到"老虎寨"，白天先观察好地形，并暗暗认清蔡来福的容貌，晚上便飞身进寨到处搜寻，但她寻遍全寨，却没找到蔡来福这个人。姑娘十分纳闷，人到哪里去了呢？快天亮时，姑娘正要离开，忽见这恶霸从另一大户人家的后门出来，从自己家的小门进去了。姑娘心中明白，原来如此。第二天夜里，姑娘就先来到这家大户人家后面，然后飞身上墙，隐藏于一座楼房后面的屋檐下，倒挂身躯，透过窗隙，向里观看。只见楼房里有个装束妖艳的妇人正在炉上煮粽，把四个粽单独煮熟后，拿出放在一个有汁的碗里泡了泡，然后取出放在一边，一会工夫，男主人从前面走进门来，那女主人便假装热情地端出那四粒粽子和一碟糖来，殷勤地劝她丈夫吃粽过节。她丈夫吃完粽子，没过多久，就连喊肚子疼痛，乱翻乱滚，一会儿工夫便倒在地上死去。女主人连忙吩咐婢女摆起灵堂这时黑暗处又走出一个男人，和这妇人相会，凤凰姑娘一看，正是恶霸蔡来福。凤凰姑娘本想马上下去将他杀死，为民报仇，后来一想，现在我已抓住他谋杀人命的把柄，何不请求官府将他惩治，还可将他的罪恶公之于众？于是她又改变主意，悄悄离开这里跳出山寨外。第二天凤凰姑娘打听清楚：昨晚被害那人原来是知府衙内的一个小官吏，他和知府还是异姓兄弟。于是决定当晚就去会见知府。①

　　畲民们受到压迫又投告无门，只能把希望寄托在武艺高强的女侠凤凰姑娘身上。故事运用了传统武侠小说的叙事模式，赋予主人公聪明善良，身怀绝技的特质。凤凰姑娘不仅刀枪弓箭样样精通，轻功也十分了得，飞檐走壁，来无影去无踪。为逼恶霸就范，凤凰姑娘略施巧计就让婢女将其罪状一一托出。

　　在统治者的威逼下，畲民不得不群起反抗，《石壁峡》的传说就讲述了畲民在与官兵的生死较量。旧时，官府除向畲民横征暴敛，官吏还要向畲民索取山兽皮张，畲民愤怒抗交。在畲村山羊隔顶上有一个石壁峡，这

①　钟伏龙、林华锋、颜素开等编：《闽东畲族文化全书·民间故事卷》，民族出版社 2009年版，第 233—234 页。

石壁峡两边高山耸立，地势险要，历来是畲族与汉族相通往来的一道山关隘口。官府派兵剿办，于是畲民就自制武器，在石壁峡路上"埋竹签""放竹吊"，又在两旁山顶叠石堆，"搭石架"。

一天，山羊隔畲民兰朝芬与兰和庄在石壁峡东面的鹧鸪尖山顶放哨。突然，他们发现瑞都乡吏陈贞南带引一队官兵，从瑞都气势汹汹爬上山羊隔岭，要来围剿畲民。兰朝芬与兰和庄两人发现后，随即从鹧鸪尖山顶下来。他俩先有意地对官兵暴露一下目标，然后装着惊慌逃跑。

陈贞南发现了兰朝芬和兰和庄，大叫一声："畲客逃啦！"官兵队长当即令兵卒追赶。兰朝芬和兰和庄有意把他们引入石壁峡，然后迅速隐蔽于两侧石壁顶上。当官兵全部进入石壁峡时，兰朝芬突然举刀砍断早已准备架在山上的石架拉藤，哗啦轰隆一声响，几十个石头随即从石架上滚滚而下，不偏不倚正打着官兵的脑壳，走在前头的几个兵士四脚朝天，脑浆直流。

队长看着尸体一时不知所措。但是，他抬头又看山顶上没有人影，不见动静，即问陈贞南这是怎么回事。阵贞南吓得全身发抖，说："哦，队长，我忘了事先告诉你，据说凡要到山羊隔的人，首先都要在石壁峡前跪拜山神！"队长一听怒斥道："你，你怎么早不说？"他立即下令兵士就地跪下祈祷，求山神保佑。兵士正在跪拜之时，山上哗啦轰隆一响，漫山遍野的石头又滚滚而下。队长感到势头不对，连忙命令兵卒后撤。但兵士们跑没几步，前面的山顶上又一阵巨石滚滚而下，原来是躲在西侧山顶上的兰和庄看官兵走来，跑过来砍一刀，又跑过去砍一刀，把那些早已安装好的石架藤砍断。这些满山滚滚而下的巨石，把官兵打得死的死，伤的伤。尤其是队长被大石压得连肠子都拖了出来。只有陈贞南和几个兵士不顾一切跳下山崖，这才侥幸生存，带着一身伤疤跑回县府报告。

陈贞南哭着对县太爷说："完啦，都完了！山羊隔有山神，弟兄丧了命。……"他把在石壁峡遭遇对县太爷一说，县太爷吓呆了。站在两旁的官吏听了，也一个个胆战心惊。从此，官兵再也没人敢上山羊隔索取兽皮，抓丁收捐了。

这事当时曾轰动全城，而且越传越奇。原来是畲族人民事先在山上搬来许多石头，东一块，西一块地放着，需用时滚得滚，甩得甩，叫着"榴弹炮"；又用木棍架成三脚架，上面压着大石头，再用藤拉住。当藤条被砍断时，压在木棍上的巨石就滚了下来，这叫着"阵石战"。由于山羊隔畲族用这个"榴弹炮""阵石战"，在抗击官兵压迫中发挥了作用，从此石壁峡也就著名起来。①

传统的畲族社会中，游耕是畲民主要的社会经济模式。这主要体现在畲民山林间刀耕火种，自给自足的生活生产模式上。因而，畲民可以一定程度上脱离主流的汉族社会来进行生产活动。这也为畲民逃避赋税创造了客观条件，官府上门收捐，畲民可以迅速迁徙另辟山头。当然，在这种对抗避无可避时，畲民们也能自发组织反抗，石壁峡的"阵石战"就是其中一例。而畲民游耕模式决定的民族文化心态也逐渐在民间故事上沉积，形成了上述种种逃避赋税的故事。

（二）定耕与竞争：族群利益的代表者

随着畲汉互动的不断深化，部分畲民改变了传统的游耕模式，进入汉族生活的开阔土地上定居耕作。在共同的生存场景中，畲族与汉族不得不面对生活资源的争夺。对畲民来说，他们进入一个相对陌生的制度体系中，在习得新的规则时面对着种种挑战。这种互动的深化也被记录在畲族民间故事中，个别已经掌握社会规则的畲民代表着整个族群的利益，为自己的族群的合法权益据理力争。其中，告状、科考为两大故事主题。

在告状类的故事中，主角往往是见义勇为的畲族代表。《"麻角"告状》是流传于福建福安的一则故事。

相传上古福建的畲族是从南京迁来。一路停停打打，都无一个安家的地方。畲族先民到了漳浦、漳州以后，有一部分人就到了漳平县的永福，和陈姓人一起开发蓝田。但因畲族人数少，要遭官兵的驱逐以及大汉族人的欺侮，所以，才在偏僻山区"山羊隔"地搭寮暂时

---

① 福建省少数民族古籍丛书编委会编：《福建省少数民族古籍丛书·畲族卷——民间故事》，海峡书局 2013 年版，第 258—259 页。

住下。当下，畲族兄弟正在一个叫正龙坑的山头，劈茅草，盖草坪，开荒地，挖蕨，打猎。不料，又有姓张的邻村富人看到这里风水好，又来相争。姓张的说：山是他祖上的，盖了祖祠正厅也应该是供姓张祖先的神牌。又规定畲民们一支锄头每年要缴交一块钱山头税。畲民们奋起反抗。姓张的便仗着人多势众，进村牵牛杀猪。畲民气愤难平。村中有个热血青年，名叫"麻角"，愿意出头与姓张的打官司。畲民们烧了十八窑木炭卖了钱，让"麻角"上县府去告状。

过去，畲民不识字，处处受欺负。姓张的有钱财，能通官府；有文化，能造山契。"麻角"到漳平县打了第一场官司，马上就输了。县太爷骂声"贱民"，喝令差衙打"麻角"的屁股。"麻角"便说："要打也可以，要给我留一半屁股别打；我还要上州府再告状。"县太爷发了呆，一半屁股该怎么打？只好算了。"麻角"出了县衙，又赶往龙岩州去。第二场官司又打输了。州府照样要打"麻角"屁股。"麻角"又说，留一半屁股别打，还要上漳州府去告状。州府听说，也只好免了。

"麻角"又赶往漳州府去，趁着开堂时间未到，便到街上走走。路过一间布店，"麻角"在店门外走来走去，不愿离开。店老板觉得奇怪，上前发问："客官在店外巡看半日，试问要买些什么？""麻角"说："我看这店号，蓝字号布店，老板可是姓蓝？"老板便问他从何处来？"麻角"从实回他。老板把"麻角"请进店后厅屋，告诉他自己也是畲民，也是蓝姓子孙。"麻角"大喜，说起上县官府告状失败，处处受欺等事。店老板听了，也气愤不平。老板识文断字，亲自磨墨，为"麻角"起草状子，再抄了十八份。"麻角"觉得奇怪，问他为什么要抄那么多份？店老板却反问"麻角"：有没有胆量拦轿告状？"麻角"连连点头。店老板这才说："府道台出巡，一般有十八部轿子，前呼后拥，你知道台大人坐哪一部呀？一部轿子送一张，总有一张送在大人手中。""麻角"听了老板解释，点头称是。

第二天，果然有道台大人出巡，"麻角"拦轿递状，一部轿子经过，便递上一张状子。刚拦到第三部轿子，道台大人就探出头来，接过状子一看，再盘问一番。气愤地说"四周都是蓝姓子孙，姓张的怎么占了祖祠正厅？分明是仗势谋占！你先回去，本府定会处置！"

　　果然，等"麻角"回到家里，漳州府的公文也来到了，把这个"正龙坑"山头判给畲民世代居住。听说，这个打了三场官司的"麻角"，正名叫蓝永芳。①

　　《"麻角"告状》的主要矛盾仍是围绕赋税问题展开，其中设置了畲民与汉族富农的对立。但与前文逃避或是对抗的叙事方式不同，"麻角"主动寻求官府的帮助。州府告状失利后，"麻角"又在道台大人出巡时拦轿递状，畲民最终赢得官司，获得居住权。类似的告状主题故事还有小说歌《蓝世养告状》。当地财主屡次为难畲民，蓝世养路见不平出面告状，得到同族蓝知府的大力支持，打赢了官司。除了个别叙事元素有变化，故事的事件主体大同小异。告状这一行为意味着部分畲民已经进入汉人的生活系统中，可以纯熟地运用规则来解决畲汉之间的矛盾。这说明畲汉之间已经有了进一步的交融交往，生活在山林间的畲民真正融入以汉人为主的主流社会生活中。

　　在科考类的故事中，畲民作为外族人参与到科举考试当中，与汉族人在上升通道中一同竞争。《钟良弼告倒主考官》的故事流传于福建福鼎。清朝福鼎前岐镇人钟良弼嘉庆七年（1802 年）到福宁府应考，被县书王万年串通生监，诬指"五姓（蓝、雷、钟、吴、李）禽兽养"不准考试。钟良弼遂辗转逐级上告，幸遇省里臬台公判，钟良弼考中秀才第 20 名。②

　　在表达对文化歧视的不满时，这些故事同样也乐观地肯定了本族的优秀才俊。只要给予公平竞争的机会，他们也能在仕途中展示自己的才能。这是畲族特殊的科举情结。

　　与此同时，《怀仁县令蓝孙璇》也讲述了畲族精英蓝孙璇抛开狭隘的民族情结对汉族士子鼎力相助的故事。

　　　　清朝乾隆、嘉庆年间，古田县富达畲族村有个蓝孙璇。相传他出

①　钟伏龙、林华锋、颜素开等编：《闽东畲族文化全书·民间故事卷》，民族出版社 2009年版，第 307 页。

②　钟伏龙、林华锋、颜素开等编：《闽东畲族文化全书·民间故事卷》，民族出版社 2009年版，第 213 页。

生的时候，父亲梦见从天上掉下一块玉，抱在怀里大叫："快呀！快呀！"便起个"天玉"的奶名。

蓝孙璇从小聪明勤奋，精通六艺。后来由举子上京会试，缺乏盘缠，好不容易东挪西借凑钱赶到京城时，考期已经过了。这一期会试榜首是会元，已经题名金榜张贴在考场墙上。但奇怪的是到了巳时天还不亮。乾隆皇帝知道后便怀疑有什么大人才被遗落了，特地发一道圣旨再录取十名进士，以便符合"天意"。主考照办了，结果蓝孙璇名列第一，并留用为下科考试看卷人员。

在下一次的大比之中，钦点卞宝第乌拉布这个人为大总裁主考官，蓝孙璇被分派为经房通阅五经房师。考场分四书房和经房两类，他在空余时，常常到对门四书房官舍闲聊攀谈。有一天忽然看见桌上有一张考卷，是浙江举子倪成宽的文章。他读过之后连连叫好，便对主房官说："此卷字字珠玑，《文心雕龙》堪为荐举！"王房官说："这张卷我已经给大总裁推荐过，可主考大人说这个举子傲气太露，恐怕不是国家之福，已经把卷子退了回来；既然如此，我们也就只好避嫌不再多说什么。"蓝孙璇听后不赞成，坚定地表示：为了给国家选取贤才，绝不避什么嫌疑不嫌疑。于是，他征得王房官同意，取了这张试卷放在茶盘里，插上三根香线，顶在头上去见大总裁，说："请大人钧鉴。此举子倪成宽系浙江人氏，卑职乃福建之人，彼此毫无瓜葛；只是细观其文实实堪取。皇天在上，鉴察我心，望乞大人示下！"大总裁终于接受了意见，将倪成宽名列榜首。发榜后，倪成宽前去拜谢恩师王房官，王房官实话说："贤契得中并非老夫之力，乃是蓝房官力荐所致。"带他前往拜谢蓝孙璇房官。

后来，蓝孙璇担任过山西省怀仁县正堂，政简刑清，官名很好。不料县里武举潘某的继母为谋取潘的财产，竟诬告潘"不孝"，那时不孝罪是第一大罪。状子告到蓝孙璇那里，蓝经过调查认为所告不实，不给受理。这个妇人不甘心，又告到府堂去，也没有告准。于是，她便请人写了"黄状"背在身上，披头散发地谩骂官府受贿，还到各个神庙里击鼓喊冤呼救。恰巧碰到一个算命先生，听了她的诉说，对她说："且把黄状给我，即能代你平冤雪恨。"原来这个算命先生不是别人，而是一名微服私访的钦差大臣。这是因为，乾隆皇帝这时已退位做太上皇，嘉庆皇帝接位后，有一天对官员们说："朕事太上皇以孝治天下，今者百姓都能奉行孝道吗？其他案件每见奏折，唯独不见不孝的本章……"便派了十八名钦差到各地私访。这个接了妇人诬告儿子的状纸的钦差，不问青红皂白，马上带回状纸向皇上报告。皇上大怒，立即下旨让钦差带兵前往山西怀仁，要将正堂蓝孙璇斩首治罪，并把知府革除，把潘某凌迟处死。这时倪成宽已升任为礼部侍郎，听到这个消息，为救恩师性命，马上派人飞快赶到怀仁县把蓝孙璇正堂削职为民，开革回乡去了。

蓝起先还对倪有误会，事后知道了真相，深感倪成宽相救之情。回乡在古田奎光书院教书，再不做官了。①

故事中，蓝孙璇关心科举选拔的公平公正，积极为怀有才学的汉族士子奔走，从而改变了他人命运，倪成宽在蓝孙璇落难时，亦能感念师恩。故事借此赞颂了不同民族间因相互赏识而生发的真挚情感。

二　安邦治国的英雄故事

在长期的文化交流中，畲族人民中的精英团体率先认可了儒家文化体系，积极地融入大一统政权下的主流社会之中。在明朝的抗倭斗争中，畲汉人民同仇敌忾，加入武装斗争的队伍，表现出各民族家国一体的情怀。在人物故事中，钟景祺与蓝理更是代表了进入统治阶层的畲族精英，他们不仅是畲族的英雄，也深受统治阶层与其他民族的认可。他们身上表现出深厚的儒学底蕴，显现了民族交融的历史线索。

（一）抗倭斗争：家国情怀的生成

元末明初，中国沿海地区出现了数量众多的日本海盗，他们在沿海地区进行大规模侵袭，"倭寇"这个名词逐渐得到广泛使用。在明朝政府与日本幕府的打击下，倭寇活动一度接近平息，但在明朝中期却再次泛滥，给明朝造成了非常惨重的损失。畲民的生活区域集中在东南沿海地区，

①　钟伏龙、林华锋、颜素开等编：《闽东畲族文化全书·民间故事卷》，民族出版社2009年版，第196页。

《高皇歌》① 中就记录了畲民从广东到福建、浙江的迁徙路线。明朝时山东沿海而下直到福建都是倭寇劫掠的主要区域。畲民生活在沿海山区，也屡屡遭遇了倭寇袭击，民众不得不组织起有效的抵抗策略。面对共同的敌人，畲族与汉族形成了利益共同体。畲族民间流传着许多智斗倭寇的故事，可以管窥明朝时期畲民真实的抗倭斗争。

> 山高土瘦难做食，走落别处去作田。
> 走落福建去作田，亦何田地亦何山；
> 作田作土是辛苦，作田亦要靠天年。
> 古田罗源侬连江，都是山哈好住场；
> 乃因官差难做食，思量再搬掌浙江。
> 福建官差欺侮多，搬掌景宁侬云和；
> 景宁云和浙江管，也是掌在山头多。

在抗倭斗争中，畲民们的亲人遭屠戮，家园被破坏，其民族心态经历了由家恨到国仇的转变。《美姑娘蓝如花》流传于福建宁德一带，讲述一对畲族青年男女至死不渝的爱情故事。故事内容节选如下：

> ……

> 不料，这时盘踞在漳湾海面横屿岛的倭寇小头目带了十几个寇兵闯进门来，硬把新娘新郎抢走，说是奉了头领的命令，要新娘去陪他作乐，新郎跟去当差。美姑娘知道事情不好，心里叫苦，想以自杀反抗。但再一想，这样白白死去也不值得，倒不如想个办法逃脱为妙。想到这里，就对倭寇小头目说："头领叫你们来抓我，是要活的还是要死的？"小头目说："当然要活的。"美姑娘说："既然要活的，就得答应我一个条件，否则我就立即撞死此地。"小头目想：她若撞死了，我将如何交差？便问："你要什么条件？"美姑娘说："我们畲家儿女最孝敬双亲，我娘家就在离此不远的渡船头村，你要让我新婚夫妇去见父母一面，道别几句，以尽我们做儿女的一点孝心，我才能跟

你走。"小头目只好点头同意了。

美姑娘把倭寇引到渡船头来，指着对岸说："我娘家就在江那边的村里，让我们过渡去吧。"狡猾的头目看见这宽阔的江面，江水滔滔，对岸又离县城很近，就改变主意，不让他们过江。美姑娘坚持要去，小头目只准钟有为一个人过江去把美姑娘的父母亲叫过来说话。两名寇兵押着钟有为上船时，美姑娘用畲语向摆渡的老艄公嘟哝了一句，船到半江，只见忽闪一下就翻了。两名寇兵掉进水里正在挣扎，钟有为迅即向对岸泅水过去。这边美姑娘看见钟有为上岸逃脱，也趁机向着江边跑去。寇兵赶紧从后追赶。美姑娘跑至江边，看看寇兵就要逼近时，便纵身向前一跃，只听"扑通"一声，跳进江里，被急流的江水吞没了。①

畲民与倭寇之间存在着深刻的仇恨，构建了共通的民族心理结构。畲族青年钟有为得知美姑娘跳水身亡的噩耗后，找到美姑娘尸体并隆重下葬，之后便投军到戚继光麾下，屡建战功。这正是畲民对倭寇情感从家恨到国仇的转变，也是民族交融的具体表现。

在与倭寇的斗争中，畲民的民族感情渗透进入日常生活、节日习俗的文化空间当中。例如，《智歼倭寇》就记载了一处与倭寇有关的地名的变迁史。

从前，在宁德金溪上游的三岔口，有个水陆交通要道，叫"倒亭"。相传这里原有一座歇脚亭，后来被一场大水冲塌了，人们才把这地方叫"倒亭"的。

要知道"倒亭"的来历，还得从倭寇入侵宁德说起。

明朝嘉靖年间，倭寇入侵宁德，把这个交通要道上的歇脚亭占作据点，盖了两间房屋，日夜把守，敲诈勒索过往行人。从此，人们就

---

① 福建省少数民族古籍丛书编委会编：《福建省少数民族古籍丛书·畲族卷——民间故事》，海峡书局2013年版，第149—150页。

管这地方叫"倭亭"。①

出于民族仇恨，畲家后生雷阿响，决心消灭倭寇为民除害。等倭寇大吃大闹，个个吃得醉如烂泥时，"新娘甩掉凤冠和花裙，露出一身武士的装束"，这边雷阿响在"洞房"里正在激烈拼斗，"那边挑夫、轿夫也一齐行动起来"，"他们从花轿下面摸出短刀、铁棍，一齐抢进亭里，把那些喝醉的倭寇，一个不留地全都打死"。歇脚亭的倭寇全部被歼灭了，恰在这天，"金溪上游山洪暴发，把倭寇们的尸体冲走了"，这座"倭亭"也被滚滚的洪流冲塌。从此，这地方就被叫作"倒亭"了。

在畲族习俗中，正月初二讳忌串门，原因也与倭寇有关。这在《大年初二为何莫串门》的传说中得到解释。明朝嘉靖四十一年（1555 年），"戚继光率军由浙入闽于大年三十荡平倭寇，躲在深山的老百姓年初一回家整饬，初二祭奠死去的亲人"②。后来，福安人把正月初二定为纪念为国捐躯的志士和亲友的日子，畲民就讳忌这一天走亲访友。正是通过习俗仪式的固定方式，将这种记忆和精神世代传承，起到教导族人与凝聚人心的作用。

（二）钟景祺的传说：才子佳人故事的变形

钟景祺是畲民心目中的理想英雄。钟景祺唐代人，出身官宦世家，十九岁高中状元，安史之乱时忠于国事，起兵勤王，而且一生艳遇不断。《钟景祺的传说》情节曲折动人，在畲民聚居地广为流传。稍加甄别就能发现，钟景祺的故事有着许多中国古典叙事的元素，如"金榜题名""才子行侠""后花园相遇"等。其讲述的故事并未摆脱才子佳人的叙事类型。

才子佳人的爱情是中国古典叙事的一种类型。唐传奇《莺莺传》及其演绎而来的《西厢记》都采用了这种叙事模式。才子佳人的故事中，男性多为满腹诗书、富有才华的文人士子，女性则温良贤淑，对感情忠贞

---

① 福建省少数民族古籍丛书编委会编：《福建省少数民族古籍丛书·畲族卷——民间故事》，海峡书局 2013 年版，第 247 页。

② 钟伏龙、林华锋、颜素开等编：《闽东畲族文化全书·民间故事卷》，民族出版社 2009 年版，第 143 页。

不渝。在双方的情感选择中，内在的向往是最重要的标准，世俗化的财富地位则被排除在考量之外。谢真元在分析中国古典的才子佳人叙事时，提炼出一套独特的叙事情节的建构模式，第一种是"才子落难""后花园相遇""小人破坏""金榜题名""终成眷属"，第二种是"才子行侠""小人破坏""侠女相助""惩恶扬善""终成眷属"。①

《钟景祺的传说》的第一部分对钟景祺的身世背景进行了介绍，故事的主体则属于"后花园相遇"的叙事范畴。

> 钟景祺父亲钟秀，官拜翰林学士，母亲夏氏，单单生个钟景祺。不想七岁时，母亲一病过世，父亲不再续弦，一心一意教诲景祺读书。没几年，父亲也死了，景祺才十六岁。他守孝三年，勤奋苦读，三年孝满，他也满腹诗书，长成一表人才。这年十九岁，正逢朝廷开科取士，钟景祺上京应试，自然是笔走龙蛇，诗论惊天。考完后，他忙看看京都繁华胜境。未等发榜，就带上家奴马元，走街串巷蹓蹓。一天他逛到了连因巷。这连因巷里，住着一个命官的女儿，叫葛明霞，年方十七岁。她的父亲葛天明在朝为官。因为明霞没有兄弟姐妹，是个独生女，母亲又过世得早，故此葛天明对她爱若掌上明珠，为她在连因巷内构建一座楼台，配上一座亭榭，就叫景香亭。
>
> 这天风和日丽，葛明霞正与梅香、红玉在景香亭上嬉戏，没防被钟景祺从门外看到了。景祺一见明霞，心里好生怜惜，不舍移步离去，把马元打发开去，独自倚门呆看着。明霞、红玉一见有人这般盯看，即刻跑回楼去。就在转身时，一条鸳鸯戏水绣罗帕随风飘落草地。钟景祺见了，急忙入去拾来。一看帕上有诗，也就和了一首写帕上。
>
> 小姐上楼见罗帕丢了，慌忙叫丫鬟下楼寻找。红玉来到亭一眼望见景祺手捧罗帕，就说"小姐罗帕，速速还我。"景祺说："谁的罗帕还给谁，你叫主人自己来。"红玉嗔声："赖皮，没相。"转头告诉小姐去了。
>
> 明霞早已瞥见景祺儒雅。今见拾帕不还，晓是爱物惜人，与自己

心性相通，就随红玉下楼。景祺见了，赶紧趋步还帕，上前躬身道："风吹罗帕落琼楼，疑是瑶池抛绣球。"明霞接过帕，见帕上和诗才华超人。两人一言一语，情投意合，小姐将罗帕赠给他。就在这时，门外传来脚步声，小姐丫鬟急速退回楼，钟景祺想出门已来不及了，慌乱间爬上柳树跳过墙头。翻身落地一看，又是一个大花园！这是当朝宠妃杨玉环的妹妹虢国夫人住所！虢国夫人听到外面响了一声，忙叫侍女一同察看。见是一介书生，眉清目秀。不觉问道："何方狂徒，胆敢入我弄月花园？"钟景祺跪下，从头一二讲解，只说自己姓金名重是投考举子，误入隔壁园中。见门外官府来人，才翻墙过来。不想冲撞贵人，万请宽恕！那虢国夫人也一见倾心，说道："你晓得我是何人吗？"景祺说："不敢，不敢。""我乃杨贵妃之妹，虢国夫人是也。你翻墙入园，晓得利害吗？"景祺一拜再拜，"小生无知，望夫人宽恕赦免。"虢国夫人道："赦你容易，我的清白如何洗刷？我且问你要官休私休？"钟景祺便问："官休怎的？私休如何？"虢国夫人说："官休送去斩头，私休罢，你暂居园中，待无妨碍时放你出去。""遵命私休"钟景祺这下是老鼠丢进米缸里，蜜搅糖来糖搅蜜了。

数日之后，金榜贴出，钦定钟景祺头名状元。报子四处寻找，跑断了腿，也只是有状元无景祺，有其名无其人。主考奏知皇上，布告飞出午门：今科状元钟景祺不知去向，知者速报有偿，知情不举者，是官罢官，是民当斩。

虢国夫人听说，疑是风流金重。回到园中一问，钟景祺即刻承认："正是小生！"嗨，皇姨私通状元，"美名"传遍天下，这下好听了！怎么办？二人商量之后，虢国夫人戎装出城，钟景祺扮作随从，假作走马围猎，然后让景祺独自进城去见皇上。说是："无钱住店，出城游山，病在山林数日。"这边虢国夫人叫杨国忠奏本说情，这件事，也就这般瞒天过海了。接下来，自然是锦袍冠带，鸣锣游街，万民争看状元风流。①

---

① 钟伏龙、林华锋、颜素开等编：《闽东畲族文化全书·民间故事卷》，民族出版社 2009 年版，第 186—187 页。

在上述剧情中，钟景祺误入葛家亭榭，与葛明霞在手帕写诗应和，初识时便互生好感。这是典型的"后花园相遇"叙事桥段。但是在这个桥段中，又嵌套了另一个"后花园相遇"的故事。钟景祺疑有人来，生怕生出事端，于是翻入别院。机缘巧合中，与杨玉环妹妹虢国夫人相识。紧接着的故事第二部分，钟景祺又因安禄山有反志，再三进言唐明皇，结果被贬四川。这属于"才子落难"的故事元素。途中钟景祺偶遇雷万春妹妹雷天然，两人一见如故结为佳偶。《钟景祺传说》的奇特之处在于，故事在才子佳人的框架之内又旁逸斜出艳遇不断，每个故事元素中都有新的女性登场。这种接二连三的艳遇为《钟景祺传说》更添几分传奇色彩。

故事的第四部分中，钟景祺起兵勤王，平乱有功被封为平北国公。这一部分属于"才子行侠""惩恶扬善"的形变。

　　唐将郭子仪联络钟景祺等起兵勤王。郭子仪人称"郭忠义"，用兵如神。几伏打过来，叛兵一听见"郭忠义"三字，都吓得魂飞魄散。前锋才抵京城，安禄山身边的谋士李猪儿见势不妙，投降了郭子仪。子仪命他入城取安禄山首级，才能免罪立功。李猪儿果然回城，乘安禄山未发觉他已叛变，暗中砍了他头来报功。郭子仪将安禄山首级挂起示众，并用他的血写了"子篡父位"贴他脸上。安庆瑞听说有变，即刻返京守城。郭子仪率军将京城围住，由钟景祺与雷天然把住东、南两门，郭子仪自己把住西、北两门。安庆瑞出东门，雷天然接战。天然毕竟女流，力战不下，雷万春神魂赶来，安庆瑞的马蹄挨一铁扁担，把安庆瑞掀下马来，天然乘势活捉安庆瑞。郭子仪消灭了残散叛军，迎皇上回朝。传令将安庆瑞斩首示众。

　　皇上重登金銮，降旨敕封雷海青午朝门三次祭，雷万春等四将春秋二祭，封钟景祺平北国公，郭子仪镇殿将军，马元代元帅职，封雷天然一品夫人，雷龙喜二品夫人。①

总的来说，钟景祺是畲族民间故事的英雄人物，他的故事基本遵循了

---

① 钟伏龙、林华锋、颜素开等编：《闽东畲族文化全书·民间故事卷》，民族出版社 2009年版，第 190—191 页。

中国古典的才子佳人小说的叙事模式。钟景祺作为外族人，能在主流社会中建功立业得到认可，甚至收获众多红颜知己，这符合了畲民们特殊的心理期待。畲民们习惯了刀耕火种的生活，在完成财富积累之前，无权无势屡遭欺凌。在这种情况下，钟景祺成为畲民理想中的存在，他依靠个人才能加官晋爵，赢得畲民们的崇敬。这和龙麒（盘瓠）神话有着内在的共通性，两者都意味着畲民进入到统治阶层，从边缘化的位置真正进入到主流圈层，并进一步通过血缘的联结进入华夏民族的谱系当中。龙麒迎娶公主，钟景祺则得到各阶层女性的普遍认可。通过才子佳人故事的变形，《钟景祺传说》既满足了传奇故事的可读性，又满足了畲民们在畲汉互动中的心理期待。

（三）平乱名将蓝理的传说：逐步儒化的精英阶层

蓝理（公元 1549—1720 年），清朝康熙年间的平乱名将，福建漳州畲族人，传说身材魁梧，虎头燕颔，臂力、足力惊人，能力举八百斤，足追奔马，手拽马尾倒行，有"破肚总兵""定海总兵""菩萨将军"等称号。康熙皇帝亲书"所向无敌""忠勇简易"相赐，以示表彰。

漳州、漳浦一带流传着不少蓝理的传说。《蓝理投军》讲述了蓝理擒拿海寇李三投奔官府，反被县官打入死牢，后来因缘际会屡建奇功，累官至福建提督。故事将蓝理的身世进行了笼统的梳理。

> 吴三桂勾结耿精忠谋反，耿精忠暗中招降纳叛，把各县狱中死囚，尽行释放，收归己用。蓝理的小兄弟们被释放后，都灰心泄气，信不过官府，不想去建功立业，都想回家务农去。蓝理却不甘心，他认准的世路，定要走到底，于是他只身走江西，去迎接清廷平叛的大军。
>
> 在上饶他晋见了统帅亲王，自愿为向导，在平定三藩叛乱中，他骁勇善战，屡建奇功，提升为千总。后来靖海将军施琅奉旨征台澎，听说蓝理是一名勇将，刀盾枪炮，无不精通，就奏请随师，领先锋印。澎湖一役，蓝理拖肠血战，以首功加封左都督，累官至福建都督，被誉为"一代虎将"。①

---

① 卢奕醒、郑炳炎编：《闽地多雄杰：漳州历史名人传说》（下卷），吉林出版集团有限责任公司 2014 年版，第 110—111 页。

民间故事讲述较多的是蓝理盘肠大战的故事，如《蓝理拖肠血战澎湖湾》就细致地描述了此次战役。

郑克爽派刘国轩在澎湖构筑十多座炮台，在可登陆的海岸处，筑造短墙二十余里，分派重兵死守。刘国轩自视为铜墙铁壁，无懈可击了。

六月十六日，施琅的舟师齐到澎湖，刘国轩尽发船舰迎战，满海都是战舰。两军相遇勇者胜，刘国轩乘坐快哨往来如飞，在娘妈官前沃内指挥诸镇迎敌，将煩船、战船，赶缯船排列攻打清朝主帅的坐船。这时施琅正站在尾楼上督兵御敌，站在他身边的伴当冯苓一眼睟见敌舰上鹿铳直指施琅，急呼："大老爷"，"当心"两字未及呼出，火铳已发，施琅刚一回顾，冯苓已被炮弹洞穿胸膛而死了。紧接着，又一发流炮击中尾楼，烈焰烧伤了施琅的右半边脸，他跌倒在甲板上，诸将赶紧过来救护，施琅挣扎站起，挥开诸将说："不要担心，一点火气而已。"继续指挥作战。先锋蓝理望见施琅的帅船陷入重围，受敌攻击；赶忙督促自己坐的战船，乘风破浪地冲进敌舰群中，高声叫道："主帅勿扰，蓝理在此！"他对准逼近的郑军陈侃船只，只一炮登时沉没，蓝理又指挥点发左边横炮一门，攻中郑军提督前锋营陈升船，坏裂半边。再督促船上将校向敌舰猛掷火罐，使郑军陈雨船着火，船上将士跳入海中，终于淹溺而死了。敌舰攻势受挫稍退，于是施琅坐船和蓝理的合舰攻打敌舰，打坏了郑军姚朝玉的战舰一只。但是，郑军的水师总提调右武卫林升死不肯退却，仍然指挥郑军诸船与蓝理死战。蓝理正在酣战中，忽然一发流炮击中蓝理身旁，烈焰冲起，烧透蓝理护身甲，伤及腹部，蓝理跌倒，肠肚流出。身边裨将等人连忙舍身来救护蓝理。蓝理急忙摇手说："没事！不妨！"指着他的二弟蓝瑶说："督战速进！不要因为顾及我一人，而误了国家大事！"贴身将校急忙去取药敷腹，蓝理沉着地说："别慌！我身上带着灵药。"他从胸前取出平日佩戴的雨霁顶马王爷的香灰袋，内中还混有神木"伽楠香"的粉末，齐倒在腹部伤口上，再把流出的肚肠纳入腹内，撕裂旗幅裹体，站起身来，整顿盔甲，继续指挥作战。①

　　与这则故事类似的还有流传于福建安溪的《盘肠再战》，内容大同小异。蓝理血战澎湖湾，身受重伤，肠肚流出，他毫无惧色仍坚持指挥作战，极大地鼓舞了士气。这一细节表现出蓝理的骁勇善战，意志力坚强，如刑天一般"猛志固常在"②。历史上，畲族人民不断迁徙，不畏辛劳地繁衍族群，表现出民族坚韧不拔的品质与顽强的生命力。蓝理拖肠大战所体现的品格可以作为畲族人民的代表，因此才能在民间不断被讲述，出现众多版本。

　　在朔北燕然勒石纪功能显示将才本色，同样蓝理澎湖海战足以将才名垂青史。因此，蓝理早已超越民族界限，成为中华民族传颂的英雄人物。为官期间，蓝理也曾做出不少政绩，在定海任职之时，修筑道路码头、开垦荒地、通洋船舶；在福建任职期间，填筑田里港，修缮江东大石桥；于漳州、浦头、泉州、新桥等地开办市廛，增设商铺千百间。在一些故事中，可以看到百姓对其的爱戴。《蓝理普陀山护法》记载蓝理生前重修普陀山寺院，僧民也为他建立生祠，称为"护法"，可以见得蓝理的传说早已是中华文化的一部分。

　　　　蓝理也自己捐巨资，从福建运来大批良材巨木、修完普济禅寺，又修法雨寺。原来普济寺也称为前寺，而法雨寺是为后寺，是普陀山上最大的两座寺院，都坐落在金山风光最佳处。两大寺院修缮完毕，使佛园重放华光。于是他就亲自撰写了《兴普济法雨寺圆通殿疏》上报康熙皇帝，交了旨。但是他自己发下的宏愿还没完了。接着他又集资先后修了许多庵庙。他修复了积善庵，亲自替庵题额；修复了智度庵，为方丈室题"寄静"二字；在南天门，勒石刻四个大字"山

---

　　① 福建省少数民族古籍丛书编委会编：《福建省少数民族古籍丛书·畲族卷——民间故事》，海峡书局 2013 年版，第 125 页。

　　② 卢奕醒、郑炳炎编：《闽地多雄杰：漳州历史名人传说》（下卷），吉林出版集团有限责任公司 2014 年版，第 123 页。

海大观"；为报本堂题额"四世中兴"；为清凉庵，题额曰"木石居"：总之，普陀山上处处留下蓝理的汗水心血及翰墨。①

另外，在蓝理这个人身上可以看到儒家文化的浸染。如《蓝理为漳州埔头大庙写"江汉以濯"》就讲述蓝理襟怀"忠义"，重修关帝庙的故事。

> 蓝理一生最敬仰山西夫子关云长，敬仰他为人"义薄云天"，襟怀"忠义"。蓝理青年时期，曾经躲在漳州东关铺头大庙里，过着"五人三条裤"的紧日子。当时，他几个穷哥儿结拜兄弟，谁要出门干活，得轮流穿裤子，剩下两个只好躲藏在关帝的供案下，免得露丑。
>
> 等到蓝理征战归来，贵为福建提督时，旧时的兄弟早已星散云消，不知去向了。他只有出巨资重修关帝大庙，并想亲笔书写一块"江汉以濯"匾额，悬诸大殿上，以表明心迹。可自己是个大老粗，使刀弄枪还算内行，舞文弄墨可用不上力，请人代笔，又显得不虔诚，思来想去，最后下定决心：自己苦练。②

有研究者指出，蓝理所在漳浦蓝姓畲族已表现出明显的汉化特征。③准确地说，应该是漳浦蓝姓畲族的儒化——蓝理之后，蓝廷珍成为漳浦蓝氏继续发展的关键人物，奠定了漳浦蓝氏在闽南真正意义上的世家地位。经过清初蓝理、蓝廷珍二人累世而积的功业，至蓝鼎元出生时，其父蓝斌、祖父蓝继善都是当地有名的知识分子。蓝鼎元自幼聪颖好学，其曾"日泛滥诸子百家，礼乐名物，韬略行阵，究心综核不缀"。从漳浦蓝氏第十二代开始，以蓝紫陶、蓝理、蓝继善为代表的新一代群体，受过良好的儒家文化教育，迫切地通过科考或跻身行伍而进入主流的上层社会。他

---

① 陈建才主编：《八闽掌故大全·人物篇》（下篇），福建教育出版社1994年版，第118—119页。

② 陈建才主编：《八闽掌故大全·人物篇》（下篇），福建教育出版社1994年版，第121页。

③ 王建红：《融入与适应：明清漳州蓝姓畲族的崛起》，《闽台文化交流》2011年第4期。

们从行为到思维，都已基本儒化。在现有传说中，蓝理为人处世中流露出
的是儒家的道德准则，如"仁、义、礼、智、信"的"五常"，君臣、父
子、夫妇、兄弟、朋友的"五伦"在蓝理身上都有体现。除了忠义的特
点，《蓝理报恩》表现了"知恩图报"的一面；《肚子吃炮弹》借康熙一
句肚皮吃炮弹的戏言，勾勒出康熙与蓝理君臣之间亲密的关系；《蓝理学
书法》则体现了蓝理对儒家文化教育的深刻认同。

第三节　家国同构：畲族革命斗争
故事的叙事与意涵

在历史上，畲族与汉族曾有多次合作，他们联合起义反抗封建统治的
压迫和剥削。① 早在唐初，雷万兴、苗自成、蓝奉高等人领导广东潮州的
畲民，掀起反抗唐王朝统治的斗争。宋末元初，陈吊眼、许夫人领导组成
"畲军"，配合文天祥、张世杰等宋朝将领展开抗元斗争。明正德年间，
江西畲民在谢志珊（山）、蓝天凤的领导下起义，与广东、江西等地的汉
族起义军相呼应，反抗明王朝的统治。在民族斗争中，畲族人民同样占有
一席之地。明代抗击倭寇的斗争中，畲族人民保卫祖国，与倭寇展开武装
斗争。近代，畲族人民曾参加反洋教运动，反对帝国主义侵略的斗争。
1921 年，中国共产党成立，畲族人民在党的领导下积极参加了革命斗争。
畲族人民在民间故事与歌谣中记录了一段段民族斗争的历史，他们为祖国
人民革命事业作出了自己的贡献。

一　畲族革命斗争故事

近代，随着社会阶级矛盾的不断激化，畲族人民曾多次自发组织武装
展开革命斗争。第一次国民革命时期，散居在广东东部的畲族人民与汉族
人民共同组织革命武装自卫军，展开了抗捐、减租、退押等斗争。1921
年，中国共产党在嘉兴南湖宣告成立，党组织很快发展到浙南地区。如
1927 年 2 月，中国共产党在瑞安县发动"3 万多农民、工人和商人"，举
行了示威游行。1927 年春，福建福安县"72 个村的畲汉农民"进行了反

---

① 施联朱：《民族识别与民族研究文集》，中央民族大学出版社 2009 年版，第 334 页。

抗鸦片捐的斗争。第二次国民革命时期，闽东、浙南的畲族地区建立了苏维埃政权，实行土地革命。1933 年，福建霞浦县 4000 多人在中国共产党领导下，"进行武装暴动，宣布废债废租，除捐灭税"。抗日战争和解放战争时期，畲族人民坚持革命斗争，闽东畲族地区有 70% 以上是老苏区。[①] 畲族时政歌及民间故事对部分革命斗争事件存在着详细的记录。

（一）畲民自发组织的革命运动

时政歌《打酒员歌》流传于浙江景宁、云和等县。歌词记叙了 1915 年景宁县畲民抗征酒税的斗争。是年，"七月十七作大水，田地冲毁百样无"，一年劳作颗粒无收，百姓深受水灾所害。官府却借灾荒，来中饱私囊；地主家对此同样没有丝毫同情，做起了粮食生意。对百姓的压迫毫无收敛。

> 官府亦讲除水荒，米员足英来贪赃；
> 天下财主心肝毒，不该贩米饱私囊。
> 奇里古怪百样税，登记人口也抽税；
> 钉个门牌一百钱，田地又抽验契税。
> ……
> 官府日夜派捐税，介税未了那税来；
> 山哈受欺税加倍，酒员又来抽酒税。[②]

天灾过后，官府继续征收各种名目的杂税，畲民难堪其扰。同年十月，蓝炳水反对稽征酒税，县当局出动 60 余名警察将他绑到梅庄亭示众。蓝政新、雷东林等发动数百畲民赶来营救。蓝炳水乘机挣脱捆绳，夺得税警的步枪两支，乘胜发动两三千畲汉群众冲进县城，迫使县衙撤销了"烟酒稽征所"，取得抗酒税斗争的胜利。

> 人多心齐力量强，拿棍擎杖打县城；

---

① 施联朱：《民族识别与民族研究文集》，中央民族大学出版社 2009 年版，第 334 页。

② 雷阵鸣、雷招华主编：《畲族叙事歌集粹》，中国人事出版社 2002 年版，第 122—127 页。

酒员得知连夜跑，酒行百样都敲光。

酒员挨打逃回乡，巡丁吓得丢了枪；

打掉酒行税不纳，百姓团结有胆量。

畲汉百姓心连心，天下穷人一条心；

敲了酒行出怨气，赶走巡丁宽了心。

世间事情不公平，官府心肠不端正；

有日有时天地转，扭转乾坤见光明。①

1926 年，浙西南松阳等县畲民中流传时政歌《孙传芳》，表达了对国民革命的支持和对反动军阀的声讨。江浙战争爆发后，北洋直系军阀孙传芳率部经过浙江，在丽水等地派粮派款，抓夫挑担，有的一去无返，许多家属难度年关，百姓不堪其累。② 畲民编成此歌传唱，给予痛斥。

1930 年景宁县畲民蓝政新、雷之成、雷东林等发动"27 村畲汉群众600 余人"，反对景宁奸商周景元垄断食盐、高利盘剥。他们捣毁盐货店，将其囤积的三万余斤食盐分给贫苦农民。周景元勾结官府，并以重金招徕士兵进行反扑。时政歌《打盐霸》对此有所记录，流传于浙江景宁、云和、遂昌等县。

官官相联压穷人，山哈受苦多三分；

无钱无米难活命，财主还来逼租银。

上山采草当食粮，无盐来煮是难尝；

过年只买六两盐，外舍盐行成霸王。

盐行裕兴本姓周，加税几多由他收；

裕兴奸猾通官府，穷人无钱命难留。

……

四格出个蓝政新，大畈出个蓝东林；

两人相会同心事，盐行不打没安宁。

政新东林来思量，发动廿七个村庄；

---

① 雷阵鸣、雷招华主编：《畲族叙事歌集粹》，中国人事出版社 2002 年版，第 101 页。

② 雷阵鸣、雷招华主编：《畲族叙事歌集粹》，中国人事出版社 2002 年版，第 103 页。

点出人马六百五，阜老也有五十上。

发动人人动刀枪，去到外舍打盐行；

各路人马来齐了，老周听到心发慌。

贼子后门逃出村，盐行打得乱纷纷；

官府不为民做主，还去处州拨兵凑。①

2 月 5 日，蓝政新等再次发动群众找周景元算账，中途遭县警察伏击，后与张兰孙等联系，准备攻城，因泄密而败退，雷之成牺牲，众人甚是悲痛，愤怒地镇压了恶霸梅有顺等。不日，官府对畲民进行镇压，"张山山哈苦难多，妇女杀死十多个，六幢民房都烧了，根林五人牢监坐"。3 月 15 日，巡缉队又血洗四格、张山、坑头等畲村，捕杀村民 20 余人。这次斗争持续四个月，遭到当局残酷镇压，结局激烈悲壮。运动失败后，"无奈退兵转山乡，血海深仇永难忘，山哈吃了千万苦，编出歌言子孙唱"。

四格政新与德春，捉去杀死在景宁；

全村财产都抢了，张山山哈苦更深。

张山山哈苦难多，妇女杀死十多个；

六幢民房都烧了，根林五人牢监坐。

大畈东林又做头，六都人马都来透；

刀枪好比竹林笋，打倒县官气才消。

警察派来守县城，木棍柴刀打不赢；

洋枪子弹真厉害，打死山哈十多名。

人多没枪难打赢，子弹飞来头上响；

土枪打得虽不远，打死警察补二名。②

在帝国主义侵略和封建军阀割据的时局下，孙中山先生"五族共和"的民族主义思想终究难以付诸实行。中国共产党的民族政策更契合中华民

---

① 雷阵鸣、雷招华主编：《畲族叙事歌集粹》，中国人事出版社 2002 年版，第 112 页。

② 雷阵鸣、雷招华主编：《畲族叙事歌集粹》，中国人事出版社 2002 年版，第 114 页。

族的实质，也更符合各民族的利益，因此在国民党统治期间，他们选择追随中国共产党，投身新民主主义革命，也就不难理解了。

（二）共产党领导下的革命运动

在军阀混战、国民党反动派统治的历史中，"火炉当棉袄，竹篾当灯草，辣椒当油炒，番薯丝吃到老"是畲民们的自我写照。深受帝国主义、封建主义、官僚资本主义"三座大山"压迫的畲族人民做出了他们的历史选择。许多民间故事讲述了畲民们从自发到自觉的革命之路。如民间故事《钟阿尕闹革命》就讲述了一位普通畲族青年走向革命的故事。

> 一天，城里有几个税警来凤洋收税。他们刚到村，人地生疏，找不到一个人，就想分头进山搜查。一个税警上山走到三岔路口，正在思忖应该走哪条路的时候，一条腿伸了出去，忽然"轰"的一声响，跌进了陷阱，四脚朝天，摔得脸肿鼻青。另一个税警听声，立刻赶来搭救，刚跑几步，一脚就绊上了钓索，忽然"嗖"的一声响，一棵压弯在地的竹条就把他吊上了半空中，扔来晃去。他想翻身往另一棵毛竹攀去，可是，四肢无力，吊在柔软的竹条上，一直晃个不停。这两个税警都大喊大叫，只得受苦等同伙营救。

> 这帮税警得了教训，第二次去凤洋村时就步步小心。他们到了陡坡隘口，谁知又有一批石块、橘木遮天盖地地迎面打来。这回，他们害怕山上又有什么机关会伤害自己性命，就赶快回头走了。

> 后来，县官派人追究。查明是外号叫"土溜"的钟阿尕，用竹木结架装置使那些税警误入陷阱。几个税警要找"土溜"算账，可是，查来查去，"土溜"不知溜何处去了。

> "土溜"自这以后，也悟出了穷人要革命的道理，不久，就参加了革命队伍。1931年，钟阿尕由詹如柏介绍，参加了中国共产党。在党的领导下，他翻山越岭，走村串户，到各地鼓动宣传，组织贫农团、抗租团，发动畲族农民群众，实行"二五减租"。把原来给地主交地租的干谷，改成湿谷；把原来要交的租，减到25%。①

---

① 钟伏龙、林华锋、颜素开等编：《闽东畲族文化全书·民间故事卷》，民族出版社2009年版，第251页。

在革命中，畲族人民勤劳勇敢，具有革命智慧，对党忠诚，是革命队伍重要的组成部分。畲族女红军钟勤淑出生于福安溪潭乡岐山畲族村，曾遭重男轻女的阿婆遗弃，在红军女同志的帮助下逐渐进入红军队伍。革命运动中，钟勤淑多次遭遇险境，都凭借其不屈的意志坚持下来。1935 年，钟勤淑被敌兵抓获，经历了三天的严刑拷打都没有透露半点党的秘密。《畲族女红军钟勤淑》对此有所记载。

那是 1935 年的冬天，病魔刚刚被降服，正躲在深山草寮里的勤淑想回家弄点吃的。她刚穿过马路，就碰上了一伙敌兵。他们看见她留着短头发，就不容分说地把她五花大绑押到赛岐镇。

像肥猪一样的"长官"眯着一双眼逼问她："你为什么剪短头发？""我去帮大户人家煮饭当使女，东家嫌我头发臭，所以剪了。"她回答。

"你们一伙几个人？都住在哪里？""问墙。"（福安汉话与畲语谐音，意思是"不懂。"）

"你明明当了共产党，还敢抵赖。给我打！打！"敌兵张牙舞爪，剥掉她身上的衣服，枪托、皮带轮番地朝她身上猛打狠抽，她昏了过去。半夜醒来时，她记起了党的吩咐："要绝对保守秘密。不叛变，不投降。"

第二天，敌兵把她从牢房里拖出来。"长官"又开始审讯："只要你把当'女同志'的事说啦。我就放你回去。"

"我是'山哈'女。连汉话都讲不转。什么叫'女同志'，问墙。"她还是淡淡地答道。

"来，给她灌辣椒水。"长官吼叫着。

敌兵如狼似虎地把她捆在一条大长板凳上，用预先泡好的辣椒水灌进她的鼻腔里，她被辣得透不过气来，但回答敌人的还是两个字："问墙。"

第三天，敌兵又改用"黄牛上岭"的刑罚逼她招供，把她绑在楼柱上，用竹筒往她的小脚正面上下狠刮，疼痛钻心。她咬紧牙关，一连几个"问墙"。

她又被关进牢狱，每天都受如此审讯一次，折磨了整整 120 天，身上糊起一层血垢，衣衫、头发都长起虱子和跳蚤。这株"山哈铁骨草"经历了狂风暴雨的摧残，再一次坚强地活了过来。"敢做木头不怕钉，敢做策篱不怕淋，火烧王茅心不死，割头也要干革命。"不久，万般无奈的敌人只好把她放了。①

在革命活动中，许多畲民都肩负着传递信息的任务。如畲族交通员钟二妹配合游击队活动在秦屿散发传单的故事，体现了畲民们机智果敢的一面（《钟二妹秦屿发传单》）。在便衣的监视下，钟二妹巧妙地进行周旋，完成宣传任务并顺利脱身。又如交通员蓝彩荣在给游击队送信时遭到国民党保安队的盘问与搜查，她机敏地将信件扔入草堆中，等保安队离开后回头将信件取回，最终将信件送达。《革命阿妈钟淑兰》《畲族红军借枪记》等故事都记录了畲族优秀革命者的故事。

有斗争就会有牺牲。钟日住遭受敌人残酷的折磨，最终以生命的代价保守住了党的秘密。他的事迹被记录在《县苏维埃主席钟日住》中。

　　1937年农历正月初二，敌人趁畲民在家祭奠死去亲人——做百年的时候，再一次包围了下竹州村。钟日住指挥群众撤离，而自己却来不及跑，被民团逮去。钟日住被关在一座土屋里，敌人日夜不停地对他进行审问："红军哪去啰？""兵工厂、医院在哪？"他两目圆睁地吼道："要砍要杀随你便，谁是红军，我问墙（我不知道——方言）。"敌人拿铁锥子刺他，他浑身血流如注，却咬紧牙关。敌人又问："枪支藏到哪里啰？"这一问，他却在心里想道："我何不借机逃跑呢？"于是答道："枪藏在石厝下，我带你们去掏。"敌人看他回答痛快，便半信半疑，但也怕他中途逃脱，反而把他捆得更紧了。到了石厝下地方，敌人晓得可能上当，就气急败坏地将他推到龙井洞去，洞水刺骨凉，冻得他脸色苍白，牙齿打颤。敌人以为这下可以使他屈服招供了。可是，他仍然像钢铁一般地回答道："问墙。"敌人又把他拖回原地，用火烧红的铁钳烙他，他脊背上"吱吱"地冒烟，痛

————————

① 钟伏龙、林华锋、颜素开等编：《闽东畲族文化全书·民间故事卷》，民族出版社2009年版，第242—243页。

不欲生。但仍始终记住叶飞的话："共产党员要有自我牺牲的精神，头可断、血可流，革命气节不能丢，在任何情况下都要保守革命的秘密。"他想："人死留名，虎死留皮，我不能去做对不起党的事，要相信革命一定会胜利，同志们一定会帮我报仇。"

因此，仍然不给敌人吐一句真实的话。敌人用枪尾刀挑出他的一只眼珠，他仍守口如瓶。钟日住在敌营里，被折磨了半个月。敌人用尽了所有的残酷手段，都无法从他嘴里得到所需的情况，敌人在这位苏维埃政府主席的面前无计可施了。最后，只好对他挥起了屠刀，砍下他的头颅，用铁丝串通耳孔，悬挂在咸竹弯村口"示众"。就义时钟日住才四十五岁。[①]

畲族革命者在行动中不畏艰险，不怕牺牲，他们是革命队伍中不可忽视的组成部分，为中华人民共和国作出了重要的贡献。一个个鲜活的人物汇集成光辉的英雄群像。

（三）革命者与畲民的深情厚谊

长期的革命活动让畲族同胞与中国共产党建立了深厚的情谊。畲族人民除了直接参与到革命活动中，他们也主动地向革命者们伸出援手，不遗余力地给予帮助。蓝金妹幼年家贫如洗，7 岁被同乡岭后村钟成清抱作童养媳。她能说会道，热情好客，爽直豪放，办事利索。时值闽东工农革命爆发，常有红军伤员在她所在高山小村治病休养，得到蓝金妹夫妇二人悉心照顾。《蓝金妹舍仔救红军》对这一段历史进行了记录。

民国二十三年（1934 年）冬，中共福（安）霞（浦）县委书记曾志身患重病，又遭国民党追捕，几经周折，才辗转到小坑村蓝金妹家，受到她夫妇的热情接待和精心照护，并请叔公钟阿章（青草医生）为她治病。一天，敌军突然袭击，到了村口，群众都疏散隐蔽，钟成清收拾锅碗衣被挑着往外跑，蓝金妹也抱起三岁的奶春跟着丈夫走。曾志正躺在门板上发高烧，也赶紧爬起来往外跑，跑不到几十

---

① 钟伏龙、林华锋、颜素开等编：《闽东畲族文化全书·民间故事卷》，民族出版社 2009 年版，第 245—246 页。

米，就跌倒了并失去知觉。蓝金妹见状，毅然把怀中的孩子放在路旁草丛中，背起曾志往深山里跑，使她脱身。中华人民共和国成立后，蓝金妹全不讲救护革命同志的功劳。她生活坎坷，丈夫早逝，多次改嫁，都始终没向政府伸手。然而，曾志同志却终生难忘蓝金妹救她之情。1987年，她回闽东视察老区时，还再三叮嘱当地政府帮助寻觅当年救她的畲族妇女。①

《吴三妹开仓救红军》的故事同样体现了中国共产党与人民的休戚与共。1937年8月初的一天早上，林辉山、陈辉、温德奎等十几位革命同志，开了一夜会议后，在畲族同胞吴三妹家休息。搜查队得到线索后将吴家包围。吴三妹沉着地应对了搜查队的盘问，藏在仓内的革命同志有惊无险地逃脱了。

又如在《雷凑使的故事》中，雷凑使对红军那种天然的亲近感，正是党与人民长久的交往中生成的。她知道游击队饿了，毫不吝啬地拿出家里仅存的一斗米。游击队感念吴三妹的恩情，"把伙食费算得一清二楚，房子打扫得干干净净"。从此，她家也成了游击队的联络点。

> 雷凑使的家住在古田县凤都石坑的半山村。那里是古田、南平、建瓯三县交界处，一片丛山密林，村里只有六七座破旧的房子，住着26户姓肖的人家。丈夫早逝，留下婆婆，两个男孩，一家四口没有一丘田。当时就靠十八岁的大男孩肖江西租种地主的土地，勉强度日。

1945年2月的一天深夜，有人在和缓地叩门，这声音很熟悉。她从门缝中向外张望，只见月光下一队着青衣背枪支的人，不禁吓了一跳。接着又传来熟悉的叫门声，她听出是溪边厂谢安邦的叫声。她答话后，谢安邦说他是红军，雷凑使喜得情不自禁打开了门，忙着搬椅让座、烧热水，当她知道游击队还没吃晚饭，连忙把家里仅存的一斗米倒出，做饭给游击队吃。一宿后第二天，游击队动身时，把伙食

---

① 钟伏龙、林华锋、颜素开等编：《闽东畲族文化全书·民间故事卷》，民族出版社2009年版，第244—245页。

钱算得一清二楚，房子打扫得干干净净，东西都放在原来位置。从此，她家也成为游击队的联络点。

游击队缺乏用具，雷凑使将家里仅有的两口锅让出一口；粮食吃光了，要到外村去买，距离最近的石坑村要走十里路，雷凑使就亲自去挑，累了就等在半路让孩子来接担。

雷凑使串门走户，讲穷人受压迫要翻身的道理，诉国民党压迫的苦，讲红军是穷人的救星，激发群众的阶级觉悟。慢慢地，半山村就成了根据地，全村人都自觉地起来保护和支援游击队。雷凑使还毅然把大儿子江西送到游击队。45 岁以上的老人没有被抓壮丁的危险，组织起了供应组。雷凑使当上了供应组的负责人。每天轮流到石坑、凤都等地购买粮食和日用品，还结合采购搜集情报提供给游击队。①

在历次革命活动中，各个民族可以达成共识，完成同一目标，表明"中华民族"的概念已经深入人心。这一点在抗日战争中也得到集中展现。1938 年春，"闽东、浙南地区的红军游击队改编为新四军，数千畲民参加了抗日"，"没有参加北上抗日的畲民，在后方继续开展革命活动"，"抗日"这一国家目标已深入畲民内心，"中华民族"也"深深地嵌入包括畲民在内的少数民族成员政治基因之中"②。

二　歌唱中华人民共和国

1949 年 10 月 1 日，"开国大典"在首都北京举行。下午 3 时，首都 30 万军民齐集天安门广场，毛泽东宣读中央人民政府公告，庄严宣告中华人民政府成立。在这中华民族的伟大时刻，诗人们纷纷书写赞美中华人民共和国的伟大华章。何其芳盛赞这是"我们最伟大的节日"，"隆隆的雷声里"，"经过了如此长期的苦痛"，"是如此巨大的国家的诞生"，怎能不"像雷一样发出震动世界的声音"（《我们最伟大的节日》）。胡风在

---

① 钟伏龙、林华锋、颜素开等编：《闽东畲族文化全书·民间故事卷》，民族出版社 2009 年版，第 255—258 页。

② 邱开玉：《神话视域下中华民族共同体意识的形成与发展——以盘瓠神话的畲族叙述为例》，《云南民族大学学报》（哲学社会科学版）2022 年第 1 期。

《时间开始了》中写道：

> 时间开始了——
> 毛泽东
> 他站到了主席台底正中间
> 他站在飘着四面红旗的地球面底
> 中国地形正前面
> 他屹立着像一尊塑像……
> 掌声和呼声静下来了
> 这会场
> 静下来了
> 好像是风浪停息了的海
> 只有微波在动荡而过
> 只有微风在吹拂而过
> 一刹那通到永远

　　在胡风这里，国家历史摆脱了"宿命"的历史循环，呈现出"无限进步"的现代性特点。有研究者指出："杜赞奇曾讨论过近代中国的'民族国家'意识与这种'历史哲学'之间的内在关联。"[①] 在杜赞奇看来，"民族国家"及其"意识形态工具"从根本上构建了中国人对历史的理解和知识范畴，"因为传统中国只能以民族国家的方式参与到历史之中"，"现代中国世界观和传统中国世界观最根本的不同，是引进了线性时间的历史概念，以及建立在此历史概念之上的进化论，从而产生了一个理解和解释自己的过去与未来，理解与解释自己的历史命运的历史观"。

　　事实上，这个史观的建构早已溢出知识分子群体，而成为一种各民族间的普遍认识。中华人民共和国成立后，畲族民间出现大量赞美中华人民共和国与中国共产党的歌谣。《山哈忆苦喜解放》通过"黄连树下搭草房，百补裙衫难遮霜，火笼掏来当棉袄，山风吹来冷难当"等贫苦生活

---

　　① 李杨：《"时间开始"与"英雄出世"——〈时间开始了〉与二十世纪中国文学》，《中国现代文学研究丛刊》2022 年第 7 期。

的讲述，表达了对中华人民共和国的欢迎。《山客日子亮又圆》歌唱共产党出现后红红火火的生活。《解放二字值千金》则表达了对中华人民共和国成立后恋爱自由的憧憬。这些人民的期盼书写了想象中的未来生活。现代性的历史观在畲族的《解放歌》中则有完整的体现。民歌从国民党统治时期开始梳理中华人民共和国成立的前史，而后幻想了解放台湾，全国人民安居乐业的民族未来。这种线性的讲述摆脱了早先留存在帝王传说中的迷信意识，不再以"宿命""轮回""报应"等叙事逻辑来解释事件的发生。在肯定中国共产党历史功绩的基础上，民歌中中华人民共和国建立及不断向现代发展建构了新的历史叙事。

> 笔头落纸字来长，造出歌言分人唱，
> 过去蒋匪虽厉害，日本一打福州行。
> 对日抗战有多年，全国胜利多喜欢，
> 可恨来了国民党，后来才到解放军。
> 人民军队福州行，四九年号换朝纲，
> 换个姓毛管天下，是毛主席来解放。
> ……
> 全家热闹是和安，开会也讲打台湾，
> 台湾一省受苦难，台湾未收不平安。
> 又造飞船飞上天，台湾一省真苦难，
> 毛主席坐北京城，主要田园做得好。
> 今日解放自己田，每个农民行你路，
> 你讲言语人民听，一时挖园种茶米。
> 国家茶银领转来，谁人茶叶做得好，
> 一时通报上北京，今年要买几千方。
> 明年茶米通各国，支援国家工业化，
> 一直飞去打台湾，台湾解放就平安。①

又如在《新十二月时节歌》中，十二个月份变成了中国共产党的革命史。

---

①　肖孝正编纂：《闽东畲族歌谣集成》，海峡文艺出版社 1995 年版，第 94—95 页。

正月初一是新年，共产解放四九年，
人民公敌蒋介石，打得兵败逃台湾。
二月时节是春分，共产主义毛泽东，
中国本是共产管，打得白兵逃无门。
三月时节清明莅，共产我国大打赢，
土改分配分田地，分了人民会公平。
四月时节立夏时，群众迷信尽开除，
金钱拿来造生产，粮食不要糟蹋去。
五月时节节又来，共产我国创立来，
共产来到齐欢喜，齐人欢喜笑爱爱。
六月时节正半年，天下人心同一条，
各乡斗争开大会，打倒地主来分田。
七月时节起秋风，共产主义毛泽东，
各乡斗争开大会，打倒封建田尽分。
八月时节八中秋，地主财产尽没收，
富农家具不准动，富裕中农尽保留。
九月时节九重阳，男女自由来恋婚，
女人十八正婚配，政府登记结婚房。
十月时节收大冬，收下大冬选代表，
各省各县人选举，选你去见毛泽东。
十一月时节快年边，坚决镇压反动派，
人民代表人民当，农会团结打封建。
十二月时节年又到，群众迷信要转头，
共产做事要人好，菩萨莫拜香莫烧。①

　　畲族作为传统的农耕民族，其生存长期依赖节气与季节的循环。由于传统耕作方式的限制，畲族生产力水平一直处于较低水平，只能"靠天吃饭"。四季循环，节气的轮回牢牢地控制着畲民的生产活动。这也导致了这种循环深刻地影响了畲民的历史认识。从更大的范围来看，季节的循

---

① 肖孝正编纂：《闽东畲族歌谣集成》，海峡文艺出版社 1995 年版，第 100—101 页。

环几乎嵌入每一个古文明的基因序列里，那些流传的四季流变的传说，四时变化主体的文学正是各民族历史认识的文化表征。陆机的《文赋》"遵四时以叹逝"概括了古诗抒情的基本主题，这种"以四季的更迭来表达的循环时间观"，在讲史小说中亦有形象的表达：《三国演义》"分久必合，合久必分"的天下大势；《水浒传》的楔子刻意强调的再现时间的周转循环；《金瓶梅》"以四季节令讲述人生命的荣枯盛衰"；《红楼梦》"集过去、现在与未来三种时态与时序于一体的叙事回旋"。[①]

在《新十二月时节歌》，歌者传递出了一种历史的自信。十二月年关又至，但时间并未进入旧的轮回当中。旧时的"轮回"观属于一种迷信，在中华人民共和国的历史进程中，这种迷信也应被抛却。畲族民歌对新的时间观、历史观的认同，也将本民族的历史进程熔炼到中华民族的未来命运之中。在现代性的历史观中，畲汉人民分享了同一生活空间、文化空间、历史空间，进而汇聚在同一历史观中完成了民族间的交融。

小　结

畲族英雄故事反映了族群不同历史时期的生产与生活，从这些故事中可以看到，畲族人民对族群强烈的自我认同，以及畲汉互动对畲族文化的形塑作用，蕴含着丰富的中华民族共同性。

龙麒（盘瓠）神话将畲族族源接续到三皇五帝的血缘上，讲述了畲族后裔迁徙与繁衍的历史。随着畲族生产方式从游耕到定耕的转变，畲民们与汉人交往日益密切，英雄故事的主题也由对民族起源的解释转向封建制度中的民族斗争。此时，畲族故事中的英雄们不仅代表了族群的利益，而且在共同的反抗与斗争中，因其内在的优秀品质获得了汉族人民的认可，促进了二者的交融。抗捐抗税、畲民告状、争取科举应试权是畲族英雄故事的三个主要母题。这些母题的产生源于畲族社会形态从游耕到定耕的历史变迁之中。随着中央王朝势力在畲民生活区域的逐渐加强，赋税征收对畲民的压力逐步加大。畲民们或是选择继续迁徙，或是进行小规模的

---

① 李杨：《"时间开始"与"英雄出世"——〈时间开始了〉与二十世纪中国文学》，《中国现代文学研究丛刊》2022 年第 7 期。

反抗。这些真实的历史投射到畲族深层的文化心态中，并以畲族英雄故事这样的审美形态进行表达。而畲民告状主题以及争取科举应试权的故事均体现出畲民对主流社会的规则与制度的了解与接受的文化适应过程。

畲族传统精英故事是畲族英雄故事的主要类型之一。它传颂的历史是民族文化对英雄形象进行拣选的历史，他们代表族群维护利益，显现出族群的优秀品质，具有鲜明的民族性。他们之中，有钟大煜这样的族群利益的代表者，也有雷海清、钟景祺、雷万春等畲村家喻户晓的畲族英雄人物（他们是否真实存在似乎并不那么重要）。在他们身上集中了畲族几乎所有美德。更为重要的是，他们驰骋沙场建功立业所求的不只是畲民的利益，而有着中华民族的立场，因此他们不仅受到族人的赞颂，也获得了主流社会的认可，象征着经过民族的交往部分优秀畲民融入了主流社会且进入到统治阶层中。在长期的文化交流中，畲族人民中的精英团体率先认可了儒家文化体系，积极地融入国家政治社会之中。他们身上表现出深厚的儒学底蕴，显现了民族交融的历史线索。钟景祺是畲族民间故事的英雄人物，他的故事基本遵循了中国古典的才子佳人小说的叙事模式。钟景祺作为外族人，能在主流社会中建功立业得到认可，甚至收获众多红颜知己，这符合了畲民们特殊的心理期待。这和龙麒（盘瓠）神话有着内在的共通性，两者都意味着畲民进入统治阶层，从边缘化的位置真正进入到主流圈层，并进一步通过血缘的联结进入到华夏民族的谱系当中。龙麒迎娶公主，钟景祺则得到各阶层女性的普遍认可。而蓝理为国征战，立下赫赫战功，早已超越民族界限，成为中华民族传颂的英雄人物。关于蓝理的传说也已是中华文化的一部分。

纵观畲族的发展历史，畲族与汉族早已多次合作，联合起义反抗封建统治的压迫和剥削。到了近代时期，内外交困的现实环境激化了社会矛盾。畲族人民在中国共产党的领导下逐步走上革命之路。在畲族故事中，钟阿尔、钟勤淑等底层人物走向革命的心路极具代表性。这些可歌可泣的畲族革命者传说，是畲族人物故事的一大亮点。畲族人民在民间故事与歌谣中记录了一段段民族斗争的历史，他们为祖国人民革命事业作出了自己的贡献。在历次革命活动中，各个民族可以达成共识，完成同一目标，表明"中华民族"的概念已经深入人心。

结　语

多元一体主义视域下的
民族民间故事研究

在本书的前言中，我们提到，随着铸牢中华民族共同体意识成为新时代党的民族工作的主线和"纲"，增进共同性研究成为今后民族问题研究的重要方向。何谓"共同性"？如何增进共同性？就成为民族理论研究与民族工作实践探索的焦点问题。而无论是理论研究还是实践探索，都需要一个持续深入与逐渐明晰的过程。在这个过程中，缺乏较为完善的理论指引和明确的政策指导，使得部分基层干部在落地"增进共同性、尊重和包容差异性"这个民族工作的重要原则时，虽然思想上足够重视，但认知上不够深刻、行动上不够坚决，导致部分地区铸牢中华民族共同体意识工作"悬浮"，民族文化保护"停滞"的被动局面，其症结所在直指共同性和差异性两者内在张力问题。因此，破局的首要前提是必须正确把握和妥善处理共同性和差异性这一对核心关系。

一　多元一体主义视域下共同性与差异性的内在逻辑

从目前世界各国的理论与实践来看，在统一多民族国家的共同体建设中，主要存在同化主义、多元文化主义及多元一体主义三种理论路径来认识和处理多样性与共同性的关系。

同化主义是较早出现于西方民族国家共同体建设中的一种理论路径，早期一度占据核心理论位置。同化主义把多元与一体的关系理解为二元，居于强势地位的文化模式同化其他多种文化，不断减少文化类型、消灭文化身份，使得文化的总体趋势逐渐萎缩，文化内涵逐渐单薄。由于同化主义力图减少文化的多元性、消弭差异性，因而也就不断削减和空置了构成共同体的各个要素，最后同化主义形成的只是同一性，而无法建构共同体。但因为文化的有机性生长生生不息，很难找到一种可以完全覆盖其他所有文化类型的文化，因此在实际中同化主义很难寻求到实践空间与操作可行性。随着现代民族国家共同体建设的逐步推进，同化主义不断受到其他理论的检验与挑战。

多元文化主义与同化主义在观点上执于两端。多元文化主义鼓励保持文化的个性与文化身份的多样化、主张保持差异性基础上的文化繁荣，从而有利于各种文化的平等发展与繁荣。但由于与文化相对主义理论的渊源关系，多元文化主义注重论证与凸显文化自身体系的价值，这在一定程度上强化了文化之间的边界，也就意味着在多元文化主义主导下，共同体的建设更多地体现为是多元文化相加的复合共同体。在这种复合共同体内部，不同文化之间界限分明，缺乏有效的深度的交融，致使在现实政策维度上共同体建设遭遇了一些困境。

相对于以上两种理论，多元一体主义基于中华民族多元一体格局的文化与历史事实基础，一定程度上消解了多元与一体、差异性与共同性的紧张对立关系。多元一体主义将共同体视为一个活态的有机生长体，共同性与多样性两者可以融汇共生。费孝通先生指出，中华民族多元一体格局的形成过程，"它的主流是由许许多多分散孤立存在的民族单位，经过接触、混杂、联结和融合，同时也有分裂和消亡，形成一个你来我去、我来你去，我中有你、你中有我，而又各具个性的多元统一体。这也许是世界各地民族形成的共同过程"①。在费孝通先生描述的这个过程之中，文化元素不断丰富叠加形成博大的一体，一体中的多元仍然具有个性但文化元素已经相互嵌入或借用，形成不同主体间的密切联系与互相认同。这种多样性之间的碰撞、交流、结合，不断增加社会的文化总量与创造力。当多样性、差异性的文化实现充分交流交融，其本身就具有去粗存精、优化组合的聚合效应。这种凝聚和聚合效应通过有意识地引导，不断强化，形成了文化的共同性因素。可见，多元一体主义，既能够保存文化差异性及多

---

① 费孝通：《全球化与文化自觉——费孝通晚年文选》，外语教学与研究出版社 2021 版，第 65 页。

元性的创造性活力，又促进形成具有主导性和凝聚性的共同体，在多元与一体两个维度同时具有积极性价值，由此多元一体主义对于同化主义与多元文化主义具有一定程度的超越性。

在多元一体主义视域下，增进共同性与尊重差异性之间的逻辑关系是辩证统一的，两者相互依存、相互促进，共同构成了中华民族共同体的天然本色，"有同无异，没必要强调共同体；有异无同，形成不了共同体"①。具体而言，二者的逻辑关系主要体现三个方面：一是互补性。共同性和差异性在某种程度上是互补的。共同性为人们提供了一个交流和合作的平台，而差异性则为这个平台增添了丰富性和活力。在增进共同性的过程中，我们可以发现和欣赏不同群体之间的独特之处，从而更加尊重和包容这些差异。二是动态平衡。增进共同性和尊重差异性之间需要保持一种动态平衡。过度强调共同性可能会导致对差异性的忽视和压制，而过度强调差异性则可能导致社会的分裂和冲突。因此，我们需要在增进共同性的同时，保持对差异性的尊重和理解。三是相互促进。增进共同性和尊重差异性可以相互促进。通过增进共同性，我们可以加强不同群体之间的联系和合作，从而为尊重差异性创造更好的社会环境。同时，尊重差异性也有助于保护和传承各群体的独特文化，为增进共同性提供更多的资源和可能。多样性与差异性的存在并不必然以削弱或牺牲共同性为代价，而是可以最终形成尊重差异性与增进共同性并行不悖的局面。

遵照这一逻辑理路，新时期民族民间故事研究的思路与方法是：在大同之中见小异，而不可因小异而忘大同。

过去的研究者往往更关注于各区域、各民族民间故事之间的差异性，而忽视了民间故事之间的共同性。正如晋克俭指出的那样："今天的学术界过于沉溺于个案和地方特性或者特定社区的文化语境研究，探讨个性的兴趣大于对共同文化价值的追求。这一倾向无疑遮蔽了一宗优秀的传统文化遗产在凝聚现代民族国家认同过程中的现实作用。"② 诚然，中国民间

---

① 尤权：《做好新时代党的民族工作的科学指引　学习贯彻习近平总书记在中央民族工作会议上的重要讲话精神》，《中国民族》2021 年第 11 期。

② 晋克俭：《论梁祝传说的文化认同作用——兼谈南方少数民族梁祝叙事诗》，《民族文学研究》2012 年第 5 期。

故事因不同的时代、不同的地区以及不同的民族肯定会出现差异性，这种差异性是必然存在，不可避免的。如，在时代上，有些民间故事得到发展完善，而有些民间故事则衰退消失了。在地域上，也不难看见表现在民间故事上的地方性以及故事本身的多样性。在民族上，很多民族生成和发展了属于本民族的或具有本民族特色的民间故事。这些正表示了中国民间故事是丰富的、多变的，而不是单调的、一味模仿的。但是，若我们将研究的目光仅仅聚焦于这些差异性，去有意地去寻找地方性、民族性或差异性，并且过分地去强调它，割裂地、分散地去看待各时期、各地区、各民族之间的民间故事，自然看不到时代的延续性、地区的普遍性以及民族的联系性。这样的中国民间故事研究是狭隘的、片段的、孤立的，而不是全面的、系统的、整体的。

因此，在现代的研究语境以及现代研究技术的支持下，我们若从发展上观察时代相延续的中间，在土壤相接续的地带，在族群相嵌的边界区，各时期、各地区、各民族的民间故事是如何承袭演变的，如何转移地滋长，如何交融地共生，那么就可以找到中华民族文化是如何融汇而成的。

二　畲族民间故事中的中华民族共同性解析

遵循共同性与差异性辩证统一的逻辑理路对畲族民间故事展开研究，可以发现，畲族民间故事具有鲜明的族群性与丰富的中华民族共同性。畲族民间故事的族群性为畲族成长为中华民族共同体的一员提供文化养分，也为畲族民间故事中的中华民族共同性的生成提供族源根基。与此同时，畲、汉民族通过长期的交往交流交融，形成畲汉民族的共生性，赋予了畲族民间故事典型的互文性，构成了畲族民间故事中的中华民族共同性的最重要内容和最直接表征。

畲族民间故事孕育于畲族发展进程中特定的社会形态以及特殊的地理生态环境，具有鲜明的族群性。它在一定程度上表现了畲族人民生活活动的方式、意义和价值，更表现了该民族的特性及其审美特质。从故事类型上看，畲族民间故事类型丰富，有一般性的民间故事，也有较为独特的民间故事，如畲族法师故事、畲族创世神话故事、畲族动物故事、畲汉民族通婚故事、畲族英雄故事等；从故事结构上看，畲族民间故事经常采用递进式结构，将数则既相关又可独立成篇的故事串联在一起，在叙述上环环相扣，又层层递进——后一个结构比前一个更为精彩，更富悬念；在叙事风格上，既短小精悍，又突出主题；在表现手法上，畲族民间故事重在叙事，意在树人。正是因为这种特殊性，畲族的民间故事才越发显现出它的价值作用。

畲汉民族的共生性赋予畲族民间故事显著的"互文性"。对于畲族而言，至迟在隋唐时期，畲族先民即聚居在闽粤赣湘交界处，尔后历经千余年的民族迁徙，至明清时期嬗变为一个东南山区的散杂居民族，形成与汉族交错杂居的"插花式"分布格局。畲族共同体虽在宋元时期已初步形成，但并未被周边族群，特别是汉族统治者普遍识别。直到明清时期，大部分畲族定耕于闽浙赣交界区，才被汉人精英普遍识别，并大量书写，使得畲汉之间的族群边界逐渐明晰，畲族的族群意识也日渐增强，并逐渐发展成为现代民族学意义上的"畲族"主体。可以说，畲族的迁徙史，就是一部畲汉民族关系互动史。正是在与汉族广泛的交往交流交融中逐渐形成稳定的畲族共同体，成为中华民族共同体的一员。也正是在这样的历史进程中，决定了畲族民间故事的畲汉共同性。在这样的历史发展过程中，畲族民间故事的创作者从不同的文化、文本中选取材料进行整合，不断吸收、改造、融入本民族的传统之中，从而形成开放包容、精彩纷呈的多元文化形态。

畲族民间故事的互文性重点体现在叙事要素、故事情节、故事母题等方面，构成了畲族民间故事中的中华民族共同性的最重要内容和最直接表征。就畲族民间故事的具体类型而言：

畲族创世神话是畲汉民族之间文化"交融"的载体之一。畲族世界起源神话是从畲族本民族视角讲述了畲民关于世界起源与自然现象形成等最基本问题的理解与想象。在畲族世界起源神话中，我们能轻易地找到畲族与汉族之间交往交流交融的印记。"盘古开天地""后羿射日"等经典故事在畲族民间广泛流传，形成了丰富的异文，其间呈现的是"同源异流"的密切关系。透过这样的故事讲述，畲族人民要表达或表明的是畲族与其他各民族是"同源共祖"的关系。首先，他们生存的世界是同一个世界。这个世界是由盘古开辟的，在"盘古开天辟地"的神话原型中，日月星辰、山川河流等世界万物是由盘古的肉身演变而成的，但在畲族的故事中，这些是由男人和女人用劳动创造而来的。其次，他们经历了一些共同的神话历史记忆，如旱灾（后羿射日）、洪灾（人类再生故事）及畲族特别强调的火灾（天火引发火灾）。这些共同的经历，让早期的人类形成生死与共、命运与共的相生相伴的共同体意识，这种意识透过神话世代传承，影响世人的言行思想。再次，他们具有血缘的关系。所有的人类，不论是何种肤色都是由创世神（女娲、天皇或皇天爷）用土或神的肉身做成的，他们在本质上是一样的、平等的。人类的祖先经历了不可避免的天灾，但他们的再生是以"家"的形式出现的，具体表现为"姐弟"血缘关系，然后在灾害过后，结婚生子，繁衍生息，分化出不同的民族，由此演绎出亲缘关系及其谱系。这也是畲族人类诞生神话重点阐述的内容。畲族人类诞生神话，主要有造人神话和人类再生神话两类。畲族造人神话的故事原型是中国上古神话传说"女娲造人"。在畲族造人神话中，所有的人类，不论是何种肤色都是由创世神（女娲、天皇或皇天爷）用土或神的肉身做成的，他们在本质上是一样的、平等的，体现了畲民对于人类"同源共祖"的意识，同时畲民也流露出对黄色肤色人种的情感喜好，体现了畲族较为初级的种族意识。而神，无论是天帝、天皇、还是皇天爷和皇天姆，其实都是创世神的化身。畲民通过造人神话表达了对人的起源以及族群重要文化起源的认识，认为人与人的语言都是"同源"的，因此他们也都是平等的，不能以肤色或语言的差异来区别对待。这种认知观点的形成，有利于畲族中华民族共同体意识乃至人类命运共同体意识的形成。"石母"是畲族人类再生神话的最重要母题。畲族人类再生故事的主角是一对姐弟，在故事中，这对姐弟结成夫妻，"生男育女，一代传一代，子生孙，孙生子，发成今天世界"，这也就意味着这对姐弟是人类共同的祖先。对于人类而言，家是共有的，父母是"世界父母"，在人类早期发展过程中，都是以"家"为根本，表现出相依相伴、休戚与共的亲密关系。这种源自同一祖先而共同拥有的文化基因在人类社会分化出民族之后始终潜藏在各民族发展过程中，并维系着民族之间的和谐共处。不同民族均将自身融入中华民族人文始祖谱系中，这是构筑中华民族"多元一体"格局的鲜明表达和行动实践。这类神话从民族祖先的身体到祖先繁衍不同的民族，再到家国的"差序格局"[①]，构成中国统一多民族国家

---

① 费孝通：《乡土中国》，人民出版社 2008 年版，第 25 页。

的社会结构、文化生活和精神世界，从而使中华民族共同体"雏形"在"同源共祖"神话讲述中得到孕育和滋养。

畲族民间关于龙与凤凰的神话故事，是畲族民间故事中的中华民族共同性的典型表征之一。畲族信仰故事中存在大量"龙"与"凤凰"的故事，故事中的"龙""凤"形象特征与精神内涵主要源于汉文典籍中的原型，体现了故事内核的同一性与精神实质的一致性。当然，畲民讲述这些故事的同时，也结合了本民族的地理环境与社会条件，融入了本民族的文化，如畲民认为自己是龙麒（盘瓠）的子孙，是龙王的亲戚，也属于龙族，理应受到与周边汉人同样的待遇。这一文化心理在畲族的"凤凰"传说故事中，表现得更加明显。畲民将凤凰视为本民族的保护神"三公主"进行崇拜，借用凤凰形象表达本民族的王权向往与认同，并在现实世界中进行展现。而实际上，除对王权的向往之外，畲族的凤凰传说故事依然源于各民族民间故事中共同具有的"百鸟之王"的神鸟崇拜。畲族把道教与本民族的原始宗教以及盘瓠传说相结合，衍生出大量的法师故事。这些法师故事既是畲族信仰世界的呈现载体，也是畲族生活环境的变化以及由此引起的生计模式和文化心态的变迁的民间话语表达。畲民在法师故事中表达了对道教的信仰认同，形成了共同的"信仰圈"。这个共同的"信仰圈"，可以让族群之间超越"血缘"隔阂，从而引向"地缘"上的结合，形成"共同体"。这个地缘共同体的产生就是费孝通先生强调的中华民族多元一体格局形成的重要环节。同时，畲族通过法师这一角色讲述和反映了畲汉民族群众在民间社会生活中的友好互助情景，记录了可供现实镜鉴的畲汉民族友好团结和谐关系的产生。

畲族的动物故事也是多民族文化交流互动的结晶。畲族野生动物故事是畲族动物故事的重要类型。老虎与猴子是畲族野生动物故事最常见的主角。这一现象并不是畲族独有的，是生活在山地环境中的人类群体所共有的。生活于中国南方山地的汉族群体也广泛流传着关于老虎与猴子的民间故事。换言之，老虎与猴子的故事是"地缘"的群体产物，而不是"血缘"的族群产物。只不过相较于同一区域的汉族，畲族更深入山地，山地环境对畲族的影响也更为深远，体现在畲族文化的山地底色。畲族与周边的汉族共同讲述老虎与猴子的故事，使得同一区域的两个民族在民间文化的交流上就有了共同性：共同的话题与相似的主题。老虎对于生活于山地的族群而言都是一种直接的威胁，人与虎争地（生存空间）是不同族群面临的共同问题。因此人与虎的关系绝大多数时间里是紧张的。而在以人为主体的视角下，人战胜虎，人进虎退才是"正义"的。因此，"打虎英雄"就成为不同人群共同的信仰。再来看猴子，畲族故事中猴子的形象与汉族故事中猴子的形象总体是较为一致的，正面形象有聪明、具有灵性或通"人性"；反面形象就是顽劣、爱报复、搞破坏。但在畲族故事中，更加注意对其正面形象的刻画，甚至会为其反面特征进行"合理化"的辩护，体现了畲民对猴子的喜爱。这实际上也是源于畲族主要活动于山地，猴子对于畲民的狩猎有帮助等原因。最后，我们也可以看到，无论是老虎还是猴子，畲族民间都流传着它们与人类和谐相处、互帮互助的故事。这些故事体现的人与自然和谐相处的价值追求，与汉族等其他民族基本一致，构成了中华民族共同遵循的生态伦理。如果说，虎与猴的故事是讲述了畲民与自然环境之间的竞争与合作关系，那么牛与鸡的故事就是讲述畲族社会中自身族群发展以及与其他族群互动的关系。畲民对牛的情感从《金蚕姑娘和牛金星》的基本"不认同"，到《牛大王》中将其尊奉为"牛大王"，为它建庙烧香，与汉人基本无异，反映了畲民进入闽浙赣交界地后逐渐实现了定耕，牛在畲族社会的重要性越发凸显。鸡在畲族民间故事中的形象较为稳定，母鸡象征着农耕社会的一个农户家庭的经济文化资本，公鸡往往与太阳鸟崇拜相联系。但无论是牛的形象还是鸡的形象，都离不开畲汉民族在现实世界中的交往互动，是二者共同实践成果在民间故事这一文化载体中的体现。因此，畲族民间关于牛与鸡等动物的故事，其实质是畲民在社会形态转型中产生的文化心理的折射，通过牛与鸡的故事，畲民讲述对社会变迁的适应与思考。他们在与汉人的交往中，接受了牛和鸡等农耕社会的生产工具和物质资源，也接受了牛与鸡等动物形象中蕴藏的儒家文化与道教、佛教等信仰，并通过民间故事的讲述，使之内化到本民族的传统文化之中，指引畲民进行社会与经济实践。

　　畲族生活故事的叙事结构与叙事逻辑既烙下了畲族思想意识和文化历程的烙印，也呈现出中华民族的文化印记。作为一种有意义的历史叙事，人们在讲述生活故事时，也是在构建一种属于自己的集体记忆与族群认同。换言之，畲汉团结互助故事有利于族际友谊的代际传承，老一辈的朋友关系，在后辈身上也得以继承，延续了族际友谊关系，使之成为共同的互动记忆。从畲汉互动视角对畲族生活故事进行归类，包括畲汉通婚故事和畲汉团结互助故事。畲汉通婚故事从故事主角来看，无论是在"畲女选婿"还是"畲郎娶妻"故事中，男性的身世或社会地位都较为低下。在畲女选婿故事中，一般为逃难或贫穷的汉族男子；而在"畲郎娶妻"中，男性则一般为家境贫寒的畲族男子，但二者都凭借着勤劳、善良、智慧等美德赢得了女主的欢心，使得婚恋成为可能。从故事情节来看，对于畲族女性来说，她们要嫁给汉族男子主要是突破传统社会"畲汉不通婚"的规训———一种社会观念的约束，因此只要能得到族群（家族）长者的肯定，婚恋关系就能实现。而对于畲族男子要娶汉族女子，显然就不仅仅是社会观念上的束缚，而是社会关系、社会地位及社会资源的全面权衡和考量，于是困难重重，反映在故事中，就是各种必须借助神异力量才能实现的"不可能"条件或任务。畲族人民通过讲述畲汉通婚这种非常密切的交往互动故事，以点带面地改变不同民族之间的印象，形成客观、良好的民族态度，促进民族互动和民族团结，有利于为民族团结创造良好的社会心理条件，进而成为铸牢中华民族共同体意识的有利条件。畲汉混杂居住影响了两族日常生活、劳作生产、婚俗嫁娶、家庭观念等生活的方方面面，导致民间故事中出现了大量畲汉平民互动的故事。畲汉团结互助故事就是以畲族社会生活为背景，讲述发生在日常生活中较为常见的事件，故事也总是以讲述族际友谊，称颂勤劳、智慧以及嘲笑迂腐为基本内容，体现了畲汉两族人民在日常生活中的深入交往、团结互助等社会联动。这种深度参与的社会联动是超越族群共同体，构建地域共同体的关键。这也反映出在混杂居住之中，畲汉二族互帮互助、和谐共处，在长期的经济交往、文化习俗交流与通婚联姻的影响下，畲民与汉族之间的民族共同性持续增加。这为畲汉两族之间存在共同的社会和文化精神追求打下坚实的基础，为中华民族共同体意识筑牢根基。

　　畲族小说故事是畲汉民族文化交流最直接的体现。它内容明显来自汉族文化与生活，或者直接出自汉族文言小说。作为中国民间最知名的经典爱情故事中的两部，孟姜女哭长城、梁山伯与祝英台在畲族民间也广泛流传，并存在较多异文。在这些异文中，既表现出汉族小说故事原型的共性，也体现出畲族本民族的特性。正是在共性与个性之中，反映出畲汉民族文化上的交流互鉴与共同生成中华民族优秀文化。畲族孟姜女哭长城故事大体遵循汉族"孟姜女哭长城"的故事情节，但出现了明显的变异：孟姜女不再是故事的主角，而是沦为秦始皇的配角。故事的展开是秦始皇的风流成性，故事的推进是秦始皇的乱伦，故事最终结局是秦始皇受惩戒。故事所要表达的最重要的主题，不再是歌颂了孟姜女感天动地的忠贞情感，而是反复强调天道人伦的重要性。这充分说明了：此时儒家思想强调的基于亲缘、血缘形成的伦理道德规范已深入畲族社会生活与畲民心理之中。畲族的梁山伯与祝英台故事主角不再是梁山伯和祝英台，而是"男二号"马俊。畲民通过讲述阎王看待梁祝二人感情的态度以及对马俊的处理方式来表达故事主题。从《马俊做阎王》中阎王让位于马俊，到《马俊做判官》中给了马俊头等判官的职位，最后到《马俊如何成"公猪"》只是给马俊再选一个老婆作为补偿。可以说补偿的方式越来越接近"现实"（符合常理），而且补偿的代价也越来越轻。阎王作出这样补偿决定的依据是"姻缘簿"与明媒正娶。"姻缘簿"代表着天意和缘分，而明媒正娶则代表着世俗的伦理规范。在《马俊做阎王》中，阎王将"姻缘簿"与明媒正娶等同，姻缘簿写上后连阎王也无法改变。表达了畲民虽然感动于梁祝二人忠贞不屈的爱情，但还是认为祝英台是马俊的妻子。于是畲民只能一边同情梁祝，为二人的悲惨爱情安置了一个相对美好的结果——"他们两人已不在阳间做夫妻，变成蝴蝶餐风饮露"；另一边又不得不接受马俊与祝英台是夫妻的"事实"，接受他的报复与惩戒。反映了"父母之命、媒妁之言"的婚姻伦理规范已影响到畲族社会。但在《马俊做判官》中，阎王赐梁祝二人还阳做夫妻，从而实现了"有情人终成眷属"的美好归宿，并对马俊进行了说理"强扭的瓜不甜"，并给予他一定的补偿。故事中没有出现"姻缘簿"，但还是肯定了明媒正娶的世俗婚姻规定，给了"受害者"马俊较高的补偿。而在《马俊如何成"公猪"》中，马俊的待遇就被反转。反转的依据是畲民将姻缘簿与明媒正娶对立了起来，姻缘簿上写的是"梁山伯与祝英台是前世注定的夫妻"，是上天注定的缘分，当明媒正娶与它相违背时，明媒正娶的约束力也在下降。因此，阎王只给了马俊再选一个美女当老婆的补偿条件。但好色贪婪的马俊迷乱了心智，最终受到严惩。宣告了"小传统"之"情"对于"大传统"之"理"突破的胜利。而这也正是畲族爱情小说故事延续了汉文经典爱情小说故事的基本伦理价值，体现了畲族民间故事在伦理价值上的中华民族共同性。畲族民间还广泛流传着朱元璋传说、鲁班传说两个传说类型，它们反映了畲族民间文化与正统文化之间的关系。畲族民间关于朱元璋的故事脱胎于汉族的朱元璋传说故事。在故事内容的讲述上，虽然与正史记载的史实有一定的关系，但几乎只是借用其作为叙述背景，杂糅了朱元璋传说故事的各种情节母题加以改编和创作，以呈现符合畲民表达习惯和主旨的故事内容。畲民正是通过这样的改编和创造，进一步凸显了少年朱元璋"真命天子"的形象，从而折射出畲民对儒家推崇的"大一统"思想的深刻认同。再看畲族的鲁班传说故事，它是畲汉民族长期生活在闽浙赣交界区这一共同区域，彼此产生了密切联系后的产物。畲族的鲁班传说在讲述本民族历史与文化的过程中，生动地再现了畲汉民众之间长期存在的手足情谊，反映了维护民族团结、共同建设美好生活的真诚意愿。他们不仅接受和传承了鲁班形象和事迹，而且还注入了很多畲族文化色彩，进一步丰富了鲁班传说，使之成为连接民族文化、区域文化与中华文化的中介。共同的文化和文化认同感是"民之为族"的核心要素。而同一性或一体性文化在广大民族成员中横向传播和代际传承，则离不开文化"符号化"、符号"扩散化"机制。鲁班作为畲汉民族共享的中华文化符号，伴随着鲁班传说的跨民族传播，逐渐成为凝聚畲汉民族情感的文化标识。这不仅是畲族参与中华文化符号塑造的过程，也是畲族表达中华文化认同的文化实践。借助鲁班传说的文化再生产，畲族的中华文化认同得以增强。

畲族英雄故事反映了畲族人民对族群强烈的自我认同，以及畲汉互动对畲族文化的形塑作用，蕴含着丰富的中华民族共同性。畲族故事中的英雄们不仅代表了族群的利益，而且在共同的反抗与斗争中，因其内在的优秀品质获得了汉族人民的认可，促进了二者的交融。畲族传统精英故事是畲族英雄故事的主要类型之一。它传颂的历史是民族文化对英雄形象进行拣选的历史，他们代表族群维护利益，显现出族群的优秀品质，具有鲜明的民族性。他们之中，有钟大煜这样的族群利益的代表者，也有雷海清、钟景祺（亦作钟景期）、雷万春等畲村家喻户晓的畲族英雄人物（他们是否真实存在似乎并不那么重要）。在他们身上集中了畲族几乎所有美德。更为重要的是，他们驰骋沙场建功立业所求的不只是畲民的利益，而有着中华民族的立场，因此他们不仅受到族人的赞颂，也获得了主流社会的认可，象征着经过民族的交往部分优秀畲民融入了主流社会且进入到统治阶层中。在长期的文化交流中，畲族人民中的精英团体率先认可了儒家文化体系，积极地融入国家政治社会之中。他们身上表现出深厚的儒学底蕴，显现了民族交融的历史线索。钟景祺是畲族民间故事的英雄人物，他的故事基本遵循了中国古典的才子佳人小说的叙事模式。钟景祺作为外族人，能在主流社会中建功立业得到认可，甚至收获众多红颜知己，这符合了畲民们特殊的心理期待。这和龙麒（盘瓠）神话有着内在的共通性，两者都意味着畲民进入统治阶层，从边缘化的位置真正进入主流圈层，并进一步通过血缘的联结进入华夏民族的谱系当中。龙麒迎娶公主，钟景祺则得到各阶层女性的普遍认可。而蓝理为国征战，立下赫赫战功，早已超越民族界限，成为中华民族传颂的英雄人物。关于蓝理的传说也已是中华文化的一部分。纵观畲族的发展历史，畲族与汉族早已多次合作，联合起义反抗封建统治的压迫和剥削。到了近代时期，内外交困的现实环境激化了社会矛盾。畲族人民在中国共产党的领导下逐步走上革命之路。在畲族故事中，钟阿尔、钟勤淑等底层人物走向革命的心路历程极具代表性。这些可歌可泣的畲族革命者传说，是畲族人物故事的一大亮点。畲族人民在民间故事与歌谣中记录了一段段民族斗争的历史，他们为祖国人民革命事业作出了自己的贡献。在历次革命活动中，各个民族可以达成共识，完成同一目标，表明"中华民族"的概念已经深入人心。

综合以上分析，把畲族民间故事放在中华民族文化传统整体之中进行讨论，可以从中挖掘少数民族文化与中华民族文化的同一性，探索可供借鉴的精神资源以实现传统智慧的现代转化。一是有利于增进各民族间文化认同。文化认同是要以"共同性"为基础。"文化认同是中华民族形成的重要基础，包括两个层次，即对本民族的文化认同和对中华民族的文化认同。中华民族共同体根植于共同的文化基础，通过对各民族文化象征符号和历史记忆的再诠释，使民族文化认同与中华民族文化认同相互重叠。"① 在对畲族民间故事文本的诠释与阐发中，不难发现畲汉民族文化在彼此交流交往的过程中，存在着诸多已"重叠"的文化认同印记和"公约数"，

---

① 刘晓伟：《少数民族题材电视剧中的中华民族共同体叙事》，《现代传播》（中国传媒大学学报）2018 年第 8 期。

这种民族民间文学作品中的"文化共性"在某种程度上也是具有"普遍性"和"普适性"的中华民族世界观与审美观。因而对于畲族民间故事中的共有价值、信念与追求的探寻，有利于进一步增进民族间的文化认同。二是有助于铸牢中华民族共同体意识。中华民族共同体意识有着深厚的历史渊源与理论基础。中华民族共同性是中华民族共同体意识形成的基础和前提。"中华民族共同体意识的基本内涵是抽象的，但内容很丰富，并且可以细微地具象呈现出来。这些具体而细微的文化涉及历史渊源、仪式符号、风土人情、民族精神等方面的阐释与说明。"① 通过对畲汉民族民间故事的比较分析，畲族与汉族在地缘文化、宗教信仰、生产生活方式、艺术形式、民族精神等多方面均有相同或相似之处，这是民族间密切交往交融的体现。通过对畲族民间故事中的中华民族共同性的探析，有利于畲汉民族之间相互尊重、相互学习和相互借鉴，进一步传承中华民族优秀传统文化，铸牢中华民族共同体意识。

三　以增进共同性推进民族民间故事研究实践

作为中华优秀传统文化，民间文学是各民族民众生活实践的记忆和情感传递的载体。2024 年，习近平总书记在《求是》上发表重要文章《加强文化遗产保护传承　弘扬中华优秀传统文化》。文章指出，要加强对少数民族历史文化的研究，铸牢中华民族共同体意识。在此，习近平总书记将加强少数民族历史文化研究与铸牢中华民族共同体意识进行直接的逻辑对接，至少有两层含义：一是少数民族历史文化研究是铸牢中华民族共同体意识的重要路径；二是少数民族历史文化研究要以铸牢中华民族共同体意识为主线。前者隐含的前提是，少数民族历史文化蕴藏着丰富的、可以为铸牢中华民族共同体意识提供养分的资源，即中华民族共同性。而后者则指出加强少数民族历史文化研究的方向是为铸牢中华民族共同体意识服务的，要以共同性的内容研究为核心，以增进共同性的研究目标为导向，做好少数民族历史文化研究的转型与深化。

新时代推进民族民间故事研究，要以铸牢中华民族共同体意识为主

---

① 青觉、徐欣顺：《中华民族共同体意识：概念内涵、要素分析与实践逻辑》，《民族研究》2018 年第 6 期。

线，以增进中华民族共同性为目标，关注故事中所体现的共同价值观、道德观念以及文化传统，探寻各民族之间的文化共性和精神纽带。例如，共同的文化遗产：各民族的文化传统虽然有所不同，但都承载着各自民族的历史记忆和智慧，这些文化传统是连接各民族的精神纽带之一。各民族的历史记忆通过民间故事得以传承，这些故事不仅是历史的见证，也是连接过去与现在的桥梁。民间故事中的历史人物和事件，成为各民族共同的文化遗产，强化了民族间的历史联系。共同的历史命运：各个民族在历史长河中都经历了各种挑战和变迁，这些共同的历史命运使得各民族之间能够相互理解和支持。无论哪个民族，都渴望和平与繁荣，这是各民族共同的心愿和目标，也是连接各民族的重要精神纽带。共享的文化符号与意象：山、水、动植物等自然元素经常在各民族的故事中扮演重要角色，体现了人们对自然的敬畏和依赖。各民族的民间故事中常提及各种传统节日和习俗，这些元素构成了丰富的文化景观。某些特定的文化符号，如龙、凤凰、莲花等，在多个民族的故事中都具有特殊的象征意义，这些共享的符号加深了各民族之间的文化共鸣。共同的理想与追求：对和谐社会的渴望、对公正与平等的追求，是各民族民间故事中经常出现的主题，这些共同的理想与追求将各民族紧密地联系在一起。多元一体的认同感：在多元化的世界中，各民族虽然保持着各自的独特性，但同时也认同于一个更大的共同体，这种多元一体的认同感是维系各民族关系的重要力量。各民族通过民间故事传达出相互尊重与包容的精神，这种精神促进了民族间的和谐共处与互相学习。概而言之，就是按照增进共同性、尊重和包容差异性这一民族工作的重要原则，加强民族民间故事的中华民族共同性研究，不断凸显各民族共享的共同性要素，加强各民族间的共性认知，增进各族人民对中华民族共同体的心理认同，从而铸牢各民族的中华民族共同体意识。

正确把握共同性和差异性的关系指明了铸牢中华民族共同体意识的政策方向，政府、学界和民间社会要各司其职、齐心协力，共同推进新时代民族民间故事的保护和发展。

政府是制定和执行文化保护政策的关键力量。正确把握共同性和差异性的关系框定了铸牢中华民族共同体意识的政策目标和实践遵循。政府在制定民族民间故事的相关政策时，要凸显共同性的方向，深刻认识共同性

之于中华民族和多民族国家建构的积极意义。要以发掘与提升中华民族共
同性作为政策的价值旨归，确保政策能够涵盖包括中华文化和各民族文
化、中华民族共同体意识和各民族意识、中华民族利益和各民族利益等在
内的各个领域，将共同性与统一多民族国家的建设要求、实现中华民族伟
大复兴的战略全局相结合。在贯彻落实相关政策时，要平衡共同性与差异
性两者之间的关系，既不以共同性否认差异性，也不以差异性削弱共同
性。由于历史和现实的原因，决定了共同性和差异性共同构成关联共生的
中华民族内在结构。各民族之间的客观差异性在短期内不会消失。因此，
在不削弱、不危害共同性、剔除落后的影响民族进步因素的前提下，尊重
和包容民族差异性中的积极部分，可以最大限度地夯实中华民族的共同性
根基，继而铸牢各民族中华民族共同体意识。① 在坚持以上原则的前提
下，政府再通过建立民族交流平台和机制、履行监管和管理等手段促进各
民族民间故事的保护和发展。例如，通过设立专项资金、提供补贴或奖励
等方式，支持民间文化的挖掘、整理、研究和传播工作。组织举办各种文
化活动、展览和演出，为各民族民间文化提供展示和交流的平台。

　　虽然政府是各民族民间故事保护与发展的核心，主导着文化的保护和
发展模式，但学界是民间文化保护与发展不可或缺的主体。民间文化的保
护与发展，绝不是一种行政行为，而是一种需要科学理论指导和研究方法
支撑的规范行为，需要学界提供重要的智力支持。不可否认的是，一段时
间以来，民族理论研究中呈现出"差异性凸显、共同性不彰"的趋向，
这显然与各民族共同性因素普遍存在的客观事实相悖，也与统一多民族国
家建构的条件要求不符。新时代的民族理论研究要牢牢坚持"在大同之
中见小异"的研究导向，全面、深入、系统地探究民族民间故事中的中
华民族共同性。首先，要加强田野调查和资料收集。田野调查是民间故事
研究的基础，要加强对民族民间故事的田野调查和资料收集工作。通过实
地走访、问卷调查、深度访谈等方式，获取第一手资料，为后续研究提供
翔实的数据支持。其次，推动跨学科合作与交流。鼓励多学科背景的学者
共同参与各民族民间故事的中华民族共同性研究，促进文学、历史学、民

① 郝亚明，杨文帅：《正确把握共同性和差异性的关系——铸牢中华民族共同体意识的一
个关键性问题》，《中央民族大学学报》（哲学社会科学版）2023 年第 6 期。

俗学、人类学等学科的交叉融合。通过跨学科的合作与交流，更全面地揭示各民族民间故事关于中华民族共同性的丰富内涵和文化价值，形成系列阐释。最后，做好全过程教育推广与普及。坚持正确的中华民族历史观，剔除民族民间故事中落后的影响民族团结进步的因素，把积极部分的内容融入教育体系，特别是在中小学阶段，通过教材和课程设置、开展民族文化进校园活动，邀请民间艺人、故事讲述者进入学校进行表演和教学，让学生了解本民族与中华民族的血肉联系、各民族之间的文化勾连，在故事中感悟各民族文化交往交流交融的历史进程以及中华民族共同性。

民间社会是民间故事最活跃、受众最广泛、影响最深远的群体所在。民族民间故事的保护与发展，必须激发民间社会的文化自觉。民间社会要以铸牢中华民族共同体意识为主线，转变民众之前认为保护各民族文化就是保护文化的差异性的思维惯性，不断提升民众从增进中华民族共同性的视角去理解和实践文化保护的自觉，从而在日常生活中积极参与相关活动。社区可以通过开设关于民间故事和民族文化的文化教育课程，帮助社区居民更深入地理解多元一体视域下的本民族文化的根源和价值。选拔并培训一批了解民间故事和民族文化的社区成员作为"文化大使"，让他们在各种社区活动中传播和讲解民间故事的新内涵。鼓励社区开展故事讲述、分享和传承活动，使民间故事成为社区文化活动的一部分，保护文化多样性和促进社会和谐。结合各民族的文化传统和节庆活动，举办相关的文化节庆，把各民族传统文化中蕴藏的中华民族共同性的内涵，以通俗易懂、民众喜闻乐见的方式展现，让更多的人了解和欣赏各民族民间故事中的中华民族共同性。鼓励社区居民共同参与建立社区文化档案，记录和保存本社区的民间故事、传统习俗等，以此作为提升文化自觉的重要载体，使他们更加珍视本民族文化，并朝着党和国家引导的正确方向，共同努力推进保护和发展实践。

参考文献

一　中文专著编著

陈永成主编:《福建畲族档案资料选编(1937—1990 年)》,海峡文艺出版
　　社 2003 年版。

陈泳超:《尧舜传说研究》,南京师范大学出版社 2000 年版。

谌华玉:《粤东畲族:族群认同与社会文化变迁研究》,社会科学文献出
　　版社 2014 年版。

方清云:《凤凰山中的畲族故里——凤坪村的人类学考察》,中国社会科
　　学出版社 2023 年版。

方卫平、王昆建主编:《儿童文学教程》,高等教育出版社 2004 年版。

费孝通:《潘光旦先生关于畲族历史问题的设想》,载施联朱主编《畲族
　　研究论文集》,民族出版社 1987 年版。

费孝通:《全球化与文化自觉——费孝通晚年文选》,外语教学与研究出
　　版社 2021 年版。

费孝通:《乡土中国》,人民出版社 2008 年版。

傅修延:《中国叙事学》,北京大学出版社 2015 年版。

郭志超:《畲族文化述论》,中国社会科学出版社 2009 年版。

蒋炳钊编:《畲族古代历史资料汇编》,厦门大学人类博物馆民族研究室
　　1979 年版。

蒋炳钊:《畲族史稿》,厦门大学出版社 1988 年版。

蓝炯熹:《畲民家族文化》,福建人民出版社 2002 年版。

雷伟红、黄艳:《畲族生态伦理研究》,浙江工商大学出版社 2021 年版。

李健民:《畲族盘瓠与凤凰崇拜的文化意蕴》,载福建省炎黄文化研究会、

福建省民族与宗教事务厅、中国人民政治协商会议宁德市委员会编
　　《畲族文化研究》（上册），民族出版社 2007 年版。

林惠祥：《中国民族史》，商务印书馆 1939 年版。

《畲族简史》编写组、《畲族简史》修订本编写组：《畲族简史》，民族出
　　版社 2008 年版。

施联朱：《民族识别与民族研究文集》，中央民族大学出版社 2009 年版。

施联朱：《畲族》，民族出版社 1987 年版。

施强、谭振华：《族群迁徙与文化传承——浙江畲族迁徙文化研究》，民
　　族出版社 2014 年版。

唐宗龙：《三公主的凤冠——畲族民间故事选》，湖北人民出版社 1982
　　年版。

万建中：《民间文学引论》，北京大学出版社 2006 年版。

汪立珍：《满—通古斯诸民族民间文学研究》，中央民族大学出版社 2006
　　年版。

王明珂：《羌在汉藏之间——川西羌族的历史人类学研究》，中华书局
　　2008 年版。

王明珂：《英雄祖先与弟兄民族：根基历史的文本与情境》，中华书局
　　2009 年版。

王逍：《走向市场：一个浙南畲族村落的经济变迁图像》，中国社会科学
　　出版社 2010 年版。

温春香：《文化表述与族群认同：新文化史视野下的赣闽粤毗邻区族群研
　　究》，中国社会科学出版社 2015 年版。

吴晗：《朱元璋传》，百花文艺出版社 2000 年版。

谢重光：《客家、福佬源流与族群关系研究》，人民出版社 2013 年版。

谢重光：《畲族与客家福佬关系史略》，福建人民出版社 2002 年版。

徐松石：《粤江流域人民史》，中华书局 1939 年版。

徐晓望：《明清东南山区社会经济转型——以闽浙赣边为中心》，中国文
　　史出版社 2014 年版。

余厚洪：《基于族群凝聚视域的浙江畲族档案记忆研究》，浙江大学出版
　　社 2020 年版。

余英时：《士与中国文化》，上海人民出版社 1987 年版。

张凤阳等：《政治哲学关键词》，江苏人民出版社 2022 年版。

张恒：《以文观文——畲族史诗〈高皇歌〉的文化内涵研究》，浙江工商
　　大学出版社 2014 年版。

张继禹：《中华道藏》（第 30 册），华夏出版社 2004 年版。

张其昀撰述：《中国民族志》，商务印书馆 1929 年版。

赵海英：《论盘瓠神话与畲族族群认同的中间环节》，载福建省炎黄文化
　　研究会、福建省民族与宗教事务厅、中国人民政治协商会议宁德市委员
　　会编《畲族文化研究》，民族出版社 2007 年版。

中共中央文献研究室编：《习近平关于社会主义文化建设论述摘编》，中
　　央文献出版社 2017 年版。

钟敬文：《口头文学：一宗重大的民族文化遗产》，载《钟敬文民间文学
　　论集》（上），上海文艺出版社 1982 年版。

钟敬文主编：《民间文学概论》（第二版），高等教育出版社 2010 年版。

二　中文论文

陈纪、曾泓凯：《论铸牢中华民族共同体意识的历史基础与实践目标》，
　　《西南民族大学学报》（人文社会科学版）2021 年第 10 期。

陈曼娜：《二十世纪中外心理史学概述》，《史学史研究》2003 年第 1 期。

陈夏临、葛桂录：《变与常：闽东畲族民间故事中的石意象》，《宁德师范
　　学院学报》（哲学社会科学版）2021 年第 3 期。

陈夏临：《论宁德畲族民间故事母题中民族潜在话语的文本再生方式》，
　　《武夷学院学报》2021 年第 4 期。

陈夏临：《"世内桃源"的集体性文化记忆：从民间故事管窥宁德畲族灾
　　厄智慧》，《丽水学院学报》2022 年第 1 期。

陈支平、刘慧钦：《从契约文书看清代以来东南地区的畲汉民族交融》，
　　《民族研究》2021 年第 6 期。

邓晓华：《论客家话的来源——兼论客畲关系》，《云南民族大学学报》
　　（哲学社会科学版）2006 年第 4 期。

董强、沈富城：《中华民族共同性研究述评》，《南宁师范大学学报》（哲
　　学社会科学版）2024 年第 1 期。

董晓萍：《大工匠神鲁班故事新论——从跨文化民间叙事学的角度切入》，

《西北民族研究》2019 年第 3 期。

傅衣凌：《福建畲姓考》，《福建文化》1944 年第 1 期。

高萍：《从"根文化"看铸牢中华民族共同体意识》，《西北民族大学学报》（哲学社会科学版）2020 年第 3 期。

谷苞：《论中华民族的共同性》，《新疆社会科学》1985 年第 3 期。

管长墉：《福建之畲民社会学的研究与史料的整理》，《福建文化》1941 年第 4 期。

郭丹阳：《朝鲜古代民间故事女性形象蕴含的社会文化属性及意义》，《文艺争鸣》2020 年第 5 期。

郭志超、董建辉：《畲姓变化考析》，《民族研究》1998 年第 2 期。

郝世亮、范琳俐：《区隔再生还是交融渐进？——藏族大学生的族际交往与族际友谊获得》，《民族教育研究》2020 年第 3 期。

郝亚明、秦玉莹：《中华民族共同体的共同性要素分析》，《民族学刊》2022 年第 7 期。

郝亚明、杨文帅：《国民共同体教育叙事的中西比较与中华民族共同体建设》，《中南民族大学学报》（人文社会科学版）2022 年第 10 期。

何联奎：《畲族的地理分布》，《民族学研究集刊》1937 年第 2 期。

何雪松：《迈向日常生活世界的现象学社会学——舒茨引论》，《华东理工大学学报》（社会科学版）2000 年第 1 期。

何子星：《畲民问题》，《东方杂志》1932 年第 13 号。

胡先骕：《浙江温州、处州间土民畲客述略》，《科学》1922 年第 3 期。

季羡林：《印度文学在中国》，《文学遗产》1980 年第 1 期。

晋克俭：《论梁祝传说的文化认同作用——兼谈南方少数民族梁祝叙事诗》，《民族文学研究》2012 年第 5 期。

康丽：《角色置换与利益代言——从社会性别角色解读中国巧女故事》，《民族艺术》2003 年第 1 期。

康丽：《民间文艺学经典研究范式的当代适用性思考——以形态结构与文本观念研究为例》，《清华大学学报》（哲学社会科学版）2016 年第 1 期。

孔亭：《铸牢中华民族共同体意识面临的挑战与应对》，《江苏大学学报》（社会科学版）2022 年第 2 期。

蓝万清：《畲族盘姓去向探讨——兼论畲瑶关系》，《民族研究》1989 年第 3 期。

郎樱：《史诗的母题研究》，《民族文学研究》1999 年第 4 期。

雷娜：《交流与融通：外国民间文学理论百年译介考察》，《长江大学学报》（社会科学版）2022 年第 6 期。

雷阵鸣：《关于畲族"学师"问题的补正》，《中南民族学院学报》（哲学社会科学版）1989 年第 5 期。

李积庆：《畲族形成变迁史新论——"畲"、汉族群边界的历史考察》，博士学位论文，福建师范大学，2016 年。

李健：《铸牢中华民族共同体意识的马克思主义阐释：基础性问题与当代价值》，《西北民族大学学报》（哲学社会科学版）2022 年第 6 期。

李杨：《"时间开始"与"英雄出世"——〈时间开始了〉与二十世纪中国文学》，《中国现代文学研究丛刊》2022 年第 7 期。

梁静、杨伊生：《跨民族友谊促进中华民族共同体意识的心理路径及培育机制研究》，《西南民族大学学报》（人文社科版）2020 年第 7 期。

林校生：《"滨海畲族"：中国东南族群分布格局的一大变动》，《福州大学学报》（哲学社会科学版）2010 年第 5 期。

林一白：《略论动物故事》，《民间文学》1965 年第 3 期。

刘婷玉：《象、虎、水利与福建山区畲族生计方式的变迁》，《中国经济史研究》2019 年第 3 期。

刘锡诚：《北京传说与京派文化》，《文化学刊》2011 年第 1 期。

刘晓伟：《少数民族题材电视剧中的中华民族共同体叙事》，《现代传播》（中国传媒大学学报）2018 年第 8 期。

刘洋：《中国民间故事与建设中华民族共有精神家园研究》，《贵州师范大学学报》（社会科学版）2023 年第 5 期。

禄佳妮、王传超：《分子人类学视域中畲族族源新探》，《北方民族大学学报》（哲学社会科学版）2019 年第 1 期。

麻国庆：《费孝通民族研究理论与"合之又合"的中华民族共同性》，《中央民族大学学报》（社会科学版）2020 年第 4 期。

马旭：《铸牢中华民族共同体意识背景下"增进共同性"的三重逻辑》，《西南民族大学学报》（人文社会科学版）2022 年第 12 期。

潘洪钢：《南方民族游耕文化刍议》，《贵州民族研究》1992 年第 3 期。

潘丽敏：《畲族民间故事的认知价值和艺术特点》，《兰台世界》2011 年第 S1 期。

青觉、徐欣顺：《中华民族共同体意识：概念内涵、要素分析与实践逻辑》，《民族研究》2018 年第 6 期。

邱开玉：《神话视域下中华民族共同体意识的形成与发展——以盘瓠神话的畲族叙述为例》，《云南民族大学学报》（哲学社会科学版）2022 年第 1 期。

色音：《祖先崇拜的宗教人类学探析》，《内蒙古师范大学学报》（哲学社会科学版）2012 年第 3 期。

尚毅：《民间巧女故事形成的思想基础及艺术特征》，《中州学刊》2004 年第 3 期。

沈作乾：《畲民调查记》，《东方杂志》1924 年第 7 号。

施联朱：《关于畲族的来源与迁徙》，《中央民族学院学报》1983 年第 2 期。

石硕：《从汉族与少数民族的历史关系认识"中华民族共同体"的共同性》，《中华民族共同体研究》2023 年第 1 期。

孙秋云：《浙江畲族传统的"学师"活动研究》，《中南民族学院学报》（哲学社会科学版）1988 年第 1 期。

汪泽：《〈朱蛇记〉故事文本流变与文化分析》，《天中学刊》2015 年第 1 期。

王建红：《融入与适应：明清漳州蓝姓畲族的崛起》，《闽台文化交流》2011 年第 4 期。

王娟：《断尾龙故事类型的心理分析研究——兼谈民俗学的研究方法》，《民间文学论坛》1994 年第 3 期。

王宪照：《中国民族神话母题研究》，博士学位论文，中央民族大学，2006 年。

王新民：《越王勾践子孙移闽考》，《福建文化》1944 年第 1 期。

王延中：《铸牢中华民族共同体意识建设中华民族共同体》，《民族研究》2018 年第 1 期。

温春香：《明清以来闽粤赣交界区畲民的族谱书写与族群意识》，《贵州民族研究》2015 年第 1 期。

吴素萍：《畲族民间文学的审美特征与生态精神》，《宁波职业技术学院学报》2016 年第 3 期。

夏敏：《福建畲村口头文化遗产向审美资本的转化》，《集美大学学报》（哲社版）2018 年第 2 期。

萧俊明：《从结构主义到后结构主义：一种文化思考》，《国外社会科学》2001 年第 5 期。

谢真元：《才子佳人模式及其文化意蕴》，《明清小说研究》1999 年第 4 期。

谢重光：《武陵蛮迁入粤、闽之史迹》，《东南学术》2001 年第 3 期。

许钰：《鲁班传说概观》，《民间文学论坛》1985 年第 2 期。

严庆：《中华民族共同体建设的命脉与民族工作的方向：增进共同性》，《西北民族研究》2021 年第 4 期。

杨利慧：《表演理论与民间叙事研究》，《民俗研究》2004 年第 1 期。

张福强：《中华民族共同体的历史向度：谷苞先生中华民族共同性思想的生成逻辑与主要内涵》，《新疆社会科学》2021 年第 1 期。

张淑娟：《中华民族共同性的类型、凝聚机制与形成过程》，《探索》2022 年第 1 期。

赵超：《增进共同性：新时代中华民族共同体建设的重要方向》，《中南民族大学学报》（人文社会科学版）2023 年第 5 期。

赵冬梅、申荷永：《解释学与荣格心理分析》，《南京师大学报》（社会科学版）2007 年第 1 期。

周慧慧：《畲族的宗教仪式与村落生活——以"做福"与"传师学师"仪式的考察为例》，《宁德师范学院学报》（哲学社会科学版）2013 年第 1 期。

朱军：《中华民族共同体意识共同性的现代性转化及发展》，《民族研究》2021 年第 3 期。

朱永梅、陈金龙：《以共同性引领中华民族共有精神家园建设》，《中南民族大学学报》（人文社会科学版）2023 年第 5 期。

三　故事　文集等

安溪县民间文学集成编委会编:《中国民间故事集成·福建卷·安溪县分卷》,安溪县民间文学集成编委会 1988 年版。

本书编委会编:《乡土罗源》,福建教育出版社 2008 年版。

本书编委会编:《中华民族故事大系》第八卷,上海文艺出版社 1995年版。

福建省宁德地区文化局选编:《畲族传说故事》,福建人民出版社 1984年版。

福建省少数民族古籍丛书编委会编:《福建省少数民族古籍丛书·畲族卷——民间故事》,海峡书局 2013 年版。

福建省少数民族古籍丛书委员会编:《福建省少数民族古籍丛书·畲族卷——霞浦畲族小说歌》,海风出版社 2010 年版。

谷德明:《中国少数民族神话选》,西北民族学院研究所 1984 年版。

姬树明、俞凤斌:《朱元璋故事》,安徽人民出版社 1981 年版。

蒋风、陈炜萍、陈华文编:《畲族民间故事选》,上海文艺出版社 1993年版。

景宁畲族自治县民间文学集成编委会编:《中国民间文学集成·浙江省景宁畲族自治县卷》,景宁畲族自治县文化局、景宁畲族自治县民间文学集成办公室 1989 年版。

雷阵鸣、雷招华主编:《畲族叙事歌集粹》,中国人事出版社 2002 年版。

李炜、张君主编:《中国民间故事全书·浙江·平阳卷》,知识产权出版社 2011 年版。

丽水市民间文学集成办公室编:《中国民间文学集成·浙江省·丽水地区·丽水市·故事、歌谣、谚语卷》,浙江省民间文学集成办公室 1989年版。

丽水市民间文艺研究会编:《金童玉女造莲城》(上卷),浙江省丽水市文联 1986 年版。

连江县民间文学集成编委会编:《中国故事集成·福建卷·连江县分卷》,连江县民间文学集成编委会 1991 年版。

刘锡诚主编:《观音的传说》,花山文艺出版社 1995 年版。

龙泉县民间文学集成办公室编:《中国民间文学集成·浙江省·丽水地区·龙泉县故事、歌谣、谚语卷》,龙泉县民间文学集成办公室1989年版。

卢奕醒、郑炳炎编:《闽地多雄杰:漳州历史名人传说》(下卷),吉林出版集团有限责任公司2014年版。

吕立汉主编:《浙江畲族民间文献资料总目提要》,民族出版社2012年版。

罗源县民间文学集成编委会编:《中国民间故事集成·福建卷·罗源县分卷》,罗源县民间文学集成编委会1990年版。

福建省宁德地区民间文学集成编委会编:《中国民间故事集成·福建卷·闽东畲族故事》,宁德市印刷厂1990年版。

松阳县民间文学集成办公室编:《中国民间文学集成·浙江省丽水地区·松阳县故事、歌谣、谚语卷》,松阳县民间文学集成办公室1989年版。

霞浦县民间文学集成编委会编:《中国民间故事集成·福建卷·霞浦县分卷》,霞浦县民间文学集成编委会1992年版。

肖孝正编纂:《闽东畲族歌谣集成》,海峡文艺出版社1995年版。

雪犁主编:《中华民俗源流集成》(第八卷),甘肃人民出版社1994年版。

杨清江编著:《中国名胜大观》(中),武汉出版社2002年版。

姚宝瑄主编:《中国各民族神话:高山族、黎族、畲族》,书海出版社2014年版。

张世元主编:《金华畲族》,线装书局2009年版。

浙江省云和县民间文学集成办公室编:《中国民间文学集成·浙江省丽水地区·云和县故事、歌谣、谚语卷》,云和县民间文学办公室1989年版。

中国民间文学集成全国编辑委员会编:《中国歌谣集成·浙江卷》,中国ISBN中心1995年版。

《中国民间故事集成》全国编辑委员会、《中国民间故事集成·安徽卷》编辑委员会编:《中国民间故事集成·安徽卷》,中国ISBN中心2008年版。

中国民间文学集成全国编辑委员会、《中国民间文学集成·福建卷》编辑委员会编:《中国民间故事集成·福建卷》,中国ISBN中心1998年版。

中国民间文学集成全国编辑委员会、中国民间文学集成陕西卷编辑委员会编:《中国民间故事集成·陕西卷》,中国ISBN中心1996年版。

中国民间文学集成全国编辑委员会、《中国民间文学集成·浙江卷》编辑
　　委员会编：《中国民间故事集成·浙江卷》，中国 ISBN 中心 1997 年版。
中国民间文艺研究会浙江分会编：《浙江风物传说》，浙江人民出版社
　　1981 年版。
《中国少数民族社会历史调查资料丛刊》福建省编辑组编：《畲族社会历
　　史调查》，福建人民出版社 1986 年版。
钟伏龙、林华锋、颜素开等编：《闽东畲族文化全书·民间故事卷》，民
　　族出版社 2009 年版。

　　　四　正史　地方志　文史资料等

（春秋）左丘明：《左传·昭公十七年》，中南大学出版社 2017 年版。
（汉）王逸撰，黄灵庚点校：《楚辞章句》卷 3《天问》，上海古籍出版社
　　2017 年版。
十三经注疏整理委员会整理：《周礼注疏》，北京大学出版社 2000 年版。
（汉）司马迁撰：《史记》，中华书局 1982 年版。
（汉）班固撰：《汉书》卷 28，中华书局 1962 年版。
（唐）刘禹锡撰：《刘宾客文集》卷 2《唐故福建等州都团练观察处置使
　　福州刺史兼御史中丞赠左散骑常侍薛公神道碑》，文渊阁四库全书本。
（唐）魏征等撰：《隋书》，中华书局 1973 年版。
（宋）李昉等编：《太平广记》，中华书局 1961 年版。
（宋）张淏撰：《云谷杂记》补编卷 2，张宗祥校录，中华书局 1958 年版。
（宋）王象之撰：《舆地纪胜》，中华书局 1992 年版。
（宋）刘克庄撰：《后村先生大全集》，上海书店 1989 年版。
（宋）梁克家纂：《三山志》，陈叔侗校注，方志出版社 2003 年版。
（元）脱脱等撰：《宋史》卷 495《列传·第二五四》，中华书局 1977
　　年版。
（明）黄仲昭纂：《八闽通志》，福建人民出版社 2017 年版。
（明）邓士龙辑：《国朝典故》，许大龄、王天有主点校，北京大学出版社
　　1993 年版。
（明）谢肇淛撰：《太姥山志》，清嘉庆五年王氏慕园书屋刻本。
（明）宋濂撰：《元史》卷 10《世祖本纪七》，中华书局 1976 年版。

"中研院"历史语言研究所校印:《明实录·太祖实录》,上海书店1983年版。

(清)顾炎武撰:《天下郡国利病书》,黄珅等校点,上海古籍出版社2022年版。

(清)杨澜撰:《临汀汇考》卷4,光绪四年刻本。

(清)毕沅编著:《续资治通鉴》卷183《元纪一》,中华书局1957年版。

(清)张廷玉等撰:《明史》卷45《地理志六》,中华书局1974年版。

(清)胡曦:《兴宁图志考》卷1,光绪八年刊本。

(清)李调元撰:《南越笔记》卷7,广陵书社2003年版。

陈鼓应注译:《庄子今注今译》,中华书局1983年版。

陈鼓应、赵建伟注译:《周易今注今译》,商务印书馆2005年版。

长汀县地方志编纂委员会编:《长汀县志》,生活·读书·新知三联书店1993年版。

范祥雍校注:《洛阳伽蓝记校注》,上海古籍出版社1978年版。

蓝荣清主编:《云和县畲族志》,云和县史志研究室2002年版。

(清)吴庆云、(清)章昱纂:《中国地方志集成·浙江府县志辑64:民国景宁县续志　同治景宁县志　乾隆瑞安县志》,陈永清修,上海书店、江苏古籍出版社、巴蜀书社1993年版。

杨伯峻编著:《春秋左传注》,中华书局1981年版。

张继禹等主编:《中华道藏》(第30册),华夏出版社2004年版。

五　中译著作与外文文献

[法]爱弥儿·涂尔干:《宗教生活的基本形式》,渠敬东、汲喆译,商务印书馆2011年版。

[英]爱·摩·福斯特:《小说面面观》,苏炳文译,花城出版社1984年版。

[美]保罗·康纳顿:《社会如何记忆》,纳日碧力戈译,上海人民出版社2000年版。

中国民间文艺研究会研究部编:《民间文学理论译丛》(第一集),中国民间文艺出版社1986年版。

[法]蒂费纳·萨莫瓦约:《互文性研究》,邵炜译,天津人民出版社

2003 年版。

［美］丁乃通编著：《中国民间故事类型索引》，郑建威、李倞、商孟可等译，华中师范大学出版社 2008 年版。

［俄］弗拉基米尔·雅可夫列维奇·普罗普：《故事形态学》，贾放译，中华书局 2006 年版。

［挪威］弗雷德里克·巴特主编：《族群与边界：文化差异下的社会组织》，李丽琴译，商务印书馆 2014 年版。

［法］A. J. 格雷马斯：《论意义：符号学论文集》，吴泓缈、冯学俊译，百花文艺出版社 2011 年版。

张士闪、清水静子：《关敬吾论日本传统故事的类型与结构》，《西北民族研究》2003 年第 3 期。

［美］哈罗德·伊罗生：《群氓之族：群体认同与政治变迁》，邓伯宸译，广西师范大学出版社 2015 年版。

［英］杰克·古迪：《西方中的东方》，沈毅译，浙江大学出版社 2012 年版。

［美］康拉德·菲利普·科塔克：《文化人类学：欣赏文化差异》，周云水译，中国人民大学出版社 2012 年版。

［德］卡尔·马克思：《〈政治经济学批判〉导言》，载《马克思恩格斯选集》第 2 卷，人民出版社 1995 年版。

［美］克利福德·格尔茨：《文化的解释》，韩莉译，译林出版社 2008 年版。

［法］列维－斯特劳斯：《野性的思维》，李幼蒸译，商务印书馆 1987 年版。

［美］兰德尔·柯林斯：《互动仪式链》，林聚任、王鹏、宋丽君译，商务印书馆 2012 年版。

［美］梅维恒主编：《哥伦比亚中国文学史》，马小悟、张治、刘文楠译，新星出版社 2016 年版。

［德］史图博、李化民：《浙江景宁敕木山畲民调查记》，中南民族学院民族研究所 1984 年版。

［美］阎云翔：《礼物的流动——一个中国村庄中的互惠原则与社会网络》，李放春、刘瑜译，上海人民出版社 2000 年版。

［英］詹姆斯·乔治·弗雷泽：《金枝——巫术与宗教之研究》，徐育新、汪培基、张泽石译，大众文艺出版社 1998 年版。

Julia Kristeva, "Word, Dialogue and Novel", in Toril Moi ed. *The Kristeva Reader*, Oxford: Basil Blackwell, 1986.

Michael Moerrman, "Ethic Identification in a Complex Civilization: Who are Lue?" *American Athropodogist*, Vol. 67, No. 4, October 1965.

Stith Thompson, *Motif-Index of Folk Literature* (*revised and enlarged*), Indiana Press, 1990.

Zhou Da-ming, "On the Reconstruction and Identification of Ethnic Groups from 'Han Assimilation' to 'She Assimilation'", *Chinese Sociology and Anthropology*, 2007 (1).

跋

我与畲族的缘分，深植于我的生命起点。生于福建福鼎——这片畲族聚居的故土，我的童年便浸润在浓郁的畲风之中。村子周遭散落着许多畲族村落。记忆里，畲民们挑着采摘的新鲜茶叶来到家中的茶厂。等待过秤、结账的间隙，他们常聚在一起谈笑风生，或悠然抽上一口水烟。就是在茶厂的喧闹与烟火气里，我初次听闻了那些来自畲山的古老故事。他们平日里操着本地方言，而与本族人交谈时，则切换成我无法听懂的本民族语言。这份神秘与亲近交织的感受，悄然在我心中埋下了探寻畲族文化的种子。

畲族拥有自己的语言，却无本民族文字。因此，口耳相传的民间故事，便成为承载其历史记忆、生活智慧、自然认知以及精神信仰的瑰宝。如同我在绪论中所言，这些故事不仅是畲族深厚的文化遗产，更是其传承历史、教化族人、凝聚认同的独特纽带，兼具深刻的思想性和动人的艺术魅力。然而，与畲族民间故事的丰富性相比，学界对其的研究尚处起步，成果寥寥。这块文化宝藏，亟待深入开掘。

这便是本书写作的"初心"。在以铸牢中华民族共同体意识为党的民族工作和民族地区各项工作的主线的时代语境中，我期望能深入挖掘畲族民间故事中蕴含的畲族文化与中华文化深刻的内在同一性，探寻其现代价值与转化路径，为这份珍贵遗产的延续提供学理支撑——这既是圆我儿时搜集畲族故事的梦想，也是我一直以来追求的学术理想。本书聚焦流传较广、保存较好的畲族民间故事，力求从畲汉交融互动的视角，揭示其中所体现的中华民族共同体形成的历史脉络与具体表现，进而探索通过民间叙事路径增强中华民族共同性的可能，以期为此宏大理论体系的构建贡献绵薄之力。尽管我们已尽可能广泛搜集、严谨研究、反复推敲，书中部分内容仍有待后续深化。作为我的第一部学术专著，限于学力，疏漏与谬误恐难避免，恳请学界前辈与同仁不吝斧正。

书稿付梓之际，感恩之情溢于言表。特别感谢徐好、林楠两位老师对第四章、第六章内容的补充与撰写；衷心感谢何子霆、蒋伟涵、郭竞宜、陈昊怡、肖瞿廷五位同学在故事搜集、整理、校阅中的辛勤付出。更要深深感激我的畲族文化研究"引路人"王逍教授，初稿甫成便蒙她审阅，正是她悉心的指导与持续的鼓励，赋予我不断打磨直至出版的信心。同时，由衷感谢三位审读专家的宝贵意见，以及中国社会科学出版社孔继萍编辑及其他工作人员为本书顺利出版所付出的心血。在此，谨向他们一并致以最诚挚的谢意！

谨以此书献给我的爱人廖梦雅及家人。她们的默默支持与无私奉献，是本书得以完成的重要支撑。

邱开玉

2025 年 5 月